卷烟消费需求
调研指南

编著　杨蕾　冯洪涛　张涛　李超　何雪峰

华中科技大学出版社
http://press.hust.edu.cn
中国·武汉

图书在版编目（CIP）数据

卷烟消费需求调研指南/杨蕾等编著.— 武汉：华中科技大学出版社，2023.11
ISBN 978-7-5772-0048-4

Ⅰ.①卷… Ⅱ.①杨… Ⅲ.①卷烟—市场需求分析—指南 Ⅳ.① F426.89-62

中国国家版本馆 CIP 数据核字（2023）第 220031 号

卷烟消费需求调研指南

Juanyan Xiaofei Xuqiu Diaoyan Zhinan

杨蕾 冯洪涛 张涛 李超 何雪峰 编著

策划编辑：曾 光	
责任编辑：白 慧	
封面设计：孢 子	
责任监印：朱 玢	
出版发行：华中科技大学出版社（中国·武汉）	电话：（027）81321913
武汉市东湖新技术开发区华工科技园	邮编：430223
录　　排：武汉创易图文工作室	
印　　刷：武汉市洪林印务有限公司	
开　　本：787 mm×1092 mm　1/16	
印　　张：20.5	
字　　数：530 千字	
版　　次：2023 年 11 月第 1 版第 1 次印刷	
定　　价：136.00 元	

本书若有印装质量问题，请向出版社营销中心调换
全国免费服务热线：400-6679-118　竭诚为您服务
版权所有　侵权必究

编委会

编 著
杨 蕾　冯洪涛　张 涛　李 超　何雪峰

副主编
徐艳群　陶 鹰　陈芳锐　夏建军　杨乾栩
蒋梦菲　夏体渊　何 俊　毕丽芳　肖明超

编 委
胡 群　王希璇　苏 杨　王文元　赵美威
杨 玺　尹志豇　浦 倩　余 耀　吴家灿
张 玲　唐 丽　蔡 波　唐 军　王 晋
王海娟　苗 崧　冷思漩　邹 娟　石凤学
刘 卉

前言

科学认识当前形势，准确研判未来走势，是做好经济工作的基本前提。

无论环境如何变化，消费始终是最终需求，是畅通市场循环的关键环节和重要引擎，对经济具有持久拉动力。过去，我国消费具有明显的模仿型排浪式特征。而随着社会经济水平的提高，人民收入水平逐步提升，我国消费结构与供给体系也在发生变化。现在，"羊群效应"消失，档次化、个性化、多样化消费渐成主流。基于这样的背景，在保证产品质量安全的前提下，通过创新供给激活需求的重要性显著上升，以释放消费潜力，持续推动经济发展。

烟草行业在保证国家财政收入、助力脱贫攻坚、促进就业等方面做出了无可替代的贡献。受新冠肺炎疫情影响，近年来，消费特别是接触型消费恢复较慢，卷烟消费属于典型的接触型消费模式，受影响较大。但是烟草行业积极服从和服务于党和国家工作大局，扛起助力稳定宏观经济大盘的政治责任、经济责任，在国内多数行业利润率普遍下滑的形势下，成为少数实现利润正增长的行业之一。2022年，行业实现税利总额和财政总额创历史新高，圆满完成了财税上缴任务，在特殊时期为促进国家和地方经济增长、保障财政增收发挥了重要作用。我们可以预见，在今后很长一段时期内，烟草仍将继续扮演"钱袋子"的角色，支持我国建设和社会发展。

市场调研是信息设计、收集、分析和报告的过程，主要是为制定决策提供参考信息。企业可以通过市场调研获得所需要的信息，从而捕捉商机，选择目标市场，超越竞争对手，占领市场。市场调研已成为分析和研究市场必不可少的手段。面对日益变化的市场环境，如何通过市场调研精准挖掘消费需求，指导产品开发、市场投放、营销策略制定，辅助企业战略决策，变得越发重要。

卷烟具备常规快消品的属性，譬如消耗速度快、消费频次高、周转周期短等，同时具有成瘾性、嗜好性、群体性特点，可以说是一种特殊的快消品。与常规产品不同，卷烟生产、销售等受国家管控政策影响较大，因此，在市场调研方面，传统调研模式对于卷烟并不完全适用。

目前市面上关于市场调研的指导书籍较多，但是针对烟草制品调研的专题著作鲜见。由于缺乏系统性方法参考，加之受商业政策调控的影响，部分烟草企业的市场需求分析仍停留在"偶尔参考市调结果，仍以营销经验为主"的阶段。而有些烟草企业即使进行了详尽的市场研究，由于缺乏科学方法指导，研究结果价值性不高，不能有效指导企业进行产品研发、制定营销策略的现象仍较突出。

本书在总结传统市场调研方法及其应用现状的基础上，从烟草行业视角出发，总结卷烟企业市场调研实践经验，通过对传统市场调研方法及其在不同行业快消品应用现状的分析，重点阐述了消费需求调研对掌握市场需求、促进企业发展、挖掘市场潜力等的重要意义，强调了消费需求调研在市场调研中的重要作用。

本书共九个章节，第一章"消费需求调研概述"，对市场调研的产生、发展、目的、功能、类型、作用等进行了概述性阐述，并对市场预测的定义、特征、作用及程序进行了阐述，同时对需求管理的意义及功能等进行了描述，分析了市场调研与预测、需求管理在市场研究分析中的重要性。第二章"卷烟消费市场趋势分析"，对近十年的烟草行业政策、卷烟重点品牌发展变迁以及卷烟市场的发展变化进行了分析，总结了我国卷烟发展目前面临的问题；同时，通过对后疫情时代消费趋势变化的分析，对未来消费趋势进行了预测，结合国内部分卷烟企业在品牌文化及营销策略方面的创新案例，通过深度思考，对新环境下未来卷烟行业发展提出了一些建议。第三章"消费趋势分析"，对近年来中国消费市场趋势特点进行总结，指出了中国消费市场趋势变化规律及未来主流方向，通过国内知名卷烟品牌创新发展案例的介绍，对卷烟行业发展方向进行分析，强调了卷烟行业发展顺应消费主流趋势的必要性。第四章"卷烟消费需求调研"，整合编者多年调研经验，并收集了国内外市场调研的前沿方法和分析技术，对目前消费需求调研及分析方法进行整理和归纳，同时配合大量的应用案例，有效提高了消费需求调研方法的实操性。第五章至第九章对如何进行市场调研进行了介绍。第五章"调研问题的界定"，说明调研可以应用于从企业战略规划到产品研发销售再到售后改进全过程的任意阶段，针对企业发展的不同阶段制订市场调研计划，可以有效解决不同阶段的关键问题。本章对不同阶段、不同场景下调研问题的选择与界定进行了详细阐述，进一步强调了不同阶段市场调研的作用和意义。第六章"调研方案设计"，对市场调研对象、方法等方案的制定进行了介绍。第七章"调研问卷设计"，对问卷设计的基本流程、设计要领及问卷的构成等进行了详细的阐述，并配以卷烟市场调研问卷设计应用案例，具有较强的实操性。第八章"调研活动实施"，对如何组织开展市场调研活动进行介绍，包括调研活动设计、数据收集、数据处理、数据分析等方面的内容。第九章"调研报告撰写"，对市场调研报告的意义及特点、写作要求和基本格式等进行了介绍。

《卷烟消费需求调研指南》一书紧扣烟草政策、行业市场变化、消费趋势风向，着力于"创新、务实、推广"相结合，具有以下特色。

1. 行业聚焦。目前国内关于"市场调研"方法的书籍较多，但针对烟草市场调研方法及应用研究的书籍较少。本书首次从烟草行业视角出发，对卷烟消费需求调研进行系统性的阐述，系统梳理了卷烟消费需求调研方法、步骤、执行、数据分析及结果应用等内容，并配合相关案例，旨在阐述消费需求调研在卷烟产品研发、市场策略指导等方面的价值意义，行业聚焦性、专业性较强。

2. 实践性强。本书编写人员从事烟草研发、市场研究、营销运营多年，实战经验充足，在卷烟市场积累了大量的调研经验。本书应用案例丰富，能为卷烟企业提供市场调研方法参考及指导，让读者更加快速地了解烟草市场及卷烟消费调研的专业技能技巧，达到理论与实际应用的有效结合。

3. 学术价值高。本书收集了国内外市场调研的前沿方法和分析技术，且涵盖了许多实用的技术方法，配合大量的实战案例，兼顾了实用性与创新性，对于指导现代卷烟企业准确分析市场、挖掘消费需求、捕捉市场机会有重要价值。

4. 实用性强。本书包括消费需求调研概述、卷烟消费市场趋势分析、消费趋势分析、卷烟消费需求调研、调研问题的界定、调研问卷设计及执行、成果展示及应用案例等内容，既可作为烟草行业市场调研应用型辅导材料，也可以作为烟草从业者市场调查、需求调研的参考和指导用书，还可以作为企业管理者科学决策的参考用书，实用性强。

本书在编写过程中参考了大量的国内外相关领域的论文、专著、行业及非行业研究成果和案例，在此谨向有关专家和学者致以衷心的感谢。

由于卷烟消费需求调研涉及的学科和方法较为广泛，其知识体系和内容还在发展和完善之中，而编者水平有限，书中或存在不当之处，敬请读者不吝指正。

编　者
2023年5月

目录

导论 / 001

第一章　消费需求调研概述 / 004
一、市场调研 / 005
二、市场预测 / 025
三、需求管理 / 033

第二章　卷烟消费市场趋势分析 / 038
一、政策层面分析 / 039
二、品牌发展层面分析 / 048
三、市场变化分析 / 050
四、我国卷烟发展面临问题 / 067
五、近年消费趋势的变化 / 068
六、相关案例 / 079
七、结语 / 083

第三章　消费趋势分析 / 085
一、消费趋势概述 / 086
二、中国消费趋势 / 086
三、消费趋势变化对卷烟行业的启示 / 100
四、应用案例 / 103

第四章　卷烟消费需求调研 / 115
一、卷烟消费需求调研方法 / 116
二、卷烟消费者需求收集方法 / 137
三、卷烟消费需求调研分析 / 176
四、消费需求分析方法 / 190
五、卷烟消费需求类型分析 / 219

第五章　调研问题的界定 / 227
一、确定调研目的 / 228
二、确定调研场景 / 229

三、市场调研基本步骤　　　　　　　　　　　　　/ 233

第六章　调研方案设计　　　　　　　　　　　　　/ 236

　　一、项目调研应遵循的原则　　　　　　　　　　/ 238
　　二、抽样指标的选择　　　　　　　　　　　　　/ 238
　　三、区域选择方案制定　　　　　　　　　　　　/ 239
　　四、对象选择方案制定　　　　　　　　　　　　/ 239
　　五、方法选择方案制定　　　　　　　　　　　　/ 240
　　六、抽样方法概述　　　　　　　　　　　　　　/ 241
　　七、样本设计方案制定　　　　　　　　　　　　/ 242

第七章　调研问卷设计　　　　　　　　　　　　　/ 244

　　一、问卷设计概述　　　　　　　　　　　　　　/ 245
　　二、问卷设计的基本流程　　　　　　　　　　　/ 245
　　三、问卷设计要领　　　　　　　　　　　　　　/ 246
　　四、问卷的构成　　　　　　　　　　　　　　　/ 249
　　五、问卷题型及适用范围　　　　　　　　　　　/ 254
　　六、问卷有效性判定　　　　　　　　　　　　　/ 256

第八章　调研活动实施　　　　　　　　　　　　　/ 270

　　一、调研活动设计　　　　　　　　　　　　　　/ 271
　　二、数据收集　　　　　　　　　　　　　　　　/ 276
　　三、数据处理　　　　　　　　　　　　　　　　/ 277
　　四、数据分析　　　　　　　　　　　　　　　　/ 279

第九章　调研报告撰写　　　　　　　　　　　　　/ 296

　　一、市场调研报告的意义与特点　　　　　　　　/ 297
　　二、市场调研报告的写作要求　　　　　　　　　/ 299
　　三、市场调研报告的基本格式　　　　　　　　　/ 301
　　四、调研成果的口头报告　　　　　　　　　　　/ 309
　　五、撰写市场调研报告过程中的注意事项　　　　/ 314

后记　　　　　　　　　　　　　　　　　　　　　/ 317

导 论

在新商业大势所趋下,随着市场竞争的加剧以及多样化、个性化、体验化、数字化的消费升级,企业如何在激烈的市场竞争中及时有效地收集、处理和分析有用的信息,为营销决策服务,赢得市场主动权,变得越来越重要。

市场调查就是以科学的方法、客观的态度,明确研究市场营销有关问题所需的信息,有效地收集和分析这些信息,为决策部门制定有效的营销战略和策略提供基础性的数据和资料,解决特定营销问题的过程。市场调查把消费者、顾客和公众与商家联系在一起,有利于消费者和商家之间的双向交流。市场调查所得的信息用于识别和定义市场营销中的机会和问题,制定、改进和评估营销活动,加深对营销过程的理解,加深对能使具体的市场营销活动更为有效的途径的理解[1]。

调研需求方自行或委托调研机构通过科学系统的调研方法对市场进行调查研究,可获得消费者对产品、服务的真实意见或市场竞争现状数据。企业可以通过市场调研获得所需要的信息,从而捕捉商机,选择目标市场,超越竞争对手,占领市场。随着中国社会经济水平的提高,市场调研和市场营销活动也会越来越活跃,市场调研与预测的必要性和重要性日益凸显。市场调研与预测处于营销活动实践的前导地位,成为分析研究市场必不可少的手段。

市场调研应用于市场活动的各个方面,进行市场调研是为了更好地了解市场动向,快速掌握有关市场的准确、可靠的信息,理清企业营销战略成功或者失败的关键因素。市场调研主要使用领域有以下方面:

(1) 消费者行为研究。消费者行为是一个复杂的过程。消费者行为不单指消费者的购买行为,还强调在购买时消费者和生产者之间的相互影响,是一种持续的消费过程,包括在购买前、购买时、购买后影响消费者的所有问题。消费者行为研究主要是对消费者的购买行为进行调查和分析,一般首先需要了解八个方面的信息,即所谓"6W + 2H":购买什么(what)? 为什么要购买(why)? 购买者是谁(who)? 何时购买(when)? 何处购买(where)? 采取何种途径(which)? 购买多少(how many)? 如何决策(how)? 此外,还需要了解有关消费者的生活方式和消费观念的变化等信息。

(2) 消费者满意度调查。消费者满意度即消费者的期望与实际满足状况之间的差异。现实生活中,消费者期望状况与实际状况之间的差异可能有三种情况:期望水平高于实际水平,期望水平低于实际水平,期望水平与实际水平相当。差异首先是性质上的,即期望值高还是实际值高,其次是程度上的,即差异的大小。在产品进入市场后可以进行消费者满意度调查研究,包括以下内容:消费者对有关产品或服务的整体满意度,满意或不满意的原因,对改进产品或服务质量的具体建议,以及对各竞争对手的满意度评价的比较等。所以在新产品发布时期的检验阶段,很多工作都是由调研部来完成的。调查消费者对产品的满意度可以帮助企业制定营销策略以及产品价格,策划各种宣传活动以适应市场的需求,将市场细分并确定目标市场[2]。

(3) 市场研究。市场是企业研究的中心,根据市场状况而制定的营销策略决定了企业的经营方向和目标,营销策略的正确与否,直接关系到企业的成功与失败。知彼知己是每一个企业市场竞争的有效方法,要达到在竞争中取胜的目的,就必须掌握对手的经营策略、产品优势、经营力量、促销手段及未来的发展意图等。通过市场调研了解对手的情况,就可在竞争中绕开对手的优势,发挥自己的长处,或针对竞争者的弱点,突出自身的特色,吸引消费者。市场调研者可对目标对象进行宏观调查,对其所属的市场供给和需求情况做系统性的统计和分析,估计某类产品(或服务)市场的现有规模和潜在规模及市场占有率,预测该市场的近期、中期或远期需求;也可对市场需求做专门的调查研究,了解该区域内各种相关产品的需求情况,根据调查研究的结果来确定该区域内的产品定位。

(4) 产品研究。产品研究可以在任一阶段进行:①在新产品开发阶段进行产品研究,包括对产品的开拓或改造,调查消费者对产品概念的理解,对产品各个属性的重要性的评价等。在此基础上做进一步的定量分析,可以寻找最佳的产品属性组合,估计产品的预期市场占有率,还可以对产品进行概念测试、定价研究、名称研究、包装研究、家庭产品测试等。②在产品上市后,产品在某个特定市场尚未达到饱和状态,此时企业要想扩大影响,继续盈利,着眼于更远的、还没有满足的市场,就可以通过产品研究规划下一步的营销策略。这就需要通过市场调查了解顾客当前的需要和满足程度,并了解顾客尚不能明确表述出的潜在的需要,为企业制定行之有效的市场开发战略提供重要的依据。③当产品在市场上的生命力开始衰退时,产品销量相应减少,市场需求也会有所下降。这时的市场调研活动就能够为产品找到新的出路和用途,例如寻找产品的缺点及改进办法来恢复需求量,以及寻找一个新的目标市场[3]。

(5) 广告研究。想要保持产品的市场生命力,可通过市场调研做出全新的营销计划和广告策划。广告研究包括为广告创作而做的广告主题调查和广告文案测试,为选择广告媒体而做的广告媒体调查、电视收视率调查、新媒体浏览及点击率调查,为评价广告效果而做的广告前消费者的态度和行为调查、广告中接触效果和接受效果调查、广告后消费者的态度和行为跟踪调查等[4]。

面对充满机遇与风险的市场,国内外企业均相继开展有效的市场调查,尤其是快消行业,有效应用高效调研手段已成为一种趋势。快速消费品与其他类型消费品相比,购买决策过程有着明显差别。快速消费品属于冲动购买产品,即兴的采购决策、个人偏好、周围人的建议、产品的外观/包装、广告促销、价格、销售点等对其销售起着重要作用。

随着世界经济的融合和中国经济的进一步发展,更多的国外快速消费品公司进入中国,同时国内厂商也在逐步崛起,市场竞争日趋激烈。消费者拥有更多选择的空间,对品牌/零售店的忠诚度下降,制造商及零售商都开始增加对消费者研究的投入。

参考文献

[1] 柯惠新,丁立宏. 市场调查 [M]. 北京:高等教育出版社,2008.

[2] 陆跃祥. 消费者行为学 [M]. 北京:中国统计出版社,2005.

[3] 马连福,张慧敏. 现代市场调查与预测 [M].4 版. 北京:首都经济贸易大学出版社,2012.

[4] Joel J. Davis. 广告调查:理论与实务 [M]. 杨雪睿,田卉,等译. 2 版. 北京:中国人民大学出版社,2016.

第一章
消费需求调研概述

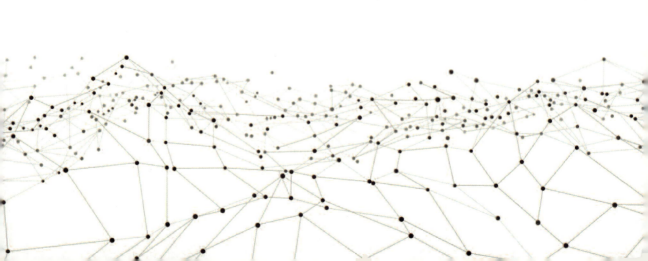

市场是企业活动的舞台,是企业赖以生存的基础和发展的源泉。市场调研与分析是创业者或产品经理准备切入某一行业的数据支撑,是产品转型的数据支持,是产品未来价值的有利佐证。市场调研关系到企业能否准确识别市场需求、选择目标市场、满足市场需求,关系到生产经营项目选择、品种选择、规模选择、战略和策略选择等多方面的企业经营决策的成败和经营成果。因此,企业有必要投入较多的资源,运用科学的方法来做好这项工作[1]。

【案例链接】

新口味可口可乐的失败

20世纪80年代,面对百事可乐的挑战,可口可乐决定换新口味。可口可乐公司花了400万美元,在13个城市对19万名顾客进行了口味测试,约60%的人认为新口味比传统口味更好喝,如果上市愿意购买。1985年4月,可口可乐公司决定放弃已经具有99年历史的老口味可口可乐,全面推广新口味可口可乐。但是,新口味可口可乐上市后不久,公司每天接到超过5000个抗议电话,抗议信如雪片飞来;有些顾客威胁说将永远不喝可口可乐,一些可口可乐的忠实消费者甚至组成了抵制新口味可口可乐联盟。可口可乐公司立刻做了紧急调研,发现只剩下30%的人说新口味可口可乐的好话了。3个月后,可口可乐公司不得不恢复旧口味,停止新口味的生产。当时全美欢腾,一位参议员还在参议院发表演讲:"这是美国历史上一个非常有意义的时刻,它表明有些民族精神是不可更改的。"究其原因,是可口可乐公司在做市场调研时忽视了消费者精神方面的需求,结果造成如此重大的一项企业决策的失败。

一、市场调研

(一)市场调研的产生和发展

1. 市场调研的产生

市场调研是伴随着商品生产和商品交换活动的产生和发展而形成并发展起来的。在自给自足的自然经济社会,生产力水平低下,劳动者所创造的产品只能满足自己日常消费的需要,并不作为商品进行交换,既没有市场,更谈不上市场调研。商品的产生和市场的出现为市场调研的出现提供了可能。

18世纪开始的工业革命使西方资本主义开始发展,市场调研也就登上了历史舞台。19世纪末20世纪初,资本主义进入垄断阶段,商品经济进一步发展,市场迅速扩大,资本主义经济危机的影响日益加深,企业之间的竞争更加激烈,迫切需要了解市场变化及竞争对手的活动情况,作为生产、经营决策和改进销售措施的依据。在这个背景下,一些企业纷纷建立调查组织,开展市场调研活动。20世纪30年代,世界性经济危机的爆发及其残酷的后果,使企业更加认识到组织生产之前进行市场调研的重要性。市场调研活动的广泛开展以及市场调研经验的积累,需要对市场调研活动本身以及市场调研方法进行深入系统的研究,于是市场调研与预测作为一门方法论学科便应运而生了[2]。

2. 市场调研的发展

市场调研的发展过程大体可以分为下面四个阶段。

1)萌芽期(20世纪前)

有记载的最早的市场调研活动是1824年8月由《宾夕法尼亚哈里斯堡报》对总统选举所进行的一次选举投票调查(社会民意调查)。而最早有记载的正式用于市场决策的企业市场调查是由亚耶(N.W.Ayer)广告公司于1879年进行的。

2)成长初期(20世纪初至20世纪20年代)

进入20世纪后,随着社会生产力的迅速提高,人均收入大幅增加,消费需求激增。大规模社会化生产的发展使得商品生产规模更大、销售距离更远,在此情况下,企业产生了了解消费者的购买习惯及其对制造商产品的态度的需求。为适应这种需求,第一家正式的市场调研机构在1911年由柯蒂斯出版公司(Curtis Publishing Company)建立。

3)成长期(20世纪20年代至20世纪50年代)

P. 怀特(Percival White)首次将科学研究方法应用到解决商业问题中。20世纪30年代,问卷调查法得到广泛使用。尼尔森(A.C.Nielsen)于1922年进入调研服务业,他在怀特早期工作的基础上提出了"市场份额"的概念并且提供其他多项服务。广播媒体的发展和第二次世界大战,促使市场调研由一门不成熟的学科演变为一个明确的行业。

4)成熟期(20世纪50年代至现在)

在这一阶段,市场类型由卖方市场向买方市场转变,要求市场调研机构提供更多、更为准确的市场情报。由于生产者不再能够轻松卖出他们生产的产品,对于他们而言,重要的是通过市场调研发现市场需求,然后再精心生产产品来满足这些需求。20世纪50年代中期,美国学者德尔·史密斯依据容易区分的顾客人口统计特征提出了市场细分的概念。同一时期,人们开始进行动机研究,重点分析影响消费者行为的因素。市场细分、动机分析与先进的调查技术相结合,引发了个人心理变化和利益细分等新型研究领域。随着通信技术和计算机技术的不断成熟,定量和定性调研方法使得市场调研在数量分析和先进性分析方面均得到长足发展。

(二)市场调研的概述与意义

二十一世纪是知识经济的时代,其最大特征之一就是信息成为一种重要的社会资源。市场调研则是获取市场信息、进行市场营销和现代化管理的一种重要手段。随着我国市场经济的发展,市场调研作为一个行业、一个产品、一门科学而逐步发展并成熟起来。

市场调研是市场调查和市场研究的统称,是运用科学的方法,有目的、有计划地收集、整理、分析有关供求、资源的各种情报、信息和资料。其对于企业的重要性如同侦查之对于军事指挥。不进行系统、客观的市场调研与预测,仅凭经历或不够完备的信息就做出种种营销决策是特别危险的,其行为也是非常落后的。

市场调研能帮助企业把握供求现状和发展趋势,为企业制定营销策略和决策提供正确依据。早在20世纪30年代,由于市场竞争日趋激烈,许多企业为了能把产品销售出去,开始对市场进行经常性的分析,有的企业设立了专门的调查部门。这时候市场调研的任务主要是了解市场供需状况和竞争情况,寻找适当的推销产品的方法,如美国皮尔斯堡面粉公司成立商情研究部门,目的就在于分析面粉市场的供销情况、销售渠道和竞争状况,寻求更有效的推销面粉的技巧[3]。

关于市场调研的概念,营销大师菲利普·科特勒(Philip Kotler)认为:"市场调研是为制定某项具体的营销决策而对有关信息进行系统的收集、分析和报告的过程。"例如,某公司准备生产一种新产品,在做决策之前,有必要对该产品的市场潜量进行较准确的预测。对此,无论是内部报告系统还是营销情报系统,都难以提供足够的信息并完成这一预测,这就需要组织专门力量或委托外部专业调查机构来进行市场调研。

美国的另一学者大卫 J. 拉克(David J.Luck)认为:"市场调研是为了特定的市场营销决策,而对有关资料进行系统的计划、收集、记录、分析和解释[4]。"这个定义与科特勒的定义的主要区别是增加了计划阶段,它认为市场调研应投入较大精力于计划这个环节,在对资料进行分析后,再根据所做的决策进行认真的解释,相当于汇总并形成报告。

美国市场营销协会(AMA)对市场调研所下的定义是:"市场调研是通过信息资料的收集而与市场相适应的功能性手段。它使市场营销活动发生,并得到评估和改进;可以使市场营销活动得到监控,并且有利于对作为一个过程的市场营销的理解[5]。"这个定义强调市场调研的目的是使企业等组织机构与市场相适应,因此市场调研必须贯穿于市场营销活动的全过程,市场调研是一种服务于市场营销的手段。中国香港有营销学者认为:"从广义来说,市场调研泛指人们为了解决某种产品的营销问题而有意识地了解市场、认识市场的过程;从狭义来说,市场调研是指人们为了对某种产品的营销问题进行决策提供客观依据而系统地收集、整理、分析和处理资料的工作。"

(三)市场调研的目的

市场调研可能是为了制定长远的战略性规划,也可能是为了制定某阶段或针对某问题的具体政策或策略,其服务对象可以是企业、公司、团体以及任何企事业单位的管理决策层或个人。总结下来,市场调研的目的可以概括为以下几点:

(1)市场调研是市场营销的出发点,是提高市场营销效果的一种管理方法,根据调查分析提出解决问题的办法;

(2)为公司制定产品计划、营销目标,决定分销渠道,制定营销价格,采取促进销售策略和检查经营成果提供科学依据;

(3)在营销决策的贯彻执行中,为调整计划提供依据,起到检验和矫正的作用。

【案例链接】

调研带动产品转型

易方数码于1995年成立,一直从事CRT电脑显示器的生产,主要供应国内市场。总经理王斌平时喜欢进行各种调研,多年来一直把市场调研看作企业的生命线。他搜集了各种资料,尤其是IT方面的权威媒体报道,通过对国内外市场的分析和对IT行业的预测,他认为辐射强、污染大的CRT显示器材必将成为淘汰产品,被更环保的显示器所取代。易方数码进行产品转型之后,发现国际市场更适合自己。首先,国际市场对显示器的需求更大,产品利润更高,只要控制得当,出现坏账、三角债的概率较小。更为重要的是,国内市场价格混乱,低价竞争令商家大伤元气。领先一步走出国门,道路会更广阔。事实证明,易方数码的外向型销售策略成为它后来腾飞的关键因素。如今,公司的销售额有六成以上来自出口。

(四)市场调研的功能

市场调研在企业的经营活动中有着重要的作用。在企业决策过程中,市场调研数据的准确度受到各企业的重视,很多企业的决策都是依靠对市场调研结果的分析而做出的。在决策执行后的纠错过程中,市场调研也被视为非常重要的手段[6]。

1. 为企业的经营决策提供科学依据

经营决策决定企业发展方向与目标,它的正确与否直接关系到企业的生存与发展。只有开展市场调研,才能及时探明市场需求变化的特点,掌握市场供求之间的平衡情况,从而有针对性地制定市场营销和企业经营发展策略,否则就会因盲目和脱离实际的决策而造成损失与失败。有了市场调研提供的准确的数据、科学合理的分析,企业才能保证决策正确,找准位置,认清自身不足,扬长避短,寻求资源的最佳配置,达到实现高利润的目的。

2. 促进新产品开发,增强市场开拓能力

许多新产品的开发都应该归功于市场调研的结果。通过市场调研,企业可以了解到客户需求和市场状况,以便为客户提供其需要的产品和服务。市场调研可以帮助企业制订销售计划,确定促销手段、公关方式,甚至分析新产品上市时给市场带来的影响等。通过市场调研,企业能够了解消费者消费趋向、需求变化及对本企业产品的期望,从而决定以何种方式、在哪个方面开发新产品,以及新产品的生产数量、品种、规格等,更好地满足消费者的需求;同时,企业能够了解区域市场的需求信息,从而制订有效的市场开拓计划,不断提高产品的市场占有率。

【案例链接】

太阳能:企业转型升级需把握趋势

迈能高科以"专业生产搪瓷储热水箱"而著称,并致力成为该领域的专家与领导者。迈能高科认为,"热水使用舒适性"和"综合节能贡献率"这两大要素必然是未来产品的价值取向。因此,迈能团队已在着手研究5年乃至10年后的产品发展趋势。他们和房产商合作,和建筑设计院进行紧密的沟通交流,对此,朱庆国表示:"我们不仅是在研发产品,更是在研发市场。虽然不和房产商直接做生意,但我们需要和房产商保持供需信息的对称,和他们进行双向沟通,从市场出发,了解建筑对产品的诉求,提供相应的解决方案,这样我们研发出来的产品才能真正满足这个市场,才是真正符合未来需求的。"基于这一理念,

迈能高科有针对性地推出了切合市场的新产品,如 GMO 微控智循环阳台壁挂系统储热水箱、GMO 侧循环塔式盘管储热水箱等。

3. 促进企业改善价格体系,提高经济效益

价格的制定对所有的企业来说都是一个十分关键的问题。市场调研可以帮助企业科学地制定价格策略。什么样的价格有助于销售量的提高?什么样的价格会减少客户的购买欲?这些问题可以通过市场调研找到答案,市场人员可以通过市场调研的结果达成价格与销售量之间的平衡关系。只有重视市场调研,不断收集和获取生产和管理技术的最新动态,更多地了解其他企业的优势和本企业在市场竞争中的地位,才能通过对比找出本企业与其他企业在经营管理上的差距,为提高企业的竞争力和管理水平指明方向。

4. 增强企业核心竞争力,获得持续发展的能力

对于企业来说,及时了解市场变化情况,并适时、适当地采取应变措施是企业在竞争中取胜的关键;此外,企业可以借助市场调研资料对市场变化趋势进行预测,并据此提前做出计划和安排,充分利用市场的变化谋求利益,获得持续发展的能力。

(五)市场调研的地位

在大多数企业的组织架构中,市场调研岗位一般设置在企业市场部,市场调研员归市场部经理分管,与营销策划员、广告专员、促销专员、产品推广员处于同一层级(见图 1-1)。但由于企业所属行业、规模等因素的差异,市场调研员在企业所属部门以及位置不尽相同,如比较注重销售渠道的企业在进行组织架构设置时既要考虑终端,又要考虑渠道(见图 1-2)[7]。

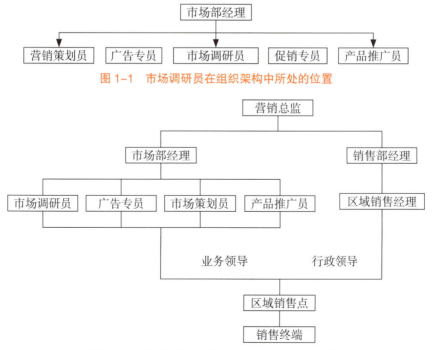

图 1-1　市场调研员在组织架构中所处的位置

图 1-2　注重销售渠道的企业的市场部组织架构

(六)市场调研的特点

市场调研是企业或市场调研专业机构组织的专门用于收集、记录和分析与企业市场营销有关的市场信息资料的活动。一般来说,市场调研有三个明显的特征。

1. 目的性

市场调研是一项由企业或受企业委托的市场调研专业机构有组织、有计划和有步骤进行有关市场信息情报搜集的工作,其目的性非常明确,只有目标明确,才可以确定调查的方向。每次进行市场调研,首先都需要确定市场调研的范围和应该达到的目标。没有明确调研范围和目标的市场调研是比较盲目的信息搜集活动,可能会给企业造成不必要的人力与物力浪费,企业的营销活动所得到的数据和信息的真实性和针对性会大打折扣,自然也就算不上真正的"市场调研"。

总的来说,市场调研的目的性体现在:市场调研可以为企业开发及生产新产品提供市场需求信息和相关产品的信息;市场调研可以让企业的产品适销对路,提高销售数量;通过市场调研,可以不断改进企业生产技术,提高业务和管理工作的水平;通过市场调研,可以降低企业的经营风险。

2. 实践性

市场调研是一项离不开实践的工作,调查人员必须深入实践才能搜集到全面、具体和时效性强的信息资料。研究人员通过对信息资料进行分析,从中得出富有行动意义的结论,为企业管理部门进行决策提供依据。企业决策是否得当还需要通过各种市场信息的反馈来判断,接受实践的检验,而这些反馈信息也得依靠实地调研才能得到。这一系列的市场调研工作都是为了指导企业实践,以便更好地组织产品营销工作。

在整个市场调研工作中,调研人员经常要考虑企业实际工作中可能发生的问题,思想更是时刻不能脱离实践,因为市场部门需要根据调研人员所提供的情况进行决策,而所有决策无不与企业的营销活动有直接的关系。

3. 相关性

市场调研一般以某种产品的营销活动为中心展开具体的调研工作,因此与产品的营销业务直接有关。这说明了市场调研的相关性。它为产品营销提供各种有关市场和市场环境的信息,并对消费者的需求变化和潜在市场的变化趋势进行预测,直接指导企业的营销活动。这一特点也使市场调研有别于其他的一些社会调研活动,尽管这些调研活动所提供的资料可能对某些企业的产品营销业务十分有用,但它们不是针对企业的营销活动所设计的,所以不能称为市场调研。因此,一项调研活动是否属于市场调研范畴,不仅要看它是否有较强的目的性和实践性,还应看它是否与企业的营销活动有直接的关系。

(七)市场调研的研究内容

市场调研现已逐渐从市场营销学中分离出来,形成了一门相对独立的学科。美国所有大学的工商管理学院,学生大约要用100学时来学习市场调研(Marketing Research)这门课程。我国近年也以"市场调研学"或"市场调研与预测"等名称在大学里开设这类课程,但理论体系与前者差别较大。而实际上"市场预测学"也早已形成一门相对独立的学科。

那么,"市场调研"作为一个管理类学科,研究对象是什么呢?

根据市场调研的概念可知,市场调研是关于市场信息资料的收集、记录、整理、分析和报告的理论和方法的科学,具体涉及市场调研与决策的关系、收集资料和研究设计的理论和方法、传递信息的理论和方法、抽样设计的理论和方法、营销数据资料处理的理论和方法、资料分析和解释的理论和方法,以及如何提出研究成果。

总的来说,市场调研的内容覆盖营销管理的全过程,从识别市场机会、确定目标市场、市场定位到分析营销效果,都可能成为市场调研的内容。市场调研的研究内容主要有以下方面。

1. 消费者市场研究

市场调研中最重要的内容就是消费者市场研究,主要内容包括:

①消费者数量研究;

②消费者结构研究;

③消费者购买力研究;

④消费者支出研究;

⑤消费者品牌偏好研究;

⑥消费者行为研究以及消费者满意度研究。

消费者市场研究的目的主要是支持消费品的营销管理过程,最大限度地满足消费者需求,从而获得丰厚的利润。

【案例链接】

美国蒙特雷湾水族馆的市场定位是美妙的家庭娱乐和教育体验,但在该定位实施以后,参观人数没有达到预期目标。于是水族馆的管理部门进行了顾客满意度调研,以查明是否存在服务方面的问题。

结果发现,真正参观过的人都认为他们的体验非常好。同时,调研结果显示了一个尚未完全开发的潜在群体——居住在驾驶距离以内的去过该水族馆的游客。该调查结果显示,蒙特雷湾区域的居民最有可能在一年内再次参观,接着是旧金山海湾的居民、加州的居民和来自其他州的游客。

根据调研结果,水族馆针对潜在"最优"游客制订了营销计划,营销投入包括建立邮件清单,致力于将这些细分群体转变成水族馆会员,并且用"归来吧"代替"这就是我们和我们所在的地方"的广告语。由于家庭群体通常比成人群体对体验的评价更高,因此广告也特别针对家庭群体。水族馆通过提供增值利益将"普通的"当地游客转变成"优秀的"倡导者来实现目标,而这一目标的达成正是通过市场调研来实现的。

2. 产业市场研究

产业市场研究又称生产者市场研究,主要内容包括:

①宏观经济环境研究；

②产业市场结构研究和客户情况研究；

③竞争对手研究；

④组织购买行为研究；

⑤市场占有率和竞争力研究。

产业市场研究的目的主要是支持企业对企业营销的管理过程，提高客户满意度，开拓市场。

3. 目标市场研究

目标市场研究的主要内容包括：

①宏观环境因素界定与分析；

②微观环境因素研究；

③市场机会与威胁分析；

④市场细分分析；

⑤市场现有规模和潜在规模研究与预测；

⑥市场定位研究与预测。

目标市场研究的目的主要是通过对总体市场需求和变化趋势的研究，最终使企业寻找到理想的目标市场并成功地进行市场定位。

4. 产品研究

产品研究的主要内容包括：

①产品生命周期研究；

②新产品创意或构思研究；

③消费者对产品概念的理解研究；

④新产品市场检验研究；

⑤新产品发展前景研究；

⑥产品品牌价值和品牌忠诚度研究；

⑦产品包装测试；

⑧品牌名称开发与测试；

⑨产品支持性服务的研究。

产品研究的目的主要是支持企业的产品发展战略决策。

5. 价格研究

价格研究的主要内容包括：

①成本分析；

②价格弹性分析；

③消费者对产品价值的认知研究；

④消费者对价格变化的理解或反应研究。

价格研究的主要目的是支持企业的价格决策和价格战略。

6. 分销渠道研究

分销渠道研究的主要内容包括：

①分销渠道的结构研究；

②分销渠道覆盖范围研究；

③批发商和零售商研究；

④分销渠道关系研究；

⑤分销效果研究以及运输和仓储研究。

分销渠道研究的目的主要是支持企业的分销战略决策，使分销渠道达到最佳组合。

7. 促销与广告研究

促销与广告研究的内容比较丰富，主要包括：

①各种促销手段的组合结构研究；

②广告主题研究和广告文案测试；

③广告媒体研究；

④电视收视率、广播收听率及报纸或杂志阅读率等的研究；

⑤为评价广告效果而做的广告前消费者态度和行为研究；

⑥广告中接触效果和接受效果研究；

⑦广告后消费者态度和行为跟踪研究；

⑧广告媒介监测，销售人员区域结构研究；

⑨各种优惠措施(如优惠券)研究。

促销与广告研究的目的主要是支持企业的促销战略与战术决策，使促销组合达到最佳，以最少的促销费用达到最大的促销效果。

8. 市场竞争研究

市场竞争研究侧重于本企业与竞争对手的比较研究，其内容主要有两个方面：

①对竞争形势的一般性研究，包括不同企业或企业群体的市场占有率，它们的经营特征和竞争方式，行业的竞争结构和变化趋势等；

②针对某个竞争对手的研究，包括对比分析产品质量、价格、销售渠道以及产品结构和广告等，识别企业的优势和劣势。

市场竞争研究的目的主要是支持企业营销的总体发展战略，做到知己知彼，发挥企业竞争优势。

(八)市场调研的类型

市场调研从不同角度可以划分为不同类型，若按其性质、目的及其在研究过程中的位置进行划分，主要有探索性研究、描述性研究，因果关系研究和预测性研究等。

1. 探索性研究

探索性研究是一种非正式的或试探性的研究，一般是在研究的开始阶段为了明确问题、寻找机会或缩小问题的范围所进行的研究。若管理人员或决策者发现了一个问题，需要经过初步研究才能对其有基本的认识，这时就需要探索性研究的支持。

例如，企业有闲置资金，想进行投资，但不知道资金投向何处会有最好回报。这时就必须对市场进行探索性研究，即先对周围环境做一般性了解，而后进行调查，以寻找有利的机会。再如，中式快餐连锁店打算扩大生产线、增加品种，在正式研究之前，对少数顾客进行一次试探性研究，发现有些顾客对菜单中的辣味食品有很强的抵触反应。这时探索性研究就帮助决策者发现了问题，为未来的正式研究确立了基本方向。

2. 描述性研究

描述性研究是指目的在于描述一个总体或一种现象的基本特征的研究。市场营销经理经常需要确定产品销售的对象，了解市场规模有多大、竞争对手情况如何、分销渠道状况如何等。描述性研究就是把有关这些方面的事实资料进行收集、整理，如实描述、报告和反映。因此，描述性研究主要回答"对象是谁""现状是什么""何时""何地""怎样"等问题。

例如，美国一本杂志想了解其读者的特点，进行了一次描述性研究。该杂志名称叫《青少年博览》，读者对象是十几岁的青少年。杂志负责人感觉到12~15岁的少女很关注香水、口红和睫毛膏等，但缺少数据依据。而描述性研究发现，该阶段少女中94.1%的人使用洗面奶，有86.4%的少女使用香水，有84.9%的少女使用润唇膏。在使用香水的少女中，有27%的少女使用自己喜爱的品牌，17%使用共同的品牌，6%使用别人推荐的品牌。结果表明，大多数少女使用化妆品，对品牌的忠实程度很高，且开始得相当早，12~15岁的少女就开始选择并忠实自己喜爱的品牌。这种研究便是一种描述性研究。

准确性是描述性研究中至关重要的问题。即使研究中不能完全避免误差，一个好的研究人员也应尽量描述数据的精确度。假如要描述某种产品的市场潜力，如果不能准确地测量和描述其销售量，就会误导生产者做出不切实际的生产计划、预算和其他决策。由于描述性研究是客观情况的反映，因此在市场调研过程中会经常使用这种研究方法。

3. 因果关系研究

因果关系研究是指目的在于确定多个变量间的因果关系的研究。从位置关系来看，因果关系研究总是在探索性研究和描述性研究之后，即在探索性研究或描述性研究的基础上，进一步查清变量间的相互关系。例如，自行车销售量增加会带来轮胎、车锁和车铃等需求增长；"西装热"会带来领带、皮鞋和高档衬衣需求量增加；职工收入增加使消费品需求量增加；基本建设投资增加或减少，则会使建筑业、机械设备产品需求量增加或下降；居民住房面积的扩大会带来家具、装饰品需求量增加；等等。如果查清了变量之间的关系，一般就能预见市场的变化趋势，为决策提供依据。因此，企业经理应时常观察价格、包装及广告等因素变化带来的影响，及时调整经营策略。比较典型的因果关系研究方法是，控制并改变一个变量（如广告），然后观察另一个变量（如销售额）的变化结果。

4. 预测性研究

预测性研究是为了估计未来一定时期内,某市场营销变量发展趋势和状态的研究。这种研究在市场调研中也比较常见。这方面的研究结果主要用于支持营销战略的决策。

(九)市场调研的作用

市场调研对于企业而言是非常重要的。通过市场调研,企业可以获得各种与决策相关的信息,使企业能够在复杂的市场环境中随时把握自己的方向。由此可见,市场调研的作用主要是通过向企业的决策者提供决策信息体现出来的,是企业决策的基础。一个企业如果没有市场调研这个基础,企业的决策就会成为空中楼阁,失误将在所难免,因此成功的企业无不将市场调研放在企业活动的突出地位。

市场调研的作用具体表现如下。

1. 有利于企业发现市场机会

市场机会与市场环境的变化密切相关。通过市场调研,企业可以随时掌握市场环境的变化,并从中寻找到市场机会,抓住新的发展机遇。如近几年来,国家对科技创新的重视与投入为人工智能产业提供了机会。如果不通过市场调研从环境的变化中找到市场机会,企业在发展过程中就会面临很大的风险。

2. 有利于企业制定正确的市场营销策略

企业市场营销建立在特定的市场环境基础上,要与市场环境达成相互协调的关系。因此,要制定出正确的市场营销策略,就必须全面掌握市场环境与顾客需求变化的信息,而这些信息必须通过市场调研才能获得。例如,中央电视台黄金时段广告数任"标王"的失败,都与其在制定营销策略时对相关信息掌握不够,直接做出决策有直接的关系。由此可以进一步证明,市场调研是企业市场营销的基础工作,这项工作做得越好,企业制定的市场营销策略取得成功的把握就越大。

3. 有利于提高企业的市场竞争能力

现代市场的竞争实质上是信息的竞争,谁先获得了重要的信息,谁就有可能在市场竞争中立于不败之地。信息这一重要资源的流动性远不如其他生产要素强,一般只能通过企业自行调研来随时掌握竞争者的各种信息和其他相关信息,使企业制定出具有竞争力的策略。

4. 有利于企业对其策略进行有效控制

企业面对的市场环境是变化的,并且是企业自身不能控制的。企业在制定策略时,即使已经进行了深入的市场调研,也很难完全把握市场环境的变化。因此,在企业的策略实施中,必须通过市场调研充分预测环境条件的变化,研究环境条件的变化对企业策略的影响,并根据这些影响对企业的策略进行调整,以有效地控制企业的活动。

总之,市场调研的目的是为企业提供决策信息为,对企业经营管理过程中的各个方面均具有十分重要的作用。

【案例链接】

日清食品公司智取美国快餐市场

日本日清食品公司在将营销触角伸向美国食品市场之前,为了确定海外扩张的最佳切入点,曾不惜高薪聘请美国食品行业的市场调查权威机构,对公司产品——方便面的市场前景和发展趋势进行全面细致的调查和预测。可是美国食品行业的市场调查机构所得出的结论令日清食品公司大失所望——"由于美国人没有吃热汤面的饮食习惯,而是喜欢干吃面条,单喝热汤,绝不会把面条和热汤混在一起食用,由此可以断定,汤面合一的方便面很难进入美国食品市场,更不会成为美国人一日三餐必不可少的快餐食品"。日清食品公司并没有盲目相信这一结论,而是抱着"求人不如求己"的信念,派出自己的专家考察组前往美国进行实地调查。经过千辛万苦的商场问卷调查和家庭访问,专家考察组最后得出了与美国食品行业的市场调查机构截然相反的调查结论——美国人的饮食习惯虽呈现出"汤面分食,决不混用"的特点,但是随着世界各地不同种族移民的大量增加,这种饮食习惯正在悄悄地发生变化。此外,美国人在饮食中越来越注重口感和营养,只要在口味和营养上投其所好,方便面就有可能迅速占领美国食品市场,成为美国人的饮食"新宠"。

日清食品公司基于自己的调查结论,从美国食品市场动态和消费者饮食需求出发,确定了"系列组合拳"的营销策略,全力以赴地向美国食品市场大举挺进。

"第一拳"——针对美国人热衷于减肥运动的生理需求和心理需求,巧妙地把自己生产的方便面定位于"最佳减肥食品",在声势浩大的广告宣传中,将方便面渲染成"高蛋白、低热量、去脂肪、防肥胖、价格廉、易食用"的"完美食材";针对美国人的心理特点,精心制作出"每天一包方便面,轻轻松松把肥减""瘦身最佳绿色天然食品,非方便面莫属"等具有煽情色彩的广告语,以挑起美国人的购买欲望,获得了"四两拨千斤"的营销奇效。

"第二拳"——为了适应美国人以刀叉用餐的习惯,果断地将适合用筷子夹食的长面条加工成短面条,为美国人提供饮食之便;并从美国人爱吃硬面条的饮食习惯出发,一改方便面适合东方人口味的柔软特性,精心加工出稍硬又劲道的美式方便面,使其吃起来更有嚼头。

"第三拳"——由于美国人"爱用杯不爱用碗",日清公司别出心裁地把方便面命名为"杯面",并给它起了一个地地道道的美国式副名,即"装在杯子里的热牛奶",期待方便面能像牛奶一样,成为美国人难以割舍的快餐食品;根据美国人"爱喝味很重的浓汤"的独特口味,不仅在面条制作上精益求精,而且在汤的调味料上下功夫,使方便面成为"既能吃又能喝"的二合一方便食品。

"第四拳"——从美国人食用方便面时"总是把汤喝光而将面条剩下"的习惯中,灵敏地捕捉到方便面制作工艺求变求新的着力点,一改方便面"面多汤少"的传统制作工艺,研制生产了"汤多面少"的美式方便面,从而使"杯面"迅速成为广受美国消费者喜爱的"快餐汤"。

以此"系列组合拳"的营销策略,日清食品公司果敢地挑战美国人的饮食习惯,赢得了消费市场。该公司以"投其所好"为一切业务工作的出发点,不仅出奇制胜地突破了"众口难调"的产销瓶颈,而且轻而易举地打入了美国快餐食品市场,开拓出了一片新天地。

(十)市场调研行业的现状

1. 欧美国家市场调研行业现状

欧美国家的企业已经牢固地形成了"决策前先做调研"的观念,对市场调研有很大的需求。欧美国家市场调研行业表现出如下特点:

(1)市场调研行业兴旺发达。主要表现为调研机构数量多,从业人员专业化程度高,营业额逐年稳步增长。荷兰这样一个人口不到二千万的国家,有商业性调研机构500多个,许多从业人员具有从事调研行业所需要的较强的专业素质和较丰富的从业经验。

(2)市场调研设备和调研技术已发展到一个新水平,现代市场调研的效率大大提高。计算机辅助电话调查(CATI)系统、计算机辅助面访(CAPI)系统、网络调查以及其他电子手段(如即时电子评分显示系统、人员测量仪)等先进的调研手段使调研效率大大提高。

(3)有关市场调研的行业活动、学术活动和出版活动广泛开展,使市场调研行业的规范化和标准化得到较好的保证。目前国际上有关市场调查和民意调查的协会和学会主要有欧洲民意和市场研究协会(ESOMAR)、世界民意调查研究协会(WAPOR)、国际商会(ICC)、美国市场营销协会(AMA)、美国市场研究协会(MRA)等。美国一般商学院的市场研究专业几乎每年都要更换新的教科书。

【案例链接】

不断创新的惠普公司

半个世纪以来,惠普公司一直是硅谷主要的高技术制造商之一,该公司以其先进的工程技术闻名于世。1968年,惠普研制成了第一台小型计算机。1972年推出的惠普3000型计算机是这个时期工业电脑中的畅销产品。20世纪80年代中期,计算机成为惠普公司最主要的销售产品,占公司销售额和税前利润的一半以上。

惠普公司以技术为先导,历来强调各部门高度自治,如由一部分销售人员出售试验仪器,另一部分销售人员出售计算机。然而在整个过程中,惠普失去了协调其试验仪器和计算机销售工作的极宝贵的机会。1984年7月,惠普公司改进了它的组织结构,以便集中权力,更好地销售产品。公司任命了新的主管人员,形成了新的合作营销部门,并将计算机销售和仪器销售这两支队伍合二为一。

惠普公司于1982年成立个人计算机组。在改进公司的酝酿、研制和销售产品的方式这一过程中,该机组起到了至关重要的作用。根据公司常务董事约翰·扬的说法,建立个人计算机组是着眼于营销的一种极妙的做法,它似乎从一开始就使每个人获得这样一个信息——只有这样的营销才能取得成功。

然而,个人计算机组在之后的一个阶段内不得不面临一个不愉快的事实:惠普公司出售这条大众化生产线产品的努力一直未能奏效。实际上,惠普公司在1984年中期仅占个人计算机零售额的2%。惠普公司失败的一个明显的原因是,其无视个人计算机及其附件的实际情况,盲目坚持以工程为基础的生产决策。例如惠普150型个人计算机使用了3.5英寸的软盘,而不是使用更为普遍的5.5英寸的软盘。在该机刚投入市场时,这种3.5英寸软盘上只有25个软件程序,而IBM(国际商业机器公司)个人计算机的软盘可容纳5000多个程序。此外,150型计算机不能与IBM的产品配套使用。虽然150型的速度要比IBM的个人计算机的速度更快些,储存信息也更多,但它在零售点的销售情况却显得相当惨淡。

惠普个人计算机组牢记这次惨败,转而开始改进产品研制、试销和市场营销定量调查等常用的营销技术。公司用于个人计算机及其附件的广告宣传预算也从1983年的500万美元猛增到1984年的3000万美元。

新产品研制是个人计算机组努力扭转惠普市场失利局面的另一个方面。1984年,惠普公司共研制出三种新产品:便携式的小型计算机、喷墨式智慧打印机和激光打印机。惠普公司以往一直用数字来表示计算机和附件的型号(如惠普150型),而从上述产品的名称中,我们能看出惠普公司改变营销策略的重要意图。个人计算机市场营销人员的目标,是创造出一种零售商及消费者双方公认的"名牌家族"。

惠普公司的定价政策也有了类似的变化。以往,公司只是尽可能设计出最好的产品,尔后再确定其价格。个人计算机组专门设计了一种可与IBM产品配套使用的喷墨式打印机,并能以低廉的成本进行大规模生产。他们将该款打印机的价格定在495美元,希望能在低于500美元的低价打印机市场上向竞争对手的产品提出强有力的挑战。这一战略确实取得了初步的成功:喷墨式打印机迅速抢占打印机市场10%的销售额。同时,惠普推出了激光打印机,它能以极快的速度无声无息地进行高质量的打印,这种激光打印机定价3495美元,约为同类打印机价格的一半。

批发商十分赞赏惠普公司的新产品,其中9磅重的惠普110型便携式计算机更是令他们赞叹不已。这种价格为2995美元的小型计算机有许多内装式硬件和软件,另配有调制式解调器、拉伸式屏幕、文字处理系统和Lotus 1-2-3组合程序。它还能与IBM产品配套使用,因而比150型计算机更具优势。惠普的印刷广告就将这种便携式计算机与IBM产品放在一起,上书:"它们能相互谈话。"

零售商同样十分喜爱惠普计算机家族的新成员。计算机商行得克萨斯连锁店商品部一位副经理认为,在讨论销售条件和利润时,惠普公司要更切合实际些。惠普公司重新修订了与批发商的协议,提供更好的付款建议和更优惠的回扣比例,还为那些反映惠普产品特色的广告支付双倍的报酬。

尽管惠普公司的营销组合产生了上述变化,公司仍面临与工业巨人IBM公司越来越艰难的竞争。IBM和惠普在公共消费者中的印象得分分别为80%和15%;此外,IBM在价格经济这一刻度盘上也已占尽上风,它的PC/AT组合件拥有个人计算机和硬盘双倍的储存容量,且1986年年底的销售价仅为3000美元。

惠普公司要与IBM的低价格相抗争几乎是不可能的,唯一的办法是使购买者相信:

> 惠普的技术优势值得人们多花些钱。该公司个人计算机组的副总裁西里尔·扬桑尼也承认:我不断告诫我的工程师们,他们做一笔生意只能花5分钟时间,而不能像过去那样花上5个小时。我们必须着眼于显而易见的用户利益。

2. 我国市场调研行业的兴起与发展

我国商业性的市场调研机构主要产生于20世纪80年代中后期。1984年,民办的北京市计划经济研究所(现更名为北京市社会与经济发展研究所)在内部成立了社会调查中心,这是最早的有案可查的民办调查机构。到了20世纪90年代,随着我国经济的发展和对外开放,市场信息的价值越来越受到重视,市场调研业也得到高速发展。特别是在经济发达的北京、广州和上海三地,形成了华南国际、零点调查、现代等一批具有一定规模和知名度的市场调研公司。

【延伸阅读】

> "零点调查"成立于1992年,其业务范围为市场调查、民意测验、政策性调查和内部管理调查。"零点调查"接受海内外企事业政府机构和非政府机构的委托,独立完成各类定量与定性研究课题。"零点"是广为受访对象、客户和公众所知的专业服务品牌。多年的发展经验使该公司更了解客户的需求,从而可为客户提供更有针对性的服务。其业务项目达数千项,涉及食品、饮料、医药、个人护理用品、服装、家电、IT、金融保险、媒体、房地产、建材、汽车、商业服务、娱乐、旅游等30多个行业。

目前,我国的市场调研机构主要可分为民营企业、股份制公司、政府机关主办机构、教学科研单位和合资公司以及国有企业几类,其中以民营企业为主体。几类调研机构在组织规模、市场定位、营销手段、面临的问题等方面都有较大的差异,但作为专业调研机构,在市场调研项目的质量上都是可靠的。

2001年4月8日,经过两年多的艰辛努力与筹备,中国信息协会市场研究业分会(全国市场研究行业协会)宣告成立。在同期举行的"新世纪市场研究年会暨全国市场研究行业协会成立大会"上,来自全国各地区近300家研究机构、50余家国内高等院校的代表和来自国内大型客户企业的代表与国际著名同业组织机构人员本着"专业化、规范化、国际化"的宗旨,对中国市场研究行业的发展进行了深入的交流与探讨。全国市场研究行业协会的成立无疑为中国市场调研行业的发展铺平了道路,为业内人员的交流构筑了良好的平台,标志着中国市场信息、调研和咨询行业将逐步走向成熟,同时意味着市场调研行业将更加规范,并将逐步与国际接轨。

据权威媒体报道,全国有各类市场调研机构800余家。全国市场研究行业协会会长柯惠新教授在协会成立大会上所做的"关于中国市场研究业现状和发展"报告中指出,1999年中国内地市场调研业的总营业额约为1.33亿美元,仅占世界市场占有率的1.0%。但是,中国内地市场调研业总营业额的增长率约为58%,而全球市场的增长率仅有8.3%,这说明中国内地市场调研业的发展是迅速的,充分体现出这一行业的强大生命力。

我国市场调研行业的市场潜力极大,但其生存的环境并不理想,因而我国的市场调研行业尚处于艰难的启动阶段。这其中最主要的原因就是我国经济的市场化程度还不够高,市场经济体系不够健全。其次,国内企业对市场调研工作的认识不够,尚没有形成"决策之前先调查"的意识,往往认为市场调研是谁都可以做的事,或者是发现产品或市场有了问题才临时抱佛脚。再者,市场调研行业缺少具有足够专业素质和实践经验的从业人员,业务运作不规范,行业内部人员之间缺少沟通和交流等。总之,市场调研行业还需要一定的环境和条件慢慢培育和发展。

(十一)现代市场调研的发展趋势

现代市场调研的发展是随着社会经济的发展和科学技术的不断进步而进化的。现代市场调研的领域已经覆盖了社会经济生活的方方面面,具有多学科交叉的特征。随着社会的不断发展,市场调研日益成为帮助企业制定各项市场营销决策的重要因素。今后市场调研会有很大的发展前景,具有日臻成熟的趋势。市场调研今后的发展趋势如下。

1. 抽样调查方法的广泛应用

抽样调查是从调查总体中按照一定原则对部分样本进行调查的方法,具有简便、省时、省费用、科学、准确的特点,在现代市场调研实践中得到广泛应用。

2. 计算机技术与市场调研紧密结合

随着计算机技术的发展,市面上出现了许多用于统计分析的软件,使得市场调研活动的资料搜集及分析更加精确、迅速。常用的统计分析软件有 SPSS(statistical package for social science)和 SAS(standard analysis software)。

3. 定性与定量相结合

目前很多市场调研公司偏重于定性的市场调研,进行各种社会走访、深入访谈,而忽略了市场调研问卷的作用。而另外一些市场调研公司又过于侧重调研问卷的数据分析,而忽略了对人文的了解和重视。所以今后市场调研的一个重要方向应该是定性与定量相结合。

4. 小规模调研和大批量调研相结合

目前国内的市场调研大多是在局部地区进行的小样本的调研,可是小样本无法反映市场的全貌,而大样本又需要更多的资金去支持。所以今后市场调研的方式应该是小规模的试探性市场调研和大规模的社会性市场调研相结合。

5. 理论与实践相结合

目前进行市场调研相关工作的人员大约分为两种:一种是对市场调研的理论知识掌握得非常详尽,但是很少涉足实践领域的人员;另一种是缺乏系统理论知识的人员。今后市场调研的发展趋势,应该是理论与实践相结合。

6. 问卷调研、访谈方法的精确化

社会调研方法以及技术在市场调研中的应用,使得问卷调查、访谈调查从调查设计到结果分析具有很好的精确性。消费心理学、社会心理学、社会学等理论和方法被广泛应用于市场调研中。

7. 多种市场调研方法的混合使用

每一种市场调研方法都有其长处及不足。市场调研所取得的调研资料是否完整、及时,市场现象及其发展规律的暴露是否充分,现代市场现象的复杂性以及影响因素的多样性,决定着市场调研不可能只采用单一的市场调研方法。在实际的市场调研活动中,常常是几种市场调研方法混合使用,定性市场调研方法与定量市场调研方法结合起来使用。

【案例链接】

盲人摸象

从前,印度有一位国王养了许多大象。有一天,他正坐在大象身上游玩,忽然看见一群盲人在路旁歇息,便命令他们走过来,问他们:"你们知道大象是什么样子吗?"盲人们同声否认道:"陛下,我们不知道。"国王笑道:"你们亲自用手摸一摸吧,然后向我报告。"

盲人们赶紧围着大象摸起来。过了一会儿,他们开始向国王报告。

摸到象耳朵的盲人说:"大象同簸箕一样。"

摸到象腿的盲人说:"大象和柱子一样。"

摸到象背的盲人说:"大象好似一张床。"

摸到象尾的盲人说:"大象好似绳子。"

国王听了哈哈大笑起来,原来他们把自己摸到的某一个部分误认为是全体。

在社会经济生活与生产实践中,人们往往由于知识结构方面的局限而无法从整体上把握事物的本质,从而以偏概全,背离了客观事物真实的一面,并以虚假的片面认识代替事物的本质特性。在现代市场调研中往往要综合运用多种调研方法,以对客观事物形成完整、清晰的认识。

(十二)市场调研的原则与基本程序

市场定位决定着企业的成败,对市场进行调研分析对于任何企业都是必要的。企业在进行市场调研时要遵守一定的原则和程序。

1. 市场调研的原则

市场调研是通过搜集资料为企业的营销活动提供正确依据的活动过程,必须遵循以下几个基本原则。

1) 实事求是原则

市场调研工作要把搜集到的资料、情报和信息进行筛选、整理,经过调研人员的分析得出调研结论,供企业营销决策之用。这就要求我们在进行市场调研时必须实事求是,尊重客观事实,切忌主观臆断,或以经验判断代替科学的分析。同样,以偏概全的做法也是不可取的。实事求是原则是市场调研最基本的原则。

2) 时效性原则

在现代市场营销中,时间就是机遇,时间就是金钱,丧失机遇会导致整个营销战略和活动的失败;抓住机遇,则为成功铺平了道路。市场调研的时效性表现为应及时捕捉和抓住市场上任何有价值的情报、信息,及时分析和反馈,为企业在营销过程中适时地制定和调整策略创造良好的条件。在市场调研工作开始之后,要充分利用有限的时间,尽可能多地搜集需要的资料和情报。调研动作的拖延,不但会增加费用支出、浪费金钱,还会使营销决策滞后,对企业的营销极为不利。

3) 系统性原则

市场调研的系统性表现为应全面搜集有关企业生产和经营方针方面的信息资料。因为在社会大生产条件下的企业生产和经营活动同时受到内部和外部因素的影响和制约,这些因素既可以起积极作用,也可以阻碍企业的正常发展。由于很多因素之间的变动是互为因果的,如果只是单纯地了解某一事物,而不去考察这一事物如何对企业发挥作用和为什么会产生这样的作用,就不能把握这一事物的本质,也就难以对影响经营的关键因素得出正确的结论。因此市场调研既要了解企业的生产和经营实际,又要了解竞争对手的有关情况;既要认识到企业内部机构设置、人员配备、管理素质和方式等对经营的影响,也要调研社会环境的各方面对企业和消费者的影响。

4) 经济性原则

市场调研是一项费时费力费财的活动,它不仅需要人的体力和脑力,还要利用一定的物质手段,以保证调研工作的顺利进行和调研结果的准确性。在调研内容不变的情况下,采用的调研方法不同,费用支出也会有所差别;同样,在费用支出相同的情况下,不同的调研方案也会产生不同的效果。由于各企业的财力情况不同,因此企业需要根据自己的实力去确定调研费用,并制定相应的调研方案。对中小企业来说,如果没有大企业那样的财力去进行规模较大的市场调研,则可更多地采用参观访问、直接听取顾客的意见、大量阅读各种宣传媒体上的有关信息、搜集竞争者的产品等方式进行市场调研,只要工作做得认真仔细而又有连续性,同样会收到很好的调查效果。因此,市场调研也要讲求经济效益,力争以较少的投入取得最好的效果。

5) 科学性原则

市场调研不是简单的搜集情报和搜集信息的活动,为了在时间和经费允许的情况下获得更多、更准确的情报和信息,就必须对调研的过程进行科学的安排。采用什么样的调研方式?选择谁作为调研对象?调研问卷如何设计才能达到既能明确调研意图,又能被调研者易于答复的效果?对以上问题都需要进行认真的研究,同时运用一些社会学和心理学方面的知识,以便与被调研者更好地进行交流。在汇集调研资料的过程中,要使用计算机这种工具来代替手工操作,以便对大量信息进行准确的分类和统计;对资料所做的分析应由具有一定专业知识的人员进行,以便对汇总的资料和信息做出更为深入的分析;分析人员应掌握和运用相关的数学模型和公式,从而将汇总的资料以理性的数据表示出来,精确地反映调研结果。

6) 伦理守则

市场调研人员必须积极主动地营造一个伦理环境,第一步就是建立伦理守则。许多调研公司都建立了公司内部伦理守则,这些守则一般源自主导当今市场调研行业的大型调研公司。欧洲民意和市场研究协会(ESOMAR)是一个鼓励、推动和提高市场调研的世界组织,其网站(www.esomar.org)上也公布了伦理守则。ESOMAR 伦理守则的中心原则总结如下:

(1) 市场调研人员要遵循所有相关的国内和国际法规;

(2)市场调研人员的行为必须符合伦理规范,并且不能做任何有损市场调研声誉的事;

(3)市场调研人员在对儿童或其他敏感人群进行调研时要尤其小心;

(4)受访者的合作应是自愿的,并且受访者同意参与调查是基于他们已了解充足的、未被误导的、与调研计划目的和本质相关的真实信息;

(5)市场调研人员必须尊重受访者的隐私,并保证受访者参与市场调研计划后不会受到伤害或产生不利后果;

(6)不允许调研人员将在市场调研计划中所收集到的信息用于除市场调研以外的其他任何目的;

(7)市场调研人员必须保证设计、实施、报告和记录调研计划和调研活动的准确性、透明性、客观性,并使其达到一定的质量水平;

(8)市场调研人员必须遵循可接受的公平竞争原则。

2. 市场调研的基本程序

市场调研的基本程序包括确定调研目标、设计调研方案(选择调查方法、进行抽样设计)、搜集数据、分析数据、撰写并提交报告和信息反馈六个步骤。

1)确定调研目标

确定调研目标是市场调研的第一步,也是最重要的一步。此步骤需要了解调研背景,确定市场营销的问题或机会,并提出必要的假设。

(1)理解调研的背景(客户为什么做调研)。

(2)明确管理决策的问题(决策者要做什么,可能采取什么行动)。

(3)做好四件事:与决策者交流、讨论,使决策者了解市场调研;向行业专家咨询;搜集、分析二手资料;进行必要的定性调研。

(4)定义调研研究的问题。此过程最容易犯的两个错误是将调研问题定义得太宽或太窄。有时还需要就有关问题提出一定的调研假设,调研假设是关于研究者所感兴趣的某个因素或现象的还未证明的陈述或主张。

2)设计调研方案

在确定了市场调研的目标之后,就进入了市场调研的第二个步骤,即设计详细的市场调研方案。市场调研方案是整个市场调研的依据,是回答具体调研问题的框架结构。市场调研方案的内容一般包括:

(1)规定市场调研目的和调研内容;

(2)确定市场调研对象和调研范围;

(3)选择总的统计研究方法;

(4)选择数据搜集的具体方法;

(5)设计抽样方法和样本量;

(6)制定市场调研实施的具体计划和质量控制方法(访问、复核);

(7) 制定数据分析方案（编码、录入、查错、编辑、统计分析）；

(8) 安排市场调研进度；

(9) 估算市场调研经费；

(10) 设计市场调研问卷和测试调研问卷。

市场调研计划书一般包括封面、目录、内容和附录说明。其中内容部分有时包括报告形式和内容、项目管理、保密条款等。

3) 搜集数据

按照市场调研方案，市场调研问卷经测试、修改后就进入调研的第三个阶段，即调研的实施和数据的搜集阶段，这一步对市场调研成功与否至关重要，因为数据的质量决定着调研结果的质量。专业市场调研公司一般都有详细的调研实施手册。

这一阶段的核心任务是：根据预先制订的调研计划选取调研对象，最大限度地获取需要的各种资料，细心地记录和回收每一份资料，尽量保持资料的翔实、具体、真实和有效。

4) 分析数据

数据搜集完成以后，还必须严把数据处理和分析这一关，以得到正确的调研结果。这一阶段的工作主要包括：

(1) 接收和清点资料；

(2) 检查和校订资料；

(3) 编码；

(4) 录入数据；

(5) 查错或数据净化；

(6) 处理缺失数据；

(7) 统计预处理；

(8) 制表、作图和统计分析。

5) 撰写并提交报告

市场调研报告是整个调研项目至关重要的部分，因为它是调研工作的最终产品，是调研人员辛勤劳动的结晶。市场调研报告包括书面报告和口头报告。书面报告能够将枯燥乏味的数字变成鲜活的内容，便于有关管理者和决策者进行阅读和理解；口头报告能够帮助管理者理解报告的内容并接纳报告，还能够加强双方的交流。

调研报告一般包括以下几个部分：

(1) 报告的摘要，包括主要发现、主要结论；

(2) 报告的详细目录；

(3) 报告正文，包括调研的基本情况、主要发现、小结与建议、报告附录（包括问卷数据、图表等）。

6) 信息反馈

在花费了相当大的精力和资金开展市场调研并准备报告后，最重要的是付诸实施。调研报告提交后，通常还要进行信息的反馈及后续追踪，以了解报告使用者在使用报告过程中的问题，并及时做出解答,这样,一项完整的市场调研工作才算结束。市场调研的基本程序如图1-3所示。

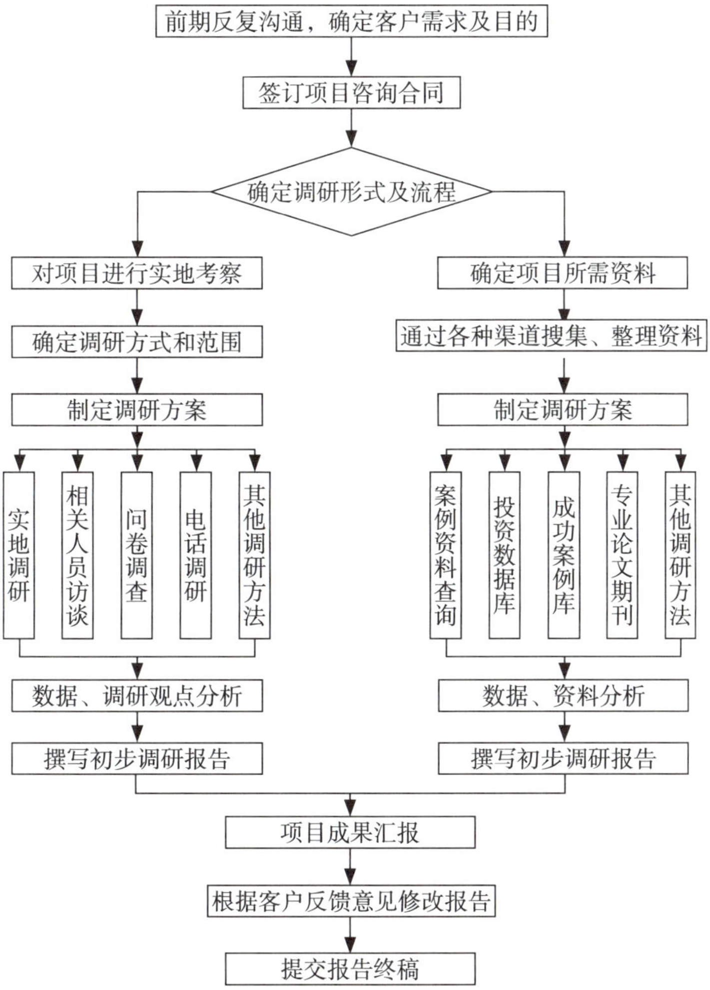

图 1-3　市场调研的基本程序

二、市场预测

市场预测是在市场调研的基础上,运用科学的方法对市场需求和企业需求以及影响市场需求变化的各种因素进行分析研究,对市场未来的发展趋势做出判断和推测,为企业制定正确的市场营销决策提供依据。

(一)市场预测的定义

市场预测是根据市场过去和现在的表现,应用科学的预测方法对市场未来的发展变化进行预计或估计,为科学决策提供依据。

市场预测与市场调研之间存在着密切的关系。从时间上来看,市场调研在前,市场预测在后。

进行市场调研时,市场调研与市场预测是一个连续的过程,表现为市场调研工作根据调研要求搜集、整理市场资料,市场预测对所得到的资料进行分析,找出市场发展变化的规律,据以预计和估计市场的未来变化。从方法论的角度来看,市场调研为市场预测提供依据。市场调研通过实地调查和间接调查,积累了大量的调研资料,为市场预测提供了可能和基础。市场预测有着悠久的历史。根据我国《史记》记载,公元前6世纪到5世纪,范蠡在辅佐勾践灭吴复国以后,即弃官经商,19年之中"三掷千金",成为天下富翁,他的商场建树取决于他懂得市场预测。例如,"论其有余不足,则知贵贱,贵上极则反贱,贱下极则反贵",这是根据市场上商品的供给与需求情况来预测商品的价格变化。严格地说,市场预测是从19世纪下半叶开始的。一方面,资本主义经济体系下的市场变化极其复杂,为了能够获取利润,减少经营风险,就要把握经济周期的变化规律;另一方面,数理经济学对现象数量关系的研究已经逐步深入,各国统计资料的积累也日益丰富,适用于处理经济问题,同时,包括市场预测方法的统计方法也逐步完善。奥地利经济学家兼统计学家斯帕拉特·尼曼树立了关于市场预测的里程碑。他运用指数分析方法研究了金、银、煤、铁、咖啡和棉花的生产情况,有关铁路、航运、电信和国际贸易方面的问题,以及1866—1873年的进出口价值数据。市场预测为决策服务,是为了提高管理的科学水平,减少决策的盲目性,我们需要通过预测来把握经济发展或者未来市场变化的有关动态,减少市场未来的不确定性,降低决策可能遇到的风险,使决策目标得以顺利实现。

(二)市场预测的特征

市场预测是对市场未来的发展变化进行预计或估计,具有以下特征。

1. **市场预测的结果具有不确定性**

市场现象的影响因素众多,而且相互之间存在着千丝万缕的联系,因此,市场预测的结果具有一定的不确定性。

2. **市场预测具有目的性**

市场预测为企业制定正确的市场营销决策提供依据,营销决策的科学性来自对事件未来发展的掌握,因此,市场预测应从决策的实际需要出发,进行有目的的预测。

3. **市场预测具有科学性**

如前所述,市场预测是根据市场过去和现在的表现,应用科学的预测方法对市场未来的发展变化进行预计或估计。从市场预测的过程看,选择市场预测课题、选择恰当的市场预测方法、根据已有的市场调查资料进行预测、得出预测结论并进行修正等步骤是科学的、合理的,因此,市场预测具有科学性,其预测结果具有一定的可信性。

4. **市场预测具有综合性**

市场预测的对象是市场现象,涉及的影响因素众多,而且很多因素是无法定量测量的。同时,市场现象涉及社会、经济、文化、消费者等方面的内容,所以市场预测是根据市场调查研究的需要,以定量分析与定性分析相结合的方式进行预测的,并且对预测结果要进行评价和论证。

5. 市场预测的误差不可避免

市场未来的发展具有较大的不确定性,市场预测的结果与未来的市场实际很难吻合,总是存在一定的误差。

(三)市场预测的作用

市场预测在企业乃至国家层面都发挥着重要的作用,市场预测可以为企业科学决策提供依据,可以为国家制定政策提供依据,可以增加企业效益、避免浪费,增加整个社会的福利。具体来说,市场预测有以下三个方面的作用。

1. 有利于提高决策的科学性

市场经济下,企业是市场的主体,虽然企业对未来不可把握,但是人类的认识、思维的进步使人们发现了"规律"的重要性,古人很早就有"辩道、顺道"的说法,"道"就是规律,随着历史经验的积累和科技的进步,人类认识自然的能力大大增强。作为企业,如果能发现、认识和利用"规律"(包括市场的、顾客的、技术的、企业发展的),在经营中必定会增大胜算的把握。对于国家而言,制定有关政策时也需要进行市场预测,以便科学制定政策。

2. 有利于提高企业的竞争力

企业需要主动适应市场,了解市场,参与竞争,取得生存、发展。市场预测可以测定市场潜力,发现市场机会,把握未来市场供求的变化趋势,在市场竞争中掌握主动,形成自己独特的核心竞争力。

3. 有利于提高企业的经济效益

简单地说,效益就是投入与产出的比较,产出大于投入就是有效益,增加产出、减少浪费(投入)会带来效益的提高。市场预测能够使企业有效把握市场的变化,掌握消费者的变化,从而有针对性地生产适销产品,提高经济效益。

(四)市场预测的内容

市场预测的内容十分丰富,从宏观市场到微观市场,涉及面较广,具体来说主要包括以下几个方面的内容。

1. 预测市场容量及其变化

市场容量是指有一定货币支付能力的需求总量。市场容量及其变化预测可分为生产资料市场容量预测和消费资料市场容量预测。

生产资料市场容量预测是通过对国民经济发展方向、发展重点的研究,综合分析预测期内行业生产技术、产品结构的调整,预测工业品的需求结构、数量及变化趋势。

消费资料市场容量预测包括以下三个方面:

(1)消费者购买力预测。

第一,人口数量及变化预测。人口的数量及其发展速度,在很大程度上决定着消费者的消费水平。

第二,消费者货币收入和支出的预测。

(2)购买力投向预测。

消费者收入水平的高低决定着消费结构,即消费者的生活消费支出中商品性消费支出与非商品性消费支出的比例。消费结构的规律是收入水平越高,非商品性消费支出越多,如娱乐、消遣、劳务费用支出增加,在商品性消费支出中,用于饮食费用支出的比例大大降低。另外,必须充分考虑消费心理对购买力投向的影响。

(3)各种商品需求的预测。

根据消费者购买力总量和购买力的投向,预测各种商品需求的数量、花色、品种、规格、质量等。

2. 预测市场价格的变化

企业生产中投入品的价格和产品的销售价格直接关系到企业盈利水平。在商品价格的预测中,要充分研究劳动生产率、生产成本、利润的变化,市场供求关系的发展趋势,货币价值和货币流通量的变化以及国家经济政策对商品价格的影响。

3. 预测生产发展及其变化趋势

对生产发展及其变化趋势的预测,是对市场中商品供给量及其变化趋势的预测。

(五)市场预测的种类

市场预测按照不同的标准可以有不同的分类。

1. 按照市场预测的方法分类

市场预测的方法很多,一些复杂的方法涉及许多专门的技术。按照市场预测的方法分类,市场预测可以分成定性市场预测、定量市场预测。

1)定性市场预测

定性市场预测法也称为直观判断法,是市场预测中经常使用的方法。定性市场预测法主要依靠预测人员所掌握的信息、经验和综合判断能力,预测市场未来的状况和发展趋势。这类预测方法简单易行,特别适用于那些难以获取全面的资料进行统计分析的问题。因此,定性市场预测法在市场预测中得到了广泛的应用。该方法具体包括专家会议法、德尔菲法、销售人员意见汇集法、顾客需求意向调查法。

2)定量市场预测

定量市场预测法是利用比较完备的历史资料,运用数学模型和计量方法来预测未来的市场需求。定量市场预测法包括时间序列预测法、回归预测法等。

(1)时间序列预测法。

在市场预测中,经常遇到一系列依时间变化的经济指标值,如企业某产品按年(季)的销售量、消费者年收入、购买力增长统计值等,这些按时间先后排列起来的一组数据称为时间序列。依据时间序列值进行预测的方法称为时间序列预测法。

(2)回归预测法。

回归分析用于分析、研究一个变量(因变量)与一个或几个其他变量(自变量)之间的依存关系,其目的在于根据一组已知的自变量数据值,来估计或预测因变量的总体均值。在经济预测中,人们把预测对象(经济指标)作为因变量,把那些与预测对象密切相关的影响因素作为自变量,根据因变量和自变量的历史统计资料建立回归模型,经过统计检验后用于预测。回归预测分为具有一个自变量的一元回归预测和具有多个自变量的多元回归预测,这里仅讨论一元线性回归预测法。

应用一组已知的自变量数据去估计、预测一个因变量的值时,这两种变量需要满足以下两个条件:

①统计相关关系。

统计相关关系是一种不确定的函数关系,即一种因变量(预测变量)的数值与一个或多个自变量的数值明显相关却不能唯一确定的函数关系,其中的变量都是随机变量。经济现象中这种相关关系是大量存在的,例如,粮食亩产量 y 与施肥量 x 之间的关系,二者明显相关但不存在严格的函数关系,亩产量不仅与施肥量有关,还与土壤、降雨量、气温等多种因素有关,因此亩产量 y 存在着随机性。

②因果关系。

如果一个或几个自变量 x 变化时,按照一定规律影响另一变量 y,而 y 的变化不能影响 x,即 x 的变化是 y 变化的原因,反之则不然,则称 x 与 y 之间具有因果关系。反映因果关系的模型称为回归模型。

2. 按照预测期长短分类

按照预测期的时间长度分类,市场预测可以分成长期市场预测、中期市场预测、短期市场预测。

1) 长期市场预测

长期市场预测是指对五年以上的市场发展前景的预测,是制定中长期计划和经济发展规划的依据。例如,经济发展政策,经济结构调整,新技术、新工艺的发明和使用等方面的市场预测。

2) 中期市场预测

中期市场预测是指对一年以上、五年以下的市场发展前景的预测,是制定中期计划和五年发展规划的依据,与长期市场预测相比,中期市场预测采用定量分析与定性分析相结合的方法,对未来的市场发展变化要提出更为具体、更为准确的数据。

3) 短期市场预测

短期市场预测是指对一年以下的市场发展前景的预测,是制订近期业务计划的依据。短期市场预测在企业经营活动中大量存在,属于经常性的工作。短期市场预测有利于企业了解市场发展动态,掌握有利时机,采取有效措施,取得较好的经营效果。

3. 按照预测的范围分类

按照预测的范围分类,可以将市场预测分成宏观市场预测、中观市场预测、微观市场预测。

(1) 宏观市场预测。宏观市场预测是指以整个国民经济、部门、地区的市场活动为范围进行的市场预测,其主要目标是预测市场供求关系的变化和总体市场的运行态势。

(2) 中观市场预测。中观市场预测是涉及国民经济各行业的市场预测,是以省、自治区、直辖市为预测主体的市场预测。

(3)微观市场预测。微观市场预测是指企业进行的市场预测,表现为当地市场或企业产品所涉及地区的市场预测。

(六)市场预测的基本要素

要做好市场预测,必须把握市场预测的四个基本要素。

1. 市场信息

信息是客观事物特性和变化的表征和反映,存在于各类载体,是预测的主要工作对象、工作基础和成果反映。市场信息是有关市场经济活动的各种消息、情报、数据、资料的总称。

市场信息是对市场运行过程与运行状况的客观描述,是各种经济事物运动变化状态及其相互联系的现实表征。在形式上,市场信息一般通过商情、广告、报表、凭证、合同、货单、文件、图像、语言等表现出来。

2. 市场预测方法

市场预测方法是指在预测的过程中进行定性市场预测和定量市场预测时所采用的各种手段。市场预测方法按照不同的标准可以分成不同的类别,按照预测性质可以分为定性市场预测和定量市场预测,按照预测时间长短的不同,可以分为长期市场预测、中期市场预测和短期市场预测。

市场预测方法按照本身的性质可以分成更多的类别,最基本的是模型市场预测和非模型市场预测。

3. 审核、分析

分析是根据有关理论所进行的思维研究活动。根据预测方法得出预测结论之后,还必须进行两个方面的审核、分析:在理论上要分析预测结果是否符合经济理论和统计分析的条件;在实践上对预测误差进行精确性分析,并对预测结果的可靠性进行评价。

4. 判断

对预测结果采用与否,或对预测结果依据相关经济和市场动态所做的修正需要做出判断,同时对信息资料、预测方法的选择也需要做出判断。判断是预测技术中重要的因素。

(七)市场预测的原理

市场预测原理是市场预测活动的认识论基础,阐明了人们运用各种预测方法对未来客观事物发展趋势做出估计和推断的基本道理、基本规则。

1. 可知性原理

客观世界是可知的,客观事物发展变化的规律是可以认识的,通过实践、认识、再实践、再认识,可以发现和认识真理,揭示客观事物发展变化的规律。市场现象虽然是变动不定的,影响因素也很多,但是通过积累丰富的市场资料,运用适当的预测方法,可以认识市场现象,掌握市场规律,从而科学决策、科学经营。

2. 连续性原理

连续性原理也称连贯性原理，是指客观事物的发展过程具有合乎规律的连续性。一切社会经济现象都有其过去、现在、将来，在一定的条件下，事物的发展趋势会延续下去，按照事物自身的发展规律进行。连续性原理是指市场总需求呈现出随时间的推移而连续变化的趋势，是用时间序列方法进行预测的理论基础。

3. 因果性原理

因果性原理又称相关性原理，是指客观事物、各种现象之间存在着一定的因果关系，可以从已知的原因推测未知的后果。在市场预测中，必须重视对影响预测目标各种因素的具体分析，找出预测目标与影响因素之间的数量关系。在某些情况下，大部分因素的正影响与负影响互相抵消，从而使市场需求呈现出明显因一个或少数几个因素的变化而变化的规律。

4. 质量互变原理

唯物辩证法认为，质量互变规律是唯物辩证法的基本规律之一。质和量是事物的两种不同的规定性，量变和质变是事物发展变化的两种状态；事物的发展总是从量变到质变再到新的量变的过程，是连续性与阶段性的统一。例如，产品的生命周期存在着投入期、成长期、成熟期、衰退期的明显变化，在这四个阶段内，又存在着利润、营销投入、销售增长率的量变与质变。

5. 系统性原理

系统性原理是把市场预测对象看作一个系统，以系统科学的理论和观点来指导市场预测活动。系统论认为，每个系统内部各个组成部分之间存在着相互联系、相互作用，系统与外部环境之间存在着相互联系、相互作用，每个系统由若干子系统组成，而且，每个系统从属于更大的系统。系统与外部环境之间存在着千丝万缕的关系，系统在环境中生存、发展，一个企业的经营活动是由相互联系、相互影响的子系统组成的。企业要注意各子系统中的变量对产品的市场需求的影响，并据此对产品的预测结果进行调整。

6. 相似性原理

相似性原理又称类推性原理，是指客观事物之间存在着某种类似的结构和发展模式，根据已知事物的某种类似结构和发展模式可以类推未来某个预测目标的结构和发展模式。相似性原理是指可以根据已出现的某一事件的变化规律来预测即将出现的类似事件的变化规律。一个企业在推出新产品时，往往对其社会需求量心中无数，这时，企业的预测要注意利用类推性原理。例如，对未来空调的市场趋势预测可以用国外或国内空调使用较早地区的家庭普及率来预测，也可以用空调的相近产品如电视机的家庭普及率来预测。

（八）市场预测的程序

市场预测涉及人员的选择、市场预测方法的选用、市场预测方案的实施、经费的使用等方面的问题。市场预测应该遵循一定的程序和步骤，以使市场预测工作有序化、统筹规划和有效协作。

市场预测的程序如下。

1. 确定预测目标

明确目标是开展市场预测工作的第一步,因为市场预测的目标不同,市场预测的内容和项目、所需要的资料和所运用的方法都会有所不同。市场预测首先要确定预测目标,明确目标之后,才能根据预测的目标去选择预测的方法,决定搜集资料的范围与内容,做到有的放矢。明确市场预测目标,就是根据经营活动存在的问题拟定市场预测的项目,制订市场预测工作计划,编制预算,调配有关市场调查人员,有效组织实施市场预测工作,以保证市场预测工作有计划、有节奏地进行,达到预期效果。

2. 搜集、整理市场资料

按照市场预测方法确定要搜集的资料,这是市场预测的一个重要阶段。进行市场预测必须占有充分的资料。有了充分的资料,才能为市场预测提供分析、判断的可靠依据。在市场预测工作计划的指导下,搜集和整理有关市场资料是进行市场预测的重要一环,也是市场预测的基础性工作。

3. 选择预测方法

根据市场预测的目标以及各种预测方法的适用条件和性能,选择出合适的预测方法。有时可以运用多种预测方法来预测同一目标。预测的方法很多,各种方法都有其优点和缺点,有各自的适用场合,因此必须在预测开始,根据预测的目标和目的,根据企业的人力、财力以及企业可以获得的资料,确定预测的方法。

市场预测方法的选用是否恰当,将直接影响预测的精确性和可靠性。运用市场预测方法的核心是建立描述、概括研究对象特征和变化规律的模型,根据模型进行计算或者处理,即可得到预测结果。

4. 市场预测结果分析与修正

此阶段就是按照选定的市场预测方法,利用已经获得的市场资料进行预测,计算预测结果。分析是对搜集到的资料进行综合分析,并通过判断、推理,使感性认识上升为理性认识,从事物的现象深入到事物的本质,从而预计市场未来的发展变化趋势。在分析判断的基础上,通常还要根据最新信息对原预测结果进行评估和修正。在得到预测结果以后,还要通过对预测数据与实际数据的差距进行分析以及对预测模型进行理论分析,对市场预测结果的准确和可靠程度做出评价。

5. 编写市场预测报告

市场预测报告应该概括市场预测的主要活动过程,包括预测目标、预测对象及有关因素的分析结论、主要资料和数据,预测方法的选择和模型的建立,以及对预测结果的评估、分析和修正等。

市场预测结果从表述形式上可以分成点值预测和区间预测。点值预测结果在形式上就是一个数值,例如某行业市场潜量预计达到5个亿,就属于点值预测。区间预测不是给出预测对象的一个具体的数值,而是给出预测值的一个可能的区间范围和预测结果的可靠程度。例如,95%的置信度下,某企业产品销售额的预测值在5500万元至6500万元之间。

【案例链接】

润妍：三年准备，一年败北

世界著名消费品公司宝洁的营销能力早被营销界所传颂，可2002年宝洁在中国市场却打了败仗。其推出的第一个针对中国市场的本土品牌——润妍洗发水一败涂地，短期内就黯然退市。

润妍洗发水的推出，是为了应对竞争对手对其持续不断发动的"植物""黑发"等概念的进攻。在"植物""黑发"等概念的进攻下，宝洁旗下产品被竞争对手贴上了"化学制品""非黑头发专用产品"的标签。因为这些概念根植于部分消费者的头脑中，无法改变，因此面对这种攻击，宝洁无法还击。为了改变这种被动的局面，宝洁在1997年调整了其产品战略，决定为旗下产品引入黑发和植物概念品牌。

在新策略的指引下，宝洁按照其一贯流程开始研发新产品。从消费者到竞争对手，从名称到包装，宝洁处处把关。经过长达三年的市场调查和概念测试，2000年，润妍终于登上了起跑线。而同在2000年，联合利华推出了具有植物黑发概念的夏士莲品牌延伸产品——黑芝麻洗发水。

两年后，夏士莲的黑芝麻洗发水填补了奥妮"百年润发"留下的市场空白；而宝洁却对表现不佳的润妍丧失了信心。2001年5月，宝洁收购了同样以植物配方为概念的"伊卡璐"，于是宝洁推出的第一个本土品牌只能接受夭折的命运。

润妍的失败和很多因素有关。润妍采用和主流产品不同的剂型，需要经过洗发和润发两个步骤，比起2合1产品，消费者洗头时间拖长一倍；润妍把目标消费群体定位为都市白领女性，而这个群体对黑发概念并不感兴趣，针对该人群的高价格，又不能被黑发目标消费群体所接受；润妍还沿袭了飘柔等旧有强势品牌的价格体系，在这种价格体系下，经销商没有利润，又不能不做，润妍的价格政策导致经销商对其采取了抵制态度；润妍的概念推广与夏士莲黑芝麻洗发水相比显得笨拙有余、锐利不足。

对于黑发概念，夏士莲通过强调自己的黑芝麻成分，让消费者由产品原料对产品功能产生天然联想，从而事半功倍，大大降低了概念传播难度；而润妍在传播时并没有强调首乌成分。

润妍在市场运作中也存在严重失误。在奥妮惨败、市场出现瞬间空白之际，比起规避风险来说，更重要的是用尽可能快的速度填补空白，可宝洁却把三年时间浪费在市场研究和概念测试上。试想，如果润妍能在奥妮败退的一年内推出，那么市场上恐怕早没有夏士莲黑芝麻洗发水的生存空间。

三、需求管理

（一）需求管理的意义、功能及目的

在产品的开发过程中，需求管理是关键部分，PMI根据长期实践得出结论：需求管理是项目成

功的核心竞争力，47%的不成功项目是由需求管理不善导致的。这个数据也印证了需求管理在项目开发中的重要性。对于企业产品开发来说，用户需求贯穿整个产品的生命周期，其重要性也不言而喻。

Adam Burbidge通过将一个复杂软件项目逐步分解为简单的子系统，指出在复杂的IT项目中应用需求管理方法能够有效地对项目进行管理。徐小平在文章中指出，需求管理在软件开发中是关键所在，需求管理能够为项目的成功提供指导，并指出需求管理的最终目的是在客户和项目之间建立共识，项目目标需要满足用户的需求。李虹等指出，需求管理是软件工程管理的基础，也是项目能否成功的关键；同时根据需求工程理论论述了需求管理在软件项目中的重要性以及存在的问题，并针对存在的问题提出改进方法。另外，许多学者通过具体的IT项目在需求管理方向进行了研究，基于需求管理前沿的理论，对需求管理中的不同环节进行了改进和优化。徐龙在文章中论述了各项目人员在需求管理中的工作职责以及需求管理流程规范，并对需求获取、需求变更以及需求控制这三部分进行理论与实际应用相结合的论述。朱敏从项目团队的角度出发，对发掘用户需求、识别并定义用户需求、需求确认以及需求变更进行了研究，并基于对项目的实际分析，利用时间成本平衡法对客户需求进行管理。

在供应链管理中，计划的概念相当广泛，包括销售计划、需求计划、库存计划、生产和采购计划等。简单地说，销售计划就是确定做到多大的营收规模，一般会设定一个金额。这个金额对供应链的帮助有限，除非"翻译"成产品和数量，最好是细化到规格、型号，这就是需求计划。基于需求计划，我们扣除在库、在途和在制库存，算出净需求，围绕净需求制订生产计划，由生产计划导出物料计划、采购计划等。由此可见，在整个"计划链"上，需求计划是最为关键的一环。如果说计划是供应链的引擎，那么需求计划就是计划的引擎。在供应链的三道防线中，需求预测是第一道防线，也反映了需求计划的重要性。

供应链的第一道防线是需求预测。所有的预测都是错的，但错多错少可大不一样。"从数据开始，由判断结束"，有效对接销售和供应链运营，做出一个"准确度最高的错误的预测"，是需求预测的核心任务。

"从数据开始"是基于需求历史做出基准预测。这里假设业务有一定的重复性，要么在成品层面，要么在半成品层面，要么在原材料层面，至少也应该在工艺层面。企业的大部分业务都有这样的重复性，否则，光靠一锤子买卖，企业很难做到几千万、几亿、几十亿甚至更大的营收规模。但是，历史不会百分之百地重复，有些发生过的业务未来可能不会发生，有些没发生过的业务未来可能会发生。对于未来可能发生的业务，销售、市场、产品管理人员，凡是跟客户端有接触的人员都有一定的预判能力，从而可以调整预测，这就是"由判断结束"。企业规模大了，有判断能力的人往往没数据，有数据的人往往没判断能力。比如销售人员整天跟客户、市场打交道，有判断能力，但他们不怎么接触信息系统，对于需求历史等数据并不熟悉，即便有了历史数据，也往往分析不到位。相反，计划人员整天跟数据打交道，很清楚每个产品卖掉多少、卖给谁了，数据分析能力较强，但他们处于供应链的后端，远离市场与客户，所以没有判断能力。这就注定需求预测是个跨职能行为：有数据的出数据,有判断能力的出判断能力,把这些都拿到台面上,消除信息不对称,是提高需求预测准确度的关键[8]。

(二)需求管理分类

建立科学、严格的需求管理体系,是确保研发出的产品满足市场和客户需求并获得商业成功的关键。按照产品需求管理的特点,产品需求管理大致可划分为5种类型(表1-1)。

表1-1 产品需求管理类型表

序号	分类	主要内涵和特点
1	想象型	站在客户角度来猜测和想象客户的需求来开发产品,开发出的产品脱离实际需求
2	模仿型	参照市场上已有竞争对手的产品进行逆向模仿,市场竞争力较差,主要拼价格
3	被动型	被动响应需求,根据客户提出的需求进行开发,开发过程中经常发生需求变更情况,导致开发周期和成本不可控
4	主动型	主动收集和管理客户需求,注重客户需求、市场需求、内部需求等,对需求管理进行体系化管理,把需求管理融入研发全流程中,作为产品开发成败的关键
5	引领型	引导和影响客户的需求,发掘客户没有意识到的需求,超出客户预期。产品一旦上市,将具有颠覆性和引领性,获得巨大商业成功

(三)需求收集渠道

要采用多种手段和渠道收集客户的需求,通过市场活动、销售活动和用户服务活动等,面对面接触客户和市场,获得一手的需求信息。同时要通过公开信息、商业伙伴的信息和专业数据库信息等获得二手信息,对以上获得的信息进行整理,建立需求库。需求收集的渠道主要分为外部渠道和内部渠道。

1. 外部渠道

一方面,对行业研究报告以及市场讯息进行分析,根据数据信息形成数据分析报告,对企业的产品方向进行指导。另一方面,在用户需求方面,对于有明确需求的用户可以通过沟通的方式来直接获取用户的需求,对于自身需求模糊的用户,可以通过问卷调查的方式以及数据分析的方式,对用户的潜在需求进行挖掘。

2. 内部渠道

企业用户在使用产品的过程中会产生行为数据,这些数据代表用户的潜在需求,企业将产生的数据保存到自身的数据仓库之中,并结合企业实际的业务场景对数据进行挖掘,从而实现对产品需求的预测。同时,产品从研发到推向市场,涉及不同的职能部门以及人员,产品研发人员以及产品运营、销售人员是最为了解产品和用户的人员,两者可以为产品需求提供有力的支持。

(四)需求收集方法

需求收集方法与调研目的、调研内容与规模关系密切,需求收集方法很多,但不论采用哪种方法,调查问卷或调查问题的设置与内容都非常重要。

1. 内部资料来源

内部资料指的是出自所要调查的企业或公司内部的资料,完整的内部资料能提供相当准确的信息。内部资料来源主要包括企业内部各有关部门的记录(尤其是销售记录)、会计账簿、统计表、报告、用户信息、代理商和经销商的信息,以及以往相关调研项目已搜集的信息资料与调研报告等。

2. 外部资料来源

外部资料指的是来自被调查的企业或公司以外的信息资料。一般来说,外部资源的来源主要包括以下方面。

(1)政府部门:政府的统计机构定期发布各种统计数据信息、政策文件等资料,如人口普查数据,包括全国各地区的城市人口、农村人口、年龄结构、男女比例、家庭收入、人口增长、经济增长等内容。

(2)图书馆:能提供有关市场的基本经济资料,有关具体课题的资料一般从专业图书馆和资料室获取。图书馆的资料非常丰富,可以查阅的资料包括公开出版的期刊、文献、报纸、书籍、研究报告、工商企业名录、统计年鉴、企业手册,以及政府公开发布的有关政策、法规、条例、规定、规划、计划等。图书馆的优势是资料多而且全,缺点是许多资料过于陈旧。

(3)行业协会:行业协会是有关特定产业部门的信息源,如消费者协会、物流协会、营销协会等。许多行业协会定期搜集、整理甚至出版一些有关本行业的产销信息,包括已经发表和保存的有关行业销售情况、经营特点、增长模式及竞争企业的产品目录、样本、产品说明与公开的宣传资料。

(4)专门调研机构、咨询机构和广告公司:企业可向这些机构购买相关数据或信息,或提出咨询,委托调查,依托机构的丰富经验,搜集有价值的资料,但花费相对较高。

(5)企业的相关利益群体:企业的营销人员经常在顾客和市场中活动,直接接触市场,他们可提供许多非常具体的市场信息。此外,供应商、分销商、竞争对手也是很好的资料收集对象。

(6)互联网:互联网上每天都有数以亿计的信息在流动,它是一个巨大的"信息仓库",其中包含大量的资料。利用互联网收集信息是市场调研的一个重要方向。

(7)当地高校:大学的工商管理系、市场营销系、社会学系经常有许多研究项目要组织学生做市场调研和案例分析,因此可以提供一定的信息资料。

(8)竞争对手:竞争对手的报价单、产品目录、公司年报、公司刊物等也能提供很多信息,可以从中了解竞争产品的价格、款式、型号、包装、服务、成本、技术等方面的情况。

(9)公开的情报:人们总以为商业情报是锁在竞争对手的保险柜里的,其实有关竞争对手的大部分资料都是可以从公开的媒体和各种资料上获得的。

参考文献

[1] 居长志,周峰. 市场调研[M]. 南京:东南大学出版社,2019.

[2] 岳广军,陈伟,刘博. 市场调查与预测[M]. 2版. 哈尔滨:哈尔滨工程大学出版社,2018.

[3] 李桂华. 市场调研[M]. 天津:南开大学出版社,2016.

[4] Luck J D. Marketing Research[M]. 6th ed. Englewood Cliffs:Prentice-Hall, Inc,1979.

[5] HAIR J F, BUSH R P, ORTINAU D J. Marketing Research:a Practical Approach for the New Millennium Computer File[M]. New. York:McGraw-Hill,2000.

[6] 林建邦. 市场调研与预测[M]. 广州:中山大学出版社,2018.

[7] 张西华. 市场调研与数据分析[M]. 杭州:浙江大学出版社,2019.

[8] 刘宝红. 需求预测和库存计划:一个实践者的角度[M]. 北京:机械工业出版社,2020.

第二章
卷烟消费市场趋势分析

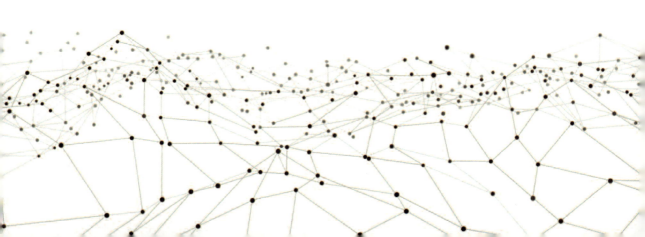

一、政策层面分析

(一)国家宏观政策

2012年至2014年,我国经济政策主要围绕"稳增长"和"调结构"两个目标展开。在这一时期,我国出台了多项政策支持经济增长,比如大规模基础设施投资、减税降费、扩大内需、改革金融体制等。同时,为了调整经济结构,政府推出了多项政策,比如鼓励高端制造业、加强环保等。这一时期的政策取得了一定的成效,但也存在一些负面影响,比如债务风险加剧、环境污染等。

2015年至2016年,我国开始实施"供给侧改革",旨在消除过剩产能、改善生产力和增强经济结构的灵活性。这一政策使得钢铁、煤炭、水泥等行业出现了大规模的减产和关闭,同时也带来了一定的就业压力和社会不稳定因素。

2017年至2018年,我国开始加强金融监管,防范系统性金融风险。这一政策导致一些企业的融资成本上升,但也有效地遏制了金融乱象,保障了金融市场的稳定。在经济增速放缓、全球贸易摩擦加剧的背景下,2018年年初,中国政府调整了宏观政策,从"去杠杆"转向"稳杠杆",从过去的量的扩张向质的提高转变,通过促进消费、加强监管、降低税费等方式来增强经济的内生增长动力,提高经济发展质量和效益。

2019年初,我国继续坚持稳中求进的总基调,适度扩大财政支出和逆周期调节,继续实施积极的财政政策和稳健的货币政策,推进经济高质量发展,保持经济运行在合理区间。

2020年初,新冠疫情暴发严重冲击了全球经济和我国经济,我国迅速采取了一系列应对措施,包括加强疫情防控、稳就业、扩大内需、加大基建投资等,推出了一系列财政、货币政策措施,保障经济稳定发展。随着疫情得到有效控制,经济逐步恢复,政府也开始调整政策,加强结构性改革,推进"双循环"发展格局,鼓励技术创新、扩大内需等。

2021年初,我国继续坚持稳中求进的总基调,继续实施积极的财政政策和稳健的货币政策,推进供给侧结构性改革,加强技术创新和人才引进等,推动经济高质量发展。同时,政府也加大了对金融市场和房地产市场的监管,以避免价格泡沫和风险积聚。

总体来说,2012年到2022年,我国的宏观政策经历了从"去杠杆"向"稳杠杆"转变,从量的扩张向质的提高转变,从单纯的经济增长向高质量发展转变的过程。在应对全球经济形势的变化和内部结构性问题的同时,政府也在不断优化政策,加强监管,以促进经济的稳定发展。

(二)烟草行业政策

2001年,国家烟草专卖局(下文简称国家局)开始进行"全国烟草行业名优卷烟品牌"评选。

当年,以"中华""红塔山""芙蓉王"为代表的36个品牌脱颖而出,首获殊荣。行业通过评选36种名优卷烟并出台相关扶持措施,一方面希望能够促进卷烟品牌进一步发展;另一方面也可以证明,此时企业的品牌意识已经大大增强,企业花大力气培育并推广自己的卷烟品牌。

2003年,行业实行工商分开,消除品牌发展的地方保护壁垒。

实施省级烟草机构工商管理体制分开,着力打破烟草市场的地区封锁。在过去较长的一个时期内,地区封锁是困扰烟草行业发展的突出难题。因此,如何切实打破地区封锁,真正形成全国统一大市场,便成为烟草行业改革首先要突破的重点。2002年底,国家局研究决定,以实施省级烟草机构工商管理体制分开为突破口,积极稳妥地推进烟草行业改革。工商分开的主要做法就是在符合条件(主要是卷烟产量超过500亿支)的省份成立省级中烟工业公司,承担烟草制品生产和销售、烟草物资、烟机零配件的经营和相关多元化生产经营业务,与本省烟草专卖局(公司)脱钩,省级烟草专卖局(公司)与省级中烟工业公司实行机构、职责、人员、财务"四分开"。

实施工商管理体制分开,把原有省级烟草专卖局(公司)负责管理工业的职能分离出来,形成工业、商业两个独立的主体,其主要目的就是打破原来拥有所属行政区域内卷烟市场"独家销售权"的省级烟草专卖局(公司)对本省卷烟工业的保护和对外省卷烟工业的封锁,从而有效促进全国统一大市场的形成。国家局对实施工商分开改革坚持"先试点、后总结、成熟一个开展一个"的工作方针,提出把"地方封锁是否有所缓解、市场环境是否有所改善、企业来自市场的压力是否有所增大"作为检验工商分开是否取得实效的主要标志。2003年3月,安徽省级烟草单位率先实施了工商分开;4—11月,广东、湖南、川渝、河北、浙江、云南、江苏、贵州、湖北、陕西、广西、福建、河南、山东、江西省级中烟工业公司相继成立。兰州卷烟厂、哈尔滨卷烟总厂等8家所在省份未成立省级中烟工业公司的卷烟工业企业,于2004年11月统一调整为中国烟草实业发展中心管理。上海烟草(集团)公司继续保持原有体制。工商分开之后,全国共成立了16家省级中烟工业公司,中国烟草实业发展中心和上海烟草(集团)公司具备省级中烟工业公司的职能。

2003年,首次提出中式卷烟发展方向。

2003年,国家烟草专卖局在云南召开全国烟草行业降焦减害工作会议,第一次明确提出"发展'中式卷烟'为主攻方向的科技战略"。国家局在《中国卷烟科技发展纲要》中阐释了"中式卷烟"的概念:能够满足中国卷烟消费者当前和潜在消费需求、具有独特香气风格和口味特征、拥有核心技术的卷烟,主要包括中式烤烟型卷烟和中式混合型卷烟。其中,中式烤烟型卷烟占主体地位。

发展"中式卷烟"这一战略性决策赋予了国产卷烟一个清晰的定位,使其区别于美式混合型和英式烤烟型两种国际主流卷烟类型,为中国烟草开辟了一条新通道。

2004年,颁布《卷烟产品百牌号目录》。

为进一步优化卷烟产品结构,实现行业资源的优化配置与合理利用,提高行业总体竞争实力,国家局决定在行业内实施卷烟产品百牌号战略,即用2~3年的时间,将全行业卷烟产品生产和销售牌号(四、五类除外)压缩到(四、五类除外)100个左右。为此,国家局在各省申报牌号的基础上,根据市场原则、效益原则、资源有效利用原则、区域分布合理原则和产品结构分布合理原则,制定了《卷烟产品百牌号目录》。《卷烟产品百牌号目录》出台后,品牌整合被加快推动。全国卷烟品牌数量从1049个减少至315个,有超过700个品牌从此成为历史。另一面,短短两三年间,跻身百万箱行列的品牌数量达到了两位数。

2006年,制定《中国卷烟品牌发展纲要》。

2006年,国家局出台《中国卷烟品牌发展纲要》,提出品牌发展目标之一,即在未来5年内,着力培育 10 多个全国重点骨干品牌。这标志着中国卷烟品牌将步入更高层次、更高水平的发展,整合力度将会加大,品牌集中度将会加强。

2008 年,印发《全国性卷烟重点骨干品牌评价体系》。

该评价体系提出,对前 20 名全国性卷烟重点骨干品牌评价结果实施动态管理,同时将"泰山""钻石"等 10 个品牌视同前 20 个全国性卷烟重点骨干品牌进行考核。

2008 年,印发《卷烟品牌定向整合产品目录》。

这一举措进一步推动了跨省品牌整合。2008 年末,全国品牌数量减少至 150 多个。新世纪的第一个十年,从"关小"到省内联合重组再到跨省联合重组,大对大、强对强、快对快的品牌竞争格局逐步形成。消费者对中式卷烟有了深刻认同,外烟的市场份额逐步萎缩。

2010 年,提出"532""461"品牌发展目标。

面对国际烟草市场竞争不断加剧、国内品牌竞争力不强、持续快速发展能力不强、禁烟浪潮不断高涨等诸多困难,2010 年,国家局编制《烟草行业"卷烟上水平"总体规划》,其中勾勒了"532""461"的品牌发展战略蓝图。

"卷烟上水平"就是要以做强做大品牌为主要目的,在全国范围内实现资源的优化配置,增强行业发展的动力和活力,并特别指出品牌发展上水平是实现卷烟上水平的集中体现,品牌发展的主要任务就是要加快重点品牌规模扩张、积极实施减害降焦、着力提升品牌价值。

"532""461"品牌发展战略,即争取用五年或更长一段时间,培育出 2 个年产销量 500 万箱以上、3 个 300 万箱以上、5 个 200 万箱以上定位清晰、风格特色突出的知名品牌;培育出 1 个销售收入超过 1000 亿元、6 个超过 600 亿元、5 个超过 400 亿元的强势品牌。其中,前 10 个品牌的集中度超过 70%,税利贡献超过 80%,前 5 个品牌进入全球 10 大卷烟品牌行列。

"532""461"品牌发展战略的提出,是继"大市场、大品牌、大企业"战略后又一重要品牌发展目标。该战略的实施,不仅将加速全国重点骨干品牌的发展步伐,直接影响到烟草企业的生产经营管理活动,更将定义整个烟草行业的未来走向和战略格局。以此标志,中国烟草将进入一个全新的发展阶段。从此"重点品牌"取代了"重点骨干品牌",同时出现了"双十五"品牌、知名品牌的提法。

2011 年,全行业卷烟牌号已经由过去的 2000 多个调整到 124 个,"461"品牌发展格局基本形成。同时,在国家局"532""461"品牌发展战略目标的指引下,短短几年,行业发展取得重大进展,品牌发展上水平取得显著成效。

2012 年,印发《关于进一步加强卷烟品牌建设的指导意见》。

为深入贯彻行业"卷烟上水平"基本方针和战略任务,有效落实"1+5"工作目标任务,促进品牌发展上水平,国家烟草专卖局在 2012 年印发《关于进一步加强卷烟品牌建设的指导意见》(下文简称《指导意见》),提出要优化资源配置,推动技术进步,加强品牌维护,提升品牌价值。

《指导意见》指出,进入新的发展阶段,面对新形势、新要求,行业卷烟品牌建设与品牌发展上水平工作要求仍有一定差距,资源配置需进一步优化,品牌价值仍需提高;支撑品牌发展的技术创新需进一步加强,核心竞争力有待提升;品牌维护需进一步强化,产品质量安全体系有待进一步完善。加强卷烟品牌建设工作是解决这些问题的有效途径,是促进卷烟品牌发展上水平的关键,是提升品牌核心竞争力、实现重点品牌又好又快发展的必由之路。

《指导意见》强调,加强卷烟品牌建设的指导思想是按照行业"卷烟上水平"基本方针和战略任务的要求,坚持中式卷烟发展方向,努力推进大市场大品牌大企业、减害降焦、提质增效三大品牌发展战略有机统一,努力推进品牌战略、品牌创新、品牌维护有机统一,努力推进品牌发展、共同发展、持续发展有机统一,紧紧围绕培育品牌这一中心,清晰品牌定位,突出风格特色,优化资源配置,推进技术进步,加强品牌维护,提升品牌价值,全面提升品牌核心竞争力,实现行业品牌持续协调共同发展。

《指导意见》提出,加强卷烟品牌建设,一要完善品牌规划,明确品牌发展方向。品牌发展规划要与行业品牌发展战略、市场需求、合作生产规划、品牌价值提升相结合。二要加强技术创新,增强品牌核心竞争力。要以提高卷烟产品的轻松感、舒适感、满足感为目标,通过原料配方、香味调配、烟用材料、加工工艺等方面的技术创新,提升产品品质,突出风格特色,拓宽原料使用范围。三要加快产品升级,提升品牌价值。要持续推进技术创新,实现产品品质升级;积极推进品类构建,强化产品特色;有效推进减害降焦,逐步实现"低焦高档"。四要加强品牌质量、技术、市场维护,实现品牌稳步发展。五要加强品牌文化建设,有效传递品牌价值。要注重传承,实现品牌文化的继承、发扬;与时俱进,注重对品牌文化的整合、提炼;注重创新,实现品牌文化的突破。六要强化产品质量安全,确保品牌健康发展。要加强对原料、烟用物资、设备的安全监管和卷烟生产过程的控制管理及产品安全标准化建设,建立健全产品研发安全保障机制。

2014年,全国烟草工作会议综合分析了行业当时面临的新形势、新矛盾、新任务,提出了"谋划'三大课题',提升'五个形象',努力实现烟草行业税利总额超万亿元年度目标"的战略部署。

"三大课题",即改革的红利在哪里?发展的潜力在哪里?追赶的目标在哪里?

改革的红利,主要是在计划安排上,努力向市场配置资源要红利;在卷烟营销上,努力向建设统一开放、竞争有序的市场体系要红利;在品牌规格上,努力向健全优胜劣汰、市场化退出机制要红利;在法人治理结构上,努力向协调运转、有效制衡要红利;在人事制度上,努力向建立"管理人员能上能下、员工能进能出、收入能增能减"机制要红利;在审批制度上,努力向简政放权、高效运转要红利。发展的潜力,主要是结构调整的潜力、国际市场的潜力和货币资金保值增值的潜力。追赶的目标,主要是追赶烟草跨国公司前三名、追赶烟机制造公司排头兵、追赶原辅材料生产大集团、追赶现代企业管理新趋势。

烟草经历十来年的高速发展期,卷烟销量已经达到了天花板,再加上烟叶库存量严重过大,单靠增量的方式来保持税利增长已经是不可持续的了。调结构,也要遵循市场规律,卷烟结构提升与宏观经济和消费环境密切相关,特别是农村地区和低收入群体对价格很敏感,如果只是单纯砍掉低价烟,多销售高价烟,那么可能会导致"量没了,结构也没办法谈了"的尴尬。因此,如何解决"三大课题"是行业内一定时期内仍需努力研究解决的问题,各工业企业围绕着三大课题开展了大量探索。

当年,烟草行业税利总额跨过了一万亿元台阶,实现了"保八争十超万亿"的年度目标,为财政收入稳定增长、烟农脱贫致富、零售客户就业增收做出了贡献。

2016年，国家局党组提出了"一个发展目标"和"五个基本定位"的行业"十三五"规划总体思路，依托这一思路，行业将通过深化改革，努力保持行业持续健康发展，为全面建成小康社会、实现中华民族伟大复兴的"中国梦"做出新贡献。

一个发展目标：努力保持行业税利总额增长速度略高于全国经济增长速度和财政收入增长速度。

五个基本定位：开拓市场稳定销路是根本，创新驱动提升结构是核心，精益管理降本增效是内功，降焦减害提高品质是责任，敢于担当强化责任是关键。

保持税利稳定增长将成为"十三五"行业发展主要导向，这是坚持和巩固烟草专卖体制这个行业根本利益所必需，也是烟草行业为实现"中国梦"做出的庄严承诺。"十三五"时期，烟草行业税利总额增长速度要略高于全国经济增长速度和财政收入增长速度，努力保持行业在国民经济中的地位。按照国家的"十三五"规划建议，我国宏观经济 GDP 的增速底线是 6.5%，烟草行业"略高于"这一增速，就必须保持税利总额年均增速在 7% 以上，到 2020 年实现税利总额超过 1.6 万亿，年均增长需要达到 940 亿元以上。

2017 年，实现了以销量为单位的"14 个"。

2017 年，中国烟草以销量为单位的"14 个"实现了，共有 14 个品牌销量超过 100 万箱，分别是双喜·红双喜、云烟、利群、红塔山、白沙、南京、黄鹤楼、黄金叶、芙蓉王、黄山、泰山、七匹狼、玉溪、中华；以工商税利为单位的"14 个"还在路上。抵达目标的路径从内说需要提升品牌品质、创新品牌动能、加大培育力度，从外说应该缩减品规数量、扩大合作生产、推动品牌整合。

2018 年，提出坚持"总量控制、稍紧平衡"调控方针，坚持"大品牌、大市场、大企业"发展战略。

2018 年，烟草行业各直属单位主要负责同志座谈会议在京召开，国家烟草专卖局党组书记、局长张建民强调要以习近平新时代中国特色社会主义思想为指导，全力推动烟草行业高质量发展，奋力把烟草行业各项工作推上一个新台阶。同时提出要坚持"总量控制、稍紧平衡"调控方针，坚持"大品牌、大市场、大企业"战略，坚持改革创新，坚持严格规范，坚持共同发展的道路。

2019 年，提出"136/345"发展目标。

2019 年，国家局确定了"136/345"发展目标，即通过未来 4~5 年的努力，在中高端卷烟形成"136"品牌规模（1 个年销量规模超 350 万箱，3 个超 200 万箱，6 个超 100 万箱）、"345"品牌效益（3 个年批发销售额超 1500 亿元，4 个超 1000 亿元，5 个超 600 亿元）。

2019 年，高质量发展元年。

在深入调查研究、广泛征求意见的基础上，国家局党组印发《关于建设现代化烟草经济体系推动烟草行业高质量发展的实施意见》，明确基本遵循和内涵要求，确定战略目标和主攻方向，提出重点举措和保障措施，形成了行业高质量发展政策体系的核心和总纲。

此后，6 份配套政策文件和 2 个专项规划相继出台，对实施意见进行细化和补充。6 份政策文件指明了高质量发展的发力点和突破口，2 份专项规划着力在行业发展的潜力和后劲下功夫。政策总纲、配套措施、专项规划相互贯通、有机统一，构成了烟草行业高质量发展"1+6+2"政策体系，从战略和全局高度对行业高质量发展做出了系统性、整体性、前瞻性安排。一个核心、六个努力的方向、两个基本原则,从政策体系上明确了高质量发展的"转向"步骤、路线图、时间表等。

2019年是中国烟草高质量发展的元年,行业取得了三个最基础且最重要的成就。一是整个行业稳中向好状态的保持和既定的税利目标的达成;二是在高质量发展的顶层设计下,各工、商企业主动摸索并找到了通向各自目标的方式和路径;三是在卷烟消费新时代,各个品牌持续创新产品、创新营销,行业整体展现出发展的活力。概括起来:盘子稳、方向明、有活力,是近几年行业企稳回升势头的延续。

2020年,继续坚持十六字方针。

"六个转向"是行业高质量发展的操作指南,但"转向"的难度系数也在增加。2020年,继续坚持十六字方针,"总量控制、稍紧平衡",就是尊重市场规律,保持合理供求关系;"增速合理、贵在持续",就是增强战略定力,保持合理增长速度,防止大起大落。同时,2020年是"十三五"规划收官之年。国家烟草专卖局召开行业高质量发展"1+6+2"政策体系推进实施情况评估汇报会,将衔接"1+6+2"行业高质量发展政策体系作为行业"十四五"规划编制的重要任务,不断推动高质量发展向纵深推进,确保一张蓝图绘到底,并提出了"四个必须加强"和"五个更加注重"的工作要求。

四个必须加强:必须加强党的全面领导,必须加强战略谋划,必须加强精准施策,必须加强风险管控。五个更加注重:更加注重新发展理念,更加注重稳字当头,更加注重改革创新,更加注重严格规范,更加注重提升软实力。明确了把保持稳定良好的经济运行和市场状态摆在优先位置,着力提升供给体系质量和效率,持续改善供需关系;优化烟叶种植布局,稳定核心烟区、核心烟农,着力化解供需结构性矛盾;以品牌培育引领结构升级,以结构升级支撑效益增长,促进要素资源合理流动和优化配置;处理好高基数与可持续、强自身与谋全局、保增长与防风险等重大关系,实现税利总额、工业增加值、商业增加值平稳增长。

2021年,出台《烟草行业"十四五"规划》。

2021年为"十四五"的开局之年,国家烟草专卖局党组制定出台了《烟草行业"十四五"规划》和专项规划,形成烟草行业"十四五"规划体系,全面绘就了烟草行业未来发展蓝图,并发布了《关于建设现代化烟草经济体系推动烟草行业高质量发展的实施意见》。

(三)国际相关烟草政策分析

近十年,卷烟需求总体平稳,全球控烟运动不断推进。细支烟、爆珠烟等产品增长迅猛,非卷烟类烟草制品及电子烟销量持续增长。世界烟草行业巨头一方面积极研发新产品占领细分市场,另一方面通过国际并购努力扩大市场份额,国际竞争日益激烈。

(1)在国际烟草政策方面,控烟政策日益严格,烟草税负持续提高。

2013年,澳大利亚正式实施《烟草制品素面包装法案》;俄罗斯通过烟草制品印制健康警示图片和公共场所全面禁烟法案,连续多次提高卷烟消费税,导致全国卷烟销量下滑明显;菲律宾开征烟草"罪恶税";欧盟推进修订《欧盟烟草制品指令》,修订重点内容是包装上的健康警示语。

2014年,《烟草控制框架公约》第六届缔约方会议在莫斯科召开。此次缔约方会议的主要议题及进展是:呼吁各缔约方尽快签署《消除烟草制品非法贸易议定书》,审议税收和价格措施指南,讨论电子烟监管措施,促请各缔约方考虑禁止或管制电子烟等,并且肯定了我国烟草质量监督检验在方法认证中做出的技术贡献。在烟草制品成分方面,规定任何能够赋予烟草制品以"烟草味"以外味道的添加剂均不得使用。在电子烟监管方面,规定了烟油浓度等方面的上限,要求包装印制健康警示语,新产品上市必须报备,对烟草制品跨境宣传促销活动的限制适用于电子烟产品。日本、英国、法国、意大利、西班牙、土耳其等国均提高了烟草消费税。

2015年,受全球经济低迷和烟草控制加强的双重影响,世界烟草行业发展环境日益严峻。实施加税提价的国家和地区数量增加,加税提价的幅度不断增长。俄罗斯自2014年起连续提高卷烟消费税,2015年1月1日再次提税,俄罗斯卷烟销量大幅下降,对本土烟草生产商造成了严重打击,对全球烟草行业也产生了较大影响。韩国2015年1月上调卷烟税率和价格,是2015年加税提价幅度最大的国家之一。同年,澳大利亚、英国、法国、匈牙利、挪威、新西兰、南非等10国政府高官在巴黎召开会议,提出了推行烟草制品素面包装的计划,得到了世卫组织的高度支持。

2016年,世界卫生组织(简称世卫组织)在印度德里召开《烟草控制框架公约》第七届缔约方会议;烟草制品平装成为2016年推广力度较大的烟草控制措施;税收和价格政策持续发力,电子烟管制、口味添加剂限制等措施不断加强;针对加热不燃烧烟草制品等新型减害制品的管制政策尚不明确。

2018年,世界卫生组织召开《烟草控制框架公约》第八届缔约方会议和《消除烟草制品非法贸易议定书》第一届缔约方会议,发布全球烟草流行报告,将世界无烟日主题确定为"烟草与肺部健康"。世贸组织对澳大利亚卷烟平装诉讼做出裁决,支持澳大利亚政府。FDA发现青少年电子烟使用率上升,重点研究风味添加剂对吸引青少年吸烟所起到的作用,考虑实施更为严格的风味限制。

2019年,世卫组织发布第七版《世界卫生组织全球烟草流行报告》,总结了近年来各国在烟草控制方面的进展;组织2019年世界无烟日活动,主题为减少烟草使用和二手烟雾接触。美国联邦政府及各州和地方政府、食品与药品监督管理局(FDA)相继出台系列措施遏制青少年使用电子烟。多国政府加强了对电子烟的管制。

2020年,因为疫情,原定在荷兰海牙召开的《烟草控制框架公约》第九届缔约方会议和《消除烟草制品非法贸易议定书》第二届缔约方会议推迟一年,到2021年11月召开。疫情导致各国政府不同程度地实施了封锁措施,商业零售行业首当其冲受到负面影响。疫情导致各国政府公共支出大增、收入减少,提高烟草税既是控烟举措,也是缓解财政困难的手段。与电子烟有关的肺病出现后,各国加快了对电子烟等新型烟草产品的监管第九届,同时加强对调味烟草产品的管制。

2021年,世界卫生组织以线上视频会议方式,举办了原定在2020年召开的《烟草控制框架公约》第九届缔约方会议和《消除烟草制品非法贸易议定书》第二届缔约方会议;烟草税方面,印尼、德国、泰国等都在推进加税。新型烟草制品方面,世界卫生组织在发布的《新型和新兴烟草制品提出的挑战及其分类》中提出,《烟草控制框架公约》的所有条款及其实施准则均可适用于新型烟草制品,甚至可将其扩大适用于使用这些产品所需的装置。

(2)在烟草销量上,整体上保持着较为稳健的发展态势,卷烟仍是全球烟草制品的主要品类,也是烟草控制的主要针对品类,新型烟草制品尤其是加热烟草制品销量增速显著。

2013年，全球烟草市场需求趋势放缓，各大跨国公司推进研发新型烟草制品的战略性举措。

2014年，发达国家卷烟销量下降，部分发展中国家卷烟销量有所增加，全球总量略有下降，面对需求减弱、控制增强的外部环境，各大烟草公司压缩过剩产能、推出新型产品，大力开拓潜力市场。

2015年，卷烟需求总体平稳。细支烟、爆珠烟等产品增长迅猛；非卷烟类烟草制品及电子烟销量持续增长，但增速明显放缓；雪茄烟、细切烟丝等燃烧类烟草制品，口含烟、鼻烟等无烟气烟草制品，总体销量均呈现上升趋势，卷烟与非卷烟类烟草制品之间的替代关系较为显著。

2016年，全球吸烟率呈普遍下降趋势，个别国家有小幅提高，传统烟草制品市场延续销量逐步减少势头，但仍是烟草业主要利润来源，努力培育成长型市场、开拓细分市场是寻求增长的主要手段；新型减害制品发展势头强劲，其中电子烟持续增长但增速放缓，加热不燃烧烟草制品市场表现远超预期。

2017年，世界烟草控制持续推进，卷烟等传统烟草制品销量有所下降；非卷烟类销售额不断增长、占比不断提高，其中增长率最高的是口含烟、鼻烟等无烟气烟草制品，其次是雪茄，再次是斗烟；新型烟草制品保持快速增长的发展势头，其中，电子烟增速放缓，加热烟草制品增长迅猛。

2018年，全球成熟市场的卷烟销量持续下降，新兴市场卷烟销量略有增长；新型烟草制品快速增长，其中，电子烟仍是销售额最大的品类，在细分品类中，销售额增长最快的是封闭型电子烟，增速高于加热烟草制品，主要原因是美国市场电子烟品类结构的变化。

2019年，全球吸烟人口数量保持稳定，卷烟销量略有下降，受新型烟草产品冲击较大的日本、韩国等地卷烟市场逐步回归稳定、销量降幅收窄，部分新兴市场卷烟销量仍有增长；非卷烟品类保持增长，美国电子烟市场剧烈动荡，欧盟电子烟销量保持增长，日本和其他地区加热卷烟销量保持增长。

2020年，新冠肺炎疫情对人类经济社会发展产生了重大冲击，也对世界烟草业发展产生了重大影响，全球卷烟销量出现较大降幅。除中国外，全球其他市场卷烟销量创下近五年来最大降幅，雪茄延续增长势头，手卷烟和传统口含烟实现增长；电子烟快速扩张的步伐有所放缓，加热卷烟发展步伐继续放缓。

2021年，全球（除中国外）卷烟销量出现了近十年来难得一见的增长，雪茄销量保持稳健增长态势；电子烟销售额恢复两位数增速，加热卷烟产品销售规模扩大、增速回落；尼古丁袋销量和销售额保持超高速增长。

(3) 国际烟草公司方面。

面对烟草税负持续提高、控烟措施日趋强化、市场需求增长趋缓等严峻形势，近十年，各大跨国烟草公司几乎无一例外地将战略重点转移到新型减害制品领域，在传统烟草制品领域的经营业绩有所分化，卷烟价格竞争日益激烈、结构提升压力加大，并购重组、品牌整合、降本增效是重点策略。

菲莫国际（图2-1）的"无烟"战略：菲莫国际明确提出用新型烟草制品取代卷烟，加热烟草制品已经成为资源配置的核心和效益增长的动力。其卷烟销量连续多年下降，在2020年被英美烟草超过。但在加热卷烟领域占有绝对优势。

图 2-1　菲莫国际

英美烟草(图 2-2)均衡发展战略：英美烟草对卷烟和新型烟草制品的重视程度相对均衡，各类烟草产品发展势头良好。2017 年，英美烟草斥资 494 亿美元完成雷诺美国 100% 股权收购，产品品类更加齐全；2020 年，英美烟草卷烟销量首次超越菲莫国际，成为卷烟年销量最大的跨国烟草公司；2021 年，英美烟草继续坐稳销售收入和卷烟销量第一位置，并推进"更美好的明天"战略，成为第一家拿到美国电子烟上市许可的企业；近年来，积极拓展"超越尼古丁"领域。

图 2-2　英美烟草

日烟国际(图 2-3)的市场扩张战略：日烟国际逐步向国外业务倾斜。面对国内卷烟销量的大幅下滑，日烟国际主要通过并购、抢占亚太等新兴市场以弥补缺口。此外，积极拓展电子烟领域，该公司通过 2015 年收购美国电子烟公司 Logic 进军美国市场，并在 2022 年 3 月成为第二家获得美国 PMTA 许可的公司。近年来，日烟国际调整公司运营模式，结束烟草业务双总部模式，将原来分开独立运作的国内业务和国际业务整合到一起。

图 2-3　日烟国际

帝国品牌公司(图2-4)的优化集中战略：与其他三家公司不同,帝国品牌公司并未将主要精力放在谋求市场扩张或新型产品扩张上,而是自2012年起实施品牌集中战略,其核心为减少品牌数量、培育优势品牌、降低经营成本。

图2-4　帝国品牌公司

二、品牌发展层面分析

（一）品牌发展表现概述

21世纪初,中国卷烟品牌进入快速发展阶段。尽管中国卷烟品牌规模快速扩大,但由于品牌规格过多、大品牌占比偏小、市场集中度低,"大而不强,大而不优",仍然不具备品牌优势。推动中国卷烟品牌做大做强,成为中国烟草发展的当务之急。于是在经历了品牌整合、品牌数量大幅缩减、品牌集中度大幅度提升后,我国卷烟品牌核心竞争力显著提升,并在2010年提出了"532""461"品牌发展目标。

2011年11月22日,"红塔山"300万箱、"玉溪"100万箱下线庆祝活动在云南玉溪举行。"红塔山"成为中国烟草首个年产量突破300万箱的品牌。"双喜""白沙"产量也相继突破300万箱,13个卷烟牌号年产量达到100万箱以上。

2011年12月16日,"中华"品牌实现商业销量93万箱,销售额超过1000亿元,成为全国卷烟品牌中首个年销售额超过1000亿元的品牌。

到了2012年,我国卷烟品牌发展进入了新的时期,分为两个阶段：第一个阶段为2012年至2017年,为创新阶段；第二个阶段为2017年至今,中国卷烟品牌进入了高质量发展期。

在第一个阶段,烟草行业的发展环境、条件、内涵发生深刻变化,原来卷烟品牌做大做强的方式难以为继,更深层次的品牌整合难度明显增大,品牌扩张逐步放缓,顺应消费需求更加多元化,品牌发展从"纵向扩量"转向"横向增类"。

为此,行业从品牌、品类两方面谋划推动卷烟结构稳步提升,对卷烟品牌进行分类指导,推动中、高端卷烟规格比例不断提升；同时,加强品类构建与创新,顺势而为发展和规范细支烟、短支烟、中支烟,积极研发有效满足个性化、多样化消费需求的特色产品。

在该时期,以"细、中、短"为代表的创新产品异军突起,通过更好适应需求、引导消费助力,保持行业经济运行平稳发展。卷烟品牌也借助"细、中、短"创新产品对自身形象进行再塑造。"中华"的中支烟、"南京"的细支烟、"黄金叶"的短支烟都成为各自新的"特色招牌"及重要增长点。

如2014年春节正式上市的"钻石(荷花)"成为这个时期品牌创新发展的范例之一,"荷花"系列产品立足高端引领,风格特色鲜明,发展迅速而稳健。

截至2015年,即"十二五"规划收官之年,"卷烟上水平"的品牌发展目标"461"超额完成,"532"取得重大进展。销量最高的品牌为"双喜·红双喜",年商业销量达到411万箱,距离"500万箱"的目标差距为89万箱,销量超过300万箱的有"双喜·红双喜""云烟"2个品牌,实现200万箱以上的有"双喜·红双喜""云烟""红塔山""白沙""利群"5个品牌。在销售收入上,销售收入超过1000亿元的有"云烟""利群""芙蓉王""中华"4个品牌,超过600亿元的有"双喜·红双喜""云烟""利群""芙蓉王""南京""黄鹤楼""玉溪""中华"8个品牌,换言之,虽然"532"的目标没有完全达成,但更为关键的"461"目标全都实现了。

到了第二个阶段,2018年以来,卷烟品牌发展由"增量共享"进入"存量分割"的态势更加明显,中国卷烟品牌进入高质量发展期。

2019年,行业提出着力建设重点突出、集中度高的品牌发展体系,切实有效地推进卷烟品牌高质量发展,并提出了培育10多个规模大、价值高、竞争力强的全国性知名卷烟品牌的目标,即"136、345"品牌发展目标。"136、345"品牌发展目标以及建设重点突出、集中度高的品牌发展体系,成为指导卷烟品牌发展的主要方向,即在品牌规模上,要在中高端卷烟中形成年销量1个超过350万箱、3个超过200万箱、6个超过100万箱的品牌规模引领集群;在品牌效益上,要形成3个年批发销售额超过1500亿元、4个超过1000亿元、5个超过600亿元的品牌效益引领集群。这中间蕴含着两个重要变化:一是品牌效益最高目标从1000亿元变成了1500亿元,品牌数量目标由1个发展为3个;二是品牌效益目标"底座"由以前的400亿元拉升到600亿元,这与行业发展方向、消费升级方向是吻合的。

近年来,"136、345"潜力品牌发展集群已基本形成,彰显了规模和效益的引领作用,基本实现了以品牌引领技术进步、促进结构提升、带动行业发展的良好格局。"中华""利群""云烟""芙蓉王""黄鹤楼""南京"等一批个性鲜明、高美誉度和高忠诚度的中式卷烟优势品牌集群逐渐形成。

截至2022年,一、二类烟销量合计为2700多万箱,一、二类烟合计销量前十品牌总规模为超过1800万元,占比为66.6%,有12个品牌年销量超过100万箱,其中,"利群"为唯一一个一、二类总销量超过300万箱的品牌,超过200万箱的品牌有2个,分别是"黄鹤楼""芙蓉王",过百万箱的则有"南京""云烟""双喜·红双喜""玉溪""中华""贵烟""黄山""黄金叶""七匹狼"这9个品牌。

在品牌效益上,2022年共有11个品牌年批发销售额超过600亿元,其中,超过1000亿元的有6个(分别是"中华""利群""云烟""黄鹤楼""芙蓉王""南京"),超过600亿元的有5个(分别是"双喜·红双喜""黄金叶""玉溪""黄山""贵烟")。

目前跻身行业"136"品牌规模引领集群之列和行业"345"品牌效益引领集群之列,实现"双占位"目标的品牌有11个,近年来新增了"双喜·红双喜"和"黄山","136,345"品牌竞争趋于白热化。

(二)重点品牌发展变迁

近年来,重点品牌持续发力,产销集中度、销售额、销售集中度等指标逐年上升,成为带动行业质量和效益稳定回升的绝对力量。2022年,31个重点品牌累计销售接近4500万箱,市场份额为92.9%,相比2012年79%的占比,增加了13.9个百分点;商业销售额为1.75万亿元,占全国商业销售额96.3%,相比2012年销售额增长了三分之二,成为落实行业高质量发展的绝对主力。

随着烟草行业增长动能迅速转换,由规模扩张驱动转化为结构效益驱动,重点品牌之间也出现分化。其中,"中华""利群""黄鹤楼"等一批结构高、效益好、创新能力强的品牌表现出色,品牌"护城河"进一步筑牢。"大重九""和天下""天叶""1916"等高价位卷烟系列产品稳步成长,带动烟草行业中高端卷烟市场份额不断提升。"荷花""宽窄""冬虫夏草"等一批富有活力的高结构子品牌异军突起,为品牌发展不断注入新动能。

在所有重点品牌中,有22个品牌实现了销量增长,其中"冬虫夏草""天子""牡丹""真龙"等重点品牌销量增长较快,增量超百万箱的品牌有"利群""黄金叶"。截至2022年,销量超过300万箱的有"云烟""双喜·红双喜""利群"3个品牌,销量超过200万箱的有10个品牌。

在效益上,共有6个重点品牌商业销量超过1000亿元,其中,"中华"品牌在近10年均保持销售额第一,成为唯一一个超1500亿元的品牌,其余销售额超1000亿元品牌分别是"利群""云烟""黄鹤楼""芙蓉王"。此外,共有8个品牌商业销售额超过500亿元。

(三)鼓励品牌变化

鼓励品牌共有"长白山""冬虫夏草""好猫""红河""红金龙""金圣""兰州""龙凤呈祥""苏烟""天子""延安""真龙""中南海""钻石""牡丹"15个品牌。10年间,鼓励品牌销量市场份额增加到20%,市场总体趋稳,规模稳步扩张,结构提升明显。截至2022年,"钻石""真龙"销量达到百万箱。除了规模增长,以"钻石""冬虫夏草"为代表的品牌不断将精力和重心调整到优化状态上来,抓住消费升级的机会,坚持结构向上走,集中精力培育其高端产品,如"钻石"的"荷花"系列经过独立化、体系化运作,成功实现了品牌升级,在2022年达到鼓励品牌的销量第一。

三、市场变化分析

(一)总体销量变化

如图2-5所示,从2012年到2022年,我国卷烟市场经历了一段时期的稳定发展后,进入了转变方式、转换动力、优化结构的关键期,实现了从快速增长到高质量发展的变革。

第二章　卷烟消费市场趋势分析

图 2-5　2012 年—2022 年全国卷烟商业销量变化趋势

2012 年到 2014 年,在经历了商业企业市场开放度大幅度提高、卷烟市场规模迅速扩大、行业效益稳步提升的高速发展之后,卷烟规模基本满足了市场需求,卷烟销量小幅增长,在 2014 年达到高峰,全年商业销量超过 5000 万箱,年同比增幅均大于 1%。为了持续效益增长趋势,2015 年开始进入调整期,行业提税顺价政策出台:卷烟批发环节从价税税率由 5% 提高至 11%,并按 0.005 元/支加征从量税,受此影响,全国卷烟商业销量在持续高位运行后开始逐年下降,2015 年增长率跌到 -2.34%,2016 年是提税顺价效应集中释放的一年,经历连续两年的下降,全国卷烟销量跌落了近 500 万箱。

"十三五"期间,全国卷烟产销量在 2016 年触底之后开始回升。其中,卷烟年产量从 2016 年的 4711 万箱增加到 2020 年的 4749 万箱,年均增长 0.2%;卷烟年销量从 2016 年的 4699 万箱增加到 2020 年的 4794 万箱,年均增长 0.5%。产销结构得到持续优化,一批国产卷烟知名品牌稳健成长,到 2020 年涌现出 8 个年销量超过 200 万箱、5 个年批发销售额超过 1000 亿元的品牌;同时以细支烟、中支烟为主的创新产品快速成长,年销量从 2016 年的 175 万箱增加到 2020 年的 717 万箱,年均增长 42.3%。由于持续推进"控产、稳销、降库"的调控措施,全国卷烟市场状态持续向好,从 2020 年到 2022 年,卷烟行业进入平稳发展时期,销量以较低的速度稳定增长,市场趋于饱和。截至 2022 年,全国烟草行业实现工商税利 1.8 万亿元,全年累计商业销量达到 4843 万箱,2022 年共有 10 个品牌销量超过 200 万箱,其中"云烟"销量最大,全年销量为 377 万箱,跻身于 300 万箱行列,随后是"双喜·红双喜""利群"两个品牌,其他销量超过 200 万箱的品牌是"黄金叶""南京""黄鹤楼""红塔山""黄山""芙蓉王""泰山"。

(二)2012—2022 年烟草行业工商税利

如图 2-6 所示,从工商税利总额来看,2012—2022 年,我国烟草行业工商税利总额从 2012 年的 0.86 万亿元增长到 2022 年的 1.4 万亿元。具体来看,2012—2015 年,我国烟草行业工商税利持续增长,于 2014 年突破万亿,至 2015 年工商税利总额达到 21 世纪以来第一个峰值,为 1.1 万亿元。

2016年,烟草行业工商税利总额出现小幅下降,原因在于控烟措施的实施。2015年5月10日起,卷烟批发环节从价税率由5%提高至11%,并按0.005元/支加征从量税,税率的调整对烟草行业产生了一定负面影响。但从2017年的工商税利总额1.1万亿元可以看出,烟草行业很快实现了恢复性增长,且在此后的几年间工商税利总额不断创新高。2022年烟草行业实现工商税利总额1.4万亿元,同比增长6.12%;实现财政总额1.4万亿元,同比增长15.86%。相比2012年,我国烟草行业工商税利总额增长了三分之二。

图 2-6　2012年—2022年全国工商税利变化趋势

从烟草行业工商税利总额占全国财政收入的比重来看,波动幅度在6.30%~7.51%,平均比重为7.05%;整体呈下降趋势,从2012年的7.38%下降到2022年的7.08%。2012—2015年,该比重保持着较为平稳的变化趋势,在7.38%~7.51%的水平内小幅波动。2015年是我国烟草行业工商税利总额占财政收入比重最高的一年,占比达到7.51%。2016年,该比重跌破7%,降至6.76%。2018年,降至十年间最低比重6.30%。2019—2022年,烟草行业工商税利总额占全国财政收入的比重又出现回升趋势,2020年的占比达到7.00%,2022年的占比达到7.08%。此外,2016年、2017年、2018年、2019年、2020年和2021年这6年的占比均低于平均占比7.05%。

如图2-7所示,从2012—2022年烟草行业上缴国家的财政总额来看,整体上在不断增长,从2012年的0.7万亿元增长到2022年的1.4万亿元,10年间增长了近1倍。2012—2015年,我国烟草行业上缴国家的财政总额持续增长,至2015年,烟草行业上缴国家财政收入突破万亿,达到近1.1万亿元。2012年、2013年和2014年烟草行业上缴给国家的财政总额在0.7万亿~1万亿元。2016年烟草行业上缴的财政总额相比2015年有所降低,但未跌破万亿,2016—2018年,三年上缴财政总额均刚好突破1万亿元。2019—2022年,烟草行业上缴国家财政总额又呈现出稳步增长趋势,上缴国家财政总额不断创新高,于2022年达到最高1.4万亿元。

图 2-7 2012 年—2022 年年上缴财政变化趋势

从烟草行业上缴国家财政总额占全国财政收入的比重来看，波动幅度在 5.45%~7.19%，平均比重为 6.33%，整体在波动中呈上升趋势，从 2012 年的 6.11% 上涨到 2022 年的 7.08%。2012—2015 年，烟草行业上缴的财政总额占全国财政收入的比重均高于 6%，且在 2015 年达到了 10 年间的最高值(7.19%)；2016 年、2017 年和 2018 年，该比重连续 3 年出现大幅下降，降低至 2018 年的 5.45%，相比 2015 年，降低了 1.74 个百分点。2019—2022 年，烟草行业上缴国家财政总额占全国财政收入比重虽有波动，但还是呈上涨趋势，在 2022 年再次突破 7%，朝着 10 年间的最高水平 7.19% 发展。相较于 2012—2022 年平均比重可以看出，有 4 年烟草行业上缴财政总额占全国财政收入的比重在平均水平之上，分别为 2014 年(6.49%)、2015 年(7.19%)、2020 年(6.58%)和 2022 年(7.08%)。

综合以上分析可以发现，2012—2022 年，我国烟草行业工商税利总额持续增长，工商税利总额占全国财政收入的比重于 2019 年开始恢复性上升；同时，我国烟草行业上缴国家财政总额也在不断增加，占全国财政收入的比重也越来越高，反映出我国烟草行业对国家财政做出的的巨大贡献和有力保证。

(三)2012—2022 年结构发展趋势变化

我国卷烟消费结构从 2012 年到 2015 年呈现明显的上升趋势，在全国卷烟商业单箱销售额上，年平均增幅超过 8%，2012 年提升幅度达到最高点，同比增长率达到 11.46%，后在 2013 年回落到 7.27%，2014、2015 年稳定在 7% 左右，如图 2-8 所示。同一时期，全国一类烟商业销量逐年增长，2015 年达到峰值 1065 万箱，一类烟销量占比稳步上升，从 2012 年的 15% 逐步扩大到 2015 年超 20% 的市场份额(图 2-9)；高端烟商业销量的变化趋势与一类烟变化趋势保持一致，连续 3 年增长后在 2015 年达到第一个高峰，市场份额达到 5.5%(图 2-10)；这期间，高价烟的增长最活跃，年平均增长率高达 31.6%，增长幅度远超全国卷烟销量平均增长水平(图 2-11)。2016 年进入深度调整阶段，全国卷烟商业单箱销售额增长率下降到 2.1%，一类烟商业销量跌破千万箱，高端烟商业销量规模收缩到 246 万箱，高价烟市场出现了 10 年来唯一一次的负增长。2017 年开始，提税顺价效应逐步减弱，市场呈现回升态势，单箱销售额突破 3 万元/箱，以每年 1233 元/箱的平均增量稳定增长，截至 2022 年，全国卷烟单箱销售额已提升到 3.77 万元/箱；同时期的一类烟表现出同样的增长态势，以年平均增加 2% 的市场份额持续扩张规模，到 2022 年已占据三分之一的销量比例，表现出明显的基座化，为稳定销量、提升结构提供重要支撑；高端烟市场也在 2017 年呈现触底反弹趋势，在 2022 年商业销量超过 400 万箱，市场份额达到 8.77%；高价烟在 2017 年到 2022 年迎来了高速增长期，平均增幅高于 10%。2012 年和 2022 年各价类卷烟销量对比见图 2-12。

总体上，2012 年到 2015 年是全国卷烟结构提升较快的时期，2016 年结构提升放缓，一类烟、高端烟、高价烟的商业销量均有明显下滑，2017 年起结构提升又有所加快，稳销量、提结构、增税利效果显著。

图 2-8　2012 年—2022 年单箱销售额变化趋势

图 2-9　2012 年—2022 年一类烟销量变化趋势

第二章 卷烟消费市场趋势分析

图 2-10　2012 年—2022 年高端烟销量变化趋势

图 2-11　2012 年—2022 年高价烟销量变化趋势

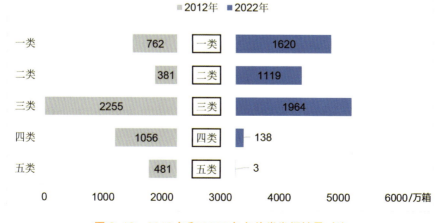

图 2-12　2012 年和 2022 年各价类卷烟销量对比

(四)消费水平发展趋势变化

2012年至2022年,我国人均可支配收入快速提升,消费能力显著提升。如图2-13所示,2012年到2022年,我国居民人均可支配收入由16 510元上升至36 883元,实现翻番,2022年比上年增长5.0%,扣除价格因素,实际增长2.9%。其中,城镇居民人均可支配收入由24 127元上升至49 283元,同比增长3.9%;农村居民人均可支配收入由8389元上升至20 133元。

图2-13　2012年—2022年人均可支配收入与消费支出

2022年,全国居民人均可支配收入中位数31 370元,增长4.7%,中位数是平均数的85.1%。其中,城镇居民人均可支配收入中位数45 123元,增长3.7%,中位数是平均数的91.6%;农村居民人均可支配收入中位数17 734元,增长4.9%,中位数是平均数的88.1%。农村居民与城镇居民可支配收入比例正在逐步缩小。农村居民收入自主支配比例也在逐步提升,且比城镇居民明显。

随着人均可支配收入的增加,居民人均消费支出也同步提高。2012年到2022年,就居民人均食品烟酒类支出一项,从3983元提高到7481元,2022年同比增长4.2%,占人均消费支出的比重为30.5%。

消费能力的提升对卷烟消费产生了积极的影响,从历年数据来看,食品烟酒类支出也在同比增长,且维持高增长趋势;从支出占比来看,食品烟酒类支出仍将为今后的主要消费支出渠道,全国卷烟单箱结构也呈上升趋势(图2-13)。

中国居民人均可支配收入水平和消费能力的显著增长以及城市化进程的加速,必将推动中国发生新一轮消费变革,出现新的消费升级,即在满足基本的温饱外,非物质性的消费需求、品质化的消费需求开始增加。

(五)销区发展趋势

2012年到2022年,全国卷烟销量经历了先扬后抑并恢复增长的过程。2012年到2014年,全国大部分地区的卷烟销量以平稳趋势增长;2015年,全国卷烟销量同比下降了2.34%,全国27个地区卷烟销量下滑;2016年,全国销量跌幅突破5%,29个地区的市场规模被收缩;在2016年触底后,2017年至2022年,全国大部分地区的卷烟累计销量止跌后平缓回升,各地区容量增长放缓,基本恢复稳健发展的常态。

从规模排名来看,2012年到2022年,全国销量前十地区格局变化较小,山东、广东、河南、江苏、湖南、浙江、四川、河北、安徽、湖北分别为销量前十地区,除2015年,广东商业销量首次超过山东,从第二大销区跃升为第一后持续保持商业销量第一,其余销量前十地区排名均无变化。2012—2022年,卷烟销量前十地区占全国总量比重均保持在54%,卷烟销量集中度较高。其中累计销量最高的分别是广东和山东,年平均销量超过350万箱,其次是河南、江苏、湖南、浙江、四川、河北,年平均销量超过250万箱,销量较低的是西藏、青海、宁夏、大连、海南,销量不足50万箱。从增长率看,各地区变化趋势均衡,销量变化较小。2012年和2022年各地区卷烟销量对比见图2-14。

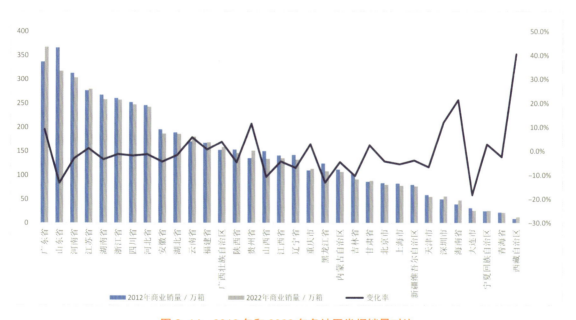

图2-14 2012年和2022年各地区卷烟销量对比

结合各地区卷烟销量变化趋势以及消费水平发展变化,考虑到卷烟销量受多种因素的共同影响,为了研究各经济变量趋势对当地卷烟需求的影响程度。本书运用灰色关联法对卷烟销量的影响因素进行定量分析,选取反映经济发展水平、产业结构变化、人口数量、城镇化水平、消费水平等指标,使用2012—2021年共10年、33个地区的数据计算出各影响因素与卷烟销售数量之间的关联度结果(表2-1)。

表 2-1 关联度结果

评价项	关联度	排名
年末总人口	0.93	1
第二产业占 GDP 比重	0.774	2
居民消费总指数	0.76	3
烟酒类消费价格指数	0.76	4
城镇人口比重	0.743	5
第三产业占 GDP 比重	0.738	6
人均 GDP	0.734	7
第一产业占 GDP 比重	0.707	8

结合上述关联度结果进行加权处理,最终得出关联度值,使用关联度值针对 8 个评价对象进行评价排序。关联度值介于 0~1 之间,该值越大代表其与"参考值"(母序列)之间的相关性越强,即意味着其评价越高。从表 2-1 可以看出:针对本次 8 个评价项,年末总人口评价最高(关联度为 0.93),其次是第二产业占 GDP 比重(关联度为 0.774)。

由此可知地区卷烟销量与当地人口数量高度相关,在各地区中,广东、山东、河南、江苏、湖南、安徽、湖北分别为人口数量较多的地区,因此这些地区的卷烟销量较高,而海南、宁夏、青海等地区人口数量较少,导致卷烟销量较低。除此之外,居民消费总指数、城镇人口比重、人均 GDP 等对当地卷烟销量也有较为显著的影响。

同时,上述综合因素影响到了各地区卷烟平均零售价格。

以 2021 年数据为例,各地区卷烟销量和平均零售价散点图如图 2-15 至图 2-18 所示,其中重庆、上海、北京、成都、深圳、广州、西安销量均大于 50 万箱,对图片左侧挤压严重,因此作图时将其排除。从图 2-18 中看,浙江地区的嘉兴、绍兴、杭州、湖州、宁波、温州、金华以及江苏地区的无锡、南京、苏州、常州等地,牢牢占据了销量和价格的高位,进一步印证了经济发展水平对卷烟消费水平的影响。

在结构上,2012 年到 2022 年,我国卷烟单箱结构总体上实现了持续增长,从单箱 2.33 万元增加到 3.679 万元,增长 58%,单箱结构较高的前四地区排名没发生变化,分别是浙江、西藏、上海、江苏,其中浙江 2022 年单箱结构已突破 5 万元/箱;截至 2022 年,单箱结构高于全国平均单箱结构的地区有 13 个,结构提升幅度较大的有湖北、江西、贵州、重庆、湖南等地区;一些市场存在单箱值排名大幅降低、由高走低的情况,如山东、福建、天津等,见表 2-2。

第二章 卷烟消费市场趋势分析

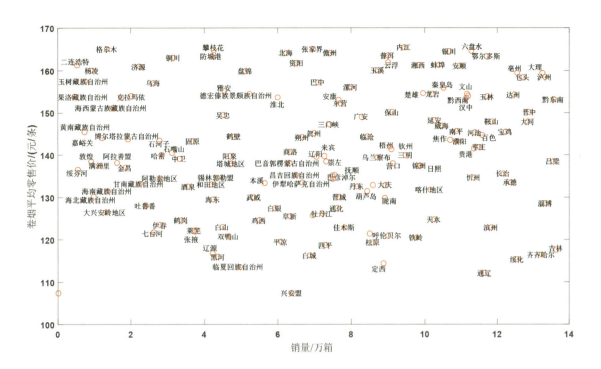

图 2-15 2021 年各地区卷烟销量及平均零售价（低价低量区）

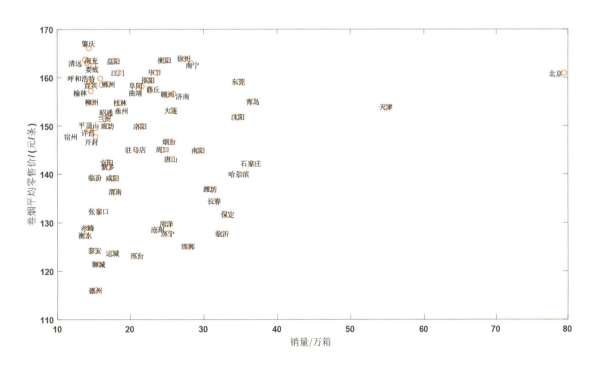

图 2-16 2021 年各地区卷烟销量及平均零售价（低价高量区）

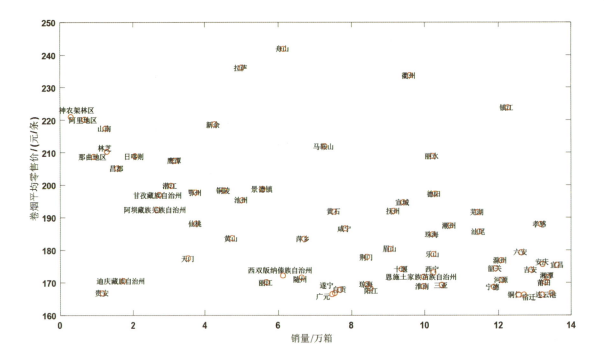

图 2-17　2021 年各地区卷烟销量及平均零售价（高价低量区）

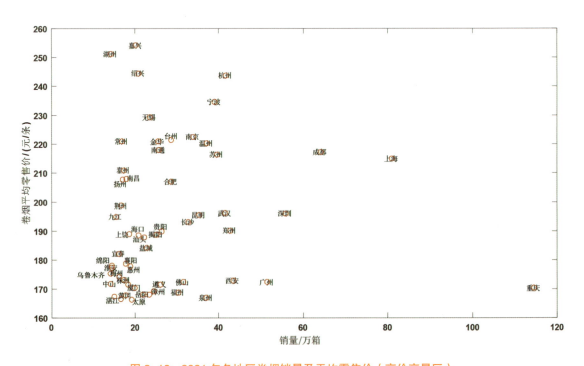

图 2-18　2021 年各地区卷烟销量及平均零售价（高价高量区）

表 2-2　各地区单箱结构变化趋势

地区	2012 年单箱结构排名	2022 年单箱结构排名	发展趋势	排名变化
浙江	1	1		0
西藏	2	2		0
上海	3	3		0
江苏	4	4		0
湖北	13	5		8
江西	16	6		10
安徽	11	7		4
四川	10	8		2
海南	5	9		-4
广东	8	10		-2
湖南	18	11		7
重庆	19	12		7
贵州	21	13		8
云南	9	14		-5
北京	12	15		-3
福建	7	16		-9
河南	20	17		3
青海	14	18		-4
陕西	23	19		4
天津	6	20		-14
宁夏	24	21		3
广西	28	22		6
河北	31	23		8
山西	17	24		-7
新疆	29	25		4
辽宁	25	26		-1
内蒙古	22	27		-5
山东	15	28		-13
黑龙江	26	29		-3
吉林	27	30		-3
甘肃	30	31		-1

卷烟单箱结构与国民经济因素存在相关关系。对卷烟单箱结构产生影响的国民经济因素主要有人均 GDP、第三产业比重、居民消费总指数等。总体上看，卷烟单箱结构与国民经济息息相关，为了研究各经济指标对当地卷烟单箱结构的影响程度，本文运用灰色关联法对卷烟单箱结构的影响因素进行定量分析，选取反映经济发展水平、产业结构变化、人口数量、城镇化水平、消费水平等的指标，使用 2012—2021 年共 10 年、33 个地区的数据计算出各影响因素与卷烟单箱结构之间的关

联度,如表 2-3 所示。

表 2-3　各影响因素与卷烟单箱结构之间的关联度

评价项	关联度	排名
第三产业占 GDP 比重	0.878	1
居民消费总指数	0.867	2
城镇人口比重	0.854	3
第二产业占 GDP 比重	0.809	4
人均 GDP	0.786	5
第一产业占 GDP 比重	0.708	6

从上表可以看出,针对本次 6 个评价项,第三产业占 GDP 比重评价最高(关联度为 0.878),其次是居民消费总指数(关联度为 0.867)。

(六)品类销量变化

1. 常规烟销量变化

从 2012 年开始,各种创新产品先后登上烟草市场的舞台,"细、短、中、爆"你方唱罢我登场,卷烟创新形式层出不穷。然而,在卷烟销量总量相对固定的情况下,一方势力的崛起必然导致一方势力的下滑。在各种创新产品尽情收割消费者市场之际,常规烟这一最普通、最常见的卷烟形态,其发展领地却在不断被蚕食、缩减。但是常规烟的地位在短期内不可动摇,其依然占据了近 80% 的市场份额,常规烟大单品也仍旧在各个细分价位扮演着重要角色。常规烟还蕴含着巨大的价值可供挖掘。

如图 2-19 所示,从数据上看,常规烟销量所占市场份额不容小觑。2022 年,常规烟与细支烟、中支烟的销量占比大概为 7∶2∶1。虽然中支和细支品类在一定程度上代表了未来的发展潮向,但是不容置疑的是,就目前而言,常规产品依旧是行业发展的顶梁柱和压舱石。从消费上而言,全国大多数消费者依旧只购买常规产品,细支、中支热固然存在,但是目前只存在于东北、华北、江浙、川渝等区域,且多数集中在个别头部产品上。特别是对于两广、福建等地的消费者来说,细支烟、中支烟产品尚属小众,没有大规模点燃消费热情,品类热度有待提升。综合来看,常规烟的地位不容忽视,如果中式卷烟要实现"稳中求进",就要脚踏实地、扎稳根基,常规烟的平稳有序发展是其中非常重要的一环。

当前消费潮流在不断变化,消费者的需求也在不断升级。虽然常规烟地位非常稳固,但是不能不面对的现实是,现阶段常规产品的创新升级显然无法满足消费新需求。首先,常规产品在包装、口味、内涵、价值感等方面的提升非常有限。目前畅销多年的产品难免会出现价值矮化、认知固化、形象老化的问题,一些工业企业也做出了很多努力,但是多数集中在包装焕新、颜值升级的层面,对于产品内质的提升较少。其次,常规烟推出的新品数量屈指可数,与细分品类的新品量形成鲜明对比。在增长见顶与消费分流之前,常规烟的发展应以更加丰富的题材和样式来维护存量、激发增量、迎合消费、不断精进,以给消费者带来新鲜的体验。

第二章 卷烟消费市场趋势分析

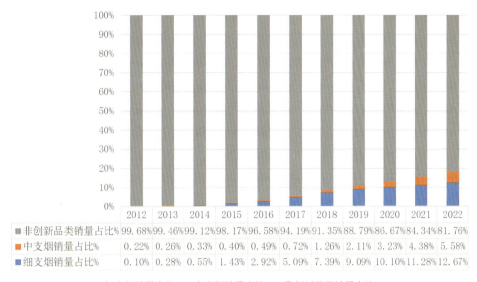

图 2-19 2012—2022 年卷烟品类销量走势图

2. 细支烟发展趋势分析

从 2012 年开始，细支烟飞速发展，市场增幅明显，以一年一个新台阶的快速、坚定步伐迅速实现了规模化，2013 年达到增幅高峰(同比 188.39%)，之后增幅逐步放缓，2022 年，同比增幅降至 12.83%，见图 2-20。细支烟的快速增长提升了市场的稳定性，也逐渐地支撑起诸多品牌期待的规模扩张、结构提升。在经历了近十年的高速增长之后，细支烟逐渐摆脱了特色化的标签，成为消费者手中的口粮烟。2022 年，细支烟整体规模已经占到卷烟总销量的 12.43%，以"炫赫门""金陵十二钗烤烟""雨花石""跨越"等为代表的产品，更是超越一众经典产品，成为烟草市场上的中流砥柱。

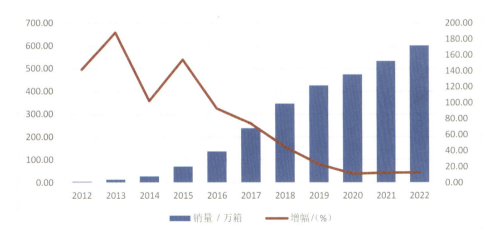

图 2-20 2012—2022 年细支烟销量走势图

如今，细支烟不仅是创新品类的扛鼎者，更是成为中式卷烟的重要组成部分，地位不容小觑。毫无疑问，细支烟是中式卷烟近十年来最大的品类创新成果，是中式卷烟规模和结构的重要驱动力量。一方面，从销量来讲，细支烟从支流成为主流。2022 年，细支烟占卷烟总销量的比例已经达到

12%以上,细支烟口粮化根基愈发坚固。另一方面,从结构来讲,细支烟主销价位不断提升,从二类向普一类再向高端市场转移,以"南京""贵烟"为代表的细支烟大品牌赢得了消费者的广泛认可。

细支烟的发展愈发稳健、愈发成熟,并深刻改变了卷烟市场的竞争格局和消费趋势。最开始,细支烟的风潮催生了二类烟大单品,产品形态的变化造就了强势品规,比如"南京(炫赫门)""黄鹤楼(天下名楼)",这为接下来细支烟的高端化历程奠定了基础。2017年,250元/条的价格红线宣告了细支烟从规模化发展向规模、结构双向驱动的转变。其中,"南京"品牌以先行者的姿态打破消费认知、引领市场风口,对于细支烟经年不辍的精耕细作,转化为高端市场独树一帜的品类标签和品牌优势。随着消费升级的推进,细支烟结构升级浪潮愈发猛烈。在行业高质量发展政策指引和细支烟消费升级的共同作用下,高端细支规模化的提速是必然。在"南京(雨花石)""荷花(细支)""黄山(徽商新概念细支)""天下(细支)""黄鹤楼(硬平安)"等大单品的强势带动下,各个品牌正摩拳擦掌,准备投入到激烈的市场竞争中去。细支烟在高端市场上的作用愈发明显,不仅在于推动品牌形象焕新、结构提升,更重要的意义在于打破消费者对细支品类"价格陷阱"的固有认知,成为行业拓宽发展空间的一把利剑,不仅可满足消费者的品质化、多元化需求,还能带动行业市场向上发展。

3. 中支烟发展趋势分析

中支品类诞生以来,其发展速度可谓"日异月殊",短短几年时间,中支品类在品牌、单品、市场、体系等多方面逐渐完善,成为卷烟市场的后起之秀,2018年达到增幅峰值(72.64%),2022年仍维持较高增幅(同比27.79%),见图2-21。中支烟的发展和增长,已经成为许多品牌整体增长的动力,同时成为整个烟草市场中的"增速贡献者",是当前行业品牌发展的一个"独特现象"。

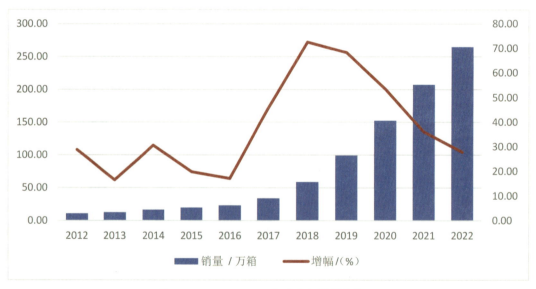

图 2-21 2012-2022 年中支烟销量走势图

在2016年底,"中华"品牌推出了"中华(金中支)"这款重磅中支产品,不到半年,又推出了"中华(双中支)"。这两款中支产品的上市,开启了中支烟发展的新篇章,同时赋予了中支烟高端价值感。在"中华(金中支)"上市前,市场上已有20来款中支烟产品,不过彼时这些产品皆没有使用"中支"来命名,很多产品都被当作细支烟来对待,比如"娇子(X)""金桥(英伦奶香)"等产品。在"中华(金中支)"上市后,中支烟这一概念才真正被市场所认可,随后上市的大多数中支烟新品都会在名称中加入"中支"二字,这些新品的中支烟属性更加纯粹,数量超过 50 款,代表产品有"长白山(迎春中支)""玉溪(中支阿诗玛)""天子(中支)"等。

2020 年,"中华(金中支)"和"中华(双中支)"以超强的实力和市场号召力在中支领域"势不可挡"。"中华""黄鹤楼"中支烟双双突破 10 万箱,此外还有"云烟""天子""利群"3 个品牌的一类中支烟超过 7 万箱,这 5 个 10 万箱以上和距离 10 万箱只有一步之遥的一类中支烟品牌所组成的第一阵营,强势引领着中支烟高端化、主流化、规模化的发展方向与市场成长。

2021 年,中支烟经历了形态风格的进一步丰富,涌现出长中支、粗中支、16 支中支等新的形态,也出现了"特色 + 中支"的创新,实现了新的发展;经历了重点价格区的全面繁荣,300 元、400 元、500 元、600 元等以前的冷门价格区也有了新突破。中支烟大单品的引领作用逐渐凸显,诸如"中华""天子""黄鹤楼""云烟"等品牌的强势引领地位逐步显现。市场上涌现出几个十万箱级规格的产品,如"中华(双中支)""天子(中支)""黄鹤楼(硬奇景)""云烟(小熊猫家园)"等。除"中华"品牌外,中支烟的消费热点集中在 200~400 元/条的价位,"全线布局、腰部壮大"成为 2021 年中支发展的典型特征。

2022 年,中支烟继续保持销量大幅增长、结构快速提升、状态持续向好的发展势头,在高增长基数上实现了高质量发展,一批朝气蓬勃、生机勃勃的中支烟明星品规不断成长起来,成为品牌、市场和所在价位的主力军、生力军。截至 2022 年 12 月 31 日,有 1 个、3 个、1 个中支烟单品分别进入高价位、高端烟和普一类前 20 位。假以时日,中支烟的表现还会更加抢眼。

4. 爆珠烟发展趋势分析

2009 年,湖北中烟率先将爆珠工艺嫁接到国内卷烟上,推出国内首款爆珠卷烟"神农珠",拉开了国内爆珠烟生产的序幕。2012 年,"贵烟"品牌依托本省白酒产业优势,在"国酒香 30"的滤棒中添加茅台酒原液的"玉液珠",引发行业地震和品类浪潮。2017 年前后,爆珠烟的生产、话题度、销量达到巅峰状态,过半以上的工业都有了自己的爆珠烟产品。"贵烟(跨越)"的陈皮爆珠品类、"红双喜(硬铂派)"的薄荷爆珠品类、"南京(梦都)"的本香爆珠品类、"金圣(智圣出山)"的本草沁润珠品类、"真龙(佳韵)"的香槟爆珠品类、"延安(1935)"的蜂王浆爆珠品类纷纷出现。随着爆珠烟品类的丰富,滤棒中的爆珠在数量、体验、功能上不断创新。一方面,爆珠从添加外香向增强烟草本香的趋势发展,比如"云烟(黑金刚印象)"烟香加强型爆珠、"芙蓉王(硬细支)"增香保润爆珠、"黄山(硬天都)"石斛爆珠等。另一方面,两颗至多颗的爆珠滤嘴出现,比如"云烟(百味人生)""娇子(硬宽窄逍遥)""金桥(双爆)"等。

"爆珠添加"技术的应用,使卷烟品类风格特色的可感知度跃升至一个新的台阶。通过"爆珠添加"可直观诠释产品品类的内涵,并为产品中集成的其他技术创新提供高度易感知表达手段,高效地完成品类与品牌形象的匹配。不可否认,爆珠作为一种强化感知、丰富产品品类的方式,起到了捕获多元化消费人群的作用。

但随着国家局相关规定的出台,新品爆珠烟受到限制,因此目前市场上销量较高的爆珠烟以老产品为主,"贵烟(跨越)"已经成为年销量近 30 万箱的大单品,还在以 15% 左右的高速增长继续收获创新红利。以"芙蓉王（硬细支）"为代表的本香类爆珠烟 2022 年销量为 13 万箱，以 12.69% 的高增长位列爆珠烟第二。2022 年爆珠烟销量前十品牌见表 2-4。

表 2-4　2022 年爆珠烟销量前十品牌

规格	爆珠类型	零售价/（元/条）	本期销量排名	同比增长/（%）
贵烟（跨越）	陈皮	230	1	15.00
芙蓉王（硬细支）	本香润珠	260	2	12.69
黄鹤楼（硬奇景）	神农香菊	300	3	30.28
贵烟（萃）	陈皮	180	4	25.50
娇子（宽窄好运细支）	枇杷	260	5	27.29
黄鹤楼（硬峡谷柔情）	神农香菊	300	6	11.67
黄鹤楼（硬峡谷情细支）	神农香菊	300	7	44.45
黄山（徽商新概念细支）	石斛	400	8	65.23
真龙（美人香草）	罗汉果	190	9	47.86
芙蓉王（硬蓝新版）	本香润珠	350	10	-3.88

从爆珠烟一开始被市场所忽略，到后来获得市场追捧可以看出，爆珠产品开发更贴近市场需求，同时，爆珠烟消费逐渐趋于理性化，消费者不再盲目跟风。此外，通过添加爆珠实现卷烟产品的功能化、提升卷烟抽吸口感和质感、改良烟气表现俨然已成为爆珠系列品类的可行发展之路。未来，爆珠烟将在与常规烟、中支烟、短支烟、细支烟的结合中继续发挥余热，这点毋庸置疑。与此同时，爆珠品类也会走上更为理性、更为长远、更可持续的道路。

5. 其他

长支烟规格发展情况与细支细相似，2015 年飞速发展，后增幅回落，目前长支品规数基本稳定。粗支烟规格从 2015 年开始至今仅有 2 个，体量较小，且 2022 年出现了负增长。2012 年—2022 年长支、粗支、短支同比销量增幅情况如图 2-22 所示。

图 2-22　2012 年—2022 年长支、粗支、短支同比销量增幅情况

2015年以来,短支烟作为一个新的消费品类日益受到重视,发展也较为迅猛,尤其在2017年,其销量同比增幅达162%。然而经过时间考验,短支烟不耐抽、不够抽、性价比不高等短板阻碍了其发展。而后中支烟的崛起,更让短支品类处于一个相对比较尴尬的境地。上市短支烟达到由于市场需求不大,发展相对比较缓慢,2011年有6个规格,2016至2018年间,每年新增10个规格左右,2022年达到41个规格,在2022年,短支烟出现负增长(-4.59%),见图2-22。

四、我国卷烟发展面临问题

近十年是烟草业发展的最好时期之一。企业组织结构和产品结构调整持续推进,烟草产业结构不断优化;减害降焦取得明显成效,自主创新能力明显增强;运行质量明显改善,劳动生产率大幅提高;卷烟产品由多品牌竞争向牌号集中转变,卷烟市场逐步由销售产品向经营品牌转变,市场营销行为由依赖专卖行政管理向服务和管理并重的模式转变。在此期间,烟草产业把促进国家和地方经济增长、保障财政增收、助力脱贫攻坚、稳定社会就业、支持公益事业、依法控烟履约作为重要政治任务和社会责任,以实际行动为国民经济和社会发展做出了全方位贡献。

尽管烟草产业发展取得了显著成绩,一些重要经济指标创造了历史最好水平,但也要看到,当前产业发展依然身处复杂严峻的内外部环境之下,也面临一系列重大的风险挑战。

(一)面临经济长期高位运行的压力

中国烟草产业经过21世纪以来20年的快速增长,已进入"高基数平台、低速度发展"的新周期。目前,中国卷烟消费量占世界烟草消费量比重超过40%,国内烟草制品市场容量已经趋近饱和,继续扩大规模不仅难以做到,也面临控烟舆论的压力。结构方面,当前卷烟结构增速已高于全国居民人均可支配收入和人均消费支出的增长速度,结构进一步提升的难度较大。效益方面,烟草行业工商税利自2014年以来已连续9年突破万亿元,并且90%以上转化为上缴国家财政,烟草工商税利总额和上缴财政总额连年创历史新高,高位运行的压力十分巨大。

(二)面临控烟履约日益严格的约束

烟草产业长期面临控烟履约的艰巨任务。国际控烟浪潮不断加大的外向压力和国内法律风险、政策风险、舆论风险的内向压力相互交织,使控烟舆论在一定程度上呈现"片面化、绝对化、扩大化"的过激倾向。社会舆论对控烟的关注达到空前热度,烟草产业在各个方面都将受到冲击、限制和挑战。

(三)地方保护、区域分割等非市场因素依然存在

随着宏观经济发展进入新常态,经济发展速度减慢,在经济下行压力加大的形势下,各省更加看重稳定且丰厚的烟草税收,特别是一些欠发达地区的财政对烟草产业的依赖进一步加重,下任务、压指标的行政干预行为增多,地区封锁加剧。方式上,有的省份设立地产烟总量、份额目标且逐年提高,进而以行政手段压缩省外烟的市场份额;有的省份对省外烟的市场准入设立档次、结构等

政策障碍,限制省外烟进入;有的烟叶产区省份以市场资源为筹码,在采购省外卷烟上实行"两烟"挂钩,捆绑烟叶销售;有的省份烟草公司对省外烟实行歧视性的投放政策,随意限购停购、限投停投,或是搭配销售、拼盘销售;有的省份对地产烟弱小品牌实施保护政策,地产卷烟品牌遍地开花,难以实现品牌优胜劣汰。由于专卖专营制度的"属地管理"原则,全国烟草市场区域分割的情况较为突出。

(四)营销手段仍趋于传统模式

我国卷烟销售形式特殊,实行的是专卖专营的制度,由于烟草行业的垄断性和国有特征,销售工作仍受到传统思维模式的影响,对市场的理解主要依靠感性认识,营销决策更多基于经验判断,客户分档方式粗犷,卷烟资源投放"供非所求、供不应求、供过于求"等现象时有发生,无法满足客户需求。

卷烟消费者的消费需求在不断地波动和变化,可在深度了解卷烟消费的影响因素,卷烟消费者的购买动机、关注点及其重要程度,消费需求的空间差异化特性等要素的基础上,从不同品类、不同场景、不同用途进行标准化的消费需求方式的收集,对卷烟消费群体、消费需求、消费行为、消费趋势等做出综合性分析。通过消费者对卷烟的真实需求及其在空间上的差异化分布特征,建立适合不同地区的合理、可靠的消费者需求转化路径,并通过卷烟包装、口味等共性或个性特征的分析,将消费需求转化为卷烟新产品开发的要求,为卷烟新品的开发提供具体工作指引,最终构建适宜卷烟新品开发及产品维护的消费者需求转化路径。在制定营销策略时,应更有针对性地满足客户差异化的需求,提升新产品研发的精准性,提高客户价值,提升客户的忠诚度和满意度,同时可以缩减营销投入,增加销售收入。

五、近年消费趋势的变化

促进消费有助于打通国民经济循环,是推动经济运行整体好转的重要因素。近年来,面对经济运行中出现的超预期因素冲击,在以习近平同志为核心的党中央坚强领导下,各地区各部门推动促消费政策显效发力,消费市场继续保持恢复态势,新型消费模式较快发展,绿色升级类消费需求持续释放,必需类商品增势良好,县乡市场规模占比提升。消费市场的持续发力对经济增长的拉动增强,2023年一季度,最终消费对经济增长的贡献率达到66.6%,成为三大需求中拉动经济增长的主力。而消费又受消费能力、消费意愿以及消费场景等因素的影响,在新消费时代,我国消费趋势变化明显。

(一)消费信心逐步回升

消费者信心指数是反映消费者信心强弱的指标,是综合反映并量化消费者对当前经济形势评价和对经济前景、收入水平、收入预期以及消费心理状态的主观感受,预测经济走势和消费趋向的一个先行指标。

新冠肺炎疫情对全球发展产生了不利影响,也让全球消费者信心产生了波动。随着疫情被有效控制,消费者信心得到提振。为了解不同国家消费者态度,国际市场研究机构益普索(Ipsos)针对后疫情时代进行了全球调研,这项调查是基于益普索全球顾问在线平台对超过 17500 名 75 岁以下成人进行的月度调查。据 Ipsos 官网介绍,全球消费者信心指数取自 24 个国家消费者信心指数的平均值。

Ipsos 在 2020 年 8 月 17 日公布的调查结果显示,全球消费者信心指数在今年 6 月触底后出现反弹。而在参与调查的 24 国中,中国消费者信心指数为 72.9,排名第一。见图 2-23。

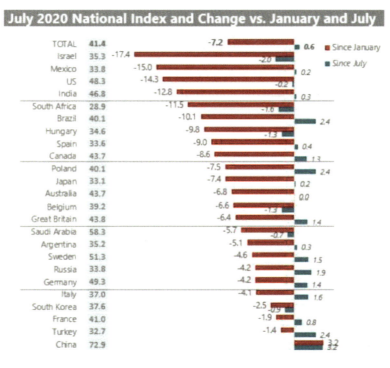

图 2-23 Ipsos 关于全球消费者信心指数的调查结果

此外，在全球范围内，反映消费者对当地经济、金融状况和就业前景的预期指数为52.2，比上个月上升了0.7。同时Ipsos对24个国家的失业率进行了调查，结果显示，在24个国家中，有11个国家的失业率较上个月显著上升，有4个国家的失业率开始下降。全球消费者信心指数持续缓慢回升。

2021年8月，北京大学国家发展研究院发布了2021年7月中国消费者信心指数报告。据了解，此次调查覆盖了31个省、自治区和直辖市，共收回问卷12 547份，有效问卷11 262份。依据国家统计局和第六次人口普查的相关数据，综合各地区、性别、年龄的人口分布情况作为样本抽样数额的参考，计算出消费者总体信心指数及消费者分类信心指数。最终计算出的指数值在0～200之间，其中100代表中性态度，小于100代表悲观态度，大于100代表乐观态度。

调查报告显示，当期消费者的总体满意指数为138.30，未来一年的总体预期指数为144.85，未来五年总体预期指数为156。消费者信心指数跨期趋势图如图2-24所示。分区域来看，北部地区总体满意指数、未来一年总体预期指数和未来五年总体预期指数分别为139.64、144.75和156.15；东部地区为138.16、143.72和154.53；中部地区为136.25、143.94和154.97；南部地区为137.18、145.14和157.24；西部地区为139.34、146.94和157.83。说明总体上消费者对当期生活表现乐观，同时，对未来一年甚至五年预期充满希望；相对来说，不同地区信心指数差异不大，北部地区总体满意指数最高，西部地区未来一年、未来五年总体预期指数最高。

此外，调查报告显示了当期分类满意指数及未来一年、未来五年分类预期指数。通过调查消费者对住房、教育、医疗保健、食品、烟酒、服装鞋帽、家居用品、日常娱乐、旅游、交通、线上购物、线下购物和环境13个领域的满意程度和未来预期，计算出当期消费者的分类满意指数为135.90，未来一年的分类预期指数为128.42，未来五年的分类预期指数为135.49。

相对来说，当期人们对线上购物最为满意，满意指数为152.62；对住房最不满意，满意指数为129.75。未来一年的预期指数结果显示，消费者对环境的预期相对最积极，预期指数为144.88；对线下购物的预期相对最消极，预期指数为117.86。最后，谈及对未来五年的展望时，消费者预期最积极的是环境，预期指数为154.85；相对来说，预期最消极的是线下购物，指数为123.81。

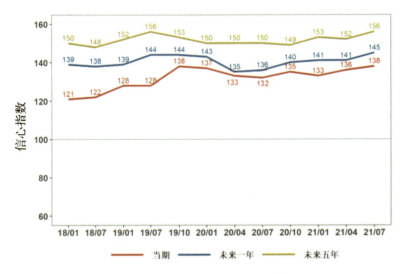

图2-24　消费者信心指数跨期趋势图

随着国民经济的不断发展,消费者信心指数亦稳步上升,基本与 GDP 的增幅保持相对密切的关系。这表明在中国经济整体稳定且不断发展的情况下,中国消费者对未来经济与消费有着较为乐观的态度和一定的信心。

同时,为了刺激消费,拉动内需,让经济回暖,2019 年开始,国家出台了一系列政策和措施。宏观经济方面,央行通过中期借贷便利(MLF)降息、大量逆回购等操作保证了市场和企业流动性的相对充足,并制定了一系列减税降费、财政政策为企业减负。具体举措方面,国家发改委出台了新车补贴政策,放宽对购车指标的限制,同时制定了一系列家电、电信等热点产品消费惠民措施,完善住房租赁、家政服务、养老、托幼等配套政策,挖掘农村网购和乡村旅游消费潜力,破除文化、体育等社会领域投资准入的体制机制障碍;持续深化收入分配制度改革,增加低收入群体收入,扩大中等收入群体,增强居民的消费能力;同时,各地发放消费券刺激消费,部分地区消费需求出现了触底反弹征兆。

从实施效果来看,2021 年,国内生产总值达 11.4 万亿元,同比增长 8.1%;人均国内生产总值 80 976 元,同比增长 8.0%。相关政策对于稳增长、稳就业,稳增长起到了积极作用,并有效稳定了中国消费者的信心。

2019 年,《人民日报》以"发挥好宏观政策逆周期调节作用,确保经济运行在合理区间——专访国家发改委副主任宁吉喆"为题刊发了专访文章,文章指出:要促进形成强大国内市场,这其中,消费是很重要的内容。当前,我国居民收入持续增长,消费不断扩大和升级的趋势明显,主要是有"四个升级"。一是整个消费不断向服务消费升级,目前我国恩格尔系数已降至 30% 以下;二是商品消费向中高档升级;三是服务消费向提质增效升级;四是线下消费向线上线下结合升级。文章同时提出,要适应居民消费升级的大趋势,使消费进一步发挥对经济发展的基础性作用。见图 2-25。

图 2-25 《人民日报》发表专访

在经济发展和消费升级的大背景下，消费者需求、消费行为和态度呈现出一些新的特点。尼尔森针对消费者未来一年的购买倾向的调查显示，48%的消费者都倾向于购买性价比高、物有所值的商品；39%的消费者认为品牌并不是唯一的选择标准，他们更愿意选择适合自己的产品；另外，有36%的消费者表现出对兴趣和情感消费的需求（见图2-26）。由此可见，在现在以及未来的消费市场中，消费需求将进一步细分和多样化。一方面，消费者更理性与务实，会倾向于选择性价比高的产品，对品牌的依赖程度有所减弱。另一方面，随着消费观念的不断升级，消费者追求的不仅仅是卓越品质和超凡性能，更多的消费者开始注重精神层面的需求，也更愿意为兴趣和情感消费买单。

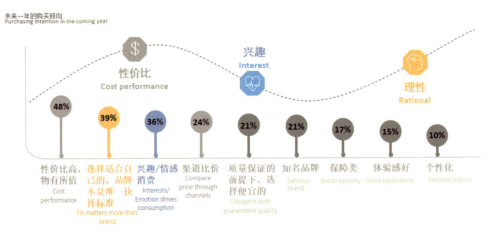

图 2-26　尼尔森针对消费者未来一年的购买倾向的调查结果

（二）消费升级趋势明显

除了消费者信心指数外，消费发展指数也是一个研判消费现状及趋势的重要指标。

2021年1月，"2021中国现代消费发展指数"发布，该指数是由《小康》杂志社联合国家信息中心会同有关专家，进行了中国现代消费发展指数调查，并参照国家有关部门的统计监测数据得出的。调查范围涵盖了民众消费观念状况、民众对消费满意度、消费环境状况、消费政策和消费结构等五个方面。最终结果显示，"2021中国现代消费发展指数"为61.4分，其中，民众消费观念状况、民众对消费满意度、消费环境状况、消费政策和消费结构的指数分别为61.2、61.3、61.5、61.6和61.3。见图2-27。

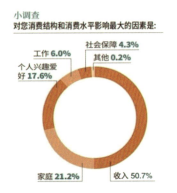

图 2-27　2021中国现代消费发展指数调查结果

调查结果显示,受访者每月收入的五大主要用途是:日常饮食(73.5%),购买基本生活用品(66.3%),文化、娱乐、休闲消费(34.7%),服装服饰(28.9%),交通(26.5%)。而家庭、个人兴趣爱好是影响消费结构水平的主要因素。同时,项目组针对"'悦己'重要,还是'悦人'更重要"这一问题进行了调查,结果显示,选择"悦人"的受访者达38%,选择"悦己"的受访者为23.6%,另外,35.7%的受访者希望可以二者兼顾,2.7%的受访者"说不清"哪个更重要。不过,人们普遍赞同"兼顾使用价值和品牌价值"和"以经济实惠为主"的消费原则。这说明,在消费观上,自我意识逐渐觉醒,大众影响仍然不容忽视,许多消费者更注重自我内心感受,在他们看来,取悦自己更重要。

2021年8月15日,中国商业经济学会发布了2021年第二季度(4—6月)中商消费指数(CCI)及其6个子指数。报告显示,2021年,我国消费呈现低开高走的整体走势。总体表现为疫情防控成果得以巩固,宏观经济稳中向好,消费信心有所修复,消费指数触底反弹,城乡居民消费向着疫情前的长期增长轨道逐步靠拢。同时,在各国疫情防控艰难攻坚、全球消费信心持续低迷、东京奥运冒险恢复举办的大背景下,中国消费市场依托国内大循环和世界加工厂的优越条件,预计将延续平稳向好的消费态势,继续上演产(生产)消(消费)两旺的中国消费盛况。

在新消费时代的背景下,随着消费者信心指数及消费发展指数的回升,消费模式也在悄然发生变化。关于这方面,国际著名咨询公司麦肯锡做了相应的预测。根据麦肯锡相关的报告中对中国家庭每年的消费类别的数据分析来看,中国消费者正在逐步缩小与发达国家之间的差距,消费模式正在发生转变,消费结构与发达国家日益接近。以食物为主的必需品消费的占比逐年递减,服饰、卫生保健、家庭用品等半必需品的消费基本保持稳定,个人物品、娱乐、教育和文化,以及交通运输等慎重消费对象的占比增加明显。预计到2030年,中国家庭全年在必需品上的支出占比将下降至18%,而半必需品和慎重消费对象的支出将显著增加,年复合增长率分别为7.6%和6.5%。见图2-28。

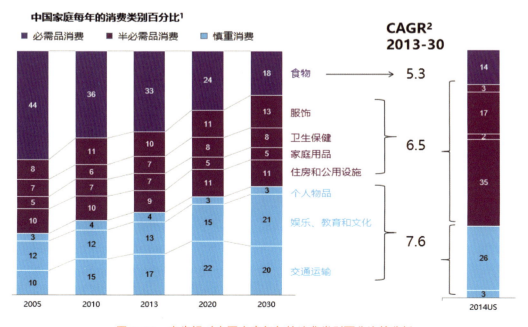

图2-28 麦肯锡对中国家庭每年的消费类别百分比的分析

综合上述消费发展指数和中国家庭消费结构变化的趋势来看,经济和收入的增长带动了我国居民消费升级,中国居民在各类领域均呈现出颇为明显的消费升级态势,且未来家庭消费中"可选品"和"次必需品"的支出将显著增加,居民消费模式将从满足基本吃穿的生存型消费,向发展和享受型消费倾斜。

(三)未来消费者构成及特点

从国内市场的宏观经济环境来看,自 2012 年起中国经济迈入新常态,尽管之后的五年总量有所放缓,但依旧保持增长态势。尽管经济增速有所放缓,但在可见的未来,中国依旧将是世界上增长最快的消费者市场之一。

波士顿咨询公司的《中国消费新趋势》报告表明,2016—2021 年,崛起的上层中产及富裕阶层、新世代年轻人的全新消费习惯和线上线下全渠道的普及这三大新兴消费驱动力,将推动 1.8 万亿美元的消费增长。在整体个人消费增长贡献率方面,上层中产及富裕阶层的消费升级需求和年轻一代的消费多样化趋势,将持续大力推动消费增长。预计中国的上层中产及富裕阶层将带动 75% 的消费增长,新世代群体在总体增长中占 69% 的比重。在渠道方面,线上线下的融合数字化、互联网化占到私人消费增量贡献比例的 44%,移动端总体增长比重也达到了 38%。见图 2-29。

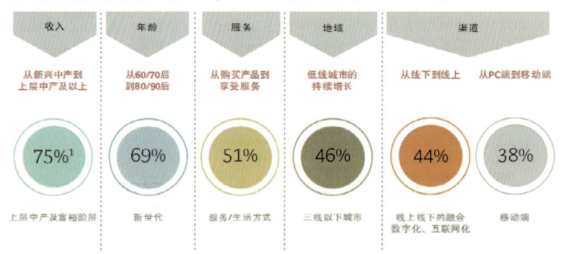

图 2-29 2016 到 2021 年对私人消费增量的贡献比例

改革开放以来,中国的经济发展和城镇化让中产阶层增长迅猛,也让越来越多的中国家庭热衷于消费。根据波士顿咨询公司的相关报告,家庭可投资资产值在 100 万美元到 500 万美元,以及 500 万美元到 2000 万美元这两个区间内的家庭数量增长最快,从 2017 年的 210 万户和 30 万户,到 2021 年分别增长到约 340 万户和 50 万户。见图 2-30。

此外,随着中国人口结构的成熟,出生于 1980 年以后的年轻消费者成为中国消费经济增长的极大潜力股。相对出生于 20 世纪 50、60、70 年代的"上一代",生于 80、90、00 年代的中国人往往被称为"新世代"。2016 年,成熟的新世代消费者(18~35 岁)在中国城镇 15~70 岁人口中的比例为 40%,这一比例在 2021 年超过 46%。尽管 2016 年新世代城市消费额为 1.5 万亿美元,比上一代低 0.4 万亿美元。但到 2021 年,新世代后来者居上,城市消费额激增至 2.6 万亿,超过上一代 0.2 万亿。

见图 2-31。

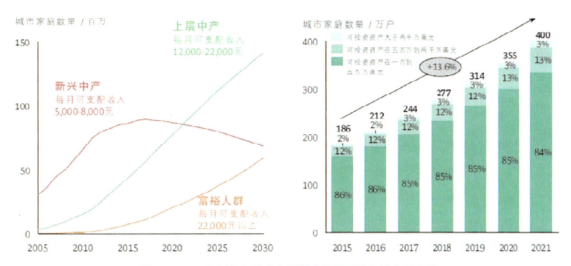

图 2-30 三大新兴人群家庭数量变化及可投资资产数变化

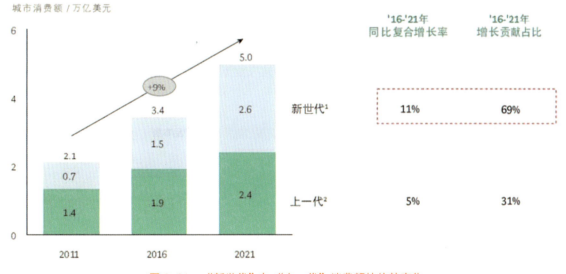

图 2-31 "新世代"与"上一代"消费额的趋势变化

2016—2021 年,新时代消费力的同比复合增长率达 11%,是上一代增长率的两倍有余。同期新世代消费的增长贡献比达到 69%,而上一代贡献比仅为 31%。

与父辈相比,新世代消费者出生在物质条件充裕的时代,从小就受到国际知名品牌的影响和熏陶,因此对产品的需求更加多样。根据阿里品质消费指数报告,"80 末和 90 后"现已成为品质消费的新力量,升级速度在五年内提高了近 8.7%。预计未来的年轻人对品质的要求将进一步提升,远远高于现在。

2010—2021 年,网上零售额占社会消费品零售总额比例由 3.20% 上升到 29.69%,增长超过 8 倍(见图 2-32)。其中,"80、90 后"为网上消费的主力军。

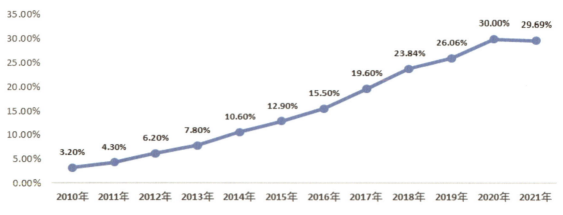

图 2-32　2010—2021 年网上零售额占社会消费品零售总额比例

对"80、90后"网上消费的渠道,经常浏览的购物网站、APP 等进行统计后发现,淘宝、天猫、美团、京东、携程、唯品会等为他们的主要消费渠道,主要集中在网上零售、生活服务、文化娱乐、汽车、旅游、健康医疗等方面,更注重功能细分,且线上消费也向品质化消费和服务与体验消费转变。

(四)未来消费趋势预测

随着全球化趋势和媒体、品牌等信息的广泛普及,消费者的需求和偏好不断趋于个性化、精细化,越来越追求高品质生活。在消费升级的大背景下,消费者需要被满足的不仅仅是对卓越品质和超凡性能的需求,还有精神层面对情感体验的需求,这三要素成为推动消费升级的重要维度。见图2-33。

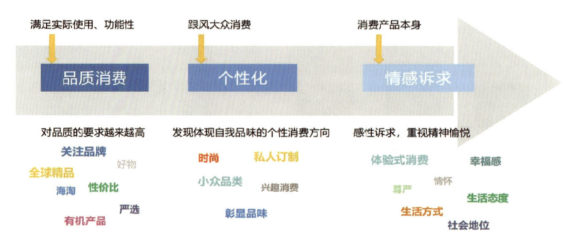

图 2-33　未来消费趋势参考图

可以预见,物质需求满足后的更多非物质性需求(精神需求),会是未来的消费增长点。根据马斯洛需求层次理论,物质条件的富足必将带动小众人群消费需求向较高层次的享受型消费逐渐过渡,基于个人兴趣爱好、小众品类的消费,表达自我生活态度、消费追求的高品质、个性化、定制化、体验式消费将具备较高成长性。

1. 卓越品质

现在,消费者在选择产品时不再局限于关注产品的实用性、功能性,其对品质的要求越来越高,更看重品牌的知名度。通过调研我们发现,对产品品质的需求使得上线城市消费者在购物时更注重产品的原料和性能,下线城市消费者更注重产品带来的情感体验及产品质量。

过去,依靠电视广告就可以引领消费市场,名人效应、品牌效应是影响消费者购买行为的主要因素。因为,在消费者心里,大品牌就代表着高品质。由于对产品的品质缺少理性的判断,消费者往往用多数人的选择去衡量一个产品的价值,而缺少自己的消费主见。但是,随着社会的发展和自身眼界的拓展,社会精英们不再是经典文化的追随者,而成为亚文化的部落人,其关注点在于健康、运动、创新等,大众文化圈破碎为一个又一个小碎片,品质消费正从追随大众文化向追随圈层文化转变。

2. 超凡性能

随着消费群体自我意识的增强,个性化消费需求不断增长。特别是对于新兴年轻消费群体来说,相比跟风的大众消费,个性化消费能够体现自我品味,因此,小众品类、私人定制满足了更多消费者的个性化需求,从而获得了更多的细分市场机会。

相比过去,现在消费者更注重商品带来的其他附加值,例如星巴克代表的不仅是优质咖啡,更代表了舒适的社交场合和自我休憩情景。消费正从单纯的购买功能、产品向购买服务场景转变。

3. 情感诉求

消费升级背后的逻辑是消费者对产品功能外的个性满足产生更强烈的需求。消费者在消费产品的过程中更注重感性诉求,重视精神愉悦,对于消费者来说,消费不仅是简单的买,消费层次、方式更能反映出消费者的生活态度、生活方式、社会地位。

中国从物质匮乏的时代到新时代的过程中,很多人总是要通过购买一些别人追逐的东西来认可自己,多数时候消费意愿都遵从于社会主流消费观。在现代消费生活中,消费者的独立性、自主性明显增强,消费什么和怎样消费,任何人都有自己的判断,这是国民整体自信的表现。消费者的消费心理也从过去追随大众精品转向追随小众精品,从过去的为别人的认同而买单转向如今为自己的喜好而买单。特别是"80、90、00后",他们独而不孤,会寻求共鸣,喜欢给自己贴标签,让自己成为品质和小众的集合体。

综上,中国居民人均可支配收入水平和消费能力的显著增长以及城市化进程的加速,必将推动中国发生新一轮消费变革,出现新的消费升级,即在满足基本的温饱外,非物质性的消费需求、品质化的消费需求开始增加。

(五)思考及建议

卷烟是一种特殊的快速消费品,吸烟对消费者而言既是一种嗜好,更是一种习惯。在这种习惯的背后,衍生出多元化的心理需求。可以说,不同的消费群体在消费卷烟时,其满足感的获得与关注点有着很大差异。发现这些差异,能帮助我们挖掘市场潜力,推进消费升级。

对于卷烟行业的发展，有以下几点建议：

(1) 加强对消费者兴趣偏好信息的发掘，驱动卷烟产品的更新与补充。

对消费市场的调研要在提高重视程度与加大投入的基础上，提高调研的专业性和实证性。一方面，商业企业要重视对所属市场消费容量和消费者偏好的定期测评，以便更好地从工业企业选择适销的品牌、规格、数量。另一方面，工业企业要认真收集消费者的兴趣偏好等信息以及产品反馈意见，为改善产品品质，及时补充、升级产品规格提供充分的依据。

(2) 重视年轻消费群体的偏好，满足个性释放的需求。

引领潮流、变革固有的模式依靠的是年轻群体，卷烟消费也是如此。年轻群体的观念有很强的可塑性，其对卷烟价格的敏感度相对弱于中年群体，在选择产品时更注重个性的张扬，不再单纯考虑价格因素。他们对卷烟产品价位段的选择，客观上对整个卷烟消费都能形成拉升力。因此在卷烟产品的设计与营销引导上，可将细支、爆珠技术、时尚的包装与年轻人的消费需求很好地对接，以对卷烟品牌培育与结构拉升形成更强的合力。

(3) 利用自媒体开展营销，发展线上、线下双向互动营销方式。

手机、微信已成为现代人生活的必要"元素"，卷烟营销更应积极参与到这一潮流中。首先，应重视卷烟营销"公众号"的开发与应用，把商业企业的服务品牌、企业文化、营销信息通过公众号向外界快速传播；"公众号"的建设理应站在战略发展高度来发展。其次，应探索商业企业实体营销活动与工业企业网上营销活动的互动对接，这样既能形成对资源的有效整合，也能提高营销的准确性，扩大促销的市场效应。再次，在自媒体的发展应用中，还可依靠烟草员工为主体，用定期转载和发布行业卷烟营销公众平台指定信息的方式，通过每个员工的微信号来加速品牌及消费文化的扩散与传播范围。

(4) 引领消费潮流和借鉴定制服务，释放高端消费活力。

随着经济文化生活的发展，市场上的一部分消费群体对高档卷烟既有追捧的心理，又有客观的消费需要。这类需求的开发，需要用一定的营销活动来助推，将其抬升到消费文化体验的层面，因此，应引入私人定制服务，把这种高端消费体验推高到一个更为独立自由的境界。例如，手工雪茄的定制服务，既能释放高端消费的活力，也更具有 e 时代的个性风格。当然，这种私人定制服务应更多地集中在产品的包装展示上。

(5) 与终端深度协作，主动改善卷烟消费环境。

随着控烟力度的加大，卷烟消费者的吸烟习惯在公共场所受到限制，行为习惯的发生空间被压缩，不可避免地让卷烟消费者在心理上产生一种挫伤感。在这种情况下，以服务消费者为目的，烟草企业与零售终端可以进行深度合作，划出一定的独立空间为"品吸区"，在特定的场所实现卷烟品牌文化传播与为卷烟消费者提供便利的高度融合，既方便了消费者，又实现了体验营销与消费者情绪关注的紧密结合。

可以说，从区域市场消费人口变化的角度分析，重在稳定和扩大卷烟消费总量；从消费者的习惯、嗜好及消费心理的满足看市场，则重在提升和引导消费升级。简而言之，就是从稳销量和调结构着手，挖掘市场消费潜力。

六、相关案例

面对卷烟消费的变化,国内卷烟企业也在寻求突变,在品牌文化塑造、产品设计创新、营销宣传推广上别出心裁,试图与消费者建立心智共鸣,满足日益变化的市场需求。

(一)烟草消费的"心价比"时代

纵观整个消费市场,"90后"和"00后"已然是绝对的主力军。他们不仅热衷于追求潮流、时尚,更崇尚个性化的品质消费。对于他们来说,愿意为一个产品付多少钱,更多地取决于这个产品能给内心带来的体验和对于"自我"的价值。中国消费正在经历从"性价比"到"颜价比"再到"心价比"的跃迁,消费者更加在意商品是否能够体现"自我价值",或是消费的意义与价值,消费者会为这种心理认同而买单。

品牌引领"心价比"消费的核心在于"心",品牌需要拉近与消费者间的距离,能够让消费者感受到品牌全新的情感价值,让其承载温度和情怀,更好地满足消费者的情感需求,同时,能让消费者在消费品牌的过程中获得自我的升华。

纵观整个烟草消费市场,烟草消费也已进入"心价比"时代,持续的结构提升的背后,是品类引领和文化引领战略。近几年,一些烟草品牌凭借独立化、品牌化感知力找到了新的文化消费意义。比如"娇子"推出的"宽窄"系列(见图2-34),从品牌命名、包装设计元素等方面打造了独一无二的IP,其将副品牌成功地嫁接于宽窄巷子之上,让"宽窄"貌似新生,实则品牌形象已有深厚的文化积淀;在品牌文化的塑造上,源于而又高于宽窄巷子文化本身,从传统文化中发掘出极为珍贵的哲学、文化宝藏,提炼出以"宽窄哲学"为引领,以"正直豁达、智慧精微"为核心理念的"宽窄"品牌文化,引导消费者产生"不仅是在消费一包烟,更是思想、文化的消费"的感觉。在高端消费群体越来越重视精神消费、文化消费的当下,"宽窄"系列香烟因高度契合了目标消费群体对香烟的消费需求,引起了广大消费者的共鸣,获得了广泛的认可。

图2-34 "宽窄"系列香烟

（二）烟草品牌要满足消费者的"内在绽放"需求

《2022中国消费趋势报告》指出，在疫情的影响下，中国消费者开始"放下"快节奏的工作，回归"渐慢"的生活，从销售数据的变化中可以看出，消费者开始从向外探索回归到向内探索。随着向内探索的"步伐"的加快，消费者更在乎当下内在的精神与舒适度。调查显示，在2022年消费者要努力的方面，占据首位的是更丰富的娱乐休闲，其次是买更好品质的东西，再次是知足常乐/少攀比，以及更多的思考和自省等，这展现出中国消费者愈加倾向于探索内在，追求有深度、有内涵的生活方式，越来越注重健康的深层次觉醒、内在的"精神"舒适度探索、"尽享自我"的体验感、成长的精神富足，"内在绽放"成为共同追求。

烟草品牌既要满足消费者个性化的需求，也要使其表达自我，尽显态度。更重要的是创造消费者的舒展体验，在精神界面驱动和消费者的内心共鸣，注重消费者的"内在绽放"需求。

例如，"贵烟"推出的"行者"（见图2-35），就以"发现不一样的自己"作为品牌定位，锁定自驾、越野的户外人群，倡导拼尽全力超越自我的"行者精神"，通过"行者"系列的场景打造和户外人群的圈层活动，让更多的人群实现"自我绽放"，去发现不一样的自己，成功地塑造出了新产品的价值。

图2-35 "贵烟（行者）"香烟

（三）"感官滋养"创造品牌印记

随着生活节奏的加快，很多人都面临来自社会、工作、家庭等多方面的压力，经济、情感、工作、学习和人际关系成为压力的五大主要来源。

此外，移动互联网的发展虽然让消费者可以随时随地获得海量的信息，但也带来了信息焦虑。尽管刷手机会带来愉悦感，然而信息量大和信息价值少成为人们新的担忧。面对快节奏的生活压力和海量的信息过载，消费者感官陷入疲劳和困顿，期待在消费中拥有更多有趣的、能直击精神和心灵的感官体验。调查显示，人们通过不同的方式来解压，如运动健身、睡觉、刷短视频/社交朋友圈和外出旅游等都成为让人们感官得到放松的方式。

无论是线上体验，还是线下消费场所，感官体验的塑造都变得更加重要，需要全方位创造视觉、听觉、触觉、嗅觉等体验，构建感官驱动情感链接的能力。品牌的"感官滋养力"成为品牌与消费者之间重要的情感纽带，需要贯穿于品牌营销的各个环节，无论是场景创新、产品设计、产品选材还是消费者触点,都需要建立一种具有全新感官体验的、能够在情感上吸引消费者的品牌视野。

"烟丝金黄金黄,烟灰雪白雪白",这是"黄金叶"最让人印象深刻的广告语,更是最为直接的感官印记,而其旗下的各个产品,都在用不同的方式强调着烟叶原丝的醇香,甚至在细支品类中形成了"杨柳细腰"的感官识别,这让"黄金叶"有了独特的感官滋养力(见图2-36)。

图 2-36 "黄金叶"系列香烟

(四)"精养健康"与"极致低减"

目前,健康经济全面扩容,从医疗保健到日常快消,求低量、求天然、求轻装、求新奇,消费者越来越注重硬核的健康。产品不仅热量、糖分要"低",还要极致的"减",零脂、简盐、零添加、零触感……新成分、新功能、新感官,将开启更多的新消费赛道。

在"低量更健康"的概念中,消费者最感兴趣的是低盐、低脂,除此之外,非油炸、低卡、低碳也是消费者关注的因素。在日常生活中,0脂油醋汁、沙拉汁、无糖饮品、即食燕麦、全麦面包、肉干/果干、鸡胸肉是消费者购买"低量更健康"的产品TOP6。

在"天然新平衡"的需求中,100%天然/零添加、纯植物、绿色有机、营养价值丰富成为用户追求天然食品的四大因素。此外,一口气就能喝完的可乐、迷你糖果,既能解馋,又有助于控制体重。市场上不少食品出现了小包装,显得更加精致,每个消费品都可以通过迷你款来打造新的入口。

在低减健康的基础上,消费者在追求刺激与新鲜体验方面,有了六重转变。其一,健康零感,从基础饮食向0脂0糖0卡、无负担无负罪感转变;其二,新鲜感,从口味复杂向清凉清爽、味道自然转变;其三,气泡爽感,从解渴向解馋、寻求味蕾刺激转变;其四,零压感,从塑形衣向穿着舒适(无束缚感、无压迫感)转变;其五,微醺感,从酒精浓烈向微醺感转变;其六,超柔感,从粗暴的、直接怼到喉咙的感觉向口感绵柔、细腻转变。

从烟草消费趋势来看,卷烟消费者也越来越追求"舒适减害",从口味来看,吸味越来越舒适和柔和;从规格来看,卷烟越来越细、越来越短。在满足卷烟消费者健康需求的基础上,使其获得烟草"满足感",这成为烟草创新的关键。

例如,自创立以来,"健牌"主打提供更健康卷烟产品的理念,从最初的微颗粒过滤嘴到目前的活性炭过滤嘴,其产品一直受到消费者的青睐。针对消费者对卷烟添加剂安全性的担忧,该品牌又推出了无添加剂的卷烟,并在烟包上表明卷烟中不含添加剂。不过,同样基于健康的考虑,"健牌"在包装上又增加了一条警示语,"无添加剂产品对烟民并不是安全产品",以防产品进入误导消费者的区域。即使如此,消费者仍然认为无添加剂的卷烟能品尝到真正烟草的味道,因此,仍忠实于该品牌卷烟。多年来,"健牌"一直保持着强劲的发展势头,在产品的口味方面,不断推出低焦油系列产品,有 1 mg/支、5 mg/支、8 mg/支的规格,这些低焦油、高品位的产品也受到了众多年轻人的喜爱。见图 2-37。

图 2-37 "健牌"卷烟

(五)年轻人的"潮嗨经济"浪潮

随着"Z 世代"逐渐成为大众娱乐消费的主力群体,潮流文化在中国迅速兴起并逐渐大众化,潮流也逐渐升级为"潮嗨",这也让"盲盒"这一销售形式在近些年大放异彩。盲盒之所以走俏的原因不在于形式,而在于背后的"潮元素"和"嗨动力",从潮玩到趣玩,从惊喜消费到盲盒消费,品牌需要不断制出超越产品本身的想象力,才能创造出消费的新浪潮,这就是"潮嗨经济"。

"潮嗨经济"的一个维度是"因嗨而潮",探索小众的文化消费价值,尤其是找到"Z 世代"的圈,打造小众的消费话语,让小众"共嗨"的产品变成流行文化;另外一个维度则是"从潮到嗨",品牌通过注入"嗨"元素,实现在年轻人中的流行和文化破圈。

近年来,众多烟草品牌都在进行"年轻化""时尚化"的尝试,但到底怎么改变才真正算是"承上启下""继往开来"?既能让年轻消费群体喜爱,又保持品牌原有的优质基因?放眼中国烟草市场,真正年轻化的潮流品牌基本还是空白,年轻人群是烟草的快速进阶者,但是对品牌缺乏真正的归属感。年轻消费群体不同阶段所选择的香烟价位段如图 2-38 所示。

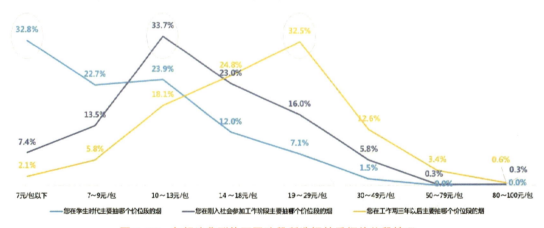

图 2-38 年轻消费群体不同阶段所选择的香烟价位段情况

数据来源:知萌咨询机构烟草消费研究,全国 10 个一、二线城市调研,$N = 2000$。

年轻化的本质要有配套生活方式的一套体系和话语，不光是在营销手段上面去做年轻化，而是要找到和年轻消费者链接的路径。烟草品牌要大胆应用跨界、IP联名、打破次元壁等方式，让烟草品牌引发追逐和流行，让年轻人愿意为烟草品牌背后的观点、人设、故事和生活方式买单，如何争夺到下一代消费者，这成为摆在卷烟行业面前的问题。年轻人的烟草消费行为如图2-39所示。

年轻人对于烟草的消费行为正在改变

 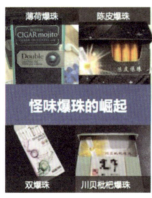  

图2-39　年轻人的烟草消费行为示例

（六）国货进阶与国潮重塑

伴随中国经济崛起，消费者的民族自豪感和文化自信心不断提升，对国货的热情也逐渐高涨。随着"中国制造"转型"中国创造"，国货品牌也在不断创新，不再是廉价的代名词，也不甘做外国大牌的"平替"。持续的产品创新和品质升级，让消费者对国货品牌的感知发生了变化，不仅仅是因为情感的认同而消费，更源自对品质的认可和文化的共鸣，在很多品类的消费选择中，国货正在成为"首想"和"首选"。

黄鹤楼香烟以楼为名，更将千古名楼的形体抽象出来的"楼标"作为品牌的核心识别元素展现在"黄鹤楼"系列品牌的包装上：简洁的金色线条勾勒出黄鹤楼雄浑的轮廓，华丽、尊贵、厚重；两侧祥云衬托着展翅飞升的仙鹤，新颖而生动，是速度的痕迹，又是发展的象征；底部两座小楼与主楼相得益彰，增添了整体图案的稳重感，华贵而不失典雅。"楼标"以形写意，不但可以给人以强烈的视觉印象，更能使消费者对黄鹤楼悠远的历史和秉承的"雅士文化"气息产生无限的遐想。"黄鹤楼"正确运用包装色彩的搭配方法，对保持卷烟产品的风格和消费者心理引导起到了良好的作用，个性化产品设计与现代雅士消费群体的个性实现了高度统一与契合。

七、结语

人民网财经研究院于2023年初召开了"新赛道·新动能——新型消费产业转型升级展望"金台圆桌研讨会，对后疫情时代下的不同群体消费特征转变进行了更为准确的描述和总结。

一是我国市场新理性主义的消费观上升,即消费理性回归,克制欲望,发展型消费替代原来的炫耀型消费,倡导环保与可持续价值的消费观更加明显。二是"Z世代"成为新消费的生力军。"95后""00后"的典型消费特征就是以兴趣为主导,追求满足感和体验感,通过圈层社交从原来个体性的消费转为抱团的联络性、网络性的消费模式,今年这一群体正在成为新消费增长的主动力。三是新中产依然是新消费的中坚力量。后疫情时代,"70后""80后"等新中产群体消费高端化、品质化更加明显,消费主要聚焦科技、健康、自我发展以及下一代教育等方面。四是"银发一族"消费理念正在升级,尤其是候鸟型老人和以兴趣为主导的银发族是新消费的中坚力量。五是农村消费或小镇青年消费增长潜力提升。随着乡村振兴,加上村镇收入持续增长、城乡消费同频、城市消费辐射效应等因素,村镇青年消费观念和消费方式正在更新,接近2个亿的村镇青年正在成为新消费市场的增量。

在当前宏观经济回暖复苏、全国性人口流动日益活跃、后疫情时代市场消费加速变迁的新形势下,烟草行业发展面临的一些新挑战更加明显。因此,行业企业当前要更加注重行业外部环境的新变化,更加注重后疫情时代的市场消费新特征,更加注重跨省人口流动出现的新趋势,创新构建适应环境变化的运行调控和卷烟营销策略。

第三章
消费趋势分析

一、消费趋势概述

品牌的本质是通过创造或引领消费趋势,来实现产品价值的持续变现。所有的产品都在争夺消费者的时间和空间,产品想要经久不衰,一定要思考如何更大范围地占领消费者的时间和空间,深度进入消费者头脑认知空间和生活场景空间,成为消费者美好生活不可或缺的一个组成部分。

产品和品牌选择的背后是消费心理和生活方式的驱动,高露洁牙刷的设计师认为,"我们要设计好的牙刷并不难,难的是要理解把牙刷塞进嘴巴的那个人的生活方式,因为牙刷的选择不是由牙刷本身和嘴巴决定的,而是由这个人的头脑、他的生活方式和影响到他的社会环境决定的"。所以,把握时代发展脉络,洞察消费趋势,将成为每个企业制定战略和开展品牌营销的基石,只有建立在消费趋势观察基础之上的产品设计和品牌营销,才能真正走进消费者的内心并触达精准的消费场景。

二、中国消费趋势

消费已经成为中国经济增长的第一驱动力,中国已成为世界第二大经济体、第二大消费市场。中国消费市场规模还在持续扩大,消费结构正在优化升级,新业态、新模式方兴未艾。

中国拥有 14 亿多人口,拥有全球最大规模的消费市场,中国市场的复杂性和多元化的结构,让中国消费者的心理和行为更为复杂,需要对中国消费趋势有综合立体的认识,才能更好地制定企业发展战略。中国消费市场的发展趋势如下。

(一)升级中的进化

随着中国经济的增长,中国消费市场也正在进行着一场新的革命,主要表现在由生存型消费转向发展型消费,从产品消费转向服务消费,从物质消费转向精神消费,从标准化消费转向个性化、品质化消费。

由于信息渠道的变革和移动互联网的深度渗透和影响,消费者的消费理念也在不断进阶升级。通过消费趋势研究发现,今天对于很多消费者而言,消费的含义已经变了,人们不只通过消费满足基本的需求,还利用消费探索世界、建构自我,利用消费来构筑自己的美好生活,因此,消费被赋予了新内涵、新体验、新价值。

国内著名咨询机构——知萌咨询对中国消费市场的变迁提出了自己的观点:从中国的消费市场的变革来看,从改革开放开始,先后经历了产品为王、渠道为王、品牌+渠道双驱动的时代,如今,我们已经进入一个消费者主权时代,中国消费者的消费理念也在不断变化,如图 3-1 所示。

那么,如何理解中国的消费升级? 我们可以从下几个方面来解读其中蕴藏的消费变迁。

第一,消费认知在升级。消费者可以通过更多元化的渠道找到适合自己的商品,今天进入了一个消费群体多元化、品牌多元化的时代。

中国消费市场的四大演进

产品主权时代	渠道主权时代	品牌主权时代	消费者主权时代
产品为王	渠道为王	品牌+渠道双驱动 大通路+大媒体	新渠道+新消费+新人群
（改革开放以来至二十世纪九十年代）	1990—2000年	2000—2010年	2010年后
温饱消费阶段	基本消费阶段	符号消费阶段	品质消费与个性化消费阶段
供给缺乏阶段	供给加速阶段	供给过剩阶段	供给优化阶段（供给侧改革）

图 3-1　中国消费市场的演进

第二，消费结构在升级。今天中国消费者从符号消费变成了必要消费，从追求社会认同转向追求自我认同，因此消费者在重要的品类、必需的产品上追求更高的品质、更优质的产品，消费者从过去盲目的跟风消费、仰望型消费，演变成如今的与自己身份匹配的自我展现型消费，并希望品牌和自己是平等的，要彰显自己的生活主张和态度。

第三，消费模式在升级。过去的消费都是传统通路，消费者可以接触的品牌数量有限，到了数字触点的时代，品牌品类增加，数字货架被无限扩展。每一个数字触点都有可能转化为品牌的行动，甚至很多时候，圈层和口碑的影响比任何时候都重要。

第四，消费的品牌范围在升级。消费者不仅追求更好的品牌和更好的生活方式，还追求与自己风格调性更匹配的商品和品牌，每一个消费领域中都存在精致化渴望。因此，选择的品牌范围在扩大。

第五，消费体验在升级。过去消费者购买商品，进入消费场景，有了消费的满意度后，整个消费过程就结束了。而今天，满意度不是结束，只是开始，品牌不仅要令消费者满意，更要值得消费者分享。因此，品牌就进入了一个新的升级时代，这个新的升级，不单是满足一些功能性需求，更是要注重精神、文化、体验的需求，随着财富上升，消费者解决基本生存的能力增加，对物质供给的焦虑整体降低，对精神诉求的需求呈现井喷。

以上的消费趋势变化在揭示一个新的规律：消费趋势正在发生根本性演变，从大众化趋同逐步走向精众化区隔。过去很多消费品类和品牌都在"物美价廉的性价比"层面竞争，今天则变成了"物美品优的颜质比"的竞争，品质思维将引领一股全新的消费潮流，成为消费者未来的主导性消费思维。

在"大众化消费"阶段，消费者并不过分关注品质，他们关注的是"价格"和"噱头"，只要价格是市面上最高的，只要产品贴上了"高端""奢享"的标签，就能够获得他们的青睐。在消费升级的大潮下，商品种类愈加丰富，消费者的物质条件逐步提升，精神层面得到充实，生活态度更加积极开放，更愿意追求切实有品质的生活。与之前相比，人们在消费时对生活品质、生活格调的重视程度显著提升。整体来看,消费者对品质的要求更加明确,愿意为高品质付出更多,同时也更重视品牌所象征的商品特性是"徒有其表"还是"实至名归"。

高端烟也顺应了消费趋势的演变,2004年以来,很多高端烟以一种颠覆性的姿态登上了时代舞台,在价格上限一次次的突破中激发了消费者的猎奇心理与求购欲望,以价格标榜价值,以品牌彰显身份,推动了高端品牌尤其是高端产品的新品迭代。而随着消费者消费意识的逐渐觉醒和认知的升级,消费者不再"不选最好,只选最贵",而是选择从外到内都能打动自己的并且适合自己的产品,在这样的消费理念的影响下,市场竞争对高端烟品牌提出了更高的要求:烟草产品只有重塑与消费者对话的全新链路,充分捕捉到消费痛点和消费痒点,才能打动日趋理性的消费者。

(二)升级后的细分

在今天的中国,具有趋同性和一致性的"千人一面"的大众消费时代已经结束,社会消费群体出现了新一轮的分散和聚合,从而进入了"十人一面""千人千面"的高度细分的族群化、小众化和个性化消费的细分时代。

(1)消费群体正在变得多元化。

现在,在很多中国的消费场景中,都可以看到细分消费潮流与现象:越来越多的人群聚集在健身会所,通过健身来保证自己的精力、活力与竞争力;IT数码、汽车产品、时尚奢侈品的设计越来越个性化和风格化;消费者对产品中的健康要素越来越看重……正如社会学家波德里亚所说,消费是一种符号操控的系统行为。这种符号不是消费者用嘴说出的话,而是由物品来编制的符码(object sign),而"差异性"和"个性化"是物品符号的具体含义和凝聚这种含义所必需的生产要求。所谓"个性化",是指在生产中针对特定的要求而进行的系列设计和安排,"差异性"则是指物品作为符号对社会地位的不同区分。

过去,定义好消费群体的人口社会学特征就可以找到用户,今天人口社会学特征只是一个最为基础的标签,兴趣爱好、自我定义、价值取向、生活态度、信息接触点等,都需要了解。例如,很多品牌说我的消费者是高端的消费者,现在这种消费者画像已经变得很苍白,因为同样是高端的消费者,内部也有分化。此外,你会发现你的品牌还有更大的消费者边界,有些消费者或许不在年龄所能框定的区间里,因为人们消费的驱动力已经从功能满足演变成了心理需求和多元化的体验。

(2)品牌营销正在走向精细化。

随着中国消费者对品质生活的追求和向往,如何挖掘中国消费变迁中各个领域的消费升级需求,精准定义产品迭代和服务升级,实现对消费趋势的引领,从而创造新的增长周期,成为解决品牌"转型升级"的关键点。伴随着消费者的高度分化,信息渠道的极大繁荣,消费者的认知边界在不断拓展,品牌营销也必须从粗放营销时代过渡到精细营销时代。

在大众消费时代,通常的营销方式是企业向消费者推荐和介绍品牌,但是,在细分时代,是消费者主动拥抱品牌,参与和定义品牌,消费者越来越期待在体验中主动接收信息,从被动接收转变为主动获取并自发为其传播。依托于新的传播渠道的新的消费者关系正在形成,也就是消费者从个体决策者变成了需要随时和他人沟通的群体中的一员,企业的营销要重视建立与消费者之间的关系,营销的主体和对象也从单纯的"我"(企业)和"你"(消费者)变成联合创造价值的"我们"(企业和消费者)。消费的逻辑变了,营销的战略要随之调整,谁能聚合并细分人群,谁就掌握了市场传播与营销的优质资源。

(三)影响中国卷烟消费市场的中国消费趋势

如今,消费者更加关注自我的小世界,愈加追求消费的获得感、价值感和意义感,理性消费、感性生活成为消费的基本面,连接心域、价值驱动和信任加固将成为品牌赢得消费者心智的关键。

趋势1:理智随兴

疫情打乱了很多人的生活节奏,随着生活节奏变慢,人们对生活有了更多思考,消费者不再像过去那么容易被鼓动,消费决策变得更加理性。理性逻辑指引"随兴"消费,人们在购买产品时不只满足于其功能性价值,还希望产品能为生活带来惊喜感、意义感、价值感和满足感。

在理性消费理念的驱动下,消费者的消费智慧也在不断增长,从临期食品逐渐成为消费新宠,抖音端各类"平替"内容逐渐火热(图3-2),京东以旧换新订单量大幅增长等,都可以看到消费者希望以更合适的价格获得更有品质的生活,在省钱和精致间找到新的平衡点。

图3-2 "平替"内容

理性生活并不意味着降低对质量的要求或舍弃个人偏好而选择替代品。实际上,消费者希望在每个价位都获取到更好的产品,确保每次购物都正确合理,所买东西都是物有所值,而在自己真正需要、有着更大消费满足感的必要消费上,消费者不惜重金。"理性消费,感性生活"成为基本面,从需要、想要到必要,从追求物质的功能满足转向追求物质、精神和趣味的三重满足,这成为最重要的消费理念的变化。

对于越来越理智的消费者,品牌应该更多地去挖掘兴趣消费,在满足功能的基础上为消费者提供附加值,使消费者在每一次消费中获得最大的惊喜感、意义感、价值感和满足感。

趋势2:氛围怡情

消费者更加关注自身精神的舒适度,其购买的物品和所处的空间都需要无形的氛围感的加持,才可以开启完美的一天,从而改变心情。例如做一件事之前,打造一个沉浸式的环境释放情绪,或者在时刻变化的环境中创造氛围,获得片刻的愉悦。这也催生出一系列营造"氛围感"的消费热点,如通过逛公园、垂钓、露营、徒步、爬山、冲浪等方式放松心情，为自己营造松弛的精神氛围感(图3-3)。

图3-3　氛围感的营造

消费者对氛围感的追求日渐增加，驱动着企业对氛围场景的挖掘，打造产品的氛围力成为企业新的机会。比如，咖啡及茶饮企业提供可在家复刻咖啡厅和奶茶店时光的可手工冲泡的产品等。当品牌将产品置于氛围场景中，就可以增加更多的消费机会，就像可口可乐、王老吉等出现在聚会和节庆场景一样(图3-4)。

图3-4　将产品置于氛围场景中

消费者的生活重心更加转向内在小世界,氛围感、情绪价值和内心舒适度对于消费体验变得尤为重要,提升产品氛围力,创造出新氛围空间,成为产品升级和开辟新赛道的切入点。

氛围构成了生活体验的基底,消费者始终在特定的氛围中生活、感知、思考和行动。氛围具有空间性,又有情感作为其主导因素,因此,氛围创造也是一种创造审美价值和新消费趣味的营销策略。

趋势3:懒系健康

从保温杯里泡枸杞到主动穿上秋裤,从睡前泡脚到热衷吃维生素、益生菌,消费者对养生的热情越来越强烈。消费者的健康需求也在不断变化,从被动养生到主动健康,从药食同源到即食养生,"养""防"结合,轻快好省,科学组合,正在开启"新派"懒系健康新图景(图3-5)。

图 3-5 懒系健康

在科学养生时代,消费者会根据不同时间、不同症状、不同场合的需求进行组合式养生,并通过全方位、立体式的方式将防和养进行结合,实现边"养"边"防",同时,消费者希望在"偷懒"中就达到养生的目的,便捷、简单和高效的花式养生,成为大家追求的养生方式。药食同源的懒系"重养生"、开袋即食和口感好的滋补营养品成为消费者的首选。随时养生、低成本养生、高效养生,在吃喝玩乐中达成"碎片化"养生正受到越来越多年轻人的青睐,他们追求的养生产品不再是胶囊、片剂等似药非药的产品,零食化营养品以及各种形态的功能性零食也都进入了养生范围,在零食中调理机体、愉悦身心,已成为大多数人的共识(图3-6)。

除此之外,懒系健康理念融入了消费者的日常生活,从预制到即烹、即热、即食,即享食品走进了很多人的厨房。因此,对于品牌来说,不仅需要聚焦"懒",还要重视"效",更要重视"简单方便易操作"。

消费者快节奏的生活方式和对自我的关注,要求健康滋养的方式不能过于复杂,场景更要融入生活,最好能在"开袋即食""日常吃喝"中收获健康,这为医药大健康以及快消品企业带来了巨大的创新空间。

图 3-6　零食化营养品

趋势 4:精微极质

今天,高性价比、高颜值已不再是品牌产品的竞争利器,对消费者的新生活方式、生活理念以及更加细分的场景需求进行细微的观察,通过技术创新和极致的产品体验,找到可感知的差异化价值,成为"成熟品类的革新者"和"新品类的定义者"的领先密码。想要用户有更好的消费体验,进行消费细分是必须的。随着人们对内在生活质量要求的提高,人们在购买产品时,在不同的场景下会有不一样的需求。

通过对资本比较关注的消费赛道的观察,我们发现,越是做到精致化、极致化的产品,越拥有更大的潜力和活力。品牌需要塑造更加精细化的产品以满足不同的消费者需求,让品牌与消费者的消费质量同时升级。

企业通过聚焦不同细分人群,挖掘人群痛点,配以精细入微的产品定位,以功能的极致化让用户感受完美的产品体验,同时,硬核的制造科技必不可少。精微极质的产品创新时代已经到来。

趋势5:纯粹主义

近年来,食品安全事件频发,不仅让相关企业形象受损,还让消费者更加警惕,更加关注食品的健康和安全。伴随技术进步与消费需求跃升,消费者对健康安全的追求持续升级,从成分表到配料表,从透明可见到科学消费,消费者正在追求更好、更极致、更简单、更可掌控的"纯粹"(图3-7)。

消费者对纯粹主义的追求,对成分、配料、材质的关注,首先体现在安全健康的关注场景拓展。从关注化妆品、护肤品的成分,到关注家具、装修的材料,再到关注食品领域的配料,消费者研究成分和配料的热情只增不减,也让很多的工艺、材料、成分开始跨界。比如,食物入妆,将食物成分加入化妆品;或是"美容食补",为食品增加美容养颜的功效;抑或是服装面料使用植物基材料。其次,消费者对纯粹主义的追求体现在可掌控和可溯源,可掌控是指无论工艺、用料、包装都需要"至纯",可溯源则指食物从产地到餐桌的每一个环节都能被消费者看到,都能接受消费者监督。可掌控和可溯源代表着消费者健康安全饮食3.0时代。也就是成分裸感时代,在成分裸感时代,材料要纯、工艺要精、包装要简。

图3-7 消费者追求"纯粹"的食品

如今,越来越多的品牌在用自己的方式表达对"纯粹主义"的追求。例如,达利集团旗下的"豆本豆"改变了在中国已有两千多年历史的大豆蛋白的饮用方法,开创了国民营养好豆奶,以"天然零添加豆奶生产技术"在国内推出零添加可常温保存的高营养豆奶,开创了豆奶行业先例。其"天然零添加豆奶生产技术"成功激发了大豆的三重原生营养,让豆奶更纯粹,提高了豆奶行业的营养标准。见图3-8。

图 3-8 "豆本豆"的宣传图片

健康的消费、味蕾的满足、舒适的体验,都驱动着产品的创新与升级。为消费者提供不需要掌握科学知识也能放心选择的产品,成为优秀企业的标准。

趋势 6:国潮新境

近几年,传统文化的创新表达成为"国潮"文化的组成部分,"传统正在时尚,古典正在流行",基于中华优秀传统文化的内容不断出现,引发了社会大众的共鸣,国潮所依托的传统文化因素激发了消费者强烈的内在情感共振与审美认同。

从跨界创新和品牌年轻化,到国风设计创新,国潮已经成为一种消费文化和产品风尚,更代表着中国品牌在设计、文化与科技上的全面跃升,从审美迭代走向新的竞争场域,见图 3-9。

图 3-9 国潮文化元素

随着近几年国潮的发展,国潮文化元素也在被更多的消费者认知,在这些元素中,汉服的认知度最高,汉服不仅展现出中国传统文化的气韵,而且产品本身富含东方美学元素。除此之外,很多中华传统技艺和元素也被认知,如双面绣等。国潮的发展反过来也促进了年轻人对传统文化进行深度了解的兴趣,从而推动国潮创新。

国潮将传统优秀文化与当代先进科技、审美需求进行融合,创造出新国货、新品牌。国潮今天已经成为融合科技、文化、美学、时尚、生活的集合体,接下来将迎来一个科技创新、技术赋能、国货美学崛起的时代。国潮就是品质国货和现代生活的融合,从模仿到创新,从平替国际品牌到成为消费者首选,国潮发展的下一阶段是美学的升级、技术的领先和文化的超越。

趋势 7:绿色风尚

近年来,国家积极推动经济社会发展全面绿色转型,在二十大报告中对"绿色"着墨较多。随着政策红利的到来,绿色低碳无疑会成为 2023 年众多行业发展的热点,无论是供给侧,还是需求侧,都越来越关注绿色、低碳、可持续的行为。

在消费人群中,随着绿色低碳宣传的加强,环保型消费和极简主义消费不断涌现,越来越多的消费者更加关注环保行动和购买决策,选择简约适度的消费模式,以少而精的物质满足生活的需要。伴随着绿色发展理念的迅速升温,绿色生活方式兴起,消费者们对绿色产品和品牌有了更多的关注,并且主动选择(图 3-10)。

图 3-10 绿色生活方式兴起

当下,绿色低碳成为共同追求,绿色生活方式渐入人心,企业想要能够长期发展,被消费者认可,就应该将绿色发展升级为企业战略,加大绿色产品的供给,满足消费者的需求;在营销时,应突出绿色和可持续发展的概念,获得消费者的认同;为了更多促进绿色发展,可以推出产品以旧换新、包装回收等活动或计划,与消费者共同推进绿色消费;此外,在产品包装中增加与突出绿色标签,更容易让消费者快速感知到产品的绿色特性,方便做出选择(图 3-11)。

图 3-11　在产品包装中突出绿色标签

绿色之美,在于相融共生,从推广绿色消费理念,到打造绿色供应链和生产链,生产绿色环保产品,再到寻找绿色增长引擎,都将成为企业实现可持续发展的路径之一。

趋势 8:信任复利

数字化传播环境驱动着消费者主权的觉醒,品牌从抢夺认知红利、人心红利,进入创造信任红利的时代,品牌需要从认知加固转向信任加固,不断构建声望壁垒,创造消费者拥护的复利效应。

在这样一个信息嘈杂的时代,品牌依然是让消费者提高选择确定性的关键。在不确定的环境下,领军品牌始终引领着消费趋势。而一个品牌要得到赞赏、喜爱或者敬仰,必须和消费者之间建立信任,信任既是品牌建设的基石,也是品牌能够产生长线效应的引擎。

从品牌形成差异化形象、抢占消费者心智开始,品牌就在产品的质量、性能、诚信度等方面对消费者做出了承诺,随着品牌在生活和社会中的作用不断扩大,人们对品牌的期望也在不断提升,品牌必须提供可靠的产品和有价值的客户体验。

有了信任,品牌与消费者的关系才会更牢固更持久,在信息爆炸的时代,传递信息容易,建立信任困难。信任,有时坚如磐石,有时脆弱如冰,唯有持之以恒,真诚积累,才能让品牌力加固,形成更强的护城河。

例如,"洽洽"品牌经过多年的发展后,是如何在核心理念上进行创新的呢? 2017年,为了进一步适应市场,洽洽食品进军坚果赛道,推出了洽洽小黄袋每日坚果,并不忘初心,坚持全产业链生产模式不变,保证了洽洽小黄袋每日坚果的高品质。随后几年,洽洽小黄袋每日坚果活跃在短视频、电梯传媒等多个营销场景,每到中秋节、国庆节等节日,"洽洽小黄袋每日坚果"都会在楼宇空间刮起"黄色风暴",引领消费风尚。除此之外,洽洽食品也在不断加固第一曲线的瓜子业务,并抓住周末这一休闲场景,提出了"周末到洽洽到"的营销主题,让洽洽瓜子与周末捆绑,解决了消费者"想起来吃"的问题,为瓜子品类提供了新的契机,开辟了新的消费场景和认知。无论是通过小黄袋进入坚果赛道,还是通过年轻化的创意展现形式将洽洽瓜子和周末场景紧密关联,洽洽食品都是通过品牌势能的持续累计赢得了消费者的长期信任,通过信任复利引领行业趋势,保持品类领先。洽洽食品宣传图片如图3-12所示。

图3-12 洽洽食品宣传图片

趋势9:农品新潮

随着国家经济的不断发展,人民生活水平也不断提高,消费升级的现象蔓延至各行各业,大家更热衷于高品质消费,消费的质量和水平不断提高,差异化的需求也不断涌现。在农产品消费市场,"吃得饱"已经成为过去式,"吃得均衡"已经成为主流共识。现在的消费者不断产生对农产品消费的"期待释放":消费者更想要绿色有机、包装精美、品牌知名等多样化特点的产品,产品不只可食用,还可用于社交礼赠,有特色、有内涵等。

消费者在选购农产品的时候，通常关注的指标有无农业残留、比较安全、新鲜直达、原产地的公用品牌等，而天然零添加、有机认证、品牌知名度、政府权威背书等也是重要的参考依据。

随着农村地区基础设施不断完善以及数字技术的助力，区域"地标农产品"已成为城市消费的升级方向。而通过高质量农产品驱动消费升级、带动农民增收的正循环正在加速运转。从打造农产品产业带到山货进城，再到区域农特产品被更多消费者购买，更多的区域优质农产品迎来空前火热的市场机会。如何将这些区域农特产品打造成品牌，将成为下一阶段发展农产品的重点工作。

农产品想要摆脱同质化竞争，需要主动拥抱消费市场，抓住新消费需求，只有产品快消化、品牌差异化、营销出圈化、形象新潮化，才能走出区域，实现价值升维。

例如，"十月稻田"作为源自生态东北的品质健康食粮企业，秉持 7 大"好米原则"，为消费者带来鲜稻现磨的品质大米。为了从源头保障大米的品质，"十月稻田"深入我国核心粮食产区东北，布局 10 大生产基地，并在生产基地原地建厂，全程把控大米的种植和生产。在主推的大米方面，"十月稻田"将大米装进了易拉罐中，另外还提供杂粮产品系列，满足消费者多样化需求。除坚持长期主义、多年专注产品品质外，十月稻田还持续感知市场、顺应市场变化，从年轻化营销、签约代言人再到布局全渠道，提高消费者的辨识度，树立起"十月稻田东北好大米"的品牌理念。从主粮品类入手，打造出潮流感和时尚感，与用户深度互动，以创意营销和多元化宣传方式持续拓展市场，十月稻田充分演绎了"农品新潮"的故事（图 3-13）。

新农品需要塑造新农潮，只有把农产品当作快消品展开新思考，才能摆脱同质化竞争的恶循环。主动拥抱消费市场，抓住新消费需求，推进生产、加工、流通、销售各环节的全链路市场聚焦和品牌合力打造，只有产品快消化、品牌差异化、营销出圈化、形象新潮化，才能走出区域，实现价值升维。

图 3-13 "十月稻田"宣传图片

趋势 10：虚实共振

近两年，随着"元宇宙"一词爆火出圈，一系列衍生技术与视听文化产品相继涌现于人前。虚拟人开始备受关注，围绕虚拟人的内容创作、技术创新与场景应用也日益丰富，使得其一度成为当下最接近元宇宙生态的表现形式之一。相关数据显示，仅2021年中国虚拟人核心产业规模就超过了60亿元，带动产业规模超1000亿元。

2021年底，虚拟美妆达人"柳夜熙"爆火，使得"元宇宙"这一概念再次成为热点。其凭借高清精致的画面、炫酷的特技、巧妙的剧情，自一出现便引起了全网关注，成为2021年全网现象级IP（图3-14）。如何看待元宇宙现象？有人说"短视频的尽头就是元宇宙"，这是下一个风口所在。有网友表示，二十年前的《黑客帝国》就形象描述了元宇宙的概念：一个超越现实存在的数字化虚拟世界，Metaverse（即元宇宙）将伴随VR技术、计算能力提升，逐渐模糊与真实生活的差异。

图3-14　虚拟人柳夜熙

2022年依然是元宇宙持续火热的一年，无论是Roblox、Meta、微软等推出的各种产品，还是AR/VR（增强现实／虚拟现实）、NFT（非同质化通证）……元宇宙相关概念和产品层出不穷。元宇宙刮起的商业旋风，正从上游加速传导至下游，在细分的商业赛道上竞相落地。

2022年，元宇宙概念真正开始面向市场，走进人们的生活中。越来越多的行业参与者进入其中，不断地丰富元宇宙的产业链，让虚拟与现实场景结合，实现元宇宙概念的真正落地。相关调查显示，消费者对于元宇宙应用场景有着广泛的兴趣，包括沉浸式在线学习、模拟旅游观光、线上演唱会、虚拟场景考察、多人线上聚会等。随着元宇宙概念不断进入消费者的认知，虚拟技术与现实场景的结合成为大众的期待，完美实现这些元宇宙应用场景，将能够为消费者带来全新的体验和便利。

在很多元宇宙场景中，用户可建立自己的数字分身，随时开启线上交流、实时同步虚拟表情。数据显示，接近八成的消费者期待"数字分身"。其中"90后""00后"更为期待；对于数字分身的特征，接近六成消费者希望和现实中的自己一样，四成消费者希望重新设定自己的角色。目前，许多大的电商平台已经开启了虚拟数字人的直播计划。

虚拟和现实的日渐融合，让人们的生活重心不断地向虚拟世界转移，人们希望"在线"的世界更真实，希望进入一个更智能的数字空间，可以做更多的事情。数据显示，七成消费者希望打造一个自己的元宇宙数字空间，同样，"90后"和"00后"是最期待的群体。因此，元宇宙如何打通物理世界、数字世界、人脑世界，让消费者可以使用数字身份并建设自己的数字资产，这也将成为产业下一阶段的发展方向。

三、消费趋势变化对卷烟行业的启示

面对不断变化的市场环境,如何顺应形势,有效地主导产业发展方向?

伴随着国民收入稳定增长,消费能力不断提升,人们的消费观念从有形的物质消费转向精神消费与服务消费,从模仿型消费转向个性化、多元化、细分化的消费,"新消费人群"应运而生。

成长于新时代的新消费人群更加关注自身,"取悦自己"成为许多人所秉持的一种生活态度。而当这种观念渗透到消费领域时,就促成了"悦己型"消费的不断崛起。新中产人群更看重产品的品质、价值感;而年轻消费群体对个性化、小众化产品表现出了极大的兴趣和热情。

文化、娱乐、体育、健康等新消费需求爆发,不同年龄层消费者也呈现出愈发多元、细分的消费诉求,新的消费需求呈现多元化趋势。随着产品的不断丰富,产品与产品之间同质化现象比较严重,若是某一个品牌推出某种风格,获得了市场的热烈反响,那么其他品牌也会相继推出。然而,如今消费者更加偏重个性化产品。以现在的产品发展趋势来看,单一风格不再满足市场的需求,独特、不一样的产品风格更容易受到消费者的关注,由此可以看出,现如今的消费市场呈现多元化的发展趋势。

面对越来越理智的消费者,卷烟行业应该更多地去挖掘兴趣消费,在满足功能的基础上为消费者提供附加值,使消费者在每一次消费中获得最大的惊喜感、意义感、价值感和满足感。卷烟不只在感官体验上需要创新,还应成为标榜身份、社交趣味、隐藏话术传达等诸多延伸意义的符号。

随着人们生活习惯的改变、健康意识的增强以及互联网的兴起,卷烟行业必将从性价比导向的粗放式低效益竞争向以产品和服务质量为主的高效益竞争发展,从以低端产品为主向产品线细化、提高中高档产品比例的方向发展,从比较单一化的产品向多样化、个性化产品发展。卷烟行业发展趋势如图 3-15 所示。

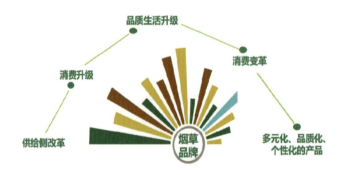

图 3-15 卷烟行业发展趋势

调查显示,在近几年的烟草消费中,消费者越来越追求高质高价、健康低害、舒适柔和的香烟,呈现出精众化、品质化和健康低害的烟草消费新方向。而高端烟消费群体正呈现出越来越追求舒适型、烟草本香型、复合香型等的卷烟消费变化趋势。

所以,卷烟消费要因势利导、顺势而为、乘势而上。双中支品类的兴起,除了有"中华(双中支)"

的带动作用外,本身也是市场需求多元化、消费精致化下的大势所趋。这是因为,双中支的双腔独立包装设计,能更好地适应国内多数地区的干燥环境,使产品拆包后尽可能降低烟支与气流的接触,内在水分不易蒸发,从而达到保润增香、易于存放的效果。另外,双中支的个性化包装,更容易制造仪式感、稀缺度、话题性,所以也更适合当下日益追求品质感的中高端消费人群。

一定程度上来说,双中支的出现给了处于调整期的行业一个"喘口气儿"的档口。在经历了"细短中爆"等品类的快速扩张之后,市场上的新品不断增加,对消费者新鲜感的刺激效应越来越小。无论是消费者还是市场,都需要一个"调整期",从这方面来说,双中支品类更像是走了弯路之后的自我校准,以及品牌张力重新恢复之后的自然释放,是行业保持健康发展势头的苗头之一。

结合上述分析,笔者认为,以下趋势将会成为未来卷烟消费主流趋势。

1. 健康消费下的降焦减害

随着大众健康观念的日益增强,卷烟消费者更倾向于关注卷烟入喉的顺滑程度及有无明显的干燥感觉、吸后的余味是否舒适、不容易生痰等方面。同时,更多的卷烟消费者对焦油量和烟碱量影响卷烟口味的功效有所了解,对吸烟危害健康的认识有了较大程度的提高。

在健康减害消费需求驱动下,6~8 mg 焦油含量的香烟逐渐成为卷烟消费者的主流选择。

低焦油含量成为卷烟消费者对卷烟新品的核心诉求。对于各品牌推出的卷烟新品,低焦油含量、包装上档次两个概念受欢迎程度较高,其次是有技术亮点和匠心精神。因此,"降焦减害"成为卷烟新品在技术创新和产品创新层面需要去思考的点。

为此,国家烟草专卖局特别提出,通过科技创新提升卷烟设计、配方、工艺水平,研发构建中式卷烟综合降焦技术体系和选择性减害技术体系,实现烟草吸入量、卷烟焦油量和其他有害成分含量"三个减少"。

现如今,消费者的健康意识已经完全觉醒,对减害产品的需求也越来越多,尤其是 Z 世代群体,对健康的关注度空前提升。2023 年,人们的心愿莫不是以健康的身体在健康的环境中愉快的行动。

在这一背景下,健康减害的烟草产品将会迎来新风潮。2023 年初,"南京(雨花石 3 毫克)"以超低焦炸响了细支创新的第一声春雷,给行业做了表率。相信后续会有更多的品牌参与到减害行动中来,在细支、中支、烟盒创新上与健康减害做到强关联。

2. 卷烟消费个性化需求愈加突出

随着经济社会的快速发展和人们消费观念的日益更新,特别是年轻消费群体的崛起,卷烟消费个性化、差异化和多元化的需求愈加明显。传统的烤烟型和混合型卷烟已经不能有效满足不同消费群体的消费需求,多元化的需求创造了数量众多的细分市场,如细支烟、爆珠烟、短支烟等依然保持着较快的增长势头。

近年来,以"细、中、短、爆"为代表的细分品类卷烟销售如火如荼,并不断发展,如双爆珠、多爆珠、可视爆珠以及"细/短/中支+爆珠"等衍生产品的出现,或中支烟长短发生变化,出现短中支、长中支、常规中支等,或者出现"常规+爆珠""常规+细支"的产品组合等。

除此之外,各种口味的爆珠、提香线、香料添加技术日益成熟,酒香、茶香、薄荷、橘香、川贝枇杷、咖啡香、奶香等各种口味、香型的卷烟层出不穷,为消费者提供多元化的品吸体验。

3. 卷烟消费回归"本真"

中国消费者在经历了各个消费领域琳琅满目的商品与奢侈浮华的符号消费之后,开始追寻合乎本我的需求满足,转向选择那些具有简约、舒适、安心、健康、返璞归真等特性的产品。调查发现,中国消费者从过去看重"他人眼中的我",转向追求更为真实的"本我",从对待工作生活的态度到选择品牌,更为看重"与自己的关系",回归本真。

在消费升级的大背景下,卷烟产品消费也开始回归品质和价值。

其一,品牌和品质认知"回归"。云南中烟、上海烟草集团、湖南中烟等实力企业所属品牌的状态回升,大品牌在调整过程中进一步强化以品质为支撑的品牌认知,并通过对新时代消费者细分品类的消费需求的满足改变了消费者对传统品牌的认知,极大地丰富了品牌形象,在多个细分领域开始显现品牌力的支撑作用,不同层次和有不同细分需求的消费者再次回归大品牌的消费。

其二,卷烟消费的用途"回归"。随着卷烟消费的整体升级,自吸消费越来越成为卷烟消费的主流且结构在不断提升,同时,舒适、健康、简约、个性日益成为卷烟消费者选择产品的标准。

其三,卷烟消费的文化"回归"。随着我国国际地位和经济实力的快速提升,消费者对民族品牌的自豪感也随之升级,民族传统文化与时代潮流相结合成为影响消费的主流趋势,比如近年来表现突出的"苏烟""贵烟""荷花""泰山""宽窄"等品牌都是典型代表。在全行业全面推进高质量发展的背景下,大品牌和"潜力大品牌"将成为推进品牌高质量发展的核心力量,而强化品质价值和主流文化价值又将成为推动大品牌和"潜力大品牌"高质量发展的基础,消费的"返璞归真"是推动行业品牌发展的源头力量。

4. 消费者更注重包装的文化内涵和个性色彩

消费市场的包装升级正在潜移默化中进行。随着消费市场的不断变化,产品的"颜值比拼"已经愈演愈烈,为了与消费者建立起"对话模式",很多产品在强化体验感的同时,还要满足环保、科技、社会化、刚柔兼备等要素。"味全"的包装见图3-16,麦当劳麦咖啡的包装见图3-17。

味全打破产品经典形象,重新定义品牌尝试的新包装——"拼字瓶",每月的销量同比增长40%。

图 3-16　味全的包装

麦当劳的麦咖啡推出了旋转杯套,当消费者转动这个杯套,就能以"yes"或者"no"来回答杯身上的问题。

图 3-17　麦当劳麦咖啡的包装

调查发现,人们喜欢的卷烟包装普遍呈细支装、简洁化的特点。在消费者审美水平整体提升的大背景下,烟包颜色也在不断推陈出新,加上近几年大热的国风、颜色创新热潮,激发了消费市场对颜色的需求与品牌对颜色的积极探索。

在烟草市场,前有"荷花"的"马尔斯绿"、"利群阳光"的爱马仕橙、"黑金刚"的黑金等,后有"小重九"的天鹅绒蓝调美学,卷烟系列产品以新颜色引领新风潮,强化辨识度,将颜值吸引力转变为市场购买力。颜值的作用已经被充分证明。

5. 烟支紧实度、烟支燃烧情况、烟丝颜色等成为多数用户判断卷烟品质的因素

每一轮消费结构的升级都会带来产业结构的整体提升,而每一次产业结构的整体提升都会促使品牌阵营重新排序。当下中国消费市场开始进入趋优消费时代,有两个现象值得我们关注:一是随着不同类型细分市场的不断成熟,中国消费者开始注重消费品牌的文化内涵和情感价值;二是中国的高端消费市场已日渐成型,富足起来的国人的购买力不断提升,越来越多的人愿意在自认为值得的商品上付出更高的代价。

高品质、高价值卷烟从过去的奢侈品、礼品逐渐成为人们的日常消费品,褪去了身份地位的炫耀性象征符号;健康观念的兴起,消费观念的升级,使中式卷烟,特别是高品质、高价值卷烟在规模高速增长、结构持续提升的同时,也面临如何适应消费者消费品味多样和消费观念进化的问题。

伴随国内消费结构的水涨船高,中国烟草"更高层次,更高水平"的改革发展蓝图渐次展开,2010年,中国烟草制定了"532"和"461"品牌发展规划,为行业知名品牌的发展指明了前进方向。对于中国烟草,产业的发展离不开消费趋势的驱动。

四、应用案例

对于卷烟品牌而言,立足于消费趋势的洞察,往往能为产品设计、制作及推广工作带来新的思考与突破。未来,随着行业高质量发展目标的进一步推进,品牌结构升级与优化步伐加快,高端市场的竞争将更加激烈,品牌只有不断进行价值升级,才能实现在高端市场行稳致远的目标。聚焦消费趋势,剖析当下热门的行业发展经验,我们会发现"趋势"是高质量发展新时代给予中式卷烟进阶的机会,是助力品牌革新的大势所趋。

趋势1:理智随兴——传达价值与思想的内容沟通

产品不仅需具备功能性价值,还应该能够为生活带来惊喜感、意义感、价值感和满足感。开展中式卷烟产品策划设计制作及制定上市推广策略时需要思考如何带给消费者新的惊喜和意义。

比如,以"黄山"品牌为代表的行业卷烟品牌,以一以贯之的创造力伴随行业稳健前行。近几年,"黄山"品牌发展再上新台阶,在消费者群体中树立了良好口碑。随着"焦甜香、石斛润"概念进一步深入人心,实现品类进阶成为"黄山"品牌新的发展方向(图3-18)。

文化底蕴深厚的安徽孕育了物华天宝,也诞生了徽烟文化。从"黄山(天都)"到"黄山(天都中支)","黄山"品牌十年磨一剑,立足新阶段,以"天都文化"的新时代演绎唤起大众的文化记忆,不仅为消费者送去一份安徽的礼物,更是重回了那个"天高云淡"的"黄山"时代(图3-19)。

图 3-18　"黄山"品牌概念图片一

图 3-19　"黄山"品牌概念图片二

"黄山（天都中支）"所锚定的高端消费人群，正是可以与时代文化思潮产生强烈精神共鸣和文化触动的先行者与创领者。"黄山（天都中支）"继承了"黄山（天都）"的文化基因，将"天都高峰，群仙所都，仙居之所，云海漫漫，天海一色"的景色设计作为包装创意之源，水光山色点缀，以少衬多，凸显出层次对比，产生浩渺的空灵感。在白色的山水世界里，工艺技术的加持让黄山"峰石松柏"在云海中时隐时现："贝母闪"的效果，素净淡雅、灵动自然；纯手工包装，高级感十足。

占位新时代，"黄山"品牌与时俱进，充分发挥"天都中支"价值与形象双引领作用，向美好生活再出发，给予那些心怀丘壑、眉显山河的高端消费人群以心灵深处的情感共鸣。通过沉浸式体验活动，"黄山（天都中支）"于无声中将志同道合之友相遇、相见、相知过程中的美好瞬间"润"入心田，成为高端人士社交往来的桥梁。

趋势 2：氛围怡情——更具品牌特色的氛围空间

氛围感、情绪价值和内心舒适度对于消费体验尤为重要，提升产品氛围力，开展中式卷烟产品策划设计制作及制定上市推广策略可基于卷烟消费者对卷烟品质全方位的品质感知，氛围创造也是一种创造审美价值和新消费趣味的营销策略。

在当下消费流行趋势中，"氛围感"是一个关键词。随着消费者意识的觉醒，追逐潮流的年轻人在消费过程中更加注重产品的颜值与内涵，同样更加在意品牌的精神并且注重这种精神是否与自身情感、价值观相契合;其对产品与服务也有着多元化的需求,也更加注重品牌在营销过程当中所创造的氛围感,因此"氛围感营销"成为品牌收割年轻人的一大利器。

品牌可借助线上与线下双渠道,从多元的营销方式、特色的场景打造以及文化的深入融合等层面打造品牌专属氛围感。

(1)打造线上互动游戏。近期"羊了个羊"游戏成功引爆社交平台,烟草品牌也可从中借鉴经验,围绕当地风土人情、历史文化以及品牌文化理念打造专属游戏,带给用户沉浸式的体验。在舒适无负担的环境中,本地消费者会产生一种归属感,外地消费者也能够因此快速融入其中,近距离体验品牌文化内涵。

(2)烟草品牌概念海报的打造是凸显氛围感的又一方式,可通过系列海报细腻渗透节日氛围。在海报设计上可在还原当地特色文化的同时融入烟火气息,拉近与消费者之间的距离,在视觉上激发美好感受,从而营造出细密的颗粒感氛围,增强海报的吸引力。同时通过后续转发分享,结合品牌特色,在线上平台带来刷屏式的氛围营销。

(3)注重情感需求与沉浸体验的慢直播为品牌开展线上营销开辟了一条全新路径。打造氛围感,首先需要为用户铺设场景,场景能够使人产生特殊的沉浸式体验。户外慢直播是最基础的氛围营造方式,烟草品牌可在直播形式上跳出传统囹寨,以慢直播为切入点,为消费者带来一场具有放松感的沉浸式直播体验。

(4)通过圈层营销营造氛围感。烟草品牌在进行圈层营销的过程中,可通过以下方式营造品牌独特的氛围感。首先,在现场搭建过程中可将品牌元素与当地历史文化和艺术元素巧妙结合,为产品赋予美学价值,打造整场活动的文化氛围。其次,在已有场景的基础上添加细节,是为氛围感加分的关键,例如从活动现场物料展示、冷餐设置、香氛运用、音乐安排等层面营造氛围。通过打造视觉、嗅觉、触觉、听觉、味觉全方位的沉浸式体验,提升参与嘉宾对品牌的好感度。

氛围感多种多样,有自然环境形成的自然氛围,也有人为塑造的人文氛围,这些氛围根据感官体验的不同能够给人带来不同的感受。品牌在营造氛围感时,往往倾向于借助积极的感官体验营造氛围,为身处其中的人们带来愉悦感。如果烟草品牌能够在氛围感营造方面下足功夫,多做尝试,便能为消费者带来更独特的感官体验。

比如,广东中烟的"春天"系列产品,立足"滋味空间"打造,带来无限产品感知魅力。

在卷烟竞争日趋回归品质制胜的今天,好的品质成为卷烟品牌安身立命之本,原料好卷烟品质才会好,好的品质是品牌发展的根本。"春天"采用苛刻的430选料标准:"4"即博采四大黄金烟区的烟叶之所长,把珍贵的津巴布韦烟叶、丰富的巴西南大河洲烟叶、细腻的美国加利福尼亚烟叶、清甜的云贵高原烟叶融合地恰如其分,以千元档标准进行大手笔调配;"3"即三级选叶法,进行好中选优,每一百片世界顶级优质烟叶,只有不足30片最终入料;"0"即0残叶率,纯叶切丝,严格以整张叶片切制的纯烟丝入烟,烟丝形态均衡、金黄油润。

广东中烟还创造性地将"滋味"作为产品的口味特征,甚至上升到文化层面来阐述。当其他卷烟产品在求新、求异中吸引消费者关注时,"春天"则返璞归真地回归烟草本味,致力于打造"原汁原味,有滋有味"的产品体验。"滋味"不仅是"春天"产品的烟草本味,还是"春天"在产品体验上构建起来的多维支撑,是体验者基于生活与人生所感悟到的生活的滋味(图3-20)。

图 3-20 "春天"品牌概念图片一

从产品上市之初,"春天"就以"天幕蓝"与"云杉绿"的中式色彩呼唤着中式审美的回归,基于"430"工艺严苛标准下的"春天"系列产品更是以烟草本味开启了中式卷烟味觉审美的全新体验。

与此同时,"滋味空间"更是将产品、人和生活的多样性进行了紧密的捆绑。广式早茶体现的生活悠闲滋味、广东红茶体现的生活醇厚滋味、《喜悦生活》所展现的书香味与喜悦感、"春天"系列产品体现的"原汁原味,有滋有味"都融在了"滋味空间"里。在"春天"品牌缔造的当下,每一个消费者都能享受"滋味空间"提供的悠闲,感受到"春天"般的惬意与舒适(图 3-21)。

图 3-21 "春天"品牌概念图片二

趋势 3：精微极致——细分切入，"微创新"驱动优势塑造

聚焦不同人群，挖掘人群痛点，配以精细入微的产品定位，以功能的极致化让用户感受完美的产品体验，越是做到精致化、极致化的产品，越拥有更大的潜力和活力。"细、中、短、爆"等大的支型品类发展红利逐渐见顶，但消费者对创新的需求依然旺盛，开展中式卷烟产品策划设计制作及制定上市推广策略可以考虑聚焦和放大产品的"微创新"和"微品类"，产品一次小小的提升往往能够造就独特的卖点，会引发消费者的广泛关注，成为识别产品的特质符号。

(1) 依托既有水平的"微创新"。

比如，"国酒香"品牌以爆珠工艺应用为依托，以体验感强化为核心，为消费者带来全新的感官体验。"南京"品牌依托细支生产技术工艺，经过不断的尝试，最终开创了细支品类的消费潮流。"中华"品牌立足于"细支烟满足感相对较弱"的短板，最终以标准中支烟从重围中脱颖而出。

(2) 强化大品类之下的"微创新"。

近年来，随着"细、中、短、爆"等大的支型品类发展红利逐渐见顶，各品牌持续推动大品类进行深度细分。比如，以"黄山（天高云淡细支）""利群（休闲细支）"等为代表的 84 mm 细支品类，以"玉溪（100 mm 细支钓鱼台）"为代表的 100 mm 细支品类，以"云烟（黑金印象）""云烟（小熊猫家园）"为代表的 16 支中支品类等。这些"微创新"，或着力解决细支烟满足感相对较弱的问题，或着力解决"宽版双十支中支"触感不舒适的问题，通过对烟支形态的微调，赋予消费者更加舒适的使用体验。随着消费细分的深入推进，着眼于大的支型品类的"微创新"将成为烟草市场上的一抹亮丽的色彩。

(3) 强化消费者感官体验。

2022 年以来，以"黄鹤楼（视窗）""玉溪（中支境界）""双喜（魅影）"等为代表的创新产品，紧紧依靠技术创新，为消费者带来更加丰富、立体的感官体验（图 3-22）。以"双喜（魅影）"为例，产品采用热流萃香棒，以低温超临界萃取和分子蒸馏技术萃取津巴布韦烟叶精华，点燃烟支，随着温度的提升，经过热流熏蒸和风力激化的烟叶颗粒，将会释放出浓郁的烟草本味，带给消费者加倍的味觉体验。不仅如此，产品采用了当下流行的透明视窗技术，实现了可视化的烟香、可感知的非凡。

图 3-22 "黄鹤楼（视窗）"的概念图片

行业生产技术的提升和进步，赋予了品牌更加丰富多彩的表达方式，让曾经风靡一时的中式卷烟经典品类再度回归到消费者视野当中。"黄山（软徽商）"投放市场，产品采用了经典的"软包"包装样式，深咖色的主色调显得高贵沉稳，红色的"徽商"牌匾暗含喜庆吉祥的寓意。相较于其他高端卷烟全开式、侧开式的包装形式，这种经典的"软包"样式颇有一种复古的风范。在传统认知中，同一家族体系的产品，"软包"比"硬包"价值感更强，如同"软中华"之于"硬中华"，"软荷花"之于"硬荷花"。"软徽商"也是建立在"软包"更贵这种传统消费认知基础上的另一种回归。

未来，"微进步""微创新"最终将从涓涓细流汇聚成为磅礴江河，推动中式卷烟品类构建迈向全新的发展阶段。

趋势4：纯粹主义——纯粹的消费体验

消费者正在追求更好、更极致、更简单、更可掌控的"纯粹"，虽然在卷烟口味上，消费者有了更多的选择，但"本香"依旧在消费者心中占据主要地位，消费者所钟爱的还是当初那一口满满的烟草香。所以，在开展中式卷烟产品策划设计制作及制定上市推广策略时，在口味的宣传上可以回归本香，纯粹才是纯正。

历经百年发展的"双喜"品牌，深谙做烟之本质，始终坚持"本味"打造。2022年，在消费升级、味觉迁移、审美变迁的新要求下，正式确立了"原汁原味，有滋有味"的制烟理念（图3-23）。

围绕这一发展理念，广东中烟充分利用境外双工厂的独有优势，将全球优质烟叶原料为己所用，尤其是津巴布韦的优质烟叶，成为"双喜"品牌追求烟之"本味"过程中最核心的支撑。通过原料的"强加持"，辅以"拟境醇化、变温烘丝、逆向研发、适配辅材"等技术，让烟香更纯粹，品质更稳定，使得"双喜"品牌呈现出鲜明的感官特征，就是"滋味"。

图3-23 "双喜"品牌概念图片

"双喜"品牌善于总结优势，强化"滋味"感知，将"滋味空间"从活动IP到品牌IP认知，再到营销IP不断深化，目前在行业内外已引发广泛关注。从IP演绎效果来看，消费者对于"中国双喜"与"滋味空间"已逐渐形成认知关联。

趋势5：国潮新境——从传统文化汲取力量

"国潮"已经成为一种消费文化和产品风尚，"国潮"产品受到广大消费者的青睐，是因为其中蕴含着丰富的文化创造力，涌动着将传统文化之美和当下生活之用结合在一起的文化生命力。开展中式卷烟产品策划设计制作及制定上市推广策略时，要洞察和利用产品本身所具有的"国潮元素"。

"国潮热"既是经济现象，也是文化现象。"国潮"的流行，不仅彰显着中国制造水平的提升，更体现出当代中国旺盛的文化创造力。春节假期，春联福袋、"国潮"盲盒等年货新品销售火爆，多地举办的"国潮"演出精彩纷呈，古风主题集市提供吃住行游购娱等周到服务……越来越多的"国潮"产品，找到现代生活中的接入点并更深地融入日常生活。回望历史，立足当下，坚定自信，不断创新，打造更多体现当代中国人审美趣味、文化精神的"国潮"产品，能让我们的生活更有文化气息，也能让中华优秀传统文化得到更好传承。

比如，"玉溪"作为中式卷烟中高端代表品牌及领军品牌，是纯正的品质烟、儒雅的文化烟。"翡翠"系列在君子文化、玉文化的基础上，进一步融入了礼仪文化与新时代消费理念，升级了卷烟的价值内涵（图3-24）。

图3-24 "玉溪（翡翠）"的概念图片一

"玉溪"作为中式卷烟"最具文化底蕴"的品牌，在文化打造上一直走在行业前列。"玉溪"品牌以水喻人、以德立身，打造出"上善若水"的水文化、"以和为贵"的和谐文化，尤其是"比德于玉"的君子文化，扎根于传统"玉德"思想，同时与时俱进、吐故纳新，传递出德行、仁爱、智慧、正义、谦逊、和谐、温润的品质理念，这种理念与当下强调文化自信、民族自信的时代背景相融合，同时与当前高端消费者的价值认知和消费理念相契合。

翡翠文化作为玉文化的延伸，不仅是君子文化与德文化的传承，也是身份与地位的象征，还是艺术与审美的化身。"翡翠"系列对传统文化有着自己独到的理解，在文化塑造上，玉象征着高洁、温润的君子品质；而外表娇美温润、本质至刚至柔的翡翠，与君子追求的道德境界正相吻合（图3-25）。于是，人们把翡翠坚硬的质地、晶莹的光泽、温润的水头、变幻的颜色和可琢的特性与君子的仁、义、智、勇、洁五德结合起来。

图 3-25 "玉溪（翡翠）"的概念图片二

"翡翠"系列以自己对中式文化的独到见解，构建了水、玉、君子之间的关联，进而为高净值人群带来丰富的精神享受。不仅如此，"翡翠"系列还在玉文化的基础上延伸出了礼仪文化。

"玉溪"品牌从文化传承中汲取奋进力量，将抽象的中国传统文化的价值理念以具象化的方式融入品牌命名中，融入包装和每一片烟丝之中，这不仅丰富了"玉溪"品牌的文化内涵，也作为一种价值观，被传递给每一位消费者。

趋势6：信任复利——既有品牌资产、消费认知的利用

在这样一个信息嘈杂的时代，品牌依然是让消费者提高选择确定性的关键。好的品牌要始终保持活力，持续向消费者传递品牌形象，开展中式卷烟产品策划设计制作及制定上市推广策略时必须建立消费者对产品的信任，创造消费者拥护的复利效应。

随着消费水平的不断提升，一些曾经处于"尴尬"境地的产品迎来了全新的发展机遇。比如"七匹狼（锋芒）""黄金叶（商鼎中支）"等产品，在经过企业的精心改造之后，重新焕发出勃勃生机，成为品牌做大做强一类烟的重要力量。以"双喜（硬红五叶神）""双喜（硬世纪经典）""真龙（起源）"等为代表的经典产品再度崛起，引领普一类市场逐渐发展壮大，成为经典焕新、推动品牌高质量发展的典型案例。事实证明，这些上市已久的老产品，只要品质不断得以完善、市场运营策略得当、重拾品牌信任基础，依然可以爆发出惊人的增长潜力。

产品品质的稳定性是消费信任建立的基础。但卷烟消费的审美和评价标准不是一成不变的，而是随着时间的变化逐渐升级。要想牢牢抓住消费者的心智，必须实现产品品质的动态平衡。在一个相对较短的时期内，产品品质能够维持基本稳定，为消费者带来轻松、舒适、满足的感官体验，但从一个较长的时间维度来看，产品品质始终处于一个向上提升的过程。这要求品牌始终以消费者为核心，紧紧跟随味觉迁移和审美潮流的变化，优化产品配方、提升原料品质、改进生产工艺，最终实现由内而外的质的提升。

所以品牌焕新、产品升级改造要敢于大破大立，让每一次焕新发展都能够为消费者带来惊喜，让消费者感受到物有所值、物超所值，而非建立在原有基础上的"小修小补"。

"白沙"品牌自1975年投放市场以来，多年占据单品牌销量之首的位置，在品牌结构升级方面

取得了较好成效。至2018年,"白沙"品牌销量规模达到227.01万箱,排名"双15"品牌第7位;单箱批发销售额达到2.45万元,同比增幅高达9.23%,在"双15"品牌中结构增速排名第1位。2002年起,"白沙"品牌发展速度逐步加快,依托部分强势规格长期保持20万箱以上的高速增长。此举虽然带动了品牌竞争力不断增强,但同时也导致部分主干产品出现状态老化和规模"尾大不掉"双重压力叠加的问题,加之"白沙"品牌自2007年起销售结构开始落后于行业平均水平,结构上移压力持续增强。对此,湖南中烟曾先后采取四种不同策略尝试推进重点产品的升级换代,以推动品牌结构实现较快提升。

"十一五"期间,产品替换"逐层上移"式调整策略受阻。2007—2011年,"白沙"品牌通过在三类及二类价区大规模投放新品,抢占价位布局,试图实现品牌销售结构"四转三"和"三转二"的"逐层上移"式置换,但未能获得成功(见表3-1)。这和"红塔山"近几年在二类价区频繁推新品及屡屡受阻的情况相似。

表3-1 2007—2011年"白沙"品牌产品线延伸情况一览表

时间	低三类		高三类		二类烟		普一类
	70元/条	80元/条	100元/条	130元/条	150元/条		170元/条
2007年			新精品				
2008年	香槟(软、硬)			软精品			
2009年					蓝尚品鹤翔(软、硬)		
2010年				白尚品			金尚品
2011年		8 mg 绿和	8 mg 精品				

"十二五"期间,推动结构"跨越式"提升,扩大下层产品调整空间获得成功。在前期尝试依托密集新品布局来推动产品线"逐层上移"陷入停滞后,"白沙"品牌在结构调整方面调整策略,改为在高端高价位市场开辟新战线,通过"跨越式"发展先行为品牌打造出一个足够强势的高端引领龙头,实现品牌发展动力的转移,并以此大幅扩充中低端产品线调整的操作空间(表3-2)。此举推动"白沙(和天下)"等高价位卷烟规格持续快速成长。

表3-2 2012—2015年"白沙"品牌产品线调整情况一览表

时间	二类 (140~200元/条)	普一类 (220元/条)	中一类 (320元/条)	高一类 (550元/条)	高价位 (1000元/条)
2012年	硬红尚品 硬百鹤呈祥				
2013年	硬金典 硬紫瑞 硬黄金版				
2014年					软和天下 硬细支和天下
2015年		硬白细支	硬红细支	硬细支和气生财 硬和气生财	

"十三五"期间,"平行推进型"重心上移策略成效显著。在较为强势的高端高价位卷烟的带动下,"白沙"品牌的结构升级动力明显转向高端产品,成功为中低端产品线的调整和培育留出了操作空间。于是"白沙"品牌在 2016 年开始对白沙"精品"系列进行改造,通过"迭代升级"的方式对该系列进行全面升级(表 3-3)。

表 3-3　2016—2018 年白沙品牌产品线调整情况一览表

时间	高三类（100元/条）	高二类（150～160元/条）	高一类（500元/条）	高价位（900元/条）
2016 年	硬红精品	硬天天向上细支 硬精品三代		
2017 年	硬新精品二代	硬红运当头		白沙（硬和天下尊享） 白沙（软和天下檀香）
2018 年			白沙（硬新和气生财细支）	

"白沙"核心打造策略:"传承"与"升级"。2019 年,"白沙(硬精品二代)"实现销售 31.45 万箱,成为近 2 年上市成长性最抢眼的新品。"白沙(硬精品三代)"通过对经典"白沙"传统大单品的传承,同时注入看得见、能感知的"三个新鲜感"——咖啡色、激光封签、凹槽嘴棒,成为史上销量增长最猛"白沙"二类烟,其 2016 年 8 月上市,2019 年销量达 18.12 万箱。"白沙"成为经典大单品迭代升级、结构上移的成功典范(图 3-26)。

图 3-26　白沙烟的包装及卖点图片

趋势 7:虚实共振——元宇宙前沿科技营销

元宇宙经历了概念炒作和部分基础业务的探索,如何为消费者带来新的体验价值成为关键,无论是个体的数字分身、协作工作与学习平台、沉浸式的五感体验、品牌数字空间等,都需要进一步的落地和深化。

2022 年 8 月 8 日,"天子"品牌首个元宇宙概念发布会——"天子(黄中支)"战略大单品暨"渝来渝好"服务品牌发布会举办。

此次发布会呈现两大亮点:其一,"天子"品牌战略新品——"天子(黄中支)"正式亮相;其二,创新发布会形式,开行业先河,首次采用元宇宙科技,营造了一种全新的沉浸式、科技化、虚拟现实结合的场景体验,充分展现了元宇宙发布会的未来科技感。

作为元宇宙重要组成部分的虚拟数字人,"追赶者"综合了实时表情法、动作捕捉算法、实时动力学模拟解算、影视级实时渲染等技术(图3-27)。真人驱动型虚拟数字人采用"CG建模+真人动作捕捉"方式构建,在完成原画建模和关键点绑定后,虚拟数字人由动作捕捉设备或摄像头基于真人的动作和表情驱动。

图 3-27　"追赶者"概念图片

本次发布会实现了虚拟数字人的高质量呈现,通过云端渲染技术,将影视级的特殊效果与虚拟数字人线上直播和线下互动相结合,形成了可实时触发特效、实时触发预置动画、创意多元化的虚拟直播技术;在动作、语音、光影计算上实现了实时传输、实时交互,让"追赶者"与现场主持人和各位嘉宾的互动更真实可信。

"追赶者"承袭"天子"情怀,形象积极、向上,其奔跑时充满力量,动作之间尽显活力,象征着企业每一位员工,体现了在"天子"品牌培育期间重庆中烟每一位"追赶者"的精神昂扬的面貌以及重庆中烟积极向上的发展姿态。同时,IP形象设计采用"天子"经典黄,不仅人物富有活力和动感,在色彩上也保持了一份熟悉感、亲切感。

拟人化的形象大大增强了"天子"品牌的辨识度,成为一种稳定的凝聚粉丝的利器。同时,"追赶者"融入了人类所拥有的情感、个性等,生动形象地表现出了一个亲近消费者的品牌形象。正是因为这样的亲近性,"追赶者"的形象成为品牌和消费者沟通的重要方式之一,也成为消费者彼此沟通的话题之一。

此次"天子"品牌首发行业内数字藏品,以"追赶者"以及品牌形象为蓝本,结合天子战略新品"天子(黄中支)"限量烟标设计,汲取天子传统色彩及图腾等经典元素合成(图3-28)。每一个藏品都具有独特的收藏意义,可与身份认证、品牌权益进行绑定。对"天子"品牌而言,数字藏品具有极高的传播价值,借助发售分离出目标消费者,打造消费者与企业的良性互动。通过数字藏品的输出,"天子"品牌能够与消费者建立情感链接、传递企业价值,有利于消费者从IP的形象认同到价值认同的层层递进的情感关系的建立。

图 3-28 "天子"品牌渠道推广图片

2019年始,"天子"品牌即推出"追赶、集聚、数字化"三大战略。"天子"品牌大力实施数字化战略,立足促进数字经济与实体经济融合发展,不断探索新技术、新应用在众多场景的落地实践;依托元宇宙开辟行业营销创新模式先河,引爆元宇宙数字风潮,推动烟草行业数字化营销创新突破,成为行业品牌和产品营销升级创新的"引领者"。

第四章
卷烟消费需求调研

一、卷烟消费需求调研方法

(一)消费者意向调研法(survey of buyers' intentions)

1. 定义

消费者意向调研法也称购买者意向调查法,是指通过一定的调查方式(如抽样调查、典型调查等)选择一部分或全部的潜在购买者,直接向他们了解未来某一时期(即预测期)购买商品的意向,并在此基础上对商品需求或销售做出预测的方法[1]。在缺乏历史统计数据的情况下,运用这种方法可以取得数据资料,做出市场预测,即在营销环境和条件既定的情况下,预测消费者可能购买些什么。

许多企业经常关注新顾客、老顾客和潜在顾客未来的购买意向情况,假如存在少数重要的顾客占据企业大部分销售量这种情况,那么消费者意向调研法是很实用的。在消费者意向非常明显时,此法特别有效。

2. 消费者意向调研法的适用条件

在进行消费者意向调研时,应注意取得被调查者的合作,要创造条件解除调查对象的疑虑,使其能够真实地反映商品需求情况。在满足下面三个条件的情况下,消费者意向调研法比较有效:

(1)消费者的购买意向明确清晰。
(2)这种意向会转化为购买行为。
(3)消费者愿意把其意向告诉调查者。

3. 消费者意向调研法的步骤

首先,要把消费者的购买意向分为不同等级,用相应的概率来描述其购买可能性大小。消费者的购买意向一般分为5个等级:"肯定购买",购买概率是100%;"可能购买",购买概率是80%;"未确定",购买概率是50%;"可能不买",购买概率是20%;"肯定不买",购买概率为0。具体如表4-1所示。

表 4-1 消费者购买意向分级

购买意向	肯定购买	可能购买	未确定	可能不买	肯定不买
概率描述(P)	100%	80%	50%	20%	0

其次,向被调查者说明所要调查的商品的性能、特点、价格,市场上同类商品的性能、价格等情况,以便被调查者者能准确地做出选择,并请被调查者明确购买意向。

最后,对购买意向调查资料进行综合,列出汇总表(见表4-2)。

表 4-2 购买意向汇总表

购买意向	肯定购买	可能购买	未定	可能不买	肯定不买
概率描述(P)	100%	80%	50%	20%	0
人数(户数)X_i	X_1	X_2	X_3	X_4	X_5

从上表中,我们可以清楚知道,表示"肯定购买"的有多少人(户),"可能购买"的有多少人(户)……"肯定不买"的有多少人(户)。

最后,计算购买比例的期望值,再计算购买量的预测值。计算购买比例的期望值的公式为

$$E = \frac{\sum P_i X_i}{\sum X_i}$$

式中: P_i——不同购买意向的概率值;

X_i——不同购买意向的人数(户数)。

购买量猜测公式为

$$Y = E \cdot N$$

式中: E——购买比例的期望值;

N——猜测范围内总人数(总户数)。

4. 消费者意向调研法的优缺点

消费者意向调研法的优点是:①根据购买动机进行需求和销售预测,具有科学性和合理性。②对潜在消费者的调查可以树立或巩固企业关心消费者的形象。③采用这种预测法,一般准确率较高。

其缺点是:①这种方法费时费钱。②预测非耐用消费品的可靠性比较低。③潜在消费者的购买动机或购买计划变化比较大,对预测值的可靠性影响很大。

因为消费者不一定都按较长的时间安排购买计划,所以消费者意向调研法不太适合用于长期预测。可用其他方法对预测结果进行修正,使预测结果更为准确。

应用案例

A 卷烟公司即将推出一款全新口味的卷烟产品,要预测该款卷烟在目标市场 B 市的销售量,于是针对该市烟民进行了购买意向调查。B 市居民人口为 300 万,经前期随机抽样分析,B 市居民中烟民比例大概为 15%,人均吸烟量为 1 包/天。其中,被访烟民中主抽 A 卷烟公司产品占比约 20%。对主抽 A 卷烟公司产品的烟民进行购买意向调查,调查资料显示,总共访问了 300 位消费者,肯定购买新款产品的有 50 人,可能会购买的有 100 人,未定的有 75 人,可能不买的有 50 人,肯定不买的有 25 人。

①根据公式计算购买比例期望值:

$$E = \frac{\sum P_i X_i}{\sum X_i} = (50 \times 100\% + 100 \times 80\% + 75 \times 50\% + 50 \times 20\% + 25 \times 0)/300 = 59.17\%$$

②计算 B 市销量预测值(365 天/年):

$$Y = E \cdot N = 59.17\% \times 15\% \times 20\% \times 300 \times 1 \times 365/10 \text{ 万条/天} = 194.4 \text{ 万条/天}$$

其中,新品包装为 20 支/包,10 包为 1 条,250 条为 1 箱。

年度销量预测为:

$$194.4 \times 10\,000/250 = 7776 \text{ 箱}$$

所以,A 卷烟公司新品在 B 市预计年销售量 7776 箱。

(二)销售人员综合意见法(composite of sales force opinions)

1. 定义

销售人员综合意见法是利用销售人员对未来销售情况进行预测的方法。销售人员最接近消费者和用户,对商品是否畅销、滞销比较了解,对商品花色、品种、规格、式样的需求等都比较了解。所以,许多企业都通过听取销售人员的意见来预测市场需求。有时是由每个销售人员单独做出预测,有时则由销售人员与销售经理共同讨论而做出预测。预测结果以地区或行政区划逐级汇总,最后得出企业的销售预测结果。

销售人员是指直接进行销售的人员,包括总经理、业务经理、市场经理、区域经理、业务代表等,他们对市场做出预测,以满足市场特定需求。

2. 适用范围与预测风险

适用范围:主要用于商品需求动向,市场景气状况,商品销售前景,商品采购品种、花色、型号、质量和数量等方面的预测问题。销售人员综合意见法多在统计资料缺乏或不全的情况下采用,对短期市场预测效果显著。

预测风险:客户需求的变化,竞争对手的变化,商业环境的变化,公司内部的变化;预测方法或者预测技术上的问题;预测者心理因素的影响;销售预测者与预测结果具有利益相关性。

3. 实施步骤

第一步,召集有经验的销售人员组成预测小组;第二步,对购买量、市场需求变化趋势、竞争对手动向等问题进行小组预测;第三步,搜集预测值,进行统计计算;第四步,对不同人员的预测值赋予不同的权重;第五步,确定最终预测值。

影响因素:外部因素主要为需求动向、经济变动、同行业竞争动向、政府和消费者团体的动向;内部因素为营销策略、销售策略、销售人员、生产状况。

注意事项:应从各部门选择经验丰富的有预测分析能力的人参与预测;应要求预测参与者经常搜集市场信息,积累预测资料;预测组织者应定期将市场总形势和企业的经营情况提供给预测参与者;预测组织工作应经常化,并对预测成绩显著者给予表彰,以调动他们的积极性。对销售人员的预测结果应进行审核、评估和综合。综合预测值的计算可采用简单算术平均法或加权算术平均法。

4. 优缺点

(1)优点。

①比较简单明了,容易进行。

②销售人员经常接近客户,对客户意向有较全面深刻的了解,对市场比其他人有更敏锐的洞察力,因此,所做预测可靠性较大,风险性较小。

③适应范围广。

④对商品销售量、销售额和花色、品种、规格都可以进行预测,能比较实际地反映当地需求。

⑤销售人员直接参与公司预测,从而对公司下达的销售配额有较大信心去完成。

⑥运用这种方法,也可以按产品、区域、顾客或销售人员来划分各种销售预测值。

(2)缺点。

①销售人员可能对宏观经济形势及企业的总体规划缺乏了解。

②销售人员受知识、能力或兴趣影响,其判断总会有某种偏差,有时受情绪的影响,其预测也可能过于乐观或过于悲观。

③有些销售人员为了能超额完成下年度的销售配额指标,获得奖励或升迁机会,可能会故意压低预测数字。

应用案例

A卷烟公司即将推出一款全新口味的卷烟产品,要预测该款卷烟在目标市场B市的销售量。

将B市销售人员按照职级、主要负责片区等因素分为A、B、C三个预测小组,对产品的年预期销量进行预测。结果如表4-3所示。

表4-3 销售人员预测结果

分组	A组			B组			C组		
预测项目	销量/箱	概率	销量×概率	销量/箱	概率	销量×概率	销量/箱	概率	销量×概率
最高销量	10 000	0.3	3000	10000	0.2	2000	9000	0.3	2700
可能销量	8000	0.5	4000	7500	0.6	4500	6000	0.6	3600
最低销量	5000	0.2	1000	3000	0.2	600	4000	0.1	400
期望值			8000			7100			6700

如果企业对三个小组销售人员的信赖程度一样,那么评价预测值为:

$$(8000 + 7100 + 6700)/3 = 7266.7 \text{箱}$$

实际应用过程中,市场销售人员的预测往往带有一定的主观色彩,甚至有为了超额完成下年度的销售配额指标,故意压低预测值的可能。与此同时,企业方面会受销售人员工作资历、职位及话语权的影响而产生不同的信赖程度。

因销量预测值是销售人员提出的,可假设他们考虑了多重影响因素,因此销售人员综合意见法一般可作为制订销售计划的参考。现实中,销量预测还要结合企业整体销售目标、营销策略、投放区域销售政策、上缴税利结构等方面的要求做综合考虑。

(三)专家意见法(method of expert opinions)

1. 定义

专家意见法也称德尔菲法、专家调查法,1946年由美国兰德公司提出并实行。该方法是由企业组成一个专门的预测机构,其中包括若干专家和企业预测组织者,按照规定的程序,背靠背地征询专家对未来市场的意见或者判断,然后进行预测的方法[2]。

专家意见法是借助专业人士的意见获得预测结果的方法,通常采用函询或现场深度访谈的方式进行,在反复征求专家意见的基础上,经过客观分析和多次征询,逐步使各种意见趋于一致。专家一般来自经销商、分销商、供应商、营销顾问和贸易协会等各个方面。由于专家有更多数据和更好的预测方法,因此,其预测往往优于公司的预测。

其大致流程是:在对所要预测的问题征得专家的意见之后,进行整理、归纳、统计,再匿名反馈给各专家,再次征求意见,再集中,再反馈,直至得到一致的意见。

2. 特点

(1) 匿名性。

采用专家意见法时,所有专家组成员不直接见面,只是通过函件交流,因此可以消除权威的影响,这是该方法的主要特征。匿名性是专家意见法的极其重要的特点,从事预测的专家不知道彼此的身份,他们是在完全匿名的情况下交流思想的。后来改进的专家意见法允许专家开会进行专题讨论。

(2) 反馈性。

该方法需要经过3~4轮的信息反馈,在每次反馈中调查组和专家组都可以进行深入研究,使得最终结果基本能够反映专家的基本想法和对信息的认识,所以结果较为客观、可信。小组成员的交流是通过回答组织者的问题来实现的,一般要经过若干轮反馈才能完成预测。

(3) 统计性。

最典型的小组预测结果反映的是多数人的观点,少数派的观点至多概括地提一下,但是并没有表示出小组的不同意见的状况。而小组的统计回答报告1个中位数和2个四分点,其中一半落在2个四分点之内,一半落在2个四分点之外。这样,每种观点都包括在这样的统计中,避免了专家会议法只反映多数人观点的缺点。

在专家意见法的实施过程中,始终有两方面的人在活动,一是预测的组织者,二是被选出来的专家。

3. 原则

①挑选的专家应有一定的代表性、权威性。

②在进行预测之前,首先应取得参加者的支持,确保他们能认真地进行每一次预测,以提高预测的有效性。同时要向组织高层说明预测的意义和作用,取得决策层和其他高级管理人员的支持。

③问题表的设计应该措辞准确,不能引起歧义,征询的问题一次不宜太多,不要问那些与预测目的无关的问题,列入征询的问题不应相互包含;所提的问题应是所有专家都能答复的问题,而且应尽可能保证所有专家都能从同一角度去理解。

④进行统计分析时,应该区别对待不同的问题,对于不同专家的权威性应给予不同权数而不是一概而论。

⑤提供给专家的信息应该尽可能的充分,以便其做出判断。

⑥只要求专家做出粗略的数字估计,而不要求十分精确。

⑦问题要集中,要有针对性,不要过分分散,以便使各个事件构成一个有机整体,问题要按等级排列,先简单后复杂,先综合后局部。这样易引起专家回答问题的兴趣。

⑧调查单位或领导小组的意见不应强加于调查意见之中,要防止出现诱导现象,避免专家意见

向领导小组靠拢,以至于得出专家迎合领导小组观点的预测结果。

⑨避免组合事件。如果一个事件包括专家同意的和专家不同意的两个方面,专家将难以做出回答。

4. 实施步骤

专家意见法的具体实施步骤如下:

①确定调查题目,拟定调查提纲,准备向专家提供的资料(包括预测目的、期限、调查表以及填写方法等)。

②组成专家小组。按照课题所需要的知识范围确定专家,专家人数的多少可根据预测课题的大小和涉及面的宽窄而定,一般不超过20人。

③向所有专家提出所要预测的问题及有关要求,并附上有关这个问题的所有背景材料,同时请专家提出还需要什么材料。然后,由专家做书面答复。

④各个专家根据他们所收到的材料提出自己的预测意见,并说明自己是怎样利用这些材料并提出预测值的。

⑤将各位专家第一次的判断意见汇总,列成图表,进行对比,再分发给各位专家,让专家比较自己同他人的不同意见,修改自己的意见和判断。也可以把各位专家的意见加以整理,或请身份更高的其他专家加以评论,然后把这些意见分送给各位专家,以便他们参考后修改自己的意见。

⑥将所有专家的修改意见收集起来,汇总,再次分发给各位专家,以便做第二次修改。逐轮收集意见并为专家反馈信息是专家意见法的主要环节。收集意见和信息反馈一般要经过三、四轮。在向专家进行反馈的时候,只给出各种意见,但并不说明发表各种意见的专家的具体姓名。这一过程重复进行,直到每一个专家不再改变自己的意见为止。

⑦对专家的意见进行综合处理。

专家意见法预测程序如图4-1所示。

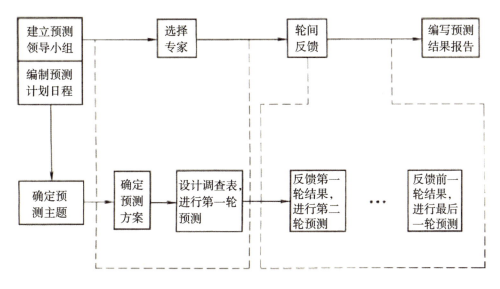

图4-1 专家意见法预测程序

5. 注意事项

(1) 专家意见独立性。

由于专家组各成员之间存在身份和地位上的差别以及其他社会原因，有可能其中一些人因不愿批评或否定其他人的观点而放弃自己的合理主张。要防止这类问题的出现，必须避免专家们面对面地集体讨论，而是由专家单独提出意见。

①为专家提供充分的信息，使其有足够的根据做出判断。例如，为专家提供所收集的有关企业人员安排及经营趋势的历史资料和统计分析结果等。

②所提问的问题应是专家能够回答的问题。

③允许专家粗略地估计数字，对精确性不做要求。但可以要求专家说明预测数据的准确程度。

④尽可能将过程简化，不问与预测无关的问题。

⑤保证所有专家能够从同一角度去理解员工分类和其他有关定义。

⑥向专家讲明预测对企业和下属单位的意义，以争取他们对专家意见法的支持。

(2) 挑选合适的专家。

对专家的挑选应基于其对企业内外部情况的了解程度。专家可以是第一线的管理人员，也可以是企业高层管理人员和外请专家。例如，在估计未来企业对劳动力的需求时，企业可以挑选人事、计划、市场、生产及销售部门的经理作为专家。

6. 应用范畴

(1) 预测事件实现的时间。采用中位数来代表预测意见的集中度，用上、下四分位数值差来表示预测意见的离散度。

(2) 预测商品的需求量、销售量或生产量。可用算术平均法或主观概率法进行统计归纳，求出平均预测值来反映专家预测结果的集中度，用标准差和标准差系数来反映专家意见的离散度。

(3) 预测产品品种、花色、规格、质量、包装以及新产品开发。可采用比例法，如对赞成某个意见的专家人数占总人数的比例进行统计归纳；或者用评分法，如对不同品牌的商品质量给予评分，然后进行统计归纳。

7. 优缺点

(1) 优点。

专家意见法同常见的召集专家开会、通过集体讨论、得出一致预测意见的专家会议法既有联系又有区别。

①专家意见法能发挥专家会议法的优点：

a. 能充分发挥各位专家的作用，集思广益，准确性高。

b. 能把各位专家意见的分歧点表达出来，取各家之长，避各家之短。

②专家意见法能避免专家会议法的缺点：比如权威人士的意见影响他人的意见；有些专家碍于情面，不愿意发表与其他人不同的意见；出于自尊心而不愿意修改自己原来不全面的意见。

③预测过程迅速，成本低；预测过程中，各种观点都可以表达并加以调和；若缺乏基本数据，可以运用这种方法加以弥补。

(2)缺点。

①缺少沟通交流,可能存在一定的主观性和片面性;易忽视少数人的意见,可能导致预测的结果偏离实际;存在组织者主观影响。

②专家意见未必能够反映客观事实;责任较为分散,一般适用于总额的预测,用于区域、顾客群、产品大类等数据预测时,可靠性较差。

应用案例

A卷烟企业是B省主要支柱产业之一,产品主要销往本省及全国部分省区市。在编制产业规划时,B省想通过专家意见法对未来5年卷烟产业发展趋势进行预测,进一步指导下一步产业发展。通过调研,B省总结了六类影响B省卷烟产业发展的因素,并对其具体发展方向进行了细化,并聘请了20位专家组成专家组,对影响因素的重要性进行打分,根据打分结果选出对该省卷烟产业影响最大的因素。

打分规则:影响分值在-1到1之间,0代表无影响,分值绝对值越大,代表影响力越大;负值代表该因素的变化会对产业发展造成不利影响,正值代表该因素的变化会对产业发展产生积极正面影响。

经过两轮测试,第一轮给专家发放调查表,对主要影响因素进行选择和打分;第二轮将统计结果反馈给专家,请专家再次选择和判断。结果统计如表4-4所示。

表4-4 B省卷烟产业发展主要影响因素专家打分情况

影响因素		分值	总分值	影响因素		分值	总分值
技术创新	机械智能化	0.8	1.6	生产保障	产品质量	-0.5	-1.1
	研发能力	0.5			生产工艺	-0.3	
	创新技术	0.3			制造成本	-0.3	
原料供应	原料库存	-0.8	-1.5	市场变化	消费趋势	0.8	1.1
	打叶复烤水平	-0.5			市场需求	0.5	
	烟叶原料供应	-0.2			省际保护	-0.2	
产业政策	地区产业结构调整	0.1	0.6	企业发展	企业规模	0.1	0.9
	税收政策	0.2			品牌建设	0.5	
	行业政策	0.3			管理水平	0.3	

根据专家评价结果,对B省的卷烟产业的影响力由强到弱依次为技术创新、原料供应、市场变化、生产保障、企业发展、产业政策,其中,技术创新、市场变化、企业发展、产业政策等因素的变化对产业发展是有利的,其他因素的变化对产业发展不利。调查结果为B市卷烟产业规划发展提供了方向性指导和建议。

应用案例

A卷烟企业为实现突破,希望在产品开发创新方面有所突破,想通过专家意见法得到一些可行的方向性建议,同时为企业战略决策服务。前期,A企业已通过大数据筛选及消费者调研得出了大致发展方向,但是,对未来消费趋势、消费热点的方向判断需要有前瞻性和专业性,同时发展方向的筛选和聚焦需要符合科学性和代表性。因此,A企业邀请了涵盖企业内部产品研发与市场营销、学术研究与相关科技领域、咨询机构、营销策划与广告设计、行业研究与市场调研领域的30位专家组成专家组,采用打分及评价的方式,对前期筛选出的方向进行评估,进而聚焦创新研发方向与其核心要点。

A企业设置了"认同度"和"迫切度"两个指标来评价主题方向。其中,"认同度"表示对主题方向的认可和赞同程度;"迫切度"表示该主题方向由概念成为现实、落地执行的紧急程度。采用1~9分的评分制,1分表示最低分,9分表示最高分;并设置认同度与迫切度的指标评价权重比为50%:50%,表示两个指标同样重要。

结果统计如表4-5、表4-6所示。

表4-5 主题方向迫切度与认同度的专家打分结果

主题方向	低害健康		女士烟		饮品茶品		旅游休闲		文化艺术		年轻化		科技感	
指标	认同度	迫切度	认同度	迫切度	认同度	迫切度	认同度	迫切度	认同度	迫切度	认同度	迫切度	认同度	迫切度
专家1	8	8	8	8	7	7	6	5	7	7	6	6	5	5
专家2	8	7	8	7	7	4	7	2	4	2	8	8	7	5
专家3	9	9	8	6	8	8	8	7	9	7	6	6	9	9
专家4	4	3	4	4	5	4	7	7	4	4	2	2	3	3
专家5	9	9	5	5	6	4	4	4	4	3	5	5	6	5
专家6	9	9	7	6	5	5	7	7	7	6	6	6	6	3
专家7	7	8	7	7	7	7	7	6	8	7	7	8	4	4
专家8	9	8	9	9	9	6	5	5	8	6	9	9	8	7
专家9	6	7	8	6	6	5	7	4	5	3	4	5	3	3
专家10	9	6	7	5	9	8	5	9	7	9	6	8	6
专家11	6	6	7	7	4	4	8	8	9	9	9	5	5	5
专家12	9	7	7	9	7	6	8	9	5	6	1	2	9	9
专家13	8	7	8	8	5	5	7	6	9	9	8	5	8	8
专家14	8	6	2	2	8	8	7	8	3	3	9	5	7	7
专家15	8	4	8	3	2	1	8	5	5	3	8	4	6	5
专家16	7	7	7	7	8	7	7	7	6	5	7	6	5	6
专家17	7	8	7	9	9	9	7	7	7	7	6	6	8	8

续表

主题方向	低害健康		女士烟		饮品茶品		旅游休闲		文化艺术		年轻化		科技感	
指标	认同度	迫切度	认同度	迫切度	认同度	迫切度	认同度	迫切度	认同度	迫切度	认同度	迫切度	认同度	迫切度
专家18	9	8	8	8	8	7	8	8	8	4	9	6	5	6
专家19	8	5	5	5	7	5	6	5	6	6	8	8	7	8
专家20	9	5	5	4	8	8	8	7	5	5	9	5	6	5
专家21	9	4	9	9	7	7	9	9	4	4	8	6	4	4
专家22	8	5	9	8	9	5	7	5	8	8	7	6	3	3
专家23	8	8	8	8	6	6	8	8	8	7	6	6	6	5
专家24	8	8	8	8	5	5	7	7	7	7	7	6	5	5
专家25	9	8	9	8	6	6	8	8	8	7	7	6	6	6
专家26	9	8	8	8	6	6	8	8	8	7	7	6	5	5
专家27	8	8	9	9	7	7	8	8	8	8	7	6	5	5
专家28	8	9	8	9	6	6	7	7	8	7	6	5	7	7
专家29	8	9	8	8	6	6	8	8	7	7	7	7	7	6
专家30	8	8	8	9	6	5	7	8	7	7	7	8	5	5
总分	240	212	219	206	199	177	217	198	202	177	207	175	177	168
平均分	8.0	7.1	7.3	6.9	6.6	5.9	7.2	6.6	6.7	5.9	6.9	5.8	5.9	5.6

表 4-6 主题方向专家打分统计结果

序号	主题方向	认同度	迫切度	得分
1	低害健康	8.0	7.1	7.55
2	女士烟	7.3	6.9	7.10
3	饮品茶品	6.6	5.9	6.25
4	旅游休闲	7.2	6.6	6.90
5	文化艺术	6.7	5.9	6.30
6	年轻化	6.9	5.8	6.35
7	科技感	5.9	5.6	5.75

根据专家评价结果，可以看出低害健康方向为首选研发方向，同时，女士烟、旅游休闲、年轻化也是值得考虑和提前布局的方向。

(四)统计需求分析法(statistical demand analysis)

1. 定义

统计需求分析法是在找出影响销售的最重要的实际因素的基础上,研究这些实际因素与产品销售之间关系的一套统计方法,就是运用一整套统计学方法发现影响企业销售的最重要的因素以及这些因素影响的相对大小。它将产品销售量看作一系列独立的需求变量的函数[3]。

2. 影响统计需求分析法有效性的因素

企业采用统计需求分析法经常分析的因素有价格、收入、人口和促销等。运用多元回归分析的方法可以建立反映这些需求变量与销售量之间的相关关系的销售预测模型。在运用统计需求分析法时,应充分注意影响其有效性的问题:

(1) 观察值过少。

(2) 各变量之间高度相关。

(3) 变量与销售量之间的因果关系不清。

(4) 未考虑到新变量的出现。

需要说明的是,需求预测是一项十分复杂的工作。实际上,只有特殊情况下的少数几种产品的预测较为简单,如未来需求趋势相当稳定,或没有竞争者存在(如公有事业),或竞争条件比较稳定(如纯粹垄断的产品生产)等。在大多数情况下,企业经营的市场环境是在不断变化的,由于这种变化,总的市场需求和企业需求都是变化的、不稳定的。需求越不稳定,就越需要精确的预测。这时准确地预测市场需求和企业需求就成为企业成功的关键,因为任何错误的预测都可能导致库存积压或存货不足等,从而使销售额下降,甚至出现销售中断等不良后果。

在需求预测的过程中,所涉及的许多问题需要由专业技术人员解决,但是市场营销管理人员应熟悉主要的预测方法以及每种方法的长处和不足。

3. 统计需求分析法的计算方法

统计需求分析将销售量 Q 视为一系列独立需求变量 $X_1, X_2, \cdots, X_n$ 的函数,即 $Q = f(X_1, X_2, \cdots, X_n)$。但是,这些变量同销售量之间的关系一般不能用严格的数学公式表示出来,而只能用统计分析来揭示和说明,即这些变量同销售量之间的关系是统计相关。多元回归技术就是这样一种数理统计方法。它运用数理统计工具寻找最佳预测因素和方程,在这一过程中可以找到多个方程,这些方程均能在统计学意义上符合已知数据。

4. 统计需求分析法的主要特点

统计需求分析法在需求阶段可以不需要精确地定义系统,只需要根据业务框架确定系统的功能范围、每个功能的处理逻辑和业务规则,以及功能需求规格书等。因此描述系统的方式比较灵活多样,可以采用图表、示例图、文字等方式来描述系统。在系统开发以前,一般还可以采用更为直观的原型系统方式和最终用户进行交流和确认,因此对业务需求的要求会低一些,业务需求阶段的周期相对容易控制。

(1) 侧重表达理解问题的数据域和功能域。对新系统程序处理的数据,其数据域包括数据流、数据内容和数据结构,功能域则反映它们关系的控制处理信息。

(2)需求问题应分解细化,建立问题层次结构。可将复杂问题按具体功能、性能等分解并逐层细化、逐一分析。

(3)建立分析模型。模型包括各种图表,是对研究对象特征的一种重要表达形式。通过逻辑视图可给出目标功能和信息处理间关系,而非实现细节。由系统运行及处理环境确定物理视图,通过它确定处理功能和数据结构的实际表现形式。

5. 统计需求分析法的优缺点

(1)优点。

方法简单,工作量小。

(2)缺点。

①对历史统计数据的完整性和准确性要求高,否则制定的标准没有任何意义。

②统计数据分析方法选择不当会严重影响标准的科学性。

③统计资料只反映历史的情况,而不反映现实条件的变化对标准的影响。

④利用本企业的历史性统计资料为某项工作制定标准,可能低于同行业的先进水平,甚至低于平均水平。

⑤分析人员和业务人员之间可能缺乏共同语言,机器不能识别业务需求书,在设计阶段还需要继续和用户确认一部分功能。

6. 统计需求分析法的应用

统计需求分析法在市场调查和产品策划等方面都有着广泛的应用,可以通过统计分析来了解市场需求和用户行为,从而指导企业的市场战略和产品设计。

(1)超市通过历史销售数据和统计模型来预测未来销售情况。比如,通过统计分析某个产品在不同季节和不同促销活动下的销售量和销售额,可以预测该产品在未来几个月内的销售情况。

(2)在线教育平台通过统计分析用户的行为数据来了解用户的需求和行为习惯,进而调整课程内容和推荐相应的课程。比如,通过分析用户的浏览历史、观看时间和评价等数据,可以得出用户的兴趣偏好和学习需求,从而推荐相应的课程。

(3)医疗器械生产厂商通过统计分析市场销售数据和用户反馈等信息,了解市场竞争情况和用户需求,进而制定相应的市场策略和产品规划。比如,通过分析市场上各种医疗器械的销售量、销售额和用户评价等数据,可以了解市场上各种产品的优劣势和市场需求,从而制定相应的产品策略。

(4)社交媒体平台通过调查用户的反馈和行为数据来了解用户需求和使用习惯,从而优化平台的功能和服务。比如,通过分析用户在平台上的互动、分享和评论等数据,可以了解用户对平台内容和功能的反馈,从而优化平台的设计和服务。

卷烟市场是一个竞争激烈的市场,对于卷烟企业来说,进行统计需求分析可以帮助企业了解市场需求和竞争情况,进而制定相应的市场策略。

(1)卷烟消费量分析:卷烟企业可以通过统计分析卷烟消费量的历史数据和趋势,预测未来的市场需求,从而制定生产计划和市场推广策略。

(2)卷烟品牌知名度调查:通过调查消费者对不同卷烟品牌的知晓度和评价等信息,可以了解市场上各个品牌的市场占有率和竞争情况,从而制定相应的品牌推广策略。

(3)卷烟价格弹性分析:通过统计分析卷烟价格对消费量的影响,可以了解市场上不同价格段的产品的市场占有率和利润空间,从而制定相应的定价策略和市场定位。

(4)卷烟消费者行为分析:通过调查消费者对不同品牌、口味和价格的偏好和需求,可以了解市场上不同消费群体的需求和行为习惯,从而制定相应的产品策略和市场推广策略。

应用案例

1. 卷烟消费量分析

1)全国卷烟销量预测

根据烟草行业销量数据,2000年至2010年,全国卷烟销量年均增长3.4%,单箱均价年均增长11.1%;2010年至2014年,销量年均增长2.0%,单箱均价年均增长10.2%;2014年,销量达到顶峰(5099.89万箱),销量同比增长2.1%,单箱均价增长6.7%;2015年开始,销量稳步收缩,2016年为近十年最低(4700.92万箱),销量同比增幅为-5.61%,但单箱均价仍保持2.1%的增长率;此后,全国卷烟销量开始触底反弹,稳步增长,至2021年销量回升至4820.41万箱,销量同比增长0.55%。通过数据分析发现,2016—2021年,销量年平均增长幅度在0.5%~1%,同时单箱均价维持在4%左右的增幅。据此估计2022年全年卷烟销量在4850~4870万箱。卷烟企业可以根据具体的市场结构比例及同比增幅进行测算,结合全国销量预测结果制订企业产品销售计划。

2)卷烟研发策略研究

据统计,2000年底,全国卷烟焦油量加权平均值降至15 mg/支,2003年下降到14.3 mg/支,2005年,降至12 mg/支以下,2015年开始,跌破11 mg/支,至2018年,稳定接近10.5 mg/支,2020年降至10.2 mg/支(见图4-2)。

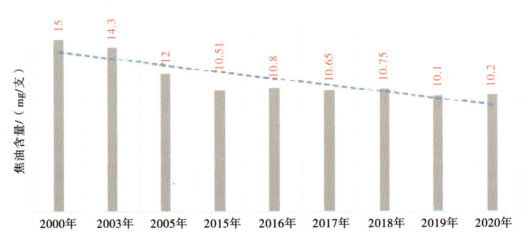

图4-2 历年全国卷烟焦油含量情况

整理 2012—2016 年上市新品焦油含量发现,从 2012 年开始,新品开始倾向于焦油含量 8 mg/支及以下;2016 年,上市新品焦油含量集中在 10 mg/支及以下,且以 10 mg/支为主,这一年,上市新品焦油 10 mg/支数量达 101 个,与此同时,8 mg/支新品 32 个,达历史数量最高,并首次出现 0 焦油产品(见表 4-7)。

表 4-7 2012—2016 年不同焦油含量上市新品数及其占比情况

焦油含量/(mg/支)	2012 年	2013 年	2014 年	2015 年	2016 年
15				1(1.18%)	
14	1(9.09%)				
12		2(1.20%)			
11		54(32.53%)	10(8.62%)	10(11.76%)	42(21.11%)
10	2(18.18%)	58(34.94%)	65(56.03%)	46(54.12%)	101(50.75%)
9		5(3.01%)	8(6.90%)	2(2.35%)	6(3.02%)
8	7(63.64%)	23(13.86%)	19(16.38%)	17(20.00%)	32(16.08%)
7		1(0.60%)	4(3.45%)	1(1.18%)	9(4.52%)
6	1(9.09%)	18(10.84%)	7(6.03%)	5(5.88%)	5(2.51%)
5		4(2.41%)	1(0.86%)	3(3.53%)	1(0.50%)
4					1(0.50%)
3		1(0.60%)	2(1.72%)		
0					2(1.01%)
合计	11	166	116	85	199

注:2015 年 15 mg/支新品为"龙凤呈祥(佳品)";2015 年 9 mg/支新品为"娇子(格调)""娇子(龙涎香)";2014 年 5 mg/支新品为"利群(西子阳光)";2016 年 0 焦油产品为"泰山(雪豹)""泰山(雪豹双十支)"。

随着消费者健康意识不断提高,消费者对卷烟产品的需求倾向于低害、安全、健康等多个维度。而"焦油"是烟草中的主要有害物质,降低焦油含量是降低烟草对人体危害程度的一种可行方法。从某种意义上说,"降焦减害"能有效满足消费者的生理及心理需求。各大卷烟企业也在逐步加强降焦减害技术集成和产品应用,加快"高香气、高品质、低焦油、低危害"产品研发,聚焦吸烟与健康、戒烟与健康、二手烟与健康、个体差异与吸烟行为等问题开展研究。

通过统计分析近 10 年全国卷烟产品焦油含量变化可以看出,低焦油产品在大品牌("云烟""芙蓉王""南京""黄鹤楼""利群")背书下,正稳步发展。受"南京(炫赫门)"带动,8 mg/支产品正蓬勃发展,预计未来会形成市场主流消费区;同时,在大品牌"南京""利群"带动下,偏低焦油产品(5~7 mg/支)方兴未艾;极低焦油产品虽然品规较少、体量较小,但经过多年培育,也基本形成了固定小众市场。

企业可根据市场上卷烟产品焦油含量变化趋势,有针对性地制定低焦油系列产品研发策略,并梯次化布局,占据未来低焦市场先机。

3) 卷烟品牌知名度调查

根据烟草行业销量数据,2021年全国卷烟销量4820.41万箱,同比增幅0.55%,品牌销售排名情况如图4-3所示。

图4-3　2021年全国卷烟品牌销售排名情况

从上图可以看出,2021年销量排名前三的品牌分别是"云烟""双喜·红双喜"和"利群",其市场占有率分别为7.71%、6.67%和6.42%;但是,从同比增幅来看,销量在百万箱以上的品牌中,"娇子""贵烟""黄金叶"排名靠前,分别为16.64%、9.44%、7.6%。通过对这些数据的分析,卷烟企业可以深入了解不同品牌市场竞争情况,制定相应的品牌推广策略。

同时,结合全国知名卷烟品牌消费者调查数据统计结果可以得知,目前消费者认可度较高的卷烟知名品牌有"中华""玉溪""黄鹤楼""云烟""利群"等,其中,"中华"品牌认可度达90%以上。通过对这些数据的分析,卷烟企业可以了解市场上不同品牌的竞争情况,并制定相应的品牌推广策略。

4) 卷烟价格弹性分析

A卷烟企业为掌握其B产品在C市的市场销售情况,根据采集的各零售店B产品集市价情况分析,得知B产品销售价格指数为110.1,同比上涨了8.7%,意味着B产品市场价同比增长,说明市场出现一定程度的紧缺,可采取适度放量的投放策略。

2. 卷烟消费者行为分析

1) 消费能力分析

随着我国人均可支配收入快速提升,居民消费能力显著提升。国家统计局官方数据显示,2012—2021年,我国居民人均可支配收入由16 510元上升至35 128元,实现翻番,2021年比上年增长9.1%。仅居民人均食品烟酒类支出一项,就由2012年的3983元提高到2021年的7178元。2021年全国居民人均支出为24 100元,其中,食品烟酒类支出居民人均支出的第二位(7178元,占比29.8%),仅次于服务性消费支出(10 645元,占比44.17%)。见图4-4、图4-5。

第四章 卷烟消费需求调研

图4-4 2021年全国居民人均消费支出及其构成

图4-5 2018至2021年居民人均消费支出的增长趋势

据统计,在2019年之前,城镇居民与农村居民在人均食品烟酒类支出上的增长趋势相同,且农村居民增幅高于城镇居民1%~2%,差距不明显。2020年开始,城镇居民人均食品烟酒类支出增速严重放缓,由2019年的6.8%降至1.9%,降了5个百分点;而农村居民人均食品烟酒类支出继续保持增长态势,由2019年的9.7%升至12%,增加了2.3个百分点;增幅差达到历史最高水平,近10个百分点。

通过数据分析,得出居民人均食品烟酒支出保持增长态势,受疫情后消费需求释放的影响,2021年到达历史最高。同时,农村居民食品烟酒类支出迅速增长,市场潜力凸显;相反,城镇居民此类支出增速放缓。因此,在稳住现有市场份额的前提下,积极开拓农村市场,实行销售渠道下沉策略,不妨为稳增长的另一有效途径。

2)吸烟率分析

中国疾病预防控制中心发布调查报告称,2015年我国人群吸烟率为27.7%,其中男性吸烟率为52.1%,与5年前相比没有显著变化。由于人口总数增长,据当前吸烟率推算,2015年我国吸烟人数较2010年增长了1500万,高达3.16亿。2019年我国烟民人数近3.5亿人,位居世界第一。2021年5月26日发布的《中国吸烟危害健康报告2020》显示,2020年中国烟民数量超过3亿,15岁及以上人群吸烟率为26.6%,且呈增长趋势。

面对居高不下的吸烟率,提高烟草税收与烟草价格成为各类烟草控制政策中最为有效的工具。2015年5月10日起,中国开始提高烟草税:卷烟批发环节从价税税率由5%提高至11%,并按0.005元/支加征从量税。销量数据显示,吸烟者对卷烟的购买能力仅在2015年当年下降,自2016年起卷烟消费能力又开始持续上升。

对外经济贸易大学国际经济贸易学院郑榕教授表示,虽然提高了烟草税,但是吸烟者对卷烟的购买能力增加,卷烟变得越来越"便宜"。总体来说,经济增长和居民收入增长也会削弱税收和价格手段对烟草消费的控制力,高额烟草税未能阻挡购买力。

综上所述,统计需求分析法在市场调查和产品策划等方面都有着广泛的应用,可以通过统计分析来了解市场需求和用户行为,从而指导企业的市场战略和产品设计。

(五)销售趋势分析法(sales trend analysis method)

1. 定义

销售趋势分析法亦称时间序列预测分析法,是将不同时期数据中的相同指标或比率进行比较,直接观察其增减变动情况及变动幅度,考查其发展趋势,预测其发展前景[4]。该方法是基于事物发展的延续性原理,应用数理统计方法将过去的历史资料按时间顺序排列,然后运用一定的数字模型来预计、推测计划期销售量或销售金额的一种预测方法。

2. 分类

销售趋势分析法根据所采用的数学方法的不同,又可分为以下三种方法:

(1)算术平均法,以过去若干时期的销售量(或销售金额)的算术平均数作为计划期的销售预测数。这一方法的优点是计算简单,但由于取的是平均值,因而是比较粗糙的,推测出的预计数量与实际数量相比有较大的误差,所以这种方法只适用于销售量比较稳定的产品,如没有季节性的食品、日用品等。

(2)移动加权平均法,是先按过去若干时间的销售量(或销售金额)距计划期的远近分别进行加权(近期所加权数大些,远期所加权数小些);然后计算其加权平均数,作为计划期的销售预测数。所谓"移动",是指计算平均数的时期不断往后推移。

(3)指数平滑法,在预测计划期销售量(或销售金额)时,导入平滑系数(或称加权因子)进行计算。指数平滑法与移动加权平均法实质上是近似的,其优点是可以排除在实际销售中所包含的偶然因素的影响。但平滑指数的确定带有一定的主观因素,平滑系数越大,则近期实际数对预测结果的影响越大,反之越小。所以,我们可以采用较小的平滑系数,使此法的平均数能反映观察值变动的长期趋势;也可以采用较大的平滑系数,使此法的平均数能反映观察值近期的变动趋势,以便进行近期的销售预测。

3. 应用目的

商品销售数据分析中,经常要对商品在时间轴上的销售状况进行趋势分析,分析其趋势,能够体现商品销售生命周期。

(1) 确定引起公司财务状况和经营成果变动的主要原因。

(2) 确定公司财务状况和经营成果的发展趋势对投资者是否有利,预测公司未来发展的趋势。这种分析方法属于一种动态分析,它以差额分析法和比率分析法为基础,同时能有效地弥补其不足。

(3) 通过趋势分析可以知道企业财务经营的变化情况,为预测未来发展方向提供帮助。

4. 注意事项

在采用趋势分析法时,必须注意以下问题:

(1) 用于进行对比的各个时期的指标,在计算口径上必须一致;

(2) 必须剔除偶发性项目的影响,使用于分析的数据能反映正常的经营状况;

(3) 应用例外原则,对某项有显著变动的指标做重点分析,研究其产生的原因,以便采取对策,趋利避害。

5. 应用方法

(1) 收集数据,观察指标走势。

不同行业、产品的销售,在一定时间内会呈现不同的销售走势。比如吃喝玩乐类销售往往集中在周末,会呈现以周为单位的周期性波动;又如3C类电子产品的销售,新品上市是最火热的时候,之后会呈现逐步衰退的迹象。当销售趋势增加了时间维度后,才会呈现出规律性。

卷烟制品具有节假日属性,譬如,春节、中秋节其销量会出现爆发式增长,之后会回归正常需求。

(2) 树立趋势标杆,建立判断标准。

树立标杆的方法有两种:如果自己熟悉这个行业,可以直接根据行业特点画出大致走势图;如果不熟悉,可以把时间往前拖长,看之前几周的趋势。当然,想观察趋势,最好是画出同比、环比、三年比三张图,这样看得最准,能最大限度地避免短期波动的影响。

(3) 将现状数据套入标杆,得出结论。

应用案例

(1) 采用算术平均法进行销量趋势分析。

以某卷烟品牌为例,其 2017—2021 年的销售数据如表 4-8 所示。

① 计算每年销售量的增长率。对于第一年,增长率为 0;对于其余年份,增长率的计算公式为:(今年销售量-去年销售量)/去年销售量。计算结果见表 4-9。

② 计算平均增长率。将每年的增长率相加,再除以年数。

$$平均增长率 = (0 + 12.5\% + 11.1\% + 20.0\% + 8.3\%)/5 = 10.4\%$$

通过以上计算可知,该品牌卷烟的销售量呈现稳步增长的趋势,平均增长率为 10.4%(见图 4-6)。

表 4-8 某卷烟品牌销售数据一

年份	销售量/箱
2017	800
2018	900
2019	1000
2020	1200
2021	1300

表 4-9 某卷烟品牌每年销售量及其增长率

年份	销售量/箱	增长率
2017	800	0
2018	900	12.5%
2019	1000	11.1%
2020	1200	20.0%
2021	1300	8.3%

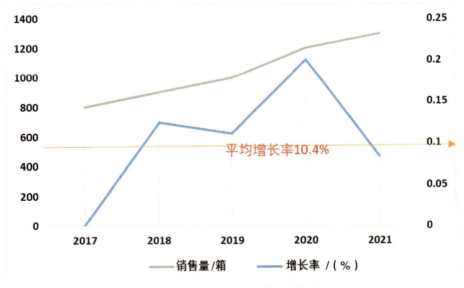

图 4-6 销售量增长趋势及增长率

当然,单纯地使用算术平均法分析数据,有时可能受到极端值等因素的影响,因此需要结合其他方法进行综合分析。

(2)采用移动平均法进行销量趋势分析。

以某卷烟品牌为例,其 2016 年到 2020 年的销售数据如表 4-10 所示。

表 4-10　某卷烟品牌销售数据二

年份	销售量/箱
2016	500
2017	800
2018	900
2019	1000
2020	1200

使用 3 年移动平均法来平滑数据,具体步骤如下:

①计算移动平均值。首先确定移动窗口大小,这里设为 3 年。然后将每个时间点的数据与其前后各一个窗口内的数据取平均值,得到移动平均值,如表 4-11 所示。

表 4-11　移动平均值计算结果

年份	销售量/箱	3 年移动平均值/箱
2016	500	—
2017	800	—
2018	900	733.3
2019	1000	900
2020	1200	1033.3

②作图观察趋势。将原始数据和移动平均值绘制在同一张图上,观察其趋势变化(见图 4-7)。

图 4-7　卷烟销售量变化趋势(移动平均法)

从图 4-7 中可以看出,使用 3 年移动平均法后,卷烟销售量呈现出稳步增长的趋势。使用移动平均法能够平滑数据,去除周期性波动,更好地观察趋势变化,但也需要注意移动窗口大小的选择,不同的窗口大小会对结果产生影响。

(3)应用指数平滑法进行销量趋势分析。

指数平滑法是一种时间序列分析方法,与移动平均法类似,也用于平滑数据、去除波动,从而更好地观察趋势变化。

以某卷烟品牌为例,其2016年到2020年的销售数据如表4-12所示。

①确定平滑系数。平滑系数通常为0到1之间的数值,表示当前时刻数据所占的权重。一般来说,系数越大,越能反映当前的趋势变化,但也越容易受到噪声的影响。一般选取平滑系数为0.4。

②计算指数平滑值。对于第一个数据点,由于没有前一期的平滑值,因此可以直接取原始数据作为初始值;对于后续数据点,则使用指数平滑公式进行计算。

表4-12 某卷烟品牌销售数据三

年份	销售量/箱
2016	500
2017	800
2018	900
2019	1000
2020	1200

计算结果如表4-13所示。

表4-13 指数平滑值计算结果

年份	销售量/箱	指数平滑值/箱
2016	500	500
2017	800	520
2018	900	612
2019	1000	727.2
2020	1200	856.3

③作图观察趋势。将原始数据和指数平滑值绘制在同一张图上,观察其趋势变化(图4-8)。

图4-8 卷烟销售量变化趋势(指数平滑法)

从图 4-8 中可以看出,使用指数平滑法后,卷烟销售量呈现稳步增长的趋势。

指数平滑法与移动平均法类似,都是常用的时间序列分析方法,它们的应用场景和方法有所不同。

移动平均法:移动平均法的主要作用是平滑数据,去除季节性和周期性波动,从而更好地观察趋势变化。移动平均法采用固定长度的窗口,对相邻的一定数量的数据求平均值,然后将平均值作为新数据序列中对应位置的值。移动平均法在数据趋势平稳、周期性较为明显的情况下效果较好。

指数平滑法:指数平滑法也用于平滑时间序列数据,但是相较于移动平均法,指数平滑法更加注重预测未来值的趋势。指数平滑法是基于加权平均数的思想,将历史数据赋予不同的权重,近期的数据权重较大,而远期的数据权重较小。指数平滑法主要适用于数据变化较为平稳、周期性不太明显的情况,同时可对未来趋势进行预测。

总的来说,移动平均法适用于周期性明显的数据,主要用于平滑数据、去除波动、分析趋势等;而指数平滑法适用于预测未来趋势的变化。

二、卷烟消费者需求收集方法

(一)直接调查法(direct investigation method)

1. 定义

直接调查法是指调查者在现场直接观察、记录调查对象的情况,并直接从调查对象那里获得信息,以取得市场信息资料的一种方法。这种信息称为原始信息、一手资料,这样的调研也被称为实地调研。调查内容主要是观察消费者的行为,观察客观事物。

2. 分类

直接调查法包括个人接触法、深度访问法和公众座谈会三种。

①个人接触法。由工作人员与被访者直接接触,可直接进行沟通,了解其内心活动情况,掌握他们对企业及品牌产品的需求。开展卷烟消费者需求调研时,工作人员可以通过走访零售户、烟酒店、商场吸烟室、餐饮店,或酒吧、网吧等娱乐场所直接接触烟民,掌握有价值的信息。

②深度访问法。为了了解消费者的一些消费反应,工作人员可以有目的的选择一些有代表性的消费者进行深度访问,挖掘其心理原因及情感原因,找出造成他们这些消费反应背后的深层次原因。

③公众座谈会。根据发生的事件或要解决的问题,可选择有代表性的公众、消费者、意见领袖等进行座谈。座谈应围绕主题展开,议题表述要能激发人的兴趣,同时以开放性问题为主,并做好记录,有助于挖掘、发现一些有价值的信息。

直接调查法具有直接性、双向性、及时性和准确性等特点。采取这种方法可以提高对被访者的控制,把握调查的主要脉络,但会增加调查成本,同时调查范围也有一定局限性。因此,该方法一般适用于小范围、小规模的调查。因调查范围有限,加上需要保护被访者的隐私,直接调查法的调查结果不能代表整个消费市场情况。尤其在调查质量不高的情况下,调查结果肯定与实际结果相差甚远,甚至会误导调查者做出错误决策。

(二)访谈调查法 (interview survey method)

1. 定义

访谈调查法也称访谈法,是调查人员通过直接或间接的问答方式向被调查者收集市场信息的一种实地调查法,常常利用问卷收集事实、意见、态度、偏好、购买动机等描述性的原始数据。它是最古老和最常用的数据收集方法之一,也是教育和社会研究科学中最重要和最常用的调查方法之一。

访谈调查法的优点是比较灵活,可以得到在不同情况下的各种信息,调查人员可以灵活提出各种问题,使资料的收集过程富有弹性;调查人员通过倾听且观察被调查对象的表情,可及时辨别回答的真伪,还可能发现意想不到的有用信息。

使用访谈调查法也会遇到一些问题,例如被调查者不配合,不愿意、不能回答某些问题或回避某些问题,有时还会提供一些自己并不了解的情况;调查花费的时间长、费用多,难以管理和控制等。因此,访谈调查法要求调查人员有较高的素质、熟练的访谈技巧,并设计合理的问卷。

根据访问过程中调查人员与被调查者(访问对象)接触方式的不同,访谈调查法分为面谈访问法、电话访问法、邮寄访问法、留置问卷法等。

面谈访问法是由调查人员直接与被调查者接触,通过当面交谈获取信息的一种方法,是访谈调查法中最通用、最灵活的一种调查方法。通常,调查人员根据事先拟好的问卷或调研提纲上的问题顺序,依次进行提问,也可以按预定的调查范围或简单的提纲,采用自由交流的方式。

电话访问法是由调查人员依据调研提纲或问卷,通过电话向被调查者进行询问,了解有关情况的一种方法,是为解决带有普遍性的急需解决的问题而采用的一种调查方法。由于电话访问受时间限制,内容不能过于复杂,问题要简单明确,因此调查深度有限;同时因调查人员不在现场,难以辨别回答的真伪,记录的准确性也受到一定影响。采用电话访问法还要考虑拒访率的问题。目前,计算机辅助访谈已得到广泛应用,省去了人工访谈的麻烦。全自动电话调查(completely automated telephone survey,CATS)采用相应声音技术进行访谈,被调查者直接回答或按数字键回答问题,提高了电话访问的效率。

邮寄访问法是将设计好的问卷或调查表格邮寄给选定的被调查者,请他们按要求填好后再寄回来,以获得相关信息的一种方法。此方法需要被调查者寄回调查表格,因此,需要调查人员与被调查者事先取得联系,同时被调查者一般都有报酬,因此答复率较高。该方法可用于产品小样测试、用户体验测试等。卷烟行业中新品上市前的消费者测试也会采用此方法。

留置问卷法是指调查人员将调查表交给被调查者并详细说明填答方法,将调查表留置在被调查者处,让其自行填写,然后由调查人员定期收回的一种调查方法。该方法回收率高,被调查者有充分的时间来回答问题且不受调查人员影响,但是调查范围会受到一定限制,调查费用相对较高,且进度不易控制。如果针对集体开展留置调查,会出现被调查者之间相互影响的情况。

以上四种访谈调查法的优缺点比较如表 4-14 所示。

表 4-14　四种访谈调查法的主要优缺点比较

项目	面谈访问法	电话访问法	邮寄访问法	留置问卷法
调查范围	较窄	一般	广	较广
调查对象	可控制选择	可控制选择	难控制	较难控制和选择
灵活性	非常好	好	差	较差
样本控制	一般	非常好	一般	较好
数据收集速度	快	非常好	差	一般
答题质量	非常好	好	一般	较好
回收率	高	较高	低	较高
费用	高	低	较低	一般
时间	长	较好	较长	较长

调查者可根据项目特征及具体情况选择合适的调查形式。随着科学的进步、互联网的发展、AI 语音技术的运用，调查方法也越来越多样化，如表 4-15 所示。

表 4-15　几种新型的访谈调查方法

方法	特点及评价
互联网调查法	通过互联网投放问卷，形式多样，不受时空限制，便于统计信息，适用于信息量大、受访者广的基础性调查，但是样本具有局限性，回答率难以保证，调查对象难以控制
触摸屏调查法	信息终端配备了触摸屏系统，提供了一种新型的在商店、服务场所进行个人访谈的方法，但这种方法的普及率较低，人性化设计程度还有待加强
传真调查法	最大优点是从目标被访者中收集和传递信息的时间大大缩短，且回答率较高
自动语音调查法	复杂的 JVR 系统能够通过电话自动完成调查，可使调查者在任何方便的时间进行调查
邮寄磁盘调查法	其优点是磁盘可以自动完成问卷中的跳问，同时有助于被访者使用自己的语言，易于显示各种与问题有关的图形，且无须进行数据录入，其缺点是被访者必须拥有且会使用计算机

2. 访谈调查法的分类

（1）按照访谈的规模，访谈调查法可以分为个别访谈法和小组访谈法。

个别访谈法是指调查者对被调查者进行一对一的访问，整个过程不受第三方的影响。调查者和被调查者有更多的交流机会，被调查者有更强烈的安全感，同时更容易受到调查者的影响。个别访谈法是最常见的访谈方式。

小组访谈法是指研究人员邀请若干被调查者，通过集体讨论的方式收集数据，通常采用讲座和研讨会的形式。被调查者可以是多个人、一个组或多个组。

（2）按照研究者对访谈结构的控制程度，访谈调查法可以分为结构化访谈、开放式访谈和半结构化访谈。

结构化访谈又叫作标准化访谈，是指按照预设的问题，以相似的方式、相同的顺序进行提问，被调查者根据给定的选项对问题做出回答，事实上是一种封闭式的口头问卷。它的优点是可控性高，响应率高,结构固定,易于量化,但问题的灵活性远远不够。

开放式访谈也被称为非结构性访谈或标准的开放式问卷,它不使用固定的选项,没有固定的程序,被调查者可自由表达自己的观点,具有很强的灵活性,可以进一步追问被调查者,从而获得更深入的信息。但开放式访谈结构不完整,调查费时费力,而且结果难以衡量。

结构化访谈指按照一个粗线条式的访谈提纲而进行的非正式访谈,有固定的中心问题,在程序和条款自由的情况下,被调查者也有机会表达他们的想法和意见。半结构化访谈可以避免结构访谈灵活性不足的缺点;对于深层次的问题,还可以避免非结构化访谈费时、费力的缺点。但半结构化访谈容易离题,不适宜做量化分析。

3. 访谈调查法的优缺点

(1)访谈调查法的优点。

①柔韧性强。在访谈过程中,被调查者的反应随时都能被掌握,可以根据场合的不同调整提问的方式。有时,被调查者可能会对调查者提出的问题有所误解,这时调查者可以对问题的回答范围给出一些必要的指示和提示,有利于收集必要的信息。

②回收率高。除了个别情况外,被调查者通常会接受访问。而调查者可以通过重复问题和控制影响度高的问题来影响和鼓励被调查者。

③信息更具体。相对于调查问卷来说,访谈调查法没有太多的限制,可以进行具体生动的语言交流,了解被调查者的真实观点。另外,由于面对面交流有适当的解释、指导和探究的机会,可以探索更复杂的问题,获得新的、深层次的信息。此外,调查者可以观察被调查者的非言语行为,如动作和表情,以确定答案的真实性。

(2)访谈调查法的缺点。

①费用高。与问卷相比,访谈调查法需要付出更多的时间和资金成本。一个调查员一天只能访问一个或几个被调查者,这使得调查的成本和时间大大增加。此外,如果要扩大访问规模、增加样本容量,往往需要培训一批工作人员进行访问,然后全程走访,这也会增加研究经费。

②答案不具有标准性。访谈调查中被调查者的答案往往受时间、地点和环境影响,没有统一的模式和标准,这增加了整理信息的难度,而且容易产生调查结果不一致甚至矛盾的情况。

③容易受到被调查者的主观影响。由于双方的直接接触,调查者的性别、年龄、外貌、衣着、态度、情绪、口音、价值观等特征都可能引起被调查者的心理反应,从而影响其回答内容的真实性。特别是与陌生人交谈时,被调查者容易产生各种猜测,产生不信任感,回答容易产生偏差。

④难以记录。访谈过程越烦琐,谈话内容越丰富,结构就越差。若访谈时间过长,就难以进行完整的记录,特别是非结构化访谈的使用,在现场记录的情况下,往往会丢失很多信息。

(三)定量分析与定性分析(quantitative analysis and qualitative analysis)

1. 定量分析

(1)定义。

定量分析是指确定事物某方面量的规定性的科学研究,其通过对研究对象的特征按某种标准当量的比较来测定对象特征数值,或求出某些因素间的量的变化规律,就是将问题与现象用数量来表示,以数字化符号为基础去测量,进而去分析、考验、解释,从而获得意义的研究方法和过程[5]。由于其目的是对事物及其运动的量的属性做出回答,故名定量分析。定量分析与科学实验研究是密切相关的,可以说科学上的定量化是伴随着实验法产生的。定量分析的主要方法有调查法、相关法和实验法。

定量分析起源于分析化学的一个分支。根据测定物质中各成分的含量使用方法的不同,定量分析可分为重量分析、容量分析和仪器分析三类。因分析试样用量和被测成分的不同,又可分为常量分析、半微量分析、微量分析、超微量分析和痕量分析等。

(2)理论基础。

定量分析的理论基础是实证主义。从研究的逻辑过程看,定量分析比较接近于假说-演绎方法的研究,既保留了重视观察实验、收集经验资料的特点,又保留了重视逻辑思维演绎推理的特点,应用假说使得观察实验方法和数学演绎形式结合起来。正因为这样,定量分析往往比较强调实物的客观性及可观察性,强调现象之间与各变量之间的相互关系和因果联系,同时要求研究者在研究中努力做到客观和伦理中立。

(3)分析方法。

定量分析的方法很多,各种方法在应用时往往都有一定的程序化,如实验法、观察法、访谈法、社会测量法、问卷法、描述法、解释法、预测法等。

2. 定性分析

(1)定义。

定性分析是指从质的方面分析事物。要在各种研究的现象中把握事物的本质,就要以辩证唯物主义和历史唯物主义做实际的材料,然后用正确的观点对这些材料进行去粗取精、去伪存真、由此及彼、由表及里的全面分析和综合,才能从现象中找出规律性[6],即本质的东西。只有这样,才能正确地描述一个事物,揭示事物的相互关系。这种分析对人们鉴定和判别事物属性具有一定的参考价值,但它只能分辨出事物指标的高与低、长与短、大与小等概念标准。定性研究分为三个过程:分析综合,比较,抽象和概括。

(2)方法。

定性分析大多是采用参与观察和深度访谈而获得第一手资料,具体的方法主要有参与观察法、行动研究法、历史研究法、人种志方法。其中参与观察法是定性分析中经常用到的一种方法。参与观察法的优势在于,不仅能观察到被观察者采取行动的原因、态度、努力程序、行动决策依据;通过参与,研究者还能获得一个特定研究情景的自身感受,因而能更全面地理解行动。与定量分析相反,定性分析是以"有根据的理论"为基础的。这种方式形成的理论,是从收集到的许多不同的证据之间的联系中产生的,是一个自下而上的过程。

定性分析比较注重参与者的观点,旨在理解社会的现象,关注不同的人如何理解各自生活的意义,以揭示各种社会情境的内部动力和定量研究所忽视或舍弃了的人类经验中的那些特性层面。

(3) 特点。

①强调在自然情境而非人工控制环境下对研究对象进行研究。

②重视研究者与研究对象的关系。定性分析认为研究者与研究对象之间是一种"主体间性"的关系,研究过程是双方彼此互动、共同理解的过程,研究者对研究问题的认识,存在于与研究对象的互动之中。

③强调从当事人(研究对象)的视角去理解其行为的意义和对事物的看法,并在此基础上建立理论。

④强调使用多元的方法,如观察、访谈、实物收集等,以获得对研究问题的全面深入认识。

⑤注重用语言文字对研究现象进行"深描",很少采用复杂的统计方法(如回归分析、路径分析)来报告研究者的发现。

⑥定性分析是一个不断演化发展的过程。在这个过程中,研究的抽样、资料收集的方向、资料分析的重点、结论的建构方式等都会发生变化。

3. 定性分析与定量分析的关系

定性分析与定量分析应该是统一的、相互补充的;定性分析是定量分析的基本前提,没有定性的定量是一种盲目的、毫无价值的定量;定量分析使定性分析更加科学、准确,它可以促使定性分析得出广泛而深入的结论[7]。

定量分析是依据统计数据建立数学模型,并用数学模型计算出分析对象的各项指标及其数值的一种方法。定性分析则是主要凭分析者的直觉、经验,凭分析对象过去和现在的延续状况及最新的信息资料,对分析对象的性质、特点、发展变化规律做出判断的一种方法。相比而言,前一种方法更加科学,但需要较高深的数学知识,而后一种方法虽然较为粗糙,但在数据资料不够充分或分析者数学基础较为薄弱时比较适用,更适合于一般的投资者与经济工作者。但是必须指出,两种分析方法对数学知识的要求虽然有高有低,但不能就此把定性分析与定量分析截然划分开来。事实上,现代定性分析方法同样要采用数学工具进行计算,定量分析则必须建立在定性预测的基础上,二者相辅相成,定性是定量的依据,定量是定性的具体化,二者结合起来灵活运用才能取得最佳效果。

4. 定性分析与定量分析的区别

定量分析与定性分析是社会科学领域两种对立的研究范式,两者在研究目标、对象及方法上都存在着明显的区别。

首先,研究目标上,定量分析重视预测控制,而定性分析重视对意义的理解;其次,研究对象上,定量分析强调事实的客观实在性,而定性分析强调对象的主观意向性;第三,研究方法上,定量分析注重经验证实,而定性分析注重解释建构。

由于方法论上的不同取向,定量分析与定性分析在实际应用中存在明显的差别,主要体现在如下几个方面:

①着眼点不同。

定量分析着重事物量的方面,定性分析着重事物质的方面。

②在研究中所处的层次不同。

定量分析是为了更准确地定性。

③依据不同。

定量分析的依据主要是调查得到的现实资料数据,定性分析的依据则是大量历史事实和生活经验材料。

④手段不同。

定量分析主要运用经验测量、统计分析和建立模型等方法,定性分析则主要运用逻辑推理、历史比较等方法。

⑤学科基础不同。

定量分析以概率论、社会统计学等为基础,定性分析则以逻辑学、历史学为基础。

⑥结论表述形式不同。

定量分析主要以数据、模式、图形等来表达结论,定性分析结论则以文字描述为主。

定性分析是定量分析的基础,是它的指南,但只有同时运用定量分析,才能在精确定量的根据下准确定性。

应用案例

A卷烟企业拟于年内推出一款一类价类新产品,拟以华东地区为主要投放区域,想对该地区卷烟消费者品类偏好进行摸底调研,辅助卷烟品类开发决策。

A企业委托某市调公司进行调研。市调公司根据A企业的诉求做了相关调研方案,简要介绍如下。

1. 调研方案

调研方式:定性与定量相结合。

调研城市:以华东地区相关省份一、二线城市为主要调研城市,开展定性调研,进行消费者访谈。结合调研经费预算,共选择8个城市,每个城市开展2场调研,共计16场定性调研;定量调研上述8个城市,每个城市300份样本,共计2400份样本。

调研对象:为保证消费群体覆盖率,被访对象要求年龄在18~55岁,当地居民,吸烟史1年以上,为一类高端、普一类、二类卷烟消费者;其中定性调研每场要求6~8人,至少有1名女性消费者。

调研产品:目前A企业品牌主销产品、消费者关注的新兴产品、市场表现较好的竞品、当地销量较好的产品。要求零售价区分布合理,品类(中、细、爆珠、常规)等分布合理。

2. 调研内容

第一部分:卷烟品类功能细分调研。对不同品类(常规、细支、中支、爆珠)卷烟功能、产品满足需求的程度进行调研,并从功能满足及价值需求两个方面进行分析。

第二部分:主抽品类及期望尝试新品类的意愿调研。该部分主要对拟投放市场区域的消费者主抽品类情况进行摸底,同时对该地区未来新品类潜在市场机会进行预判。

第三部分:不同品类消费者间转换概率及驱动因素调研。了解不同品类消费者间相互转换概率、频次,同时对其转换原因进行深度挖掘,进而了解当前消费者主抽/转换品类的原因,作为产品开发人员进行产品设计开发时应注意加强的点和应避免出现的问题。

3. 调研结果分析

通过提问"您主抽的香烟的价位是多少",对被访者消费水平进行摸底。从结果可以看出:该地区整体卷烟消费结构中等偏上,以100~299元/条为主,其中18~40岁主力年龄段烟民消费结构相对较高(见图4-9)。

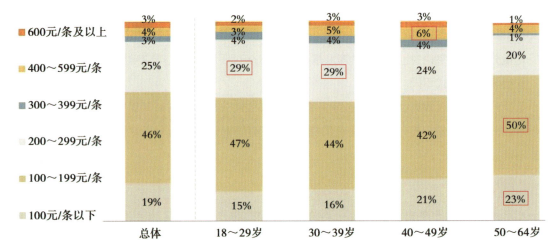

图4-9 卷烟消费水平调研结果

(1)卷烟品类功能调研结果。

根据定性调研结果整理,卷烟品类功能主要表现为三个方面:一是功能需求,一是个性需求,一是顺应趋势的需求。

首先,功能需求表现在卷烟产品本身给消费者带来的缓解烟瘾、提神解压、缓解烦躁等偏生理性与功能性的需求。该类消费者主要寻求卷烟产品本身带来的功能性满足感。

从消费者反馈来看,功能需求,即"产品满足"主要具有以下特点。

·烟劲比较足:

"这个味道还行,烟味比较重,有劲一点的抽得舒服。"

·烟气足,入口饱满度高:

"抽这个烟还是挺有味的,不像细支的那种,烟儿都不太够。"

·带给人自由自在的享受:

"有时候下班回家路上会来一支,感觉挺好的。"

·让人释放压力、心情舒畅:

"有一段时间每天都熬夜加班,抽个烟就舒服很多。"

·让人解乏、提神:

"在公司·为了刺激提神,细支就不太行。你说这个烟点着了味道很淡的,没效果,还不如不抽呢。"

其次,个性需求聚焦于追求潮流、凸显个性、让人眼前一亮的需求上。该类消费者一方面受主流观点影响,跟随购买潮流产品,另一方面希望通过产品本身的属性来凸显这种潮流感。从消费者反馈来看,个性需求主要具有以下特点。

・带有爆珠:

"比较刺激,因为有薄荷味比较清爽一点,而且捏一下也比较好玩。"

・有新的科技技术:

"一些新的爆珠烟,比如说我们去井冈山开会的时候,他们当地有一种爆珠烟里面是放人参的,还是两个爆珠,这种技术还挺有意思的。"

・燃烧时间长一点:

"有的烟烧得太快,我不喜欢。"

・拿在手里手感好:

"这个烟盒有那种磨砂的图案,拿在手里手感很好,也很别致。"

・包装好看,吸引人:

"这个蓝色太土了,太小气了,这个蓝如果换成'炫赫门'那种水清的蓝,会给人一种低调的感觉,这就比较有吸引力。"

・包装有新鲜感:

"包装要好看,我觉得透明的包装挺有意思的。"

・引领时尚潮流:

"现在流行一种雪茄烟,这个雪茄烟我试过,苦香的,口味上有更多的选择,也能追一追时髦。"

最后,部分消费者表现出随大流、顺应趋势的需求。该类消费者受主流观点和整体环境影响较大,追求自己与周围环境的一致性与和谐统一。从消费者反馈来看,该类需求主要具有以下特点。

・大趋势:

"就说细支,我身边的朋友、客户都可能追赶这种所谓的时尚,在这种氛围下,如果大家都在换细支烟,那我就需要换细支。"

・对周围人影响小:

"有些烟龄特别长的,受身边环境的影响会慢慢地改抽烟味淡的烟,譬如,已婚的、有家室的会慢慢改为细支,他们比较注重旁人的感受。"

・抽后身上留下的烟味小:

"一般对自己伤害要小一点,散出的二手烟也会淡一点,自己身上也没那么大味道。"

"家里面亲戚还有好多年龄比较小的,总给人家身上一股烟味的感觉,影响不太好。"

・焦油含量低:

"现在好多烟嘴都带有激光打孔,比如最早抽'红南京'是没有的,现在开始有激光打孔了。"(降焦方式)

定性小组座谈会图片如图4-10所示。

图4-10 定性小组座谈会

(2) 不同品类卷烟产品需求调研结果。

① 细支烟。

细支烟满足了消费者对健康、社交和价值感等方面的需求。细支烟的口味淡、焦油含量低等特点满足了消费者的健康需求;包装好看、可与女士分享、烟气对他人影响小等特点满足了消费者的社交需求;细支烟产品塑造出的高端形象也为细支烟的价值感打下了基础。

但是消费者对细支烟也存在一定的顾虑,消费者认为细支烟不能完全满足解除烟瘾、商务应酬、日常使用等需求。由于细支烟口味较淡、烟劲不足,不能满足消费者解除烟瘾的需求;商务应酬场合整体风气较为传统,对细支烟接纳度不高;细支烟烟支较细,不方便手持、易折断等属性也影响了消费者的日常使用。

从消费者反馈来看,细支烟主要具有以下特点。

· 男女均适用,受众广:

"现在出去都会多带一包细支,一些有女士的场合就可以一起分享。"

· 烟气小,对他人影响小:

"在办公室抽烟,烟气相对其他烟来说要小一点,不会影响到别的不吸烟的同事。"

· 口味淡且焦油含量低的健康属性:

"细支淡,吸不上瘾,有些人是过嘴瘾而不是过手瘾,瘾一过就行了。"

· 整体价位段高/档次高:

"比如说,'荷花'粗的和细的,细的档次要高,因为贵;反正在同一品牌下一般是这个感觉。"

·包装精致好看且小巧便携：

"包装比较精致,扁一些,窄一些,比较小巧,好看。"

"放口袋也不会那么明显,比较贴身。"

·流行趋势：

"以前觉得是女士烟,现在感觉是一种趋势,像是一种时尚。"

"细支烟现在出的品类也比较多,选择余地比较大,根据不同的场合和不同的目标人群可做出不同的选择。"

从消费者反馈来看,其对细支烟也有以下顾虑。

·不能有效解除烟瘾：

"吸一口不得劲,感觉吸的烟太少了。一支不过瘾,两支抽不完。"

·口味淡,不提神：

"在同品牌同系列里面,细支口味都偏淡。"

"在公司为了刺激提神,细支就不太行,很淡,还不如不抽。"

·偏女性化,不适合男性消费者：

"我觉得男性抽细支烟真的不太适合,细支烟感觉是女孩子抽的。"

·燃烧速度太快：

"烧得特别快,还没抽出它的品质就没了,感觉质量不太好。"

·不适合应酬场合,适合休闲娱乐场合：

"细支烟偏休闲一点,常规烟偏正式一点,细支烟用于应酬不太合适。"

·性价比低：

"感觉一支正常烟能造三支左右细支,给人感觉量变少了。"

·使用不便：

"烟嘴太细了,用很大的力气才能把那个烟吸出来,力气大了又容易弯。"

"一拿出来真的很容易折,没拿出来之前就折了的情况也有。"

"太细了,拿在手上没手感。"

②中支烟。

中支烟在减量的同时也在一定程度上保证了烟劲与吸味,平衡了健康与口味双重需求。中支烟摆脱了女性化的形象,整体形象较为高端,也具有一定的个性化属性,满足了消费者追求高端及个性化表达的需求。

消费者选择中支烟的主要障碍来自对中支烟认知模糊,难以和粗支烟与细支烟进行区分,且市场上中支产品少,流行度低。对部分消费者来说,中支烟在口感上略逊于常规卷烟,对中支烟能满足的需求不明确,于是不选择中支产品。中支产品在市场上整体较少,对消费者选择中支烟也产生了一定障碍。

从消费者反馈来看,中支烟主要具有以下特点。

· 形象高端：

"'中华''恒大'有中支，这么看，中支的档次比中档高，是高端类型的。"

"介于粗的和细的之间，感觉稍微好一点，这种感觉就是品质感。"

· 包装精致：

"它的包装好看，比较宽，比较精致，挺大气的。"

· 口感合适／口味优于细支：

"中支抽起来可以，比细支有劲，没有粗支那么重，口味比较柔和，抽出来的话烟没有那么浓，不呛鼻子，抽起来挺舒服的。我主要是为了自己慢慢戒烟，所以我觉得这款烟很合适。"

"比细支的能抽出点味儿来，细支的简直没味。"

"适量，本身几口的事，中支烟量够了，而且它用手指夹着好拿一些。"

· 优雅但不女性化：

"起码你说的这种不属于女生吸的烟了。"

"有男性阳光的美，然后也不会让人觉得你就是个大老粗。"

· 满足一定个性化需求：

"这个中支就是，我有点个性，你又不会反对，大家会觉得我很特别的感觉。"

从消费者反馈来看，其对中支烟主要具有以下顾虑。

· 对中支认知模糊，定位不清晰：

"这一类的烟有点不上不下，像'中华'的中支，大概70多块钱一包。我就感觉那种烟拿到手上比正常烟要硬一点，抽起来感觉有点像细支，价格又比细支要贵一点。"

"高不成低不就的感觉，就是说你要买烟的时候你不会专门说拿一包中支，感觉好像没这么个产品，中支的概念基本上很模糊。"

· 和细支难以区分，吸阻均略大：

"更偏向于细支，烟量应该比粗支要低一点，硬度比粗支要硬。粗支抽着那种感觉和细支很像，明显感觉抽不动。"

"中支品牌选择面比较少，而且它过滤嘴部分比较长，吸着比较费劲，确实吸不动。"

· 比粗支口感稍差，较粗支而言无优势：

"感觉比普通的粗支烟要淡一点，比细支烟要浓一点，但是口味就只能说抽着玩可以，和别人去交流的时候，这个烟反正口感一般，不是特别好，包括'中华'也抽过，就感觉它的味和普通粗支的中华比起来稍微差一点。"

· 不易购买且流行度低：

"比较少，中支'中华'一般超市都少。"

"比如说有时候你发烟给别人，别人不认识可能会不接，太小众了。"

"感觉和粗支更接近，没什么优势，也不太流行，可以观察一下。"

③爆珠烟。

爆珠烟主要满足了消费者调剂、追求刺激和口味清淡的需求。爆珠烟口味丰富，能够满足消费者的调剂需求。一些薄荷口味的爆珠能够满足消费者追求刺激的需求。由于爆珠烟细支烟和混合烟较多,口味相比传统烤烟较为清淡,能够满足消费者口味清淡的需求。

部分消费者认为爆珠烟无法满足口粮需求、健康需求和社交需求等。爆珠烟的各种口味无法让部分偏好烟草本味的消费者长期作为口粮烟,仍然以调剂属性为主。一些消费者表达了对爆珠中化学成分的担忧,担心额外的添加剂会带来额外的健康损伤。由于捏爆珠行为和口味等因素,一些烟龄较长的消费者认为爆珠烟不适用于社交场合。年轻群体对多种口味的爆珠烟接纳度较高,而烟龄较长群体对此接纳度较低。

从消费者反馈来看,爆珠烟主要具有以下特点。

· 口味清新/相对清淡:

"很多年轻人第一款烟可能就是爆珠烟,爆珠说白了就是降低烟草本身的刺激性,或者是没有冲的感觉。"

"爆珠烟相对来说还是比较清淡。"

· 口味丰富/能满足调剂需求:

"口味多,薄荷的也有,还有水果味。"

"白天一直抽普通烟,晚上回家会抽一两支爆珠烟,缓解一下白天的刺激。"

· 刺激/新鲜:

"比较刺激,薄荷味比较清爽。抽一口捏一下就有别的味道,很有新鲜感。"

· 会考虑烟草本味爆珠:

"我不太喜欢那种水果味,所以我一般不抽爆珠烟,如果是烟草本味的这种爆珠,我觉得还是愿意考虑一下的。"

从消费者反馈来看,其对爆珠烟主要具有以下顾虑。

· 口感不合适,使其不能成为主抽:

"偶尔抽1、2根还可以,经常抽喉咙受不了,很多痰,有段时间抽爆珠比较多,然后晚上就咳嗽不止。"

"凉烟或者爆珠那种肯定就是调剂,不会常抽。未来一盒烤烟里加一两根爆珠挺好的。"

· 爆珠化学成分较多,有健康方面担忧:

"我知道抽烟有害健康,我抽纯一点的也比杂七杂八的要好一点,爆珠里面肯定又加了一些别的化学成分,加热之后更有害了。"

· 口味不纯正/不喜欢非烟草味:

"烟的那种厚重感没有了,它把那个过滤掉了。"

"作为主抽我还是不能接受,还是喜欢烟草本身的醇香味。"

· 部分消费者认为不适于社交场合:

"在一些需要给他人散烟的场合,散一个爆珠的,人家还要去捏,很不方便,不太适合社交场合。"

综合上述分析,对中支、细支、爆珠品类的需求特点进行总结,如表4-16所示。

表 4-16 中支、细支、爆珠品类的需求特点

	细支烟	中支烟	爆珠烟
偏好	健康属性 档次高/价位段高	形象高端 口味/焦油量合适 比细支好抽	调剂口味 新鲜/好玩
顾虑	口味淡/没劲 燃烧太快 女性化	认知度低 产品少/不易购买	完全盖住烟草本香 爆珠中有化学成分
消费者接受度及建议	细支烟除口味淡外，兼具档次感与健康属性，整体接纳度较高	中支烟在消费者眼中口味略浓于细支烟，能兼顾口味与健康属性；形象较为高端，不会过于女性化；但由于产品少，整体认知度不高，不过接纳度较高	爆珠烟的调剂属性更明显，难以单独支撑起一个品类，烟龄较长的烟民对爆珠烟普遍接纳度不高，年轻烟民对爆珠烟接纳度较高

(3) 主抽品类及期望尝试新品类的意愿调研结果。

对被访者主抽卷烟品类及期望尝试新品类的意愿的调研结果进行统计可知，该区域细支烟处于流行发展期，主抽率高于其他新型品类，具有一定用户规模；中支烟处于发展导入期，尚未形成消费规模，但该地区消费者对该品类未来尝试意愿较高；而短支烟及爆珠烟品类在该地区发展较为缓慢（见图 4-11）。

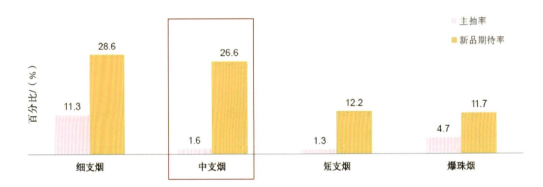

图 4-11 主抽品类及期望尝试新品类的意愿调研结果

(4) 不同品类消费者间转换概率及驱动因素调研结果。

①品类流动性分析。

通过提问"你目前主抽的产品/之前最常抽的产品是什么"，得到烟民品类转换率。从其转换行为看，中、细支用户有很高的流动性，既有从常规产品转到中、细支产品的，也有从中、细支产品转回常规产品的。从图 4-12 可以看出，转回常规产品的比例为 7.1%，转入中、细支产品的比例为 9.4%。

②品类流动性驱动因素分析。

根据定性访谈结果，整理出消费者当前主抽及转换的原因，并制定相应问卷，进行定量调研。统计分析调研结果，可以看出消费者由常规烟转向中、细支烟的驱动因素。中支用户的尝试更多来自尝鲜，并非真正意义上对健康的重视。而消费者由中支烟转向常规烟的因素主要集中在：尝鲜后，吸引力下降；受周围人影响，中支烟还未形成气候，更多人还是抽常规烟。见图 4-13。

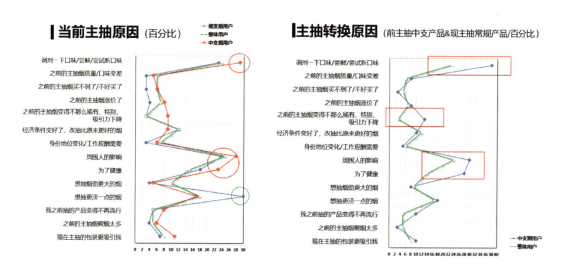

图 4-12 烟民品类转换

图 4-13 消费者当前主抽及转换原因

其中,中支用户对中支烟最不满意的地方主要在于烟气不足、烟雾量多、燃烧时间不够长、包装新鲜感不够、鼻腔刺激强烈等方面。

此外,对不同价位段零售卷烟消费者需求进行了调研,整理结果如表 4-17 所示。

表 4-17 不同价位段零售卷烟消费者需求

消费需求	价位段			
	75～200 元/条	200～400 元/条	400～600 元/条	600～1000 元/条
功能:生理满足感	解瘾			
求廉:性价比	便宜,性价比高	要有一定性价比		
求新:好玩新奇	价格允许会尝试	新品都愿意尝试		
品质:质量可靠		有劲,不能辣喉	柔和醇厚、烟草本味	柔和醇厚、烟草本味
社交:品牌认知		知名度高,但不张扬	认可度高,适合各种场合	知名品牌,得到广泛认可
求美:生活情趣			有辨识度、有个性	个性化定制
内涵:价值认同				产地、工艺、文化内涵

4. 研究结论

综合上述分析，该地区卷烟消费水平在 200 元/条以上，且以 200~400 元/条的中高端为主；从该地区主销品类来看，常规烟仍为主要品类，对于创新品类而言，该地区细支烟已成气候，同时消费者对中支烟具有较大的兴趣。综合调查结果，A 企业针对该地区的新品策略，可以采用常规烟、细支烟、中支烟的组合。常规烟市场相对成熟，风险较小；细支烟属于成长期，市场初具规模，且在创新品类中占比较大，但是需要解决消费者反馈的抽吸过程中存在的问题，同时要考虑行业对细支品类政策的变化；中支烟处于导入期，此时介入可以从源头培养消费者，需要一定时间的培育期，可以提前布局，相比细支烟，整体接受度相对较高一些。最终需要结合该地区销量趋势变化、相关行业政策、当地竞品分析等做出综合决策。

A 企业根据调研结果，制定了针对该地区的新品研发计划，包括细支开发计划及中支储备计划。

(四) 小组座谈会 (panel discussion)

1. 定义

小组座谈会也称小组焦点座谈会、小组深度访谈法，就是一组人按照规定的程序有序地提供信息，是市场调研人员一次召集若干名调研对象组成一个小组，由调研人员面对面地直接向调研对象提出问题，收集信息资料的一种方法[8]。一般选择一个环境较好的地方，由主持人激励成员自由讨论，通过群体的力量，使参与者融入群体，开展对某个问题的讨论，表达自己的真实情感和想法。主持人要使讨论紧扣主题，将谈话内容记录在笔记本上或将访谈过程录像，随时准确了解座谈会情况，便于日后调查。小组座谈会已成为了解消费者想法和感觉的主要的市场调研手段。

2. 小组座谈会的特点

小组座谈会被广泛用于解决各种问题。在小组座谈会上，主持人引导一组参与者进行一种开放的和深入的讨论，而不是简单地提出问题并征得参与者回答。在讨论有关新产品方面的问题时，主持人会以直接或间接的方式使小组的讨论集中于某个问题。小组讨论一般有 8~14 名参与者，每个参与者会受到小组中其他成员意见的启发，围绕如何概括或发掘出一个能满足市场需要的新产品创意这一问题展开讨论。

(1) 访问形式：由一个经过训练的主持人以一种非结构化的自然的形式与一个小组的被调查者交谈，主持人负责组织讨论。

①小组规模：8~12 人。

②小组构成：同质性消费者，预先筛选被调查者。

③座谈环境：轻松愉悦的、非正式的气氛。

④时间长度：1.5~2.5 小时。

⑤记录：一般要进行录音，必要时要录像。

⑥分析类型：主观性、解释性的。

⑦观察：主持人可以观察，可与被调查者相互接触，主持人有熟练的交流技术。

(2)主要目的:通过倾听一组从调研者所要研究的目标市场中选择来的被调查者的谈话内容,从而获取对有关问题的深入了解。

(3)价值:常常可以从自由进行的小组讨论中得到一些意想不到的发现。

3. 优缺点

(1)优点。

①主持人可以利用群体动力的杠杆作用激活参与者的思维,促成新概念和想法的产生。

②委托方可以现场观察整个讨论过程,并可以将讨论过程录制下来用于后期分析。

③覆盖的主题及其深度都可以是灵活的。

④数据收集速度快。

(2)缺点。

①调查结果的质量过于依赖主持人的访谈技巧。

②小组座谈会是探索性的,但讨论结果可能会被误用和滥用,将结果当作结论性的来对待。

③小组座谈会的结果比其他数据收集方法的结果更容易被错误地判断。小组座谈会特别容易受客户和调研者的偏差的影响。

④小组座谈会的结果对总体是没有代表性的。

⑤容易出现小组讨论偏离研究主题的现象。

4. 小组座谈会的实施步骤

(1)准备阶段。

①环境:要有一个用来进行小组座谈的会议室或房间,主要设备应包括麦克风、室温控制仪、摄像机或其他记录仪器。

②选定参与者:通常以随机选择若干电话号码或街头拦截等方式来征集参与者。

应该避免在小组中出现重复的或"专业"的受访者。一个小组一般包括 8 名参与者,值得注意的是,并不存在理想的参与人数,这应根据小组的类型而定,通常基于经验的小组比基于分析的小组所需的参与者要多。调查发现,人们同意参加访谈的动机依次为奖励、话题兴趣、闲暇时间、群体兴趣、好奇。

(2)选择主持人。

合格的参与者和优秀的主持人是小组座谈会成功的关键因素。对主持人的要求是:首先,主持人必须有能力恰当地组织一个小组。其次,主持人必须具备良好的沟通技能,以便有效地与受访者互动。因此,对主持人的培训非常重要,而且主持人自己的准备也非常重要。此外,相关的工作人员必须在访谈之前做好充分的准备。

(3)编写访谈大纲。

在编写访谈大纲时通常使用团队协作法。访谈大纲应确保按一定顺序逐一讨论所有突出的主题。访谈大纲是小组会议所涉及的主题的摘要。主持人的访谈大纲一般分为三个阶段:第一阶段是建立友好关系,解释小组中的规则,提出个人讨论;第二阶段是主持人的深入访谈;第三阶段是总结重要结论,衡量信任与承诺的限度。

(4) 小组访谈报告的编写。

在访谈结束时,主持人可以做口头报告或进行正式的书面报告。正式报告的开头通常说明研究的目的,确认调查的主要问题,描述参与者的个人情况,解释选择参与者的过程。然后,对调查结果和建议进行总结,通常是 2～3 页的篇幅。如果小组的访谈内容被仔细分类,那么很容易组织报告的主体部分。我们通常先列出第一个话题,再总结这个话题的要点,最后,我们将通过对小组成员谈话的实际记录(逐字逐句)来进一步阐明这些要点,用同样的方法总结所有的话题。

(五)一对一深访(one-on-one visits)

1. 定义

一对一深访又称个人深度访谈或者个人面谈调查,是指调研人员分别与事先确定的个人访谈对象进行面对面的询问调查。这种一对一的深度访谈方式,能够排除外界和集体的干扰,保密性强,回收率高,灵活性大,使被访对象感到受到重视,回答内容真实性较高,也便于调查者观察被访者的反应和行为,并根据实际情况调整问话方式,解释一些较难理解的问题[9]。

一对一深访是专业访谈人员和被调查者之间进行时间较长的(通常是 30 分钟到 1 小时)、针对某一论题的、一对一方式的谈话,用以采集被调查者对某事物的看法,或做出某项决定的原因等。这类访谈通常在被调查者家中或一个集中的访问地点进行,常用于了解个人如何做出购买决策、产品或服务被如何使用,以及消费者生活中的情绪和个人倾向等。这种方法成本较高,对访谈人员的要求高,效率和成本较难控制。

访谈过程中,由掌握高级访谈技巧的访谈人员对调查对象进行深入的访问,用以揭示其对某一问题的潜在动机、态度和情感,常应用于探测性调查。

"一对一深访"作为定性研究方法,在社会学领域中有着重要的地位。所谓深度访谈,又称为无结构访谈或自由访谈,它与结构式访谈相反,并不依据事先设计的问卷和固定的程序,而是只有一个访谈的主题或范围,由访谈员与被访者围绕这个主题或范围进行比较自由的交谈。

2. 主要特点

(1) 研究在自然情境下进行,通过较长时间(半小时至数小时)的访谈收集信息。

(2) 问题探察深入,通过连续询问鼓励访谈对象阐述、解释所做的回答。

(3) 研究思路主要是归纳方法,立足一手访谈信息进行归纳推论。

(4) 研究过程是一个递归循环过程。访谈问题常会在研究过程中变化、调整,数据分析与收集同时进行,结果推论是一个持续演化的过程。

3. 操作方法

访谈形式:一种非结构化的、直接的、一对一的访谈。

访谈人员:由在刺探和引导被访者给出详细回答方面经过严格训练、掌握高级访谈技巧的调查者进行访谈。

主要目的:揭示被访者对某一问题的潜在动机、信念、态度和感情。

样本量大小：同质的被访者一般为 1~2 个。

被访者构成：一般为不同质或不同细分市场的消费者。

深度访谈的环境：一般为被访者熟悉的环境（家中、单位等），或专门访谈场所。

时间长度：1~2 小时。

记录：一般要进行录音，必要时要录像。

4. 优缺点

(1) 优点。

①调研有深度。消除了群体的压力，被访者不用保持群体秩序，比较容易发表真实意见；调研者可以提出许多不宜在人多的场合讨论的问题，被访者能充分发表意见，还可以互相启发，深入交换意见，把调查的问题引向深入，所得信息较为全面，并富有启发性。

②调研的灵活度高。面谈访问的对象、时间、人数、形式可以由调研人员掌握，并能随时解释被访者的问题，可以根据被访者的性格特征、对访问的态度、心理变化及肢体语言，扩大或缩小提问范围，调整问题次序，具有较强的灵活性。

③回答率高。一对一的访谈方式使被访者感到自己是别人关注的焦点，倾诉的欲望更容易被激活，会吐露更多的信息。

④准确性高。记录的真实性和可靠性可以得到当场检查，减少调查的误差。可以有效提高调研结果的代表性和准确性，这是调研成功的首要前提。

⑤可以深入地探查被访者，揭示隐藏在表面陈述下的感受和动机。

(2) 缺点。

①成本高；

②委托方参与程度低；

③对调研者在访谈技巧方面的要求较高；

④调研者的时间和体力消耗较大，一天内会谈人数有限。

(六) 专家访谈法(expert interview method)

专家访谈法是有代表性地搜集消费经验丰富的专家型消费者的意见和想法，厂商利用这些意见和想法作为生产、经营管理决策的参考依据。专家访谈法的要求是，这些专家型消费者在消费商品的行为方面具有代表性，确实有丰富的消费经验，消费和使用商品没有特殊的怪癖。为了配合调查研究，要求这些专家型消费者具有较强的言语表达能力，能准确地表达自己心里的想法，对商品做出的评价合乎自己的判断标准[10]。

所谓专家型消费者，是指消费经验丰富，能提出较多的意见和想法的消费者。这类消费者使用某一类型商品的时间比较长，积累的消费经验比较多；或对某类商品有特殊的兴趣和爱好，长期细致地观察和研究过这类商品的使用效果，积累了许多消费经验；或者长期经销某类商品，对这类商品的各种特点非常熟悉，因为经常与消费者打交道，对消费者的意见和要求比较了解。有报道称，美国一位六七岁的女孩被玩具生产厂聘为顾问，由她对玩具的式样提出意见和想法，这些意见和想法是改进玩具设计的重要依据,因为这位儿童的消费心理和意见具有很强的代表性。

对于卷烟行业来说,企业在做某些市场决策时,可以考虑采用专家访谈法,通过对一些行业大咖、意见领袖、专家型消费者的深度访谈,能够迅速聚焦方向、策略,辅助产品决策。

(七)线上平台(online platform)

1. 定义

线上平台即线上营销(online marketing),就是把原本需要企业自己雇人实现的网络营销工作以合同的方式委托给专业网络营销服务商。网络营销服务商以互联网为平台,在深入分析企业现状、产品特点和行业特征的基础上,为企业量身定制个性化的高性价比网络营销方案,全面负责方案的有效实施,对网络营销效果进行跟踪监控,并定期为企业提供效果分析报告[11]。在这个过程中,网络营销服务商会充分发挥其在技术、营销策划、实施等方面的各种专业优势,竭尽所能完成预定的目标,以获得企业支付的服务费用。

2. 方法

线上营销职能的实现需要通过一种或多种线上营销手段,常用的线上营销方法除了搜索引擎营销之外,还有关键词搜索、网络广告、TMTW来电付费广告、交换链接、信息发布、整合营销、邮件列表、许可e-mail营销、个性化营销、会员制营销、病毒性营销等。搜索引擎营销(SEM)是一种在搜索引擎上进行的市场营销活动,以关键词作为网络营销和推广活动的基础,主要包括SEO(搜索引擎优化)和搜索引擎广告(PPC)两大领域。它利用人们对搜索引擎的依赖和使用习惯,在人们检索信息时将企业的产品、服务及相关信息传递给目标客户。由于这种基于搜索结果的"一对一"传播特点,搜索引擎广告已成为互联网营销最重要的形式之一,也是当前互联网经济时代极具发展潜力的行业之一。

(八)网络爬虫(web crawler)

1. 定义

网络爬虫也称网络蜘蛛、网络机器人,它为搜索引擎从万维网上下载网页,并进一步顺着网页链接于对应网络系统内采集信息,属于一种功能强大的信息自动采集程序,在整个搜索引擎系统中发挥着重要作用,是搜索引擎的核心部件[12]。同时,网络爬虫作为某种辅助性的检索手段,拥有固定的信息抓取规则,能够针对各种信息数据实施定向链接,基于搜索引擎系统,按照明确标准自动生成索引信息,借助有效措施提升用户信息查询效率,扩大数据储备。

2. 概述

(1)网络爬虫的工作原理。

网络爬虫是一种按照一定的规则,自动抓取万维网信息的程序或者脚本。它从网站某一个页面(通常是首页)开始,读取网页的内容,找到在网页中的其他链接地址,然后通过这些链接地址寻找下一个网页,这样一直循环下去,直到把这个网站所有的网页都抓取完毕。如果把整个互联网当成一个网站,那么网络爬虫就可以用这个原理把互联网上所有的网页都抓取下来。

一个网络爬虫程序主要分为三大部分:向服务器请求并获取网页数据,解析网页数据,数据处理和存储。这个过程需要下载网页配置、解析网页配置、修正结果配置、数据输出配置。配置完毕后,把配置形成任务,采集系统按照任务的描述开始工作,最终把采集到的结果存储到指定位置。

在如今开放融合的网络环境下,尤其是伴随大数据技术在互联网领域的广泛应用,网络爬虫技术的应用已从搜索引擎拓展到了其他各个领域,成为大数据时代最重要的信息收集方式。比如商务智能方面的企业市场信息收集,数据研究方面的原始资料获取,网络舆情信息的收集等。基于网络爬虫技术的就业信息管理平台、上市公司交易数据共享平台、面向订票服务器端爬虫的可视检测等应用陆续出现。

将网络爬虫技术运用于抓取消费者评论,获取消费者反馈更直接、更直观。

(2) 网络爬虫的标识。

每个网络爬虫都有自己的名字,在抓取网页的时候都会向网站标明自己的身份。网络爬虫在抓取网页的时候会发送一个请求,这个请求中就有一个字段为 User-agent,用于标识自己的身份。例如 Google 网络爬虫的标识为 GoogleBot,Baidu 网络爬虫的标识为 BaiduSpider,Yahoo 网络爬虫的标识为 InktomiSlurp。如果在网站上有访问日志记录,网站管理员就能知道哪些搜索引擎的网络爬虫来过,是什么时候过来的,以及读了多少数据等。如果网站管理员发现某个爬虫有问题,就通过其标识来和其所有者联系。

(3) 限制抓取。

当网络爬虫进入一个网站时,一般会访问一个特殊的文本文件 robots.txt(即拒绝爬虫协议),这个文件一般放在网站服务器的根目录下,网站管理员可以通过 robots.txt 来定义哪些目录网络爬虫不能访问,或者哪些目录对于某些特定的网络爬虫不能访问。例如,有些网站的可执行文件目录和临时文件目录不希望被搜索引擎搜索到,那么网站管理员就可以把这些目录定义为拒绝访问目录。

对网页内容的提取一直是网络爬虫重要的技术环节。整个系统一般采用插件的形式,通过一个插件管理服务程序,遇到不同格式的网页采用不同的插件处理。这种方式的好处在于扩充性好,以后每发现一种新的类型,就可以把其处理方式做成一个插件补充到插件管理服务程序之中。

3. 网络爬虫抓取策略

①广度优先,是指网络爬虫会先抓取起始网页中链接的所有网页,然后选择其中的一个链接网页,继续抓取此网页中链接的所有网页。这是最常用的方式,因为这个方法可以让网络爬虫并行处理,提高其抓取速度。②深度优先,是指网络爬虫会从起始页开始,一个链接一个链接跟踪下去,处理完这条线路之后再转入下一个起始页,继续跟踪链接。这个方法的优点是网络爬虫的设计比较容易。

由于不可能抓取所有的网页,有些网络爬虫对一些不太重要的网站设置了访问的层数。对于网站设计者来说,扁平化的网站结构设计有助于搜索引擎抓取其更多的网页。

网络爬虫在访问网站网页的时候,经常会遇到加密数据和网页权限的问题,有些网页需要会员权限才能访问。当然,网站的所有者可以通过协议让网络爬虫不去抓取,但对于一些出售报告的网站,他们希望搜索引擎能搜索到他们的报告,但又不能免费让搜索者查看,这样就需要给网络爬虫提供相应的用户名和密码。网络爬虫可以通过所给的权限对这些网页进行抓取,从而提供搜索结果。而当搜索者点击查看该网页的时候,同样需要搜索者提供相应的权限验证。

网络爬虫在下载网页的时候,会去识别网页的 HTML 代码,在其代码的部分,会有 META 标识。通过这些标识,可以告诉网络爬虫本网页是否需要被抓取,还可以告诉网络爬虫本网页中的链接是否需要被继续跟踪。

在关于烟草的研究中,目前可参考的相关网络渠道有:烟草在线、烟草市场、东方烟草网、中国知网、烟悦网、中国烟草资讯网、国家烟草专卖局、烟草世界、百度搜索等 9 个网站及腔腔说、掌上决策参考、三悦有言、火因圈儿、新消费前线、和成东方、金叶市场、蓝洞新消费、在线参阅等微信公众号。可根据项目研究需要,向以上网站服务器发出请求,请求通过后,服务器返回请求的网页数据,爬虫程序收到服务器返回的网页数据并加以解析提取,最后把提取出的数据进行处理和存储。

应用案例

为直观了解消费者对卷烟的评论,A 企业研发人员采用网络爬虫技术,抓取了烟草类某一知名网站的 60 个卷烟规格,共计 20 885 条评论数据。网站图片及消费评论抓取结果部分截图如图 4-14 所示。

图 4-14 网站图片及消费评论抓取结果部分截图

其中,对消费者感兴趣的榜单排名前十的产品的规格信息、评论数据、指标得分等进行了抓取、整理和汇总,包括低焦榜、近期热门榜、口味榜、热度榜、同价推荐榜、外观榜、性价比榜一共 7 个榜单数据。具体结果如表 4-18 至表 4-24 所示。

表 4-18 低焦榜产品信息

排名	产品名称	热度	参与评分人数	可信度	各项指标得分（口味）	各项指标得分（外观）	各项指标得分（性价比）	各项指标得分（综合）	评论条数	焦油含量	烟碱含量	一氧化碳含量	主颜色	副颜色	小盒价格
1	南京（炫赫门）	182 144	5276	99.8%	7.9	8.2	7.1	7.7	704	8 mg	0.8 mg	7 mg	绿	金	18 元
2	黄鹤楼（硬1916）	186 097	1136	98.98%	7.2	7.3	6.6	7	179	6 mg	0.6 mg	6 mg	咖啡	黄	100 元
3	南京（雨花石）	157 593	1179	99.16%	7.5	8	6.2	7.3	141	5 mg	0.5 mg	4 mg	黄	红	53 元
4	黄金叶（天香细支）	91 518	223	95.69%	7	7.3	6.3	6.9	27	6 mg	0.6 mg	5 mg	白	金	55 元
5	钻石（细支荷花）	91 337	394	97.52%	7.3	7.6	6.3	7.1	78	6 mg	0.6 mg	6 mg	绿	黄	42 元
6	七匹狼（纯境中支）	92 435	415	97.64%	7.9	8.7	7.7	8.1	119	8 mg	0.7 mg	7 mg	蓝	黄	18 元
7	南京（金陵十二钗烤烟）	89 568	4065	99.75%	7.4	8.3	6.3	7.4	412	6 mg	0.6 mg	5 mg	黄	红	28 元
8	云烟（软大重九）	79 020	1082	99.08%	7.5	7.6	6.2	7.1	236	8 mg	0.8 mg	8 mg	金黄		100 元
9	冬虫夏草（和润）	76 084	559	98.24%	7	7.3	6.1	6.8	78	5 mg	0.5 mg	5 mg	白	蓝	55 元
10	黄鹤楼（硬峡谷情细支）	72 823	79	88.64%	7.2	8.4	6.9	7.5	20	8 mg	0.6 mg	7 mg	白	金	30 元

注：总评论条数为 1994 条，榜单排序情况以抓取当日网站数据为基础。

表 4-19 近期热门榜产品信息

排名	产品名称	热度	参与评分人数	可信度	各项指标得分（口味）	各项指标得分（外观）	各项指标得分（性价比）	各项指标得分（综合）	评论条数	焦油含量	烟碱含量	一氧化碳含量	主颜色	副颜色	小盒价格
1	中南海（金装8mg）	9978	2393	99.53%	7.6	7.9	7.9	7.8	561	8 mg	0.7 mg	10 mg	金	兰	9 元
2	泰山（望岳）	20 530	2119	99.49%	7.9	8.4	7	7.8	678	8 mg	0.8 mg	10 mg	银	红	19 元
3	555（弘博）	3459	565	98.07%	8.3	8.6	7.1	8	192	8 mg	0.7 mg	8 mg	白	蓝	23 元
4	中华（金短支）	17 096	236	95.92%	8.5	8.9	7.2	8.2	19	10 mg	0.9 mg	10 mg	红	金	80 元
5	七星（原味中免）	9701	183	94.38%	8.6	8.7	8.3	8.5	86	11 mg	1.0 mg	12 mg	白	黑	15 元
6	七匹狼（白）	9539	946	98.92%	8.2	7.2	7.9	7.8	240	10 mg	0.9 mg	12 mg	白	橘黄	8 元
7	红双喜（吉祥龙凤罐装）	9671	1003	98.96%	7.7	8.6	7.3	7.9	164	11 mg	1.1 mg	11 mg	红	金	68 元
8	七匹狼（纯雅）	6812	2070	99.48%	7.8	8.3	7.4	7.8	284	6 mg	0.6 mg	8 mg	蓝	金	16 元
9	南京（炫赫门）	182 157	5276	99.8%	7.9	8.2	7.1	7.7	704	8 mg	0.8 mg	7 mg	绿	金	18 元
10	长白山（777）	22 357	563	98.25%	7.8	8.1	7.6	7.8	102	7 mg	0.7 mg	7 mg	黄	红	15 元

注：总评论条数为 3030 条，榜单排序情况以抓取当日网站数据为基础。

第四章 卷烟消费需求调研

表 4-20 口味榜产品信息

排名	产品名称	热度	参与评分人数	可信度	各项指标得分（口味）	各项指标得分（外观）	各项指标得分（性价比）	各项指标得分（综合）	评论条数	焦油含量	烟碱含量	一氧化碳含量	主颜色	副颜色	小盒价格
1	贵烟（国酒香·30）	50 565	2130	99.53%	8.5	7.3	6.6	7.5	413	10 mg	0.9 mg	11 mg	金	棕	100 元
2	玉溪（壹零捌）	22 623	428	97.71%	8.6	8.7	7.8	8.4	100	8 mg	0.8 mg	8 mg	白		30 元
3	苏烟（金砂2）	9305	1335	99.17%	8.4	8.2	7.1	7.9	233	11 mg	1.0 mg	11 mg	金	红	90 元
4	红塔山（软新）	7958	443	97.54%	8.6	7.7	8	8.1	114	8 mg	0.8 mg	9 mg	红	金	10 元
5	苏烟（软金砂）	86 361	10 270	99.88%	8.3	7.4	7.1	7.6	1268	11 mg	1.0 mg	11 mg	金	红	48 元
6	贵烟（硬高遵）	10 960	677	98.48%	8.4	7	8.1	7.8	89	11 mg	1.0 mg	12 mg	红	金	26 元
7	玉溪（软）	51 338	9209	99.88%	8.3	7	7.5	7.6	1537	11 mg	1.0 mg	11 mg	红	金	23 元
8	泰山（白将军）	47 645	2108	99.53%	8.3	6.9	7.4	7.5	250	11 mg	1.0 mg	11 mg	白	红	12 元
9	红金龙（襄阳）	3152	289	96.27%	8.6	7.7	8.5	8.3	67	8 mg	0.7 mg	10 mg	金	黄	6 元
10	白沙（特制精品）	3051	762	98.59%	8.4	7.1	7.6	7.7	196	10 mg	0.8 mg	13 mg	绿	金	8 元

注：总评论条数为 4267 条，榜单排序情况以抓取当日网站数据为基础。

表 4-21 热度榜产品信息

排名	产品名称	热度	参与评分人数	可信度	各项指标得分（口味）	各项指标得分（外观）	各项指标得分（性价比）	各项指标得分（综合）	评论条数	焦油含量	烟碱含量	一氧化碳含量	主颜色	副颜色	小盒价格
1	黄鹤楼（硬1916）	186 097	1136	98.98%	7.2	7.3	6.6	7	179	6 mg	0.6 mg	6 mg	咖啡	黄	100元
2	南京（炫赫门）	182 144	5276	99.8%	7.9	8.2	7.1	7.7	704	8 mg	0.8 mg	7 mg	绿	金	18元
3	南京（雨花石）	157 593	1179	99.16%	7.5	8	6.2	7.3	141	5 mg	0.5 mg	4 mg	黄	红	53元
4	黄金叶（天叶）	154 147	2881	99.65%	7.6	7.4	6.3	7.1	375	11 mg	1.0 mg	11 mg	白	粉红	100元
5	白沙（和天下）	153 951	8107	99.87%	6.6	7.5	5.7	6.6	554	11 mg	1.1 mg	13 mg	深紫	紫	100元
6	钻石（荷花）	126 577	3964	99.75%	6.2	6.7	5.5	6.1	694	10 mg	1.0 mg	10 mg	绿	黄	35元
7	中华（双中支）	110 801	292	96.68%	8.1	8.7	6.8	7.9	60	10 mg	0.9 mg	10 mg	红		65元
8	七匹狼（纯境中支）	92 435	415	97.64%	7.9	8.7	7.7	8.1	119	8 mg	0.7 mg	7 mg	蓝	黄	18元
9	黄金叶（天香细支）	91 518	223	95.69%	7	7.3	6.3	6.9	27	6 mg	0.6 mg	5 mg	白	金	55元
10	钻石（细支荷花）	91 337	394	97.52%	7.3	7.6	6.3	7.1	78	6 mg	0.6 mg	6 mg	绿	黄	42元

注：总评论条数为2931条，榜单排序情况以抓取当日网站数据为基础。

表4-22 同价推荐榜产品信息

排名	产品名称	热度	参与评分人数	可信度	各项指标得分（口味）	各项指标得分（外观）	各项指标得分（性价比）	各项指标得分（综合）	评论条数	焦油含量	烟碱含量	一氧化碳含量	主颜色	副颜色	小盒价格
1	黄鹤楼（软蓝）	53 206	7288	99.85%	8.2	7.9	7.8	8	1263	11 mg	1.1 mg	13 mg	黄	蓝	19元
2	七匹狼（纯境中支）	92 435	415	97.64%	7.9	8.7	7.7	8.1	119	8 mg	0.7 mg	7 mg	蓝	黄	18元
3	长白山（硬神韵）	2611	790	98.75%	8	8.4	7.6	8	158	5 mg	0.6 mg	8 mg	蓝	金	25元
4	黄鹤楼（软红）	18 134	827	98.7%	8.3	7.7	8	8	176	8 mg	0.8 mg	9 mg	红	黄	26元
5	人民大会堂（新典藏）升级版	15 693	133	92.96%	8.4	8.7	8.4	8.5	30	6 mg	0.6 mg	5 mg	红	金	16元
6	黄山（小红方印）	5581	757	98.69%	7.8	8.4	7.6	8	226	10 mg	1.0 mg	10 mg	咖啡	红	22元
7	长白山（揽胜）	3979	1774	99.42%	7.5	8.8	7.4	7.9	354	8 mg	0.8 mg	10 mg	古铜金	咖啡	22元
8	黄鹤楼（软雅韵）	19 309	2220	99.55%	7.8	8.6	7.3	7.9	344	8 mg	0.8 mg	10 mg	紫红	金	26元
9	长白山（天韵）	956	738	98.5%	7.7	8.4	7.8	8	289	6 mg	0.7 mg	8 mg	绛红	金	22元
10	兰州（硬珍品）	17 911	2504	99.52%	8.1	7.7	7.8	7.9	567	8 mg	0.8 mg	10 mg	深蓝	金	18元

注：总评论条数为3526条，榜单排序情况以抓取当日网站数据为基础。

表 4-23 外观榜产品信息

排名	产品名称	热度	参与评分人数	可信度	各项指标得分（口味）	各项指标得分（外观）	各项指标得分（性价比）	各项指标得分（综合）	评论条数	焦油含量	烟碱含量	一氧化碳含量	主颜色	副颜色	小盒价格
1	寿百年（五彩）	4300	1623	99.39%	5.7	8.9	5.9	6.8	205	7 mg	0.7 mg	9 mg	彩色	金	30 元
2	娇子（硬功夫 7mg）	2408	641	98.45%	7.3	9	6.6	7.6	142	7 mg	0.8 mg	7 mg	白	黑	33 元
3	七匹狼（通福）	1921	891	98.77%	7.7	8.8	7.3	7.9	139	11 mg	1.1 mg	11 mg	红	金	21 元
4	长白山（揽胜）	3979	1774	99.42%	7.5	8.8	7.4	7.9	354	8 mg	0.8 mg	10 mg	古铜金	咖啡	22 元
5	娇子（X玫瑰）	3802	644	98.47%	7.4	8.8	7	7.8	98	7 mg	0.8 mg	7 mg	黑	金	22 元
6	将军（潘萨）	2342	2194	99.51%	6.3	8.7	6.7	7.3	355	11 mg	1.1 mg	15 mg	黑	金	15 元
7	南京（金陵十二钗薄荷）	80 281	934	98.94%	7.8	8.7	7	7.8	143	6 mg	0.6 mg	5 mg	银	绿	22 元
8	黄鹤楼（心兰）	2666	552	98.04%	7.8	8.8	6.7	7.8	73	6 mg	0.7 mg	8 mg	白	粉蓝绿	35 元
9	娇子（08）	1643	1438	99.3%	7.5	8.6	7.1	7.7	96	14 mg	1.1 mg	14 mg	景泰蓝	红	15 元
10	黄山（大红方印）	38 597	4630	99.78%	7.6	8.6	7.1	7.8	569	10 mg	1.0 mg	10 mg	白	红	32 元

注：总评论条数为 2174 条，榜单排序情况以抓取当日网站数据为基础。

表 4-24 性价比榜产品信息

排名	产品名称	热度	参与评分人数	可信度	各项指标得分（口味）	各项指标得分（外观）	各项指标得分（性价比）	各项指标得分（综合）	评论条数	焦油含量	烟碱含量	一氧化碳含量	主颜色	副颜色	小盒价格
1	白沙（软）	12 716	1563	99.34%	8	6.2	8.6	7.6	402	10 mg	1.0 mg	13 mg	白	绿	8元
2	延安（醇和）	2709	397	97.28%	7.8	5.9	8.6	7.4	102	10 mg	0.8 mg	12 mg	红	白	7元
3	黄金叶（乐途）	44 946	353	97.24%	7.9	8.3	8.4	8.2	103	10 mg	1.0 mg	10 mg	白	黄	15元
4	一品梅（佳品蓝）	4310	313	96.35%	8.5	7.4	8.6	8.2	70	12 mg	1.1 mg	14 mg	蓝	白	10元
5	红河（软甲）	6767	384	97.17%	8.3	7.5	8.5	8.1	145	10 mg	0.7 mg	12 mg	红	黄	6元
6	红金龙（襄阳）	3152	289	96.27%	8.6	7.7	8.5	8.3	67	8 mg	0.7 mg	10 mg	金	白	6元
7	红旗渠（硬银）	2384	435	97.17%	8.1	6.8	8.4	7.8	63	10 mg	0.8 mg	12 mg	金	红	4元
8	红塔山（软经典）	40 152	4807	99.77%	8.1	6.8	8.1	7.7	875	10 mg	1.0 mg	11 mg	红	金	8元
9	南京（红）	31 873	5194	99.79%	8.2	7	8.1	7.7	1062	11 mg	1.1 mg	11 mg	红	黄	12元
10	红山茶（特红）	3619	211	94.65%	7.6	6.9	8.7	7.7	74	13 mg	1.2 mg	14 mg	红	黑	4元

注：总评论条数为2963条，榜单排序情况以抓取当日网站数据为基础。

对获取的 20885 条评论数据进行整理汇总，得到消费者评论精选内容。具体评论如表 4-25 所示。

表 4-25 消费者评论精选

序号	产品	精选评论内容
1	七匹狼（纯境中支）	入口有甜味，烟嘴甜度高
2	钻石（细支荷花）	一品青莲的寓意佳，细闻有莲花叶子的味道
3	钻石（荷花）	有淡淡的荷花香气，感觉滤棒里的绿色香线有降焦作用
4	中华（双中支）	有淡淡的梅子香味
5	中华（金短支）	有较浓的梅子香味
6	长白山（777）	味道像人参
7	云烟（软大重九）	本草香混合着优雅的花果香
8	玉溪（壹零捌）	包装复古新颖，本香与褚橙味道相得益彰
9	泰山（望岳）	烟气清雅，带着茶香
10	南京（雨花石）	包装上的龙较为吸引人，抽吸完口腔留甜
11	南京（炫赫门）	回味香甜
12	南京（金陵十二钗烤烟）	文艺气息浓，前画后词的中国风
13	南京（金陵十二钗薄荷）	不含爆珠的薄荷，抽吸更自然，包装好看
14	娇子（X玫瑰）	过滤嘴中有一根提香线，口感轻柔
15	黄山（小红方印）	烟盒外观很漂亮，很有文艺范，有独特的焦甜香气
16	黄山（大红方印）	全开木盒，包装很大气
17	黄金叶（天叶）	包装很复古，整条的木盒包装很大气，没有香精、香料味道，保润技术到位
18	黄金叶（天香细支）	烟灰白，无杂质
19	黄金叶（乐途）	小巧精致，可拿在手上把玩
20	黄鹤楼（硬1916）	金色烟嘴很大气，双层设计较有趣
21	贵烟（国酒香·30）	酒香浓郁，有果木香，烟味过瘾
22	冬虫夏草（和润）	烟嘴好看，富有民族风，润喉效果好
23	白沙（和天下）	空心过滤嘴独具特色，包装在光线下流光溢彩、惹人注目
24	七匹狼（通福）	打开包装有焦甜香
25	红双喜（吉祥龙凤罐装）	红罐上档次

总体来看，消费者对卷烟产品的包装、香味和过滤嘴等方面关注较多。

利用网络爬虫技术收集有用信息对于了解消费者对卷烟的偏好及具体评价等有重要作用。譬如：在选择测试规格时，结合网络爬虫技术得到的各榜单排名情况及销量等其他指标，可以快速选出市场热度较高的、可用于测试的卷烟规格。另外，网络爬虫技术对于项目前期研究、预调研及趋势探究等方面也提供了数据支撑和技术手段。

网络爬虫技术也存在一定的不足,譬如,消费者在网络平台上的评论与烟草行业的专业术语存在差距,需要后期翻译、整理才能得到较有用的信息。此外,爬取网站较多,收集的评论数据数量较大,爬取过程较复杂,在后续进行数据清洗、归集、整理等过程耗时较长。

4. 抓取内容

搜索引擎建立网页索引,处理的对象是文本文件。对于网络爬虫来说,抓取下来的网页包括各种格式,如HTML、图片、DOC、PDF、多媒体、动态网页及其他格式等。这些文件抓取下来后,需要把这些文件中的文本信息提取出来。准确提取这些文件的信息,一方面对搜索引擎的搜索准确性有重要作用,另一方面对网络爬虫正确跟踪其他链接有一定影响。对于DOC、PDF等由专业厂商提供的软件生成的文档,厂商都会提供相应的文本提取接口。网络爬虫只需要调用这些插件的接口,就可以轻松地提取文档中的文本信息和文件其他相关的信息。但HTML等文档不一样,HTML有一套自己的语法,通过不同的命令标识符来表示不同的字体、颜色、位置等版式,提取文本信息时需要把这些标识符都过滤掉。过滤标识符并非难事,因为这些标识符都有一定的规则,只要按照不同的标识符取得相应的信息即可。但在识别这些信息的时候,需要同步记录许多版式信息,例如文字的字体大小、是否是标题、是否加粗显示、是否是页面的关键词等,这些信息有助于计算单词在网页中的重要程度。同时,对于HTML网页来说,除了标题和正文以外,会有许多广告链接以及公共的频道链接,这些链接和文本正文一点关系也没有,在提取网页内容的时候,也需要过滤这些无用的链接。例如某个网站有"产品介绍"频道,因为导航条在网站内每个网页都有,若不过滤导航条链接,在搜索"产品介绍"的时候,网站内每个网页都会被搜索到,无疑会带来大量垃圾信息。过滤这些无效链接需要统计大量的网页结构规律,抽取一些共性,统一过滤;对于一些重要而结果特殊的网站,还需要进行个别处理。这就需要网络爬虫的设计有一定的扩展性。

动态网页一直是网络爬虫面临的难题。所谓动态网页,是相对于静态网页而言的,是由程序自动生成的页面,其好处是可以快速统一、更改网页风格,也可以减少网页所占服务器的空间,但同样给网络的抓取带来一些麻烦[13]。由于开发语言不断增多,动态网页的类型也越来越多,如ASP、JSP、PHP等,这些类型的网页对于网络爬虫来说可能还稍微容易一些。网络爬虫比较难处理的是一些脚本语言(如VBScript和JavaScript)生成的网页,如果要完善地处理好这些网页,网络爬虫需要有自己的脚本解释程序。对于许多将数据放在数据库的网站,需要通过本网站的数据库搜索才能获得信息,这给网络爬虫的抓取带来很大的困难。对于这类网站,如果网站设计者希望这些数据能被搜索引擎搜索到,则需要提供一种可以遍历整个数据库内容的方法。

5. 评价指标

(1)覆盖率。

网络爬虫的首要目标是抓取互联网上所需的信息。因此,有价值的信息是否都收录及收录的比例(即覆盖率)是网络蜘蛛的基本评价指标。

(2)时效性。

用户对搜索引擎的查询要求越来越高,其中重要的一点就是查询时效性,即事件发生并在互联网上传播后(以新闻、论坛、博客等各种形式),用户需要通过搜索引擎尽快检索到相应内容。而索引的前提是收录,因此需要网络爬虫尽快抓取互联网上最新出现的资源。

(3)重复率。

互联网上重复的内容很多,如何尽早发现重复页面并予以消除,是网络爬虫需要解决的问题。除转载导致的重复外,重复总能体现为各种不同的模式,如站点级重复、目录级重复、CGI级重复、参数级重复等。及早发现这些模式并进行处理,能节省系统的存储、抓取、建库和展现资源。

(九)间接调查法(indirect investigation method)

1. 定义

间接调查法包括文献资料调查、网络数据收集等获取相关资料与信息的方法。

2. 分类

资料的来源主要可以分成两大类:内部资料来源和外部资料来源。

(1)内部资料来源。

内部资料指的是出自所要调查的企业或公司内部的资料。完整的内部资料能提供相当准确的信息,其来源主要包括企业内部各有关部门的记录(尤其是销售记录)、会计账簿、统计表、报告、用户信息、代理商和经销商的信息,以及以往相关调研项目已搜集的信息资料与调研报告等[14]。

(2)外部资料来源。

外部资料指的是来自被调查的企业或公司以外的信息资料。一般来说,外部资料来源主要包括①政府部门:政府的统计机构定期发布各种统计数据信息、政策文件等资料,如人口普查数据,包括全国各地区的城市人口、农村人口、年龄结构、男女比例、家庭收入、人口增长、经济增长等内容。②图书馆:能提供有关市场的基本经济资料,有关具体课题的资料一般从专业图书馆和资料室获取。图书馆的资料非常丰富,可以查阅的资料包括公开出版的期刊、文献、报纸、书籍、研究报告、工商企业名录、统计年鉴、企业手册,以及政府公开发布的有关政策、法规、条例、规定、规划、计划等。图书馆的优势是资料多而且全,缺点是许多资料过于陈旧。③行业协会:行业协会是有关特定产业部门的信息源,如消费者协会、物流协会、营销协会等。许多行业协会定期搜集、整理甚至出版一些有关本行业的产销信息,包括已经发表和保存的有关行业销售情况、经营特点、增长模式及竞争企业的产品目录、样本、产品说明与公开的宣传资料。④专门调研机构、咨询机构和广告公司:企业可向这些机构购买相关数据或信息,或提出咨询,委托调查,依托机构的丰富经验,搜集有价值的资料,但花费相对较高。⑤企业的相关利益群体:企业的营销人员经常在顾客和市场中活动,直接接触市场,他们可提供许多非常具体的市场信息。此外,供应商、分销商、竞争对手也是很好的资料收集对象。⑥互联网:互联网上每天都有数以亿计的信息在流动,它是一个巨大的"信息仓库",其中包含大量的资料。利用互联网收集信息是市场调查的一个重要方向。⑦当地高校:大学的工商管理系、市场营销系、社会学系经常有许多研究项目要组织学生做市场调查和案例分析,因此可以提供一定的信息资料。⑧竞争对手:竞争对手的报价单、产品目录、公司年报、公司刊物等也能提供很多信息,可以从中了解竞争产品的价格、款式、型号、包装、服务、成本、技术等方面的情况。⑨公开的情报:人们总以为商业情报是锁在竞争对手的保险柜里的,其实有关竞争对手的大部分资料都是可以从公开的媒体和各种资料上获得的。

(十)案头调研法(desk research method)

1. 定义

案头调研法也称为间接调查法、资料调研法、二手资料调查法。它是指调研人员围绕一定的调研目的,通过各种非实地渠道(如文献、报刊、网络等)收集已知资料,并进行整理、分析、研究、应用的行为活动。案头调研法主要是收集已形成并以某种形式存在的信息(获资料),并将这些信息为己所用,一般不直接与调研对象接触,甚至可以在办公室内完成,所以称为案头调研法[15]。

一般市场调研人员在开展实地调研活动之前,首先要对企业内部和外部、公开和未公开的各种现成的资料和信息进行系统的收集、判断、分析,如果经过这些调研活动已经取得足够的信息资料,则无须进行实地调研活动,以节省时间和提高调研活动的效率,达到事半功倍的效果;如果所需资料还不足够,则再有的放矢地进行后续的实地调研。

案头调研法也可以用来收集有关调研主题的"背景"资料,取得实地调研无法获取的某些资料,为实地调研的开展提供可信的依据,并鉴定和证明实地调研资料的可信度。总体而言,案头调研法也可以看作实地调研法的基础,它能使实地调研更富有效率和效益。

案头调研的关键是获取有价值的二手资料,并采用适当的方法验证这类资料。因此,案头调研需要调研人员具备丰富的专业知识和较强的分析能力,并有一定的实践经验和技巧。二手资料分析技术在案头调研中相当重要,因为它同样是探索性调研、描述性调研和因果性调研使用的技术。然而,二手资料分析也有一定的局限,比如数据信息陈旧、资料的全面性不足、原始调研意图的差异等。

2. 案头调研法的优缺点

(1)优点。

①适用范围广,资料数量多。案头调研法可以超越时空条件的限制,搜寻古今中外有关的信息资料,获得广泛的市场信息。有人做过统计,在企业进行决策所需的信息资料总量中,有80%的信息资源是通过案头调研获得的,只有不足20%的信息是通过实地调研获取的。管理者要求市场调研部门提供的信息,很多情况下已经有人研究过相同或近似的问题,调研部门只要通过案头调研就可获取,加以分析、筛选就可采用。

②经济快捷,降低调研成本。与实地调研法相比,案头调研法是一种经济快捷的调研方法。首先,只要付出较少的人力、财力和物力,就能获得大量所需的信息资料。其次,与实地调研法相比,案头调研法直接而简洁,组织工作较少,因此时间周期也较短。最后,对不熟悉的调研课题,先采用案头调研法进行资料收集、分析,进行初步调研,能为设计实地调研方案提供大量的背景资料,为后续调研活动提供必要的便利,为拟定实地调研计划提供依据,并提示调研人员在调研过程中可能存在的困难和障碍,避免了时间、人力、经费上的浪费,可以大大降低实地调研的成本。所以案头调研也可以看作整个市场调研工作的基础。

③受控因素少，获取方式灵活。与实地调研法相比，案头调研法的实施更为方便、自由，调研过程具有更大的机动性和灵活性，受外界干扰少。在目前市场经济比较发达、知识经济明显的时代背景下，信息的收集、传播、利用已经成为一个产业，并纳入市场交换的范畴，且形成了比较规范的市场规则。因此，可以按照市场交换的各种方式获取信息资料，获取方式灵活、方便、快捷，尤其是互联网的发展，为信息资料的收集和利用提供了更广阔的空间。

④相对可靠，比较实用。案头调研所获取的是第二手资料，其中以政府机构发布的资料更为可靠。一些二手资料经过科学整理，一些虚假、无用的资料已经被淘汰；很多信息资料是企业和机构为了自身的业务和利益正式对外发布的，增加了信息的可靠性，因此，可以避免调查人员走弯路。而且，由于信息资料来源广泛，渠道不同，获取方式不同，可以相互比较、印证，提高信息资料的可信度。此外，可以利用别人的研究成果，即使是反面的、失败的信息，也可以从中得到启示。

从实际的市场调研情况看，案头调研更加实用。这是因为，对调研人员而言，大多数调研问题并不是全新的，案头调研可以充分利用、借鉴别人的研究成果；可以获取正、反两方面的信息，防止潜在的、没有意识到的危险和问题；对于与调研课题相适应的信息资料，获取后可直接利用，具有相当的实用性。

(2) 缺点。

①信息筛选工作量大。在信息时代，信息资料的增长速度以几何级数递增，信息资料的数量已超出调研人员的处理能力，信息资料内容良莠不齐，企业不仅需要进行长期的信息资料收集工作，而且信息资料的筛选工作要求高、工作量大，令企业难以承担。因此采用案头调研法时，一定要做好信息资料真实性和可用性的鉴定工作，信息筛选的结果要保证信息资料真、准、新、全。

②缺乏专业技术人员。企业往往缺乏合适的信息资料处理技术人员，案头调研需要调研人员有丰富的专业知识背景、一定的实践经验和技巧、熟练的信息资料处理能力，这样才能胜任工作，否则必将影响案头调研工作的效率和效果。比如，调研人员应清楚哪里有他们需要的信息，可以通过什么渠道和方式取得，获得的信息如何鉴别，怎样进行分类、分析、处理和利用等。一般有经验的案头调研人员会对市场信息采用2~3种来源做交叉检验，以判断资料的正确性，另外，利用互联网寻找相关信息，进行网上资料的下载、分类存储、信息鉴别、资料打印等，都需要有专业的技术人员。

③缺乏相关性和准确性。由于调研目的、信息的收集者、信息收集时间及方式不一样，许多信息不能直接为调研者所用，原调研主题、内容与现调研主题、内容之间缺乏密切的相关性，所以在资料的使用和取舍上要经过一定的加工处理。

④时效性和可得性较差。案头调研最大的困惑是很难获得最新的信息资料，信息资料缺乏时效性，价值较低，其准确程度和可利用性也随之下降。另外，由于受各种客观条件限制，很难获得所需要的全部信息资料，会有信息资源可得性较差的遗憾。如一家方便面公司想了解消费者对即将推出的3种新口味的方便面的反应，就没有现成的二手资料可以借鉴，必须通过消费者多次品尝才能得到准确评判。

总之，案头调研是市场调研的一项基础性工作，是先期获得初步市场信息的一种重要调研方法，持续的案头调研可以加强对企业经营管理活动的检查、分析和控制，是提高企业经营管理水平的有效工具。案头调研的内容十分广泛，包括与企业经营有关的经济、社会、政治和日常活动范围内的行为、需要、态度、动机等的调研，从各企业的具体情况出发，其调研活动的侧重点也会有所不同。

3. 案头调研的组织

案头调研组织就是根据调研的目的和内容，在进行实际调研之前，对调研工作的各个方面进行通盘考虑和安排，制定出合理的工作程序、可行的工作计划和组织措施，使所有参加调研的人员都依此执行。案头调研组织是否科学、可行，是整个调研成败的关键[16]。案头调研的组织主要包括以下步骤。

(1) 确定调研的目的和内容。确定调研的目的是案头调研组织的首要问题，只有确定了调研目的，才能确定调研的范围、内容，否则会列入一些无关紧要的调研项目，而漏掉一些重要的调研项目，无法满足调研的要求。确定调研目的，就是明确在调研中需要解决哪些问题，取得哪些资料，这些资料有什么用途等。

(2) 拟订调研计划。在明确调研目的和内容后，要着手拟订调研计划以收集信息，并上报调研管理机构批准。在调研计划里要写明调研资料的来源，查找资料的顺序，取得信息资料的手段(方式)，查找资料的时间表，所需的经费、人员等。

(3) 查明资料来源。在明确了调研主题和根据调研主题所拟订的调研计划后，就必须弄清楚到哪里寻找所需信息资料。案头调研资料来源有二：一是企业自身的内部数据库；二是企业外部数据库。

(4) 选择调研人员。调研人员是调研工作的主体，其数量和质量直接影响调研的结果，因此，必须根据调研项目的性质、工作量的大小、工作的难易程度，配备一定数量的调研人员。调研人员必须具备丰富的专业知识、较强的分析能力，并具有敬业精神，在选择调研人员时还要注意专业的搭配。

(5) 展开资料收集。在确定调研的项目和内容，明确资料来源，进行调查分工后，调研人员就可以展开资料的收集工作了。资料收集工作的面要广，要符合调研主题的基本要求，有明确的针对性，保证资料的时效性。调研人员在收集二手资料时，其基本顺序应是先易后难，由近至远，由内到外，由一般到具体。资料的收集要从一般线索到特殊线索，即从提供总体市场概况的那部分资料入手，开始调研工作。资料收集应尽可能做到齐全、完整、及时。

(6) 资料整理与分析。由于案头调研涉及的资料种类、格式较多，所以，资料整理与分析是一项核心工作。整理与分析的基本要求是围绕调研内容，依据事先制定的统计清单或分析计划，选择正确的统计方法和统计指标，这与其他调查方式获得的资料的分析方法基本一致。但要注意的是，由于二手资料的局限性，在整理资料时，要注意对查找到的二手资料进行鉴定，确认资料是否全面、精确地体现了调研主题的要求；确认资料的专门程度是否达到调研要求；确认重点资料是否针对调研课题的各个方面；确认资料所涉及时期是否适当，资料是否可信，与第一手资料的接近程度如何。在对资料进行评估后，调查人员应根据课题要求，将无关资料、虚假资料、残缺资料及时剔除。

(7) 调研报告的制作。调研报告是体现调研成果的工具，是调研活动的产出，当一个调研项目完

成后,调研报告就成为该项目的少数历史记录和论据之一。调研报告的制作应注意以下几点:

①将资料编成统计图表,用文字简要说明调研过程和调研结果。

②以醒目的标题增加吸引力,以引起阅读者的注意力和兴趣。

③结论明确。

(8)报告递送与反馈。调研人员将得出结论的调研报告递送给管理部门,帮助管理部门决策。

调研人员是调研设计和统计的专家,但仅依靠他们得出调研结果是不够的,相关部门还要了解问题及所要做的决策。有时调研结果会有多种解释,调研人员与管理人员一起讨论会使问题更清楚,管理人员也需要了解调研计划的执行是否正确,是否做了必要的分析,要根据调研数据、调研结果提出自己的看法。因此,管理人员和调研人员必须一起探讨调研结果,双方对调研过程和相应的决策共同负责。

(十一)观察法(observation method)

1. 定义

观察法是由调研人员在调查现场直接或通过仪器观察人、物体或事件的行为和变化过程并加以记录,以获取所需信息的方法,主要包括观察人和观察现象,可以由人观察也可以由机器观察[17]。

2. 注意事项

使用观察法必须具备三个条件:第一,所需信息必须是能够观察到的,或者是能从观察到的行为中推断出来的;第二,所需观察的行为必须是重复性的、频繁的,或在某些方面是可预测的;第三,所要观察的行为一般是相对短期的。有些信息,如消费者的感觉、态度、动机、情感、私下的行为、长期和偶尔的行为是很难观察到的,应采用访问法或其他方法收集。

3. 优缺点

(1)优点。

①具有很高的精度。观察法可以直接通过观测获得数据而不需要任何其他中间环节。因此,所观察到的信息更真实,能捕捉到正在发生的现象。

②沟通没有障碍。无须考虑沟通技巧的问题,在自然观察的状态下,可以得到更加生动的信息。

③目的更易实现。观察法可以更好地贯彻观察者的意图,通过直接观察可以收集一些难以通过文献获得的资料。

(2)缺点。

①时间的限制。由于时间的限制,某些事件只发生在一定的时间内,在这段时间以后不会再发生。

②场所的限制。观察员或观测设备必须能够到达观测现场。

③受观察者本身的限制。一方面,人类的感官都受到生理限制,很难直接观察到超出自身限制的信息。另一方面,观察结果也受到主观意识的影响。

④结论不易深入。观察者只能观察外表现象和某些物质结构,不能直接观察事物的本质和人们的思想意识。

⑤成本费用高。观察法成本高,不适合大面积调查。

与其他方法相比,观察法可以避免被调查对象感觉到正在接受调查,被调查对象处于自然状况,可提高调查结果的准确性。对于人们不能和不愿意提供的信息,采用观察法是唯一能够获得所需信息的方式。因此,观察法特别适用于那些不能接受问卷调查或访谈调查的研究对象。

4. 分类

(1) 按观察方式分类。

①直接观察法。

直接观察法是一种通过观察者的感官直接对研究对象的行为进行感知的观察方法。这种方法的优点是能够直接和具体地获得第一手资料,可以根据观察情况及时调整观察内容,以便及时掌握许多重要的细节。然而,由于直接观察法是由人类的感官来实现的,人类感知事物的局限性会限制这种观察方法的使用效果。采用直接观察法进行调研要确定是定期观察还是不定期观察,以及观察的次数。

②间接观察法。

间接观察法是指观察者借助仪器和设备来观察研究对象的方法。这些仪器和设备有单向观察屏、照相机、录音机等。有了这些仪器和设备,观察者可以克服人类感官的局限性,扩大观察范围,提高观察和记录的准确性,并且不干扰研究对象的行为。例如,录音机可以记录现场的语音,摄像机可以拍摄到较大的活动场景,由于单向观察屏使研究对象无法发现观察人员,可以有效地避免反应性的变化。间接观察法的不足在于支出相对较大,对相关技术的要求相对较高。此外,如果在现场使用诸如摄像机之类的仪器,研究对象的行为可能会因为发现仪器的存在而不真实。

③机器观察法。

机器观察法是通过录音机、摄像机、监测器、扫描器、IC卡智能机、计数器等设备进行观察调研的一种新方法。机器观察法避免了调研人员自身人为因素的影响,节省人力,同时借助机器设备进行现场观察,记录效率较高,信息更真实、客观、细致、精确、全面,而且能为其他调研方法提供线索。但机器观察需要较大的投资,且需要专业技术水平较高和分析能力较强的调研人员对观察记录内容做深入分析。

④实际痕迹观察法。

实际痕迹观察法是通过观察被调查对象使用物品后留下的实际痕迹获得信息,并对所得信息进行统计、分析的一种方法。这是一种事后调研法。实际痕迹观察法比较隐蔽,保密性较好,不易被竞争对手了解调研目的,且可以获得真实的数据。实际痕迹观察分直接观察和间接观察两种。

从调研方法看,当前卷烟消费需求调研采取直接观察法、机器观察法比较多。

(2) 按观察者分类。

按照观察者是否参与到观察活动当中,观察法可分为参与性观察法和非参与性观察法两类。

①参与性观察法。

参与性观察也称为局内观察,是指观察者直接加入到被观察者的群体当中,参与他们的活动,边参与、边观察、边记录。参与性观察法一般可以比较深入地了解被观察者的一些情况和相关信息。有些观察者长期深入到被观察者当中,隐瞒自己的身份,进行长时期的观察,从而可得到非常有价值的信息和资料。但是,参与性观察常常带有主观色彩,有时缺乏客观公正性。

②非参与性观察法。

非参与性观察是指观察者不加入被调查群体当中,也不参与他们的活动,观察者在不影响被观察者的前提条件下,进行观察和记录。观察者以旁观者的角度,真实地反映和记录被调查者的行为举止和当前情况,通常也会借助一些收录仪器,如摄像机、录音机、窥视镜等。这种观察方法得到的资料相对更加客观,记录到的是被调查者在无意识情况下的正常反应,但是往往容易流于表面,导致调查不够深入。

观察可以是完全结构化的,也可以是半结构化的,还可以是完全非结构化的。如何设计,完全取决于项目的情况。

5. 观察法的应用范围

(1) 消费者调查。

消费者调查是对消费者的消费行为进行的调查,可对消费者在购物过程中对品种、规格、颜色、包装、价格等方面的要求进行观察,同时调查购物中心的商业环境、橱窗陈列和橱窗布局,观察街道的交通和客流,调查消费者对品牌产品的需求以及其他品牌同类产品的实力和替代实力。

(2) 商业调查。

商业调查是为商业经营者提供信息的各种市场调研,最常用的是"神秘顾客"调查法。"神秘顾客"也称为"伪装购物者",是受过特殊训练的消费者。特殊消费者进入特定的调查环境(商场、超市等)进行直接观察和亲自拜访,亲身体验服务经验、业务运作、员工诚信、产品推广和产品质量,做出客观的评估,通常用来收集商店或营业厅的销售情况或服务人员的信息。"神秘顾客"和通常购买货物的顾客是一样的,他们一般需要与销售员交流,进行与货物有关的问题的协商,挑选货物,比较货物,最后决定是否购买。利用"神秘顾客"进行商业调查有利于企业改进、提高服务质量和服务水平。"神秘顾客"调查法在考察顾客满意度、顾客满意度评价和终端市场管理等方面得到了广泛的应用。

(3) 现象观察。

对于一些语言不便,或者不适合直接进行打扰的被调查者,例如无法表达自己情绪和思想的婴幼儿等,我们经常采取现象观察的方式。对于库存商品调查也可以使用现象观察。现象观察还包括广告效果观察、现场痕迹观察等。

(十二) 实验调查法(experimental research)

1. 定义

实验调查法是指从影响调查问题的许多因素中选出一个或两个因素,将它们置于一定条件下进行小规模的实验,然后对实验结果进行分析研究的一种调查法[18]。

实验调查法中,实验者会控制条件并改变一些条件,或使某些条件相互影响和相互作用。在实验中,实验者控制一个或多个独立变量(如价格、包装、广告),研究其他因素(如产品质量、服务和销售环境)不变或在相同情况下,这些自变量对因变量(销售)的影响。

在市场实验中,我们未必能控制所有其他因素,比如竞争对手竞争战略的变化、消费者偏好的变化等,这些外因就很难控制。因此,当我们进行实验设计时,要考虑如何尽量减少误差。另外,我们对收集的数据应通过统计分析的方法进行检验,以确定在一定的水平下,自变量对因变量的影响是显著的。

2. 实验调查法的基本要素

(1) 实验主体。实验主体是进行实验操作活动的人,他们要进行有目的、有意识的活动,他们必须用一定的实验假设来指导自己的实验活动。

(2) 实验对象。实验对象是被实验所研究的客体目标,可能是人,可能是物,也可能是某一类现象。它们通常分为实验组和对照组两个类型。

(3) 实验环境。实验环境是指实验对象所处的周边环境或者社会条件,可分为自然环境和人为环境。

(4) 实验活动。各种实验活动改变了实验对象所处的周边环境或者社会条件,在实验活动中对实验对象进行研究,它们有一个专门的称谓——"实验激发"。

(5) 实验检测。在实验中对实验对象进行检测或测定,可以分为实验激发前的检测和实验激发后的检测。

3. 实验调查法的有效性

实验调查法的有效性分为内部有效性和外部有效性两方面。

(1) 内部有效性。

内部有效性即内部效度,是指通过实验测量自变量和因变量关系的准确程度。如果我们有可靠的方法来证明实验变量或处理变量能够对因变量产生可观察到的差异,那么这个实验就可认为是内部有效的。

(2) 外部有效性。

外部有效性即外部效度,是指将实验结果扩展到实验环境外或更大范围后还能成立的程度。如果特定的实验环境没有考虑到现实世界中其他相关变量的相互作用,那么外部有效性就会受到很大的影响。以进口关税为例,在实际调查中,我们发现进口化妆品价格低、进口关税低的国家,进口化妆品的利用率很低。然而,由于因果关系的双重作用,一方面,低税收导致高消费,另一方面,如果一个区域有大量的进口化妆品,那么当地经销商会选择用降低进口化妆品成本、降低进口化妆品价格的方式来取悦消费者。因此,在考虑自变量对因变量的影响因素时,还应考虑外部变量对实验的影响,即非实验因素对事后测量结果的影响。

4. 实验调查法的优缺点

(1) 优点。

避免了因被调查者而产生的误差;方法科学,适用性强,实施起来简单、易行;所获信息客观、准确。

(2)缺点。

实施费用高、时间长,自变量难以控制;保密性较差,易引起竞争对手的反应;难以实施。

在卷烟消费需求调研中,该方法也有应用,但应用较少,在产品测试中常常采用直接观察法与实验调查法相结合的综合性调查方法。

三、卷烟消费需求调研分析

(一)规模分析(scale analysis)

企业的市场营销活动是在一定的社会环境下进行的,环境作为一个动态多变的因素,对企业的市场营销活动具有重要的影响和制约作用。环境的变化既可能给企业带来新的市场机会,也可能给企业造成某种威胁。因此,企业必须经常调查研究环境的变化趋势,分析其可能对企业市场营销活动造成的影响,以便适时采取有关对策,使企业能够不断适应环境的变化,顺利开展营销工作,并取得理想的效果[19]。

市场营销环境包括影响企业营销能力和效果的各种社会影响力,这种影响力可能来自企业外部,也可能来自企业内部。据此,企业面临的市场营销环境可分为宏观环境和微观环境两种。市场营销环境调研就包括对这两种环境的分析与研究。

1. 宏观环境调研

宏观环境是指可能给企业的生存发展带来机会或威胁的外部不可控制力量,具体包括人口、经济、自然、技术、政治、社会文化等因素。要分析宏观环境对企业的影响方式和程度,就必须对这些方面进行调查和研究。

(1)人口环境。

市场是由具有购买欲望和购买能力的人构成的,人口状况对市场需求具有重要而直接的影响,因此进行市场宏观环境调研首先要分析人口因素。具体调查内容包括总人口以及人口的地理分布、年龄、性别、教育状况、家庭结构以及民族构成等。

①总人口:消费品市场的需求与总人口数的多少直接相关。例如,我国是世界上人口最多的国家,虽然我国的经济发展水平较低,但市场需求规模在整个世界市场上具有重要的地位。因此,要了解一个国家或地区的需求规模,就必须调查总人口数,同时要调查该市场的人口增长率、人口死亡率等,以便分析市场规模的发展变化。

②人口的地理分布:地理分布是指不同区域人口的密集程度。一个市场不同区域人口分布的平衡状况,是直接影响该城市各地区之间、城乡之间需求差异的重要因素,也是人口环境调查的内容之一。

③人口的年龄与性别:不同年龄群体和不同性别群体的消费者有着不同的市场需求,对年龄结

构和性别比例的调查有利于研究分析该市场的需求差异。

④人口的教育状况：教育水平的高低直接影响消费者的购买行为，是研究市场时必须考虑的重要因素。调查人口的教育状况一般需要了解该市场人口的平均教育水平，以及不同教育水平的人口比例等。

⑤人口家庭结构：很多消费品是以家庭为基本消费单位的，家庭对消费者个人的消费习惯、消费行为具有不可忽视的影响。家庭调查一般包括对以下指标和数据的了解：家庭数量、平均家庭人口数、家庭成员构成、家庭生命周期各阶段的分布情况等。

⑥民族构成：不同民族有不同的风俗习惯和文化传统，从而形成了不同的消费特点。民族构成调查就是要了解一个市场上居住的民族数、各民族的人口数量以及消费习惯和风俗习惯等。

(2) 经济环境。

经济环境调研的主要内容包括市场规模、经济发展水平以及基础设施三大类因素。

①市场规模。市场规模的大小是多种因素影响和制约的结果，不同产品的市场规模面临的影响因素也不同，但影响大多数产品市场规模的主要因素是人口和收入。因此，市场规模调研的主要内容就包括这两方面。其中人口调查的具体内容是目标市场上的人口总量、人口分布、人口的年龄结构等所有构成状况的因素；收入调查的具体内容有该市场上人们的收入水平、贫富差别程度以及消费结构等。

②经济发展水平。经济发展水平决定了一个国家或地区的消费特点。经济学家罗斯托(Rostow)将世界各国的经济发展水平分为五个阶段，即传统社会、发展初期、发展时期、成熟经济和大众高消费经济。不同发展水平的市场具有不同的消费需求规模和市场特性，因此，调研目标市场的经济发展水平对于企业正确把握市场机会和制定市场营销策略有重要参考价值。反映经济发展水平的主要指标是国民生产总值和国民收入，另外，三大产业产值及其比重、价格指数等也是分析经济发展水平的重要指标。

③基础设施。基础设施主要是指一个市场上的运输条件、能源供应、通信设施以及商业基础设施等。

基础设施水平直接影响企业市场营销活动的进行。例如，运输条件直接决定实体的分配决策，企业的市场营销效率与通信设施的先进水平有关，商业基础设施状况则对企业是否能够顺利进入该市场造成直接影响。总之，基础设施条件越好，在该市场上开展营销活动的障碍越小，市场的吸引力越大。反之，则会使企业退出或放弃该市场。因此，要了解经济环境，就必须调查基础设施。基础设施各构成要素的具体调查内容有以下几方面：

a. 运输：要调查一个市场运输能力的大小、运输方式是否发达、运输成本高低及浮动范围等。

b. 能源供应：要了解市场的能源供求状况、能源价格以及有关能源供应的政策法令等。

c. 通信设施：主要是调查通信方式有哪些、通信技术是否先进、通信服务质量状况等。

d. 商业基础设施：商业基础设施包括金融机构、广告代理、销售渠道、咨询服务以及市场调研组织等。商业基础设施调查就是要了解目标市场上这些机构和组织的数量、专业水平、服务能力和效率等情况。

2. 微观环境调研

市场营销的微观环境是指和企业紧密相连,对企业为目标市场顾客服务的能力和效率造成直接影响的各种参与者。微观环境因素主要有供应商、营销中介、顾客和竞争者。微观环境调研的内容就是对这些因素的调查分析。

(1)供应商。

企业从事任何一种生产经营活动都需要有关资源供应商的支持。供应商是影响企业竞争能力的重要条件和微观环境因素。对供应商的调查主要有以下内容。

①供应商的数量和地理位置:资源供应商越多,企业选择供应商的余地就越大,可以避免供应商数量过少而带来的风险,同时可以利用供应商之间的竞争来获得价格优惠等利益。供应商的地理位置距离企业越近,运输成本越低。如果供应商数量少、距离远,企业就必须开辟其他供应渠道,以保证资源的及时与稳定供应。

②资源供应的可靠性:资源供应的可靠性是指资源供应的数量、质量和交货期的保证程度。数量和交货期直接影响企业生产能否正常进行,而资源质量直接关系到企业的产品质量。资源供应可靠性的调查结果在企业的产品决策中有重要的参考价值。

③供应商与企业建立交易关系的意向态度:供应商有无与本企业建立交易关系的意向直接影响资源的供应。在供应商调查中,应了解其具体态度,以便采取相应的对策。

(2)营销中介。

营销中介是指协助企业推销产品给最终购买者的中间商、实体分配公司、金融机构、广告公司和市场调研公司等。营销中介对于企业开展市场营销活动有重要的影响。营销中介调查主要是了解目标市场上营销中介的数量、质量、分布,以及可合作性与可选择性。根据营销中介在流通环节中的作用,营销中介调查又分为批发商调查和零售商调查两部分。

①批发商调查:调查的主要内容包括批发商的种类、数量以及市场占有率;影响批发商业务经营活动的有关因素,如交通运输情况、商品生产状况、商品经营形式和消费方式的变化趋势等;批发商业网点的布局及其变化,以及批发业的购销形式等。

②零售商调查:调查的主要内容包括零售业态形式以及各业态类型的比例;零售商业网点的结构及其分布情况,商业网点的规模是否与当地人口相适应,每一网点服务的人口数;零售业的销售额及其变化;零售商业网点的空间规模,以及城乡零售网点的比例及其变化趋势等。

(3)顾客。

顾客是企业的商品或服务的购买者。企业营销学认为,买方构成市场,从这个意义上说,企业的顾客就是企业的市场。根据顾客特点及其购买目的进行市场划分,市场可分为如下几类:

①消费者市场:为了个人消费而购买的个人和家庭所构成的市场。

②生产者市场:为了生产、取得利润而购买的个人和企业所构成的市场。

③中间商市场:为了转卖、取得利润而购买的批发商和零售商所构成的市场。

④政府市场:为了履行职责而购买的政府机构所构成的市场。

(4)竞争者。

在市场经济条件下,从事生产经营活动必然面临各方面的竞争。竞争直接影响企业经营目标的实现,也影响企业市场经营战略和策略的制定。因此在微观环境调查中,竞争者调查是必须进行的基础调查。竞争者调查主要包括以下方面:

①市场当前的竞争状况调查:了解在同行业、同品种、替代产品等方面存在的竞争类型及竞争程度。

②竞争对手调查:包括对竞争对手的实力、竞争策略以及市场占有率等内容的调查。

③主要竞争对手的调查:调查内容有主要竞争对手是谁,目前他们的目标市场、市场占有率、产品的市场分布以及市场营销策略、在市场竞争中的优势和弱点等。

④可能出现的新竞争对手的调查:调查有哪些企业或个人有可能成为新的竞争对手,并分析其主要进攻目标和市场策略,以及对整个市场目前竞争态势的影响,对本企业在市场中现有地位和未来发展的影响等。

(二)购买行为分析(analysis of purchasing behavior)

通过对烟民的购买行为及考虑因素进行研究,可以发现不同档次烟民在购买香烟时考虑因素的差异,同时可以找到烟民购买行为的共性特点。首先了解烟民在购买香烟产品时的第一购买动机,找到不同档次烟民的主要差异;而后探析烟民的圈层中对购买形成最大影响的人;然后对主要购买渠道与各渠道在烟民心中的印象进行了解;在上述基础上,询问烟民对新品香烟的尝试态度;最后通过对烟民选购香烟时考虑因素(除口味以外)的收集,找到共性的主要因素进行分析,得到购买行为分析结果(见图4-15)。

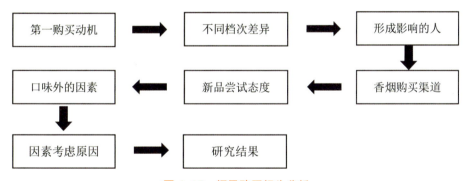

图4-15 烟民购买行为分析

第一购买动机:询问被访者在进行香烟购买时的第一购买动机,了解不同档次烟民的动机差异,可以针对不同档次目标人群的诉求,进行有针对性的产品开发。

不同档次差异:聚焦中高档人群的主要动机差异,探寻形成差异的主要原因,为不同档次产品线的开发和消费者沟通提供思路和依据。

形成影响的人:了解对被访者购买香烟形成最大影响的人,探究不同圈层对不同档次或不同特征烟民的影响共性和差异。

香烟购买渠道：了解烟民对不同购买渠道的看法，可作为构建销售渠道和管理规范销售渠道的依据，同时对烟民普遍怀疑的渠道实施监管，避免其对品牌造成不良印象。

新品尝试态度：在这一部分首先询问消费者对新品香烟的态度，了解他们尝试新品的可能，在不排斥新品的前提下，基于愿意尝试人群，更深一步探究新品可以形成的吸引点。

口味外的因素：询问每个被访者在购买香烟时除了烟支口味外的三个最主要的考虑因素，收集到所有被访者的答案后，进行整理，找到共性的考虑因素并重点分析其形成原因。

因素考虑原因：针对口味以外的考虑因素，在访谈中以开放性问题的形式对被访者进行调查，根据烟民反馈的答案进行深入的原因探析，了解他们最真实的想法，可以有针对性地进行产品调整。

消费者购买行为分析就是对消费者购买决策过程、购买过程及其购买结果进行调查和分析，以了解和掌握消费者购买行为的一般规律，帮助企业把握市场需求动向和制定正确有效的营销策略。

1. 消费者购买决策过程

消费者购买决策过程共包括五个阶段，即认识需求阶段、寻求信息阶段、评价分析阶段、购买阶段和购后评价阶段。在不同阶段调研的主要内容有所差异。

①认识需求阶段。

认识需求阶段是消费者购买行为产生的起点。在这一阶段，由于受到个体内外部各种环境的刺激，消费者发现现实与自己的希望之间存在着一定的差距，从而认识到对某种事物的需求。需求的产生就是购买行为的开始。认识需求阶段企业要调查的主要内容包括哪些原因促使消费者产生了对有关产品的需求。

②寻求信息阶段。

当消费者确定了满足需求的目标后，就开始寻找信息，以便减少风险和做出正确的购买决策。消费者获取信息的主要渠道有四种，即商业信息、口传信息、大众信息和经验来源。其中口传信息对消费者购买行为的影响较大。在这个阶段，如果某个企业的产品或服务的信息传递到消费者，并给消费者留下了良好的印象，就可能引导消费者实现被动购买；反之，如果消费者不知道某企业产品或服务的有关信息，则该企业的产品或服务将直接被排除在选择之外。因此，这个阶段的调查任务就是要了解消费者获取信息的渠道有哪些，主要渠道是什么，最信赖哪种渠道传播的信息，消费者是否知道本企业的有关信息，从哪些渠道获取本企业的信息以及对本企业信息的评价如何等。

③评价分析阶段。

消费者了解到有关信息后，就要根据掌握的信息进行分析和比较，以解决采用什么标准评价购买对象、选择什么品牌等问题。评价是消费者的购前活动，是促使消费者实现购买行为的关键步骤。消费者的评价是以自己的选择标准为基础进行的，但同事、朋友以及周围的环境也是影响消费者评价分析的重要因素。要了解消费者的评价结果，就要调查消费者的评价标准和评估模式，分析其心中理想产品的性能指标，研究影响消费者评价的主要因素有哪些，以及消费者对本企业产品和服务的看法等，以便采取有效的营销策略，引导消费者选择本企业的产品和服务。

④购买阶段。

经过评价分析后，消费者的购买行为就进入了购买阶段。一般情况下，消费者做出购买决策和发生实际购买行为之间还有一段时间,在这期间,消费者还将受到来自各方面因素的影响,使其购买决策发生变化。因此这一阶段的调查任务就是要研究影响消费者购买决心的因素有哪些,最重要的因素是什么,影响结果是促进消费者的购买行为还是动摇了消费者的购买决心等,为企业采取促进消费者购买行为发展的对策提供依据。

⑤购后评价阶段。

消费者购买结束后,才开始实际体验购买的效果,体验的结果就形成了消费者对该产品的评价和购买经验。如果使用效果好,就会使消费者产生偏爱心理和习惯购买行为,同时还会向其他消费者宣传和推荐自己的购买选择。反之,如果使用效果与购前期望有差距,消费者就会由失望而产生拒绝购买心理,并竭力劝阻其他消费者购买。由此可见,消费者购后评价对企业扩大影响、巩固市场有着重要作用。购后评价阶段调查的主要内容就是要了解消费者在使用商品时的反应,以及采取的相关行动。这个阶段的调查应通过售后服务网连续跟踪进行,使企业能够及时根据市场反馈调整营销策略,提高竞争力。

2. 消费者购买过程

消费者购买过程按照不同标准可分为各种类型,主要有以下三种。

(1) 按购买目的的明确程度分类。

①确定型:这类消费者在购买前有明确的购买目的,他们对自己要购买的商品名称、商标、规格、型号、款式及价格等都有具体的要求,只要商品符合心愿就购买。他们的购买行为表现出主动、快速的特点。

②半确定型:半确定型消费者在购买前有大致的购买目标,但对要购买商品的具体要求不明确,因此在购买时需要进行较长时间的比较和评价才能做出决策。

③不确定型:这类消费者没有明确的购买目标,他们去商店并非专程购买商品,只有在某种商品激发了其兴趣时才会偶尔购买,其购买行为发生与否和周围环境的影响有关。

(2) 按购买态度表现分类。

①习惯型:这类消费者的购买行为表现为对某些品牌具有特殊的感情,长期购买和使用某种品牌商品,以至于形成一种消费定式。他们的购买行为表现为目的性强,购买决策果断。

②理智型:理智型消费者善于观察、分析和比较,挑选商品的能力较强,购买态度理智慎重,自主性强。

③经济型:这类消费者善于对收支统筹安排,购买活动计划性强,对价格非常敏感,常根据价格高低决定购买与否。

④冲动型:有些消费者在购买活动中心理反应活跃,情绪变化快,购买现场环境和周围人的意见对其影响较大,常常只凭感觉做出购买决策,其购买态度表现出明显的冲动性和不稳定性。

⑤疑虑型:一般性格内向、购买经验不足的消费者在购买活动中常常表现出疑虑型态度,其特点主要是购买决策优柔寡断,购买过程多疑谨慎和徘徊反复。

(3) 按购买时的介入程度和品牌差异程度分类。

①复杂性购买行为:当消费者感觉风险大,对消费活动关注程度高,在购买同类产品的不同品牌、购买行为差异较大时,消费者的购买过程就表现为复杂性。其具体表现是消费者高度介入购买

过程,经历购买行为发展的每一个阶段,并且了解各个品牌的特点,最后才做出谨慎的购买决策。

②减少失调感的购买行为:这类消费者的表现特点是,虽然高度介入购买过程,但忽视品牌之间的差异,购买决策迅速简单,购后常怀疑购买决策的正确性。

③习惯性购买行为:低度介入购买过程且忽视品牌差异的消费者常表现出习惯性购买行为。这种消费者的购买行为有很大的随意性,购前不深入了解商品信息,习惯购买自己熟悉的品牌,购后对产品不进行评价。

④多样性购买行为:当消费者低度介入并了解了各品牌的差异时,就会产生多样性购买行为。这种消费者的购买行为有很大的随意性,购买前不深入了解商品,购买后才进行对比评价,常因喜新厌旧而转换其他品牌。

3. 消费者购买结果

应对消费者实际购买结果进行调查研究,以了解消费者的购买行为规律。

①购买时间调查。

这是对消费者购买商品的时间规律进行调查,具体要了解消费者的购买频率、购买时间间隔、具体购买时间等,为合理组织商品采购、商品上市和确定营业时间提供依据。

②购买地点调查。

主要调查内容是消费者常去购物的商业街区和商店类型,以及选择购买地点的主要标准。

③购买方法调查。

购买方法包括购买方式和支付方式两方面。其中购买方式调查就是要了解在消费者购买活动中现购、订购以及邮购的比例情况。支付方式调查则是要了解消费者付款时采用现付、预付以及分期付款的情况。

④购买数量调查。

购买数量调查是指调查消费者的一次购买数量和购买品种数。

示例问卷

A. 消费能力,吸食频率

A1. 您的主要卷烟消费价位段是?

	请选择
10元/包以下	1
10~19元/包	2
20~29元/包	3
30~39元/包	4
40~59元/包	5
60~79元/包	6
80元/包及以上	7

A2. 您个人吸食时,每天的抽烟数量是多少?

	请选择
5 支以下	1
5～10 支	2
10～20 支	3
1～2 包	4
2 包以上	5

A3. 您平均每月用于购买卷烟的消费支出大概是多少?

	请选择
300 元以下	1
300～500 元	2
500～1000 元	3
1000 元以上	4

B. 购买渠道

B1. 您主要通过什么渠道了解新的香烟信息?

	请选择
柜台陈列	1
店主介绍	2
朋友介绍	3
网络渠道（比如中国烟草网）	4
烟草市场品牌推广人员	5

B2. 您经常到哪里购买香烟?

	请选择
烟草专卖店	1
烟酒店	2
商场/超市	3
便利店	4
小卖部	5
线上配送	6

C. 购买习惯及因素

C1. 您购买香烟时,会考虑哪些因素？（可多选）

	请选择
价格	1
口感	2
包装	3
品牌	4
口碑	5
品质	6
时尚	7
容易买到	8
第一印象	9
说不清楚	99

C2. 您的购买习惯比较符合下面哪种情形？

	请选择
对品牌具有特殊的感情，长期购买	1
会比较不同香烟性价比后购买	2
根据价格高低决定是否购买	3
柜台陈列和店主的意见对我的影响较大	4
购买香烟的过程谨慎和徘徊反复，选择困难	5

（三）吸烟习惯分析(analysis of smoking habits)

通过消费者的常抽品牌、吸食香烟的关注点来了解各年龄段消费者的吸烟习惯和卷烟选择偏好，进一步探讨消费者喜好的香烟口味。首先询问消费者抽过的香烟品牌，之后分不同场合(譬如家里、商务应酬等)询问消费者对香烟的关注点和卷烟选择偏好(档次、口味、包装、其他)，最后询问消费者喜好的烟草口味，并通过研究各地区的烟草文化来研究各城市消费者口味喜好不同的原因。

进行消费者吸烟习惯分析时，可从消费者日均吸烟量和抽烟场景入手，了解不同消费群体的日常吸烟习惯。调查内容包括消费者抽烟的主要场景、消费者日均吸烟量、消费者戒烟经历等，例如：

(1)您抽过哪些品牌的哪些品类(中、短、细、爆、常规)的香烟？为什么？

(2)在不同的场合(家里、商务应酬、聚会、工作、其他)，香烟的吸食频率、吸食量是否有所不同？

(3)在不同场合(家里、商务应酬、聚会、工作、其他)吸食香烟时，对香烟的关注点是什么？

(4)在不同的场合(家里、商务应酬、聚会、工作、其他)，吸食香烟的方式方法有什么区别？

(5)在不同的场合(家里、商务应酬、聚会、工作、其他)，对卷烟有哪些选择偏好(档次、口味、包装、其他)？

(6)您比较喜欢什么口味的香烟？为什么？

(7)说一说不同档次的香烟对您生活的重要性。(深入挖掘)

> **示例问卷**

D. 消费观念、习惯

D1. 请问您的周围环境里有哪些人抽烟？（可多选）

	请选择
身边朋友抽烟	1
周围同事抽烟	2
家里人抽烟	3
领导抽烟	4
以上情况均没有	99

D2. 请问您在什么情况下一定会抽烟？（可多选）

	请选择
压力大	1
应酬	2
加班	3
思考问题	4
朋友聚会	5
休闲娱乐（比如打游戏、打牌）	6
心情不好（比如心情烦躁、低落）	7
注意力不集中（比如困时提神）	8
习惯（比如饭后、睡前时抽）	9

D3. 在以下场合，您所吸食卷烟的量会增多还是减少，或者不变？

	增多	不变	减少
朋友聚会	3	2	1
个人独处	3	2	1
亲属碰面	3	2	1
与同事一起	3	2	1
和领导一起	3	2	1

（四）产品偏好类型分析(product preference type analysis)

让消费者从包装材质、包装结构、包装造型等方面对产品进行评价，除此之外，可以设置开放性问题，让消费者探讨喜欢的包装风格、类型。

卷烟产品评价一般包括卷烟外观与属性评价、卷烟口味评价。卷烟外观与属性评价包括烟盒形式、烟支长度、烟嘴长度、特殊香烟、特殊烟嘴、烟丝情况等方面的评价；卷烟口味评价分别从嗅香、口腔、鼻腔、喉咙、余味五个方面进行评价，并对当前产品整体进行评价。

在进行卷烟产品偏好类型分析时，首先询问消费者对卷烟产品的满意度，之后询问消费者的主抽品牌，最后询问消费者对卷烟包装的偏好、对价格的可接受度、对产品概念的认知等。

> 示例问卷

E. 吸食品牌认知、原因及评价

E1. 请问您常抽哪款卷烟品牌?

卷烟品牌	请选择	卷烟品牌	请选择	卷烟品牌	请选择
大前门	1	王冠	34	长城(雪茄)	67
恒大	2	古田	35	贵烟	68
熊猫	3	金桥	36	黄果树	69
中华	4	七匹狼	37	遵义	70
中南海	5	石狮	38	茶花	71
牡丹	6	万宝路	39	钓鱼台	72
凤凰	7	长寿	40	红河	73
双喜·红双喜	8	金圣	41	红梅	74
骆驼	9	庐山	42	红山茶	75
555	10	哈德门	43	红塔山	76
建牌	11	泰山	44	呼伦贝尔	77
七星	12	红旗渠	45	雪莲	78
爱喜	13	黄金叶	46	玉溪	79
百乐门	14	散花	47	云烟	80
御猫	15	红金龙	48	大重九	81
阿里山	16	黄鹤楼	49	威斯	82
红双喜(进口)	17	白沙	50	好猫	83
宝亨	18	相思鸟	51	猴王	84
大华	19	芙蓉	52	延安	85
梅花王	20	芙蓉王	53	宝岛	86
银辉	21	万宝路	54	长白山	87
新石家庄	22	红玫	55	大青山	88
钻石	23	椰树	56	冬虫夏草	89
南京	24	甲天下	57	哈尔滨	90
苏烟	25	真龙	58	兰州	91
一品梅	26	宏声	59	林海灵芝	92
大红鹰	27	龙凤呈祥	60	龙烟	93
利群	28	天子	61	人民大会堂	94
雄狮	29	长城	62	三沙	95
都宝	30	娇子	63	紫气东来	96
红三环	31	狮牌	64		
黄山	32	天下秀	65		
黄山松	33	五牛	66		

E2. 您经常吸食的卷烟品牌规格是哪一个呢？（按品牌、价位、规格顺序）

E3. 您选择抽 [E2/ 卷烟名称] 的原因是什么？【选项 8 和 9、10 和 11 互斥】

品牌档次高	1	包装色彩鲜艳	16
品牌知名度高	2	包装精致	17
喜欢品牌文化，品牌经典、历史悠久	3	包装时尚	18
当地化品牌	4	包装复古	19
品牌口碑好	5	包装简约	20
产品是创新的	6	性价比高	21
烟香纯正	7	购买方便	22
劲头偏小	8	身边的同事/朋友都抽这个烟	23
劲头偏大	9	适合交际场合	24
口味淡雅	10	促销活动多	25
口味醇厚	11	假烟少	26
口感不呛（不硬）	12	朋友/同事/熟人推荐	27
滤嘴外观设计好	13	零售商推荐	28
滤嘴具有科技感	14	低焦，比较健康	29
长滤嘴档次高	15	其他（请注明：_____）	99

E4. 您对它的整体满意程度如何？

请您用 1～5 分进行打分，5 分代表非常满意，1 分代表非常不满意。

卷烟品牌规格	非常满意◄────────非常不满意					整体满意度
请选择：	5	4	3	2	1	分值：

E5. 对于您所选择的该卷烟规格，还有哪些需要改进的吗？

请记录：吸味□ 包装□ 价格（太高□ 太低□）

（五）忠诚度分析(loyalty analysis)

消费者购买何种品牌的卷烟，往往受到消费者对该卷烟品牌忠诚度的影响，了解消费者转换卷烟品牌的原因，有利于企业建立和提高品牌忠诚度。分析消费者对卷烟品牌的忠诚度时，调查内容包括消费者转换常抽卷烟品牌的原因，以及消费者选择替代品的主要标准。

虽然国家的控烟措施日益严格，烟民也知道吸烟对健康的危害，但出于对卷烟的不同需求，他们还是选择继续吸烟，其需求主要包括以下几个方面。

(1) 功能需求(提神醒脑)。

烟民对卷烟最基本、原始的需求是功能需求。

吸烟可以提神、集中注意力，因此很多烟民选择在工作或思考时点一支烟，以更好地提高工作效率。

(2)情感需求(缓解压力、身份地位象征、调节心情)。

烟民认为,吸烟可以解闷、缓解压力、调节心情。他们认为吸烟是一种"消遣和享受",并进而对其在精神、情感方面产生依赖感。对于一些人,卷烟也是其展现自己身份、地位的方式。

(3)社交需求(交流的桥梁、熟络感情、拉近距离)。

部分被访者认为,吸烟也是一种社交行为,可以快速拉近自己与同事或客户的关系。

示例问卷

F. 消费者忠诚度

F1. 请问以下哪些情况,会使得您转换常抽香烟或者尝试新品香烟?(可多选)

	请选择
常抽香烟价格上涨	1
买不到常抽香烟(比如缺货、断货)	2
常抽香烟口味质量下降	3
抽腻常抽香烟	4
想尝试其他香烟品牌的口味	5
发现性价比更高的香烟	6
周围开始流行新品香烟	7
被好看的包装吸引	8
购买新品香烟时有优惠	9
看香烟成分来选择(比如盒标一氧化碳、焦油、烟碱含量)	10
店家推荐	11
朋友推荐	12
其他(请注明:＿＿＿)	13

F2. 您换烟时会考虑选择哪种卷烟?

	请选择
同价位卷烟	1
同品牌卷烟	2
常规烟	3
细支	4
中支	5

(六)满意度分析(satisfaction analysis)

让顾客满意已经不是什么新的营销观念,因此,精明的企业经常测试顾客的满意程度。

顾客满意度的调研必须达到以下3个目标:

①发现导致顾客满意的关键的绩效因素。

②评估公司的绩效及主要竞争者的绩效。

③根据问题的严重程度提出改善建议,并通过不断地跟进调研来实现顾客满意度的持续提高。

调查顾客满意度的挑战在于,要认识到这一调研只是提高顾客满意度全过程的第一阶段,公司必须有强烈的责任感,按调研的要求持续地改进工作。竞争的压力使得公司重视顾客满意度,因为顾客满意度领域的调研能告诉公司如何保持竞争优势。在开展顾客满意度调查时还要考虑到执行人员(无论是外部的还是内部的)的诚信程度。虽然国内对诚信的呼声越来越高,但实践中偏离诚信行为的现象时有发生。某些知名产品的用户曾经遇到以下情况:部分售后服务顾客满意度调查人员为了保持小组或个人的收益(获得奖励而不是处罚),恳求受访者在下次受访时回答"非常满意"而不是"满意"。

顾客满意度的测量主要从两个方面开展:第一,列出所有可能影响顾客满意度的因素,然后按照重要程度由最重要到最不重要进行排序,最后选出公司最关心的几个因素(建议在10~15个,最好不要超出20个,以减少因受访者懈怠等产生的回答误差),让受访者帮助判断这些因素的重要程度。第二,让消费者对所选因素的满意度做出评价,评分项目可以是2项、3项、5项、7项或者10项等,可由设计者依据要求的精确程度以及分析水平设定,一般以5级量表居多。

顾客满意度调研在卷烟行业也同样适用。部分企业在产品上市前会进行顾客满意度调研,调研结果作为产品能否按期上市的依据。对于市场表现不好的产品,顾客满意度调研更为重要,剔除政策等宏观因素,通过顾客满意度调研可以掌握导致产品市场竞争力下降、消费者认可度低的原因,进而有的放矢地改进产品。此外,对于主销产品,通过顾客满意度调研能够有效发现产品存在的一些问题,及时修正,避免出现市场大幅波动,进一步维持产品市场竞争力。

示例问卷

G. 影响购买的主观意识因素程度调研

G1. 请问以下哪些选项您认为在购买卷烟时是比较重要的?请用10分制进行评分,10分表示非常重要,1分表示非常不重要,分值越高,重要度越高。

因素	非常重要→非常不重要									说不清
口味	10	9	8	7	6	5	4	3	2	1	99
烟叶的产地	10	9	8	7	6	5	4	3	2	1	99
卷烟的生产地域	10	9	8	7	6	5	4	3	2	1	99
卷烟的工艺技术	10	9	8	7	6	5	4	3	2	1	99
包装	10	9	8	7	6	5	4	3	2	1	99
促销吸引力	10	9	8	7	6	5	4	3	2	1	99
品牌知名度	10	9	8	7	6	5	4	3	2	1	99
价格	10	9	8	7	6	5	4	3	2	1	99
焦油含量	10	9	8	7	6	5	4	3	2	1	99
品牌文化吸引力	10	9	8	7	6	5	4	3	2	1	99
卷烟质量	10	9	8	7	6	5	4	3	2	1	99
被推荐程度	10	9	8	7	6	5	4	3	2	1	99
性价比	10	9	8	7	6	5	4	3	2	1	99

G2. 根据您的情况，请您对您经常抽的卷烟的口味、包装、促销吸引力、品牌知名度等方面用 10 分制进行评分，10 分表示非常满意，1 分表示非常不满意，分值越高，满意度越高。

因素	非常满意→非常不满意										说不清
口味	10	9	8	7	6	5	4	3	2	1	99
烟叶的产地	10	9	8	7	6	5	4	3	2	1	99
卷烟的生产地域	10	9	8	7	6	5	4	3	2	1	99
卷烟的工艺技术	10	9	8	7	6	5	4	3	2	1	99
包装	10	9	8	7	6	5	4	3	2	1	99
促销吸引力	10	9	8	7	6	5	4	3	2	1	99
品牌知名度	10	9	8	7	6	5	4	3	2	1	99
价格	10	9	8	7	6	5	4	3	2	1	99
焦油含量	10	9	8	7	6	5	4	3	2	1	99
品牌文化吸引力	10	9	8	7	6	5	4	3	2	1	99
卷烟质量	10	9	8	7	6	5	4	3	2	1	99
被推荐程度	10	9	8	7	6	5	4	3	2	1	99
性价比	10	9	8	7	6	5	4	3	2	1	99
总体满意度	10	9	8	7	6	5	4	3	2	1	99

四、消费需求分析方法

（一）扎根理论(grounded theory)

扎根理论是由哥伦比亚大学的 Anselm Strauss 和 Barney Glaser 两位学者共同发展出来的一种研究方法。它是运用系统化的程序，针对某一现象来发展并归纳式地引导出扎根于实际资料的理论的一种定性研究方法，适合于对定性调研结果的分析。换句话说，通过收集和分析定性数据，研究人员可以构建一个以该数据为基础的新理论。

与先前的方法论传统不同，扎根理论坚持以数据为起点来创建理论，主张研究者应在数据搜集的过程中检验已经形成的理论。目前，扎根理论是倍受研究者欢迎的定性方法论框架之一，这可能是因为扎根理论及其应用"有助于以崭新的方式挖掘数据，并通过早期的分析来探索关于数据的想法"。

从分析手段看，NVivo、MAXQDA 等工具成为扎根理论常用的工具。NVivo 11 是一款计算机辅助质性数据分析软件，由澳洲 QSR 公司设计研发，是当前国际质性分析软件中的主要产品。它构建了基于扎根理论的操作方法框架，即对现有数据进行提炼和深入分析，以发现核心要素，并探寻要素之间的关系,然后建立相关假设。它具有强大的"编码"功能,可以概括许多文献和数据资料中与某个研究课题相关的信息,帮助研究人员快速捕捉文献中的信息点。根据 Fassinger 的研究,理论上样本量越大,饱和度越高,但实际工作中,为避免数据处理过于烦琐,最好的样本量为 20~35。

应用案例

A卷烟企业为了从消费者和零售客户的角度真实客观地了解卷烟产品的市场现状、消费习惯差异、品牌销售趋势等信息,运用专家深度访谈法,面向昆明、成都、杭州、广州4个城市开展了卷烟消费需求调研,记录并整理了32位受访者的访谈资料,引入扎根理论方法,借助 NVivo 12.0 软件,完成扎根理论三级编码,结合主范畴层次分析,将12个主范畴最终提炼成1个核心类属,即购买习惯,并围绕核心类属的具体信息进行详细分析。

(1)访谈提纲设计。

根据调研目标,设置访谈提纲,将需要获得的信息通过提问方式穿插到整个访谈过程。A企业根据调研需求,设计了自我介绍、烟民烟史介绍、品牌认知、消费习惯、卷烟产品评价、购买习惯、广告及促销等7个板块的内容(表4-26),使用开放式问题展开,依访谈的具体情况灵活安排问题顺序,时间为2个小时左右。

表 4-26 消费者消费动机及需求访谈提纲

序号	内容简介	时间 /min	目的
1	自我介绍	5	相互认识,说明目的,活跃气氛
2	烟民烟史介绍	15	通过烟民的抽烟史了解烟民抽烟的动机与场合
3	品牌认知	15	了解烟民对卷烟品牌的认知程度
4	消费习惯	20	了解烟民的吸食习惯
5	卷烟产品评价	20	详细了解烟民对卷烟产品各方面的偏好
6	购买习惯	20	了解烟民的购买习惯及购买决策过程
7	广告及促销	10	了解卷烟广告的认知度和记忆度,把握烟民的媒体接触习惯

具体调研内容如下:

①消费者吸烟行为习惯如表4-27所示。

表 4-27 消费者吸烟行为习惯

抽烟动机和场合	吸食习惯和态度	购买习惯和态度
• 生活状态 • 尝试抽烟原因 • 抽烟频率 • 成为正式烟民的时间及原因 • 抽烟场合(不同年龄段) • 抽烟动机	• 常抽品牌、规格 • 吸食习惯 • 选择偏好 • 不同场合消费卷烟关注点 • 选择档次、口味、包装 • 喜好口味 • 烟草消费文化	• 购买需求 • 购买渠道 • 购买量 • 购买品牌更换情况 • 更换频率 • 更换原因 • 购买看重的因素

②卷烟品牌认知与产品评价如表4-28所示。

表 4-28　卷烟品牌认知与产品评价

卷烟品牌认知	卷烟产品评价	宣传与销售方式
• 直观印象 • 产品印象 • 形象认知	• 满意度评价 • 主抽产品评价 • 外在属性（烟盒形式、烟支长度、滤嘴长度、特殊卷烟、特殊烟嘴、烟丝情况等） • 口味评价（嗅香、香气、舒适度、刺激、余味） • 包装评价 • 价格接受度 • 产品概念的认知	• 广告、促销形式 • 广告认知度及记忆度 • 烟民媒体接触习惯 • 开放性提问

（2）资料数据处理。

根据访谈内容，使用 NVivo 12.0 版本进行数据处理，主要使用编码和层次分析功能，将其重要节点进行编码汇总，对数据进行深度的定性分析。通过对原始资料进行三级编码的分析，构建出研究内容的理论框架，确定开放式编码、主轴编码和核心编码，扎根理论三级编码示意图如图 4-16 所示。

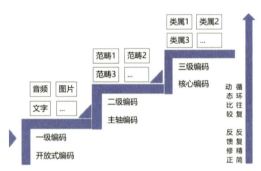

图 4-16　扎根理论三级编码示意图

（3）效度检验。

对编码进行饱和度与效度检验。随机抽取 1/3 的样本资料作为理论饱和度的验证，检验结果显示，各概念和范畴已相对完善，没有产生新的概念和范畴。数据编码方面，依据 32 位受访者原始资料进行概念提取，按照扎根理论进行三级层次编码设计。为了更为直观地了解各个节点在所有节点中的层次地位，在 Nvivo 12.0 中对全部节点进行层次分析，生成层次图（见图 4-17）。

如图 4-17 所示，由外向内看，前 2 个圆形之间的区域代表编码的二级节点，图中的数字代表相应节点的编码参考点数，即在访谈记录中出现的频次。参考点数越多，说明该节点的消费者关注度越高，从而所占图形的面积越大，面积的大小则代表该因素对消费者选择卷烟的影响程度。内部 2 个圆形之间的区域是编码的一级节点，它们是由外部的二级节点所组成的；二级节点组成的面积意为其影响作用的合力，代表其组成的一级节点影响力的大小。

（4）编码结果。

①开放式编码。

在反复研读访谈资料的基础上，对原始数据进行逐字逐句编码，贴标签，重新赋予概念并形成概括性更强的新范畴。本研究初步得到 290 个概念标签，由于存在重复与同义的标签，经比较、合并和遴选后，最终得到 105 个概念标签。

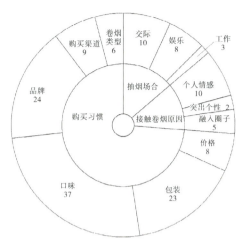

图 4-17 节点编码层次统计图

② 主轴编码。

主轴编码是在开放式编码的基础上，通过比较不同概念之间的异同，厘清其相互关系，提炼归纳了 12 个更高层次的范畴和维度，它们分别是个人情感、融入圈子、突出个性、娱乐、交际、工作、包装、品牌、口味、价格、卷烟类型、购买渠道。

③ 核心编码。

在 12 个范畴和程度的基础上，形成接触卷烟原因、抽烟场合、购买习惯三大核心类别。

核心编码结果见表 4-29。

表 4-29　三级编码表

开放式编码	主轴编码	核心编码
释放压力、思绪混乱、闲暇无聊、对卷烟好奇、烦恼、心情低落、暴躁、萎靡不振	个人情感	接触卷烟原因
周围流行、合群、朋友抽烟、家人抽烟	融入圈子	
认为抽烟可以突出个性，感觉抽烟好玩	突出个性	
唱歌、打麻将、打游戏、打牌、喝酒	娱乐	抽烟场合
聚会、红白喜事、打交道、聊天	交际	
加班、应酬	工作	
吸引人眼球、彰显个性、有内涵和档次、反映地域文化、颜色鲜明、国潮设计、另类图案、浮雕、烫金、凹凸纹路、有立体感、皮纹设计、激光设计、有质感、环保、素雅、低调、高档时尚、简约大方	包装	购买习惯
紫云、红河、金沙江、云烟、玉溪、柚子、娇子、中华、双喜、黄鹤楼、红塔山、利群、和谐、苏烟、芙蓉王	品牌	
淡雅、浓烈、柔和、口味纯正、口感醇香、顺畅通透、饱满、烟草本香、清爽、中性、回甘、口不会干	口味	
奢侈品、高档、中档、低档，玉溪适合大众消费，云烟价格亲民、性价比高，娇子价位多，价格在可接受范围内，利群价格合适、社交圈常抽	价格	
粗支烟、中支烟、常规烟、细支烟、薄荷、果香、爆珠、陈皮、冬虫夏草、蓝莓、甜香、茉莉绿茶、低焦油量、中焦油量、高焦油量	卷烟类型	
超市、便利店、烟酒店、专卖店、同事推介、朋友推介、烟草店老板推介	购买渠道	

层次分析结果显示,在所有一级节点中,购买习惯占据面积最大,约占四分之三的面积;抽烟场合和接触卷烟原因分别处于第二、第三的序位,两者差距较小。购买习惯层次中,口味占比最大,品牌和包装次之,且差距较小;购买渠道、价格和卷烟类型的占比较小,且差距较小。由此可知,在影响消费者购买卷烟的诸因素中,"购买习惯"分量最重,是核心编码,其重要性超过其他因素。

结合扎根理论编码结果及消费者定性描述,从口味偏好、包装偏好、品牌形象选择偏好、价位偏好、购买渠道等方面对卷烟消费需求分城市进行了整理,结果如表4-30所示。

表4-30 不同城市的卷烟消费需求及差异

城市	昆明	成都	广州	杭州	共性
产品口味偏好差异	口味纯正,口感醇香、温和,烟味较重,不刺喉	劲头偏低,柔和,抽吸顺畅通透,烟气饱满,不刺激喉咙,烟草味浓郁,有烟草本香,没有香精味,闻起来舒服	口感适中、淡雅,抽吸顺畅,顺滑,烟草味浓郁、回甘,烟草味纯正,不喜欢香精味或其他添加味道,烟的燃烧速度较慢,烟草饱和度比较高	口味稍重、厚实浓郁,劲头稍大、不呛,抽吸清爽	喜欢纯正的烟草味,不喜欢较浓的香精味
产品包装偏好差异	低调奢华	高档,有质感	颜色鲜艳,有地方特色	简约低调	不喜欢图案花俏、颜色平淡无奇、印刷工艺模糊、盒子无质感的包装;喜欢能反映当地地域文化,而且颜色鲜明,在货架上容易找到,偏向国潮设计的包装
品牌形象选择偏好	云烟、玉溪、红塔山	娇子、云烟、中华	双喜、云烟、玉溪、黄鹤楼	利群、云烟、玉溪	第一选择主要偏向本地烟,第二选择一般偏向云烟、玉溪、黄鹤楼。购买因素分析结果显示品牌形象是第二影响因素,如"本地知名度高""老品牌、历史悠久""经典品牌"等
产品价位偏好差异	100元/包以上为奢侈;50元/包以上为高档;30~45元/包为中档;10~30元/包为低档	50~80元/包为高档;30~50元/包为中档;15~20元/包为低档	50元/包以上为高档;20~50元/包为中档;20元/包以下为低档	80~100元/包为高档;30~80元/包为中档;30元/包以下为低档	各地区对中档价位的心理预期及认知不同
购买渠道地区偏差	各城市消费者主要通过超市、便利店、烟酒店、专卖店购买卷烟				一般会选择比较熟悉的店或者附近的店

(二)聚类分析(cluster analysis)

1. 定义

聚类分析是应用多元统计分析原理研究分类问题的一种数学方法,主观因素少,分类结果客观、科学,并可同时对大量性状进行综合考察[20]。近年来,众多研究者对多样品、多指标的品质分析越来越多地应用聚类分析。本质上,聚类分析是理想的多变量统计技术,是研究分类的一种多元统计方法,也可以将其理解为一种数据降维的方式与方法,即将研究对象划分为相对同质群组的一种统计分析技术。

2. 适用范围

聚类是数据挖掘和计算的基本任务,是将大量数据集中具有"相似"特征的数据点或样本划分为一个类别。聚类分析的基本思想是"物以类聚、人以群分",因此大量的数据集中必然存在相似的数据样本,基于这个假设就可以将数据区分出来,并发现不同类的特征。

聚类分析常用于数据探索或挖掘前期,在没有先验经验的背景下进行探索性分析,也适用于样本量较大情况下的数据预处理工作。例如,针对企业整体的用户特征,在未得到相关知识或经验之前,先根据数据本身特点进行用户分群,然后针对不同群体做进一步分析,进行连续数据的离散化,便于后续做分类分析。

3. 方法

聚类分析能解决的问题包括:数据集可以分为几类,每个类别有多少样本量,不同类别中各个变量的强弱关系如何,不同类别的典型特征是什么等。除了划分类别外,聚类还能用于基于类别划分的其他应用,例如图片压缩等。但是,聚类无法提供明确的行动指向,聚类结果更多是为后期挖掘和分析工作提供预处理和参考,无法回答"为什么"和"怎么办"的问题,更无法为用户提供明确的解决问题的规则和条件(例如决策树条件或关联规则)。因此,聚类分析无法真正解决问题。

在实际应用中,聚类算法的选择取决于待评判数据的类型和聚类的目的,不同的算法适合于不同类型的数据。按照被分类对象的不同及分类研究目的的不同,可将聚类方法大体划分为系统聚类法、动态聚类法、模糊聚类法、有序样品聚类法和分解法五大类。按聚类方法特点的差异,聚类算法可分成四种:基于划分的聚类算法、基于层次的聚类算法、基于密度的聚类算法、基于网格的聚类算法等。

1)基于划分的聚类算法

基于划分的聚类算法是在机器学习中应用最多的。它的原理是:假设聚类算法所使用的目标函数都是可微的,先对数据样本进行初步的分组,再将此划分结果作为初始值进行迭代,在迭代过程中根据样本点到各组的距离进行反复调整,重新分组,最终得到一个最优的目标函数。最终的聚类结果出现在目标函数收敛的情况下。

快速聚类方法(K-均值法)是基于划分的聚类算法中的经典算法之一,是由 MacQueen 于 1967 年提出的,它将数据看成 K 维空间上的点,以距离作为测度个体"亲疏程度"的指标,并通过牺牲多个解为代价换得高的执行效率。但是,K-均值法只能产生指定类数的聚类结果,而类数的确定离不开实践经验的积累。

快速聚类分析的基本思想是：首先按照一定方法选取一批凝聚点（聚心），再让样本向最近的凝聚点凝聚，形成初始分类，然后按最近距离原则修改不合理的分类，直到合理为止。因此，在快速聚类中，应首先要求用户自行给出需要聚成多少类，最终也只能输出关于它的唯一解。快速聚类是一个反复迭代的分类过程，在聚类过程中，样本所属的类会不断调整，直到最终达到稳定。

2）基于层次的聚类算法

基于层次的聚类算法也是一种常用的算法，它使用数据的连接规则，通过层次式的架构方式，不断地将数据进行聚合或分裂，用来形成一个层次序列的聚类问题的解。在层次聚类中，组间距离的度量方法选择很重要，广泛使用的组间距离度量方法包括最小距离、最大距离、平均值的距离、平均距离。按照层次分解的两种顺序——自顶向下和自底向上，层次聚类算法可以被分为两类，一类是凝聚的层次聚类算法，另一类是分裂的层次聚类算法。目前，凝聚的层次聚类算法有 Karypis 等提出的 CHAMELEON，Guha 等提出的 ROCK 和 CURE 等；分裂层次聚类算法有 Steinbach 等提出的 bisecting K-means，Boley 等提出的 PDDP 等。

3）基于密度的聚类算法

基于密度的聚类算法是用密度取代数据的相似性，按照数据样本点的分布密度差异，将样本点密度足够大的区域联结在一起，以期能发现任意形状的组。这类算法的优点在于能发现任意形状的组，还能有效地消除噪声。基于密度算法常用的有 DBSCAN、OPTICS、DENCLUE 等。

4）基于网格的聚类算法

基于网格的聚类算法的原理是把量化的网格空间进行聚类，这个算法一般与数据集的大小没有关系，算法的时间复杂度只取决于网格单元的数量。基于网格的聚类算法的优点在于它可以大幅提高计算效率；缺点在于它很难检测到斜侧边界的聚类，只能针对垂直或水平的聚类。常见的基于网格的聚类算法有 STING、WaveCluster、CLIQUE 等。

应用案例

某企业为深入研究消费者对品质（香气、光泽、刺激性、杂气、余味、谐调）、包装（材质、美观程度、盒型、文化内涵）2 类 10 个指标的选择偏好，开展了 12 个城市 8000 个样本的定量调研，采用了 K-均值聚类法对调研数据进行聚类分析，以区分消费者需求的地区分化特征与转化应用。调研结果见表 4-31、表 4-32。

表 4-31　不同城市消费者对卷烟品质指标的满意度情况统计

城市	消费者对品质的满意度/（%）						
	香气	光泽	刺激性	杂气	余味	谐调	综合满意度
昆明	74.05	71.7	67.9	67.06	69.53	71.31	70.26
杭州	81.21	80.22	75.99	75.99	79.88	80.59	78.98
广州	80.12	77.13	75.23	73.21	75.73	77.13	76.43
成都	87.09	78.35	73.33	72.79	75.23	73.36	76.69

续表

城市	消费者对品质的满意度 /（%）						
	香气	光泽	刺激性	杂气	余味	谐调	综合满意度
兰州	76.85	76.55	71.75	69.11	72.09	74.29	73.44
武汉	82.88	77.92	71.65	67.83	70.71	70.99	73.66
大理	75.66	71.72	68.88	66.53	69.73	69.38	70.32
上海	81.07	79.75	73.45	75.68	74.62	75.63	76.7
深圳	81.52	75.28	70.88	69.02	69.94	70.83	72.91
重庆	78.75	72.29	69.23	68.55	69.88	70.62	71.55
大连	80.45	76.75	71.4	67.75	72.95	75.55	74.14
柳州	83.31	78.91	73.23	73.19	74.32	74.96	76.32
总体情况	80.19	76.4	72.04	70.9	73.07	73.92	74.42

表 4-32 不同城市消费者对卷烟包装指标的满意度情况统计

城市	消费者对包装指标的满意度 /（%）				
	材质	美观程度	盒型	文化内涵	综合满意度
昆明	74.27	67.23	71.98	63.14	69.15
杭州	81.92	76.95	81.21	74.73	78.7
广州	79.23	73.76	78.1	69.41	75.12
成都	78.27	73.73	77.04	66.69	73.93
兰州	78.15	74.53	76.08	70.67	74.86
武汉	84.58	76.79	78.07	68.3	76.93
大理	75.66	71.02	72.82	65.69	71.3
上海	77.44	73.75	80.42	70.77	75.6
深圳	75.4	71.18	75.73	67.16	72.37
重庆	75.89	70.17	74.51	66.03	71.65
大连	83.25	76.35	79.95	69.9	77.36
柳州	79.31	74.47	78.67	71.85	76.07
总体情况	78.21	73.07	76.99	68.65	74.23

聚类结果分析：

(1) 基于卷烟品质指标的聚类分析。

如图 4-18 所示，从聚类结果可看出，杭州消费者对卷烟的品质要求处于第一层次，说明杭州市民选择卷烟时更加注重卷烟本身的品质，这与该地区中高端价位卷烟销售情况吻合。成都、广州、柳州和上海对品质的要求处于第二层次，兰州、大连、武汉和深圳紧随其后，昆明、大理、重庆排在末尾。这说明不同城市对卷烟品质的需求有极大差异。相比其他地区而言，杭州消费者更关注"卷烟品质"这类指标，因此，以该地区消费者为主要目标客户群体的产品开发应该注重提高卷烟品质程度。

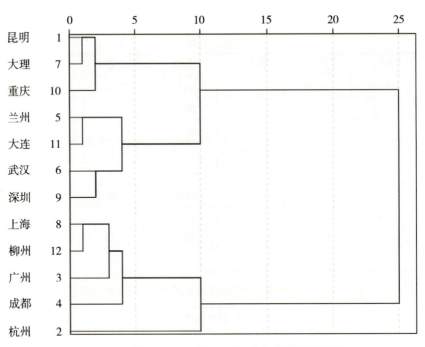

图 4-18　基于卷烟品质指标综合满意度的聚类结果

为深入了解不同地区对卷烟品质指标要求的差异,对不同的品质指标进行了聚类。如图 4-19 所示。

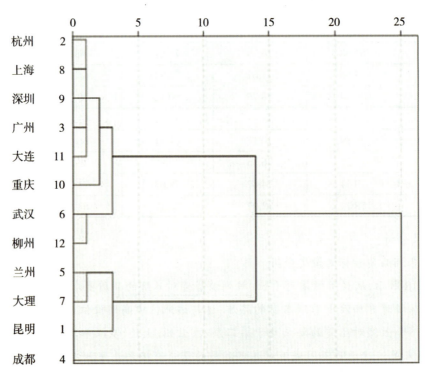

(a) 香气指标聚类结果

图 4-19　不同品质指标的聚类结果

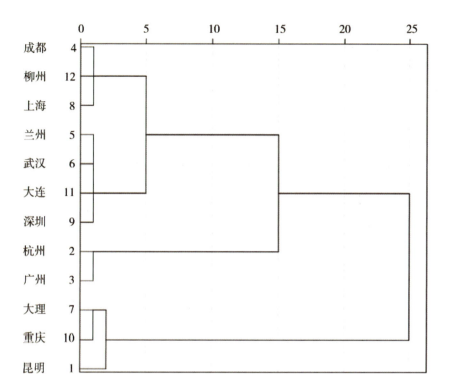

(b) 刺激性指标聚类结果

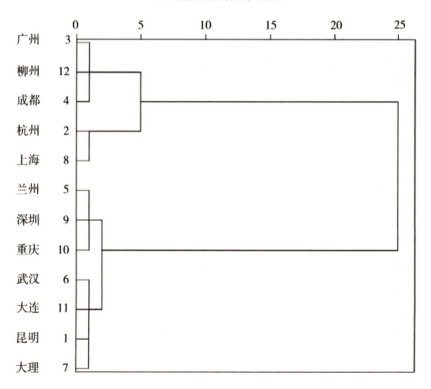

(c) 杂气指标聚类结果

续图 4-19

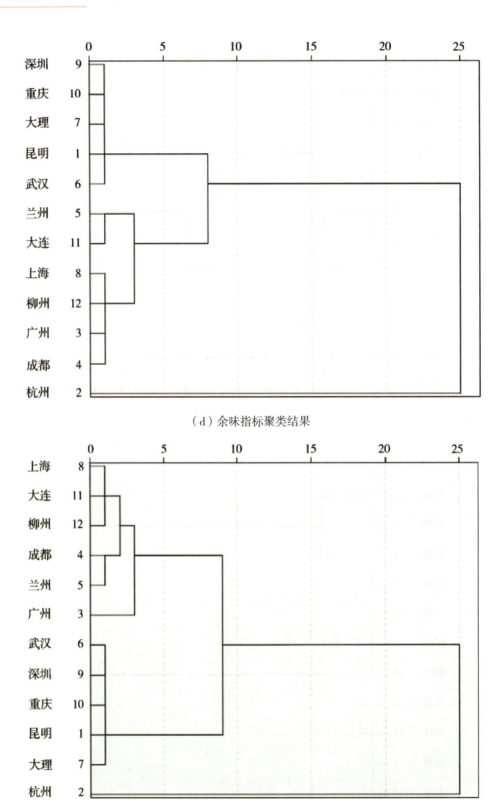

(d)余味指标聚类结果

(e)谐调指标聚类结果

续图 4-19

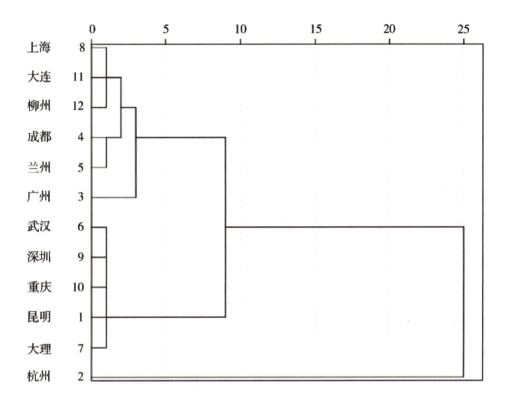

(f) 光泽指标聚类结果

续图 4-19

卷烟品质单个要素聚类结果为：

- 偏好香气的城市：成都、昆明、大理和兰州。
- 偏好光泽的城市：杭州、重庆、昆明、大理、深圳和武汉。
- 对刺激性更敏感的城市：昆明、重庆、大理、广州和杭州。
- 排斥杂气的城市：昆明、大连、武汉、大理、重庆、深圳和兰州。
- 偏好余味的城市：杭州、成都、广州、柳州和上海。
- 偏好谐调的城市：杭州、大理、昆明、重庆、深圳和武汉。

(2) 基于卷烟包装指标的聚类分析。

如图 4-20 所示，从聚类结果可看出，杭州、武汉、大连消费者对卷烟的包装要求处于第一层次，说明这些城市市民选择卷烟时更加注重卷烟的包装。成都、上海、兰州、柳州和广州对包装的要求处于第二层次，昆明、大理、重庆和深圳处于第三层次。这说明不同城市对卷烟包装的需求有极大差异，其中杭州、武汉、大连对卷烟包装要求相对较高，因此，以该地区消费者为主要目标客户群体的厂商应该注重提高卷烟包装质量与质感。

为深入了解不同地区对卷烟包装指标要求的差异，对不同的包装指标进行了聚类，如图 4-21 所示。

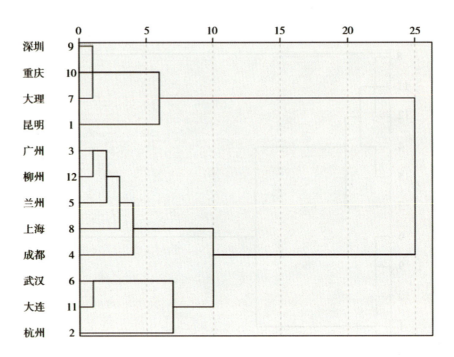

图 4-20 基于卷烟包装指标综合满意度的聚类结果

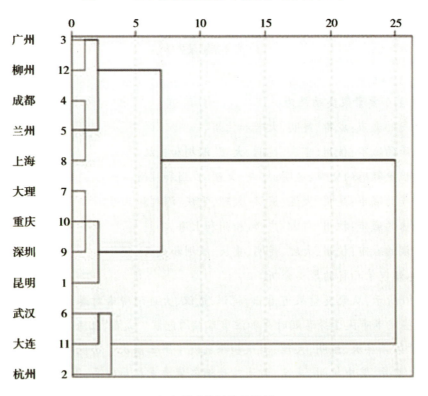

（a）材质指标聚类结果

图 4-21 不同包装指标的聚类结果

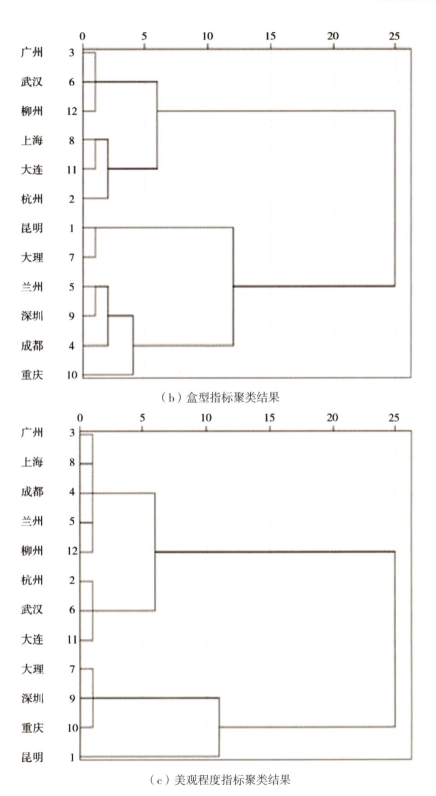

（b）盒型指标聚类结果

（c）美观程度指标聚类结果

续图 4-21

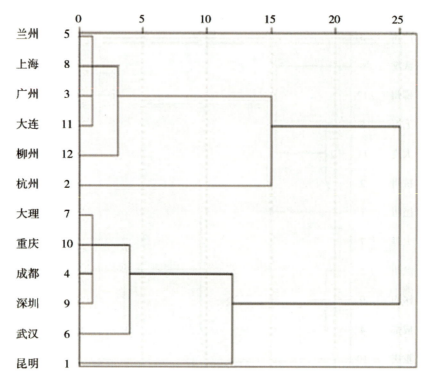

（d）文化内涵指标聚类结果

续图 4-21

卷烟包装单个要素聚类结果为：
- 偏好材质的城市：武汉、大连、杭州。
- 偏好盒型的城市：重庆、成都、深圳、兰州、昆明和大理。
- 偏好美观程度的城市：重庆、深圳、昆明和大理。
- 偏好文化内涵的城市：昆明、深圳、武汉、成都、重庆和大理。

（三）层次分析法(analytic hierarchy process)

1. 定义

层次分析法（简称 AHP）是将与决策总是有关的元素分解成目标、准则、方案等层次，在此基础之上进行定性和定量分析的决策方法[21]。该方法是美国运筹学家萨蒂于 20 世纪 70 年代初在为美国国防部研究"根据各个工业部门对国家福利的贡献大小而进行电力分配"课题时，应用网络系统理论和多目标综合评价方法所提出的一种层次权重决策分析方法。层次分析法是一种定性与定量相结合的系统化的分析方法，在处理复杂决策问题中有较强的实用性。该方法的基本思路与人面对一个复杂决策问题的思维、判断过程大体一致，即根据评价目的确定总评价目标，在系统分析基础上，对评价对象进行连续性分解，得到目标、准则、方案等层次的评价目标，以下层评价目标作为衡量上层评价目标达到程度的评价指标；根据评价指标的权重计算出综合评价指数，从而实现对评价对象的总体评价。

2. 方法

层次分析法的运用一般包括建立层次结构模型、构造判断矩阵（成对比较矩阵）、计算权重向量并做一致性检验、计算组合权重并做一致性检验等步骤，如图4-22所示。

图4-22　层次分析法关键环节

AHP系统性较强，但不能为决策提供新方案，其优缺点对比见表4-33。因此，在不同的研究方案中，AHP的运用出现了相对灵活的优化。孔造杰等在分析AHP方法的基础上提出了权重概率综合系数法，一方面考虑主观判断重要性的难度，另一方面充分利用市场调研数据所得出的先验概率信息，把顾客需求的主观重要性同客观重要性信息结合在一起。刘鸿恩等依据AHP的基本原理，建立了改进的质量功能展开（IQFD）理论框架，以改进顾客满意展开精度和评价结果的精确程度，增强QFD的有效性和适用性。顾客满意递阶层次结构比传统的理论框架更具优越性。首先以顾客满意程度为总体目标，以AHP为系统分解、展开的原理，建立了一种顾客满意递阶层次结构。顾客满意递阶层次结构从上至下依次为总的顾客满意程度（目标层）、顾客要求层、设计要求层、零件展开层、生产要求层。然后根据顾客满意递阶层次结构的研究基础，通过定义转换矩阵、顾客基准比较矩阵和技术基准比较矩阵，提出了基于AHP的QFD系统分析方法，使得AHP得到充分的应用。

表4-33　AHP的优缺点对比

序号	优点	缺点
1	系统性的分析方法	不能为决策提供新方案
2	简洁实用的决策方法	定量数据较少，定性成分多，不易令人信服
3	所需定量数据信息较少	指标过多时数据统计量大，且权重难以确定
4	—	特征值和特征向量的精确求法比较复杂

应用案例

某企业运用基于AHP的模糊综合评价方法来评价卷烟品牌竞争力。

在品牌竞争力评价体系的构建上,选取品牌市场能力、品牌创利能力与品牌发展能力作为三个一级指标,每个一级指标下面的具体二级指标如下:①反映品牌市场能力的指标包括市场占有能力、市场渗透能力、市场反应能力三个二级指标。②反映品牌创利能力的指标包括销售增长能力、利润增长能力两个二级指标。③反映品牌发展能力的指标包括品牌知名度、品牌美誉度、品牌忠诚度三个二级指标。

采用层次分析法对反映各级指标间相互影响因素的相对重要性的权数进行确定,构建模糊综合评价模型来对卷烟品牌竞争力进行综合评价。其具体评价模型为:

$$B = AR$$

$$V = BX^{\mathrm{T}}$$

其中:B 表示评判结果矩阵;A 表示权重集;R 表示模糊评判矩阵;V 表示评价结果;X 表示评语集。

(1)评语集(X)的建立:综合考虑品牌的各种能力对品牌竞争力的影响,将评语集确定为 $X=\{好,较好,中等,较差,差\}$,为了便于分析,得到数值结果,可以将评语集具体量化为 $X=\{100,90,70,50,30\}$。

(2)因素集的建立:以品牌营销策略执行能力为评价目标,将目标的要求逐级分解到具体指标,根据指标因素内涵大小和指标间相关程度,划分为目标层,准则层和指标层三级。

(3)确定权重集(A):评价指标的权重可以表征评价指标的相对重要性大小,权重的合理与否直接影响着综合评价的结果,由层次分析法计算各个指标层的权重大小。

(4)确定模糊评判矩阵(R):通过专家打分、调查、座谈、讨论和个别访问等方式,对不同性质的评价指标进行分析,得出评判隶属矩阵 R。

(5)计算评判结果矩阵(B),根据公式 $B=AR$ 得到用于评价的评判结果矩阵 B。

(6)评价结果(V):最终评分分值越高,说明项目在所有评价指标上的综合表现越佳,从而说明了品牌营销策略执行能力越强,对于品牌营销活动的管理越到位,反之亦然。

运用此模型对某卷烟品牌竞争力进行评价,其评价过程如下。

(1)确定评语集。

评语集为 $X=\{x_1,x_2,x_3,x_4,x_5\}=\{好,较好,中等,较差,差\}=\{100,90,70,50,30\}$。

(2)确定因素集。

主因素集为 $C=$(品牌市场能力,品牌创利能力,品牌发展能力)$=(c_1,c_2,c_3)$;子因素集为 $C_k=(c_{k1},c_{k2},c_{ki})$

(3)确定权重集。

由层次分析法计算得:

$$A = (0.3, 0.3, 0.4)\text{；} A_1 = (a_{11}, a_{12}, a_{13}) = (0.4, 0.4, 0.2)\text{；}$$
$$A_2 = (a_{21}, a_{22}) = (0.5, 0.5)\text{；} A_3 = (0.3, 0.3, 0.4)。$$

(4) 确定模糊评判矩阵。

本文采用专家调查法，选取相关专家进行评价打分，并对所得数据进行统计及归一化处理，可以分别得到 R_1、R_2 与 R_3。

$$R_1 = \begin{bmatrix} 0.1 & 0.4 & 0.2 & 0.1 & 0.2 \\ 0.1 & 0.3 & 0.3 & 0.2 & 0.1 \\ 0.4 & 0.2 & 0.3 & 0 & 0.1 \end{bmatrix} \quad R_2 = \begin{bmatrix} 0 & 0.4 & 0.2 & 0.2 & 0.2 \\ 0.1 & 0.4 & 0 & 0.2 & 0.3 \end{bmatrix} \quad R_3 = \begin{bmatrix} 0.1 & 0.4 & 0.4 & 0 & 0.1 \\ 0.1 & 0.3 & 0.3 & 0.2 & 0.1 \\ 0.4 & 0.2 & 0.3 & 0.1 & 0 \end{bmatrix}$$

(5) 计算评判结果矩阵。

$$B_1 = A_1 R_1 = (0.4, 0.4, 0.2) \begin{bmatrix} 0.1 & 0.4 & 0.2 & 0.1 & 0.2 \\ 0.1 & 0.3 & 0.3 & 0.2 & 0.1 \\ 0.4 & 0.2 & 0.3 & 0 & 0.1 \end{bmatrix} = (0.16, 0.32, 0.26, 0.12, 0.14)$$

$$B_2 = A_2 R_2 = (0.5, 0.5) \begin{bmatrix} 0 & 0.4 & 0.2 & 0.2 & 0.2 \\ 0.1 & 0.4 & 0 & 0.2 & 0.3 \end{bmatrix} = (0.05, 0.40, 0.10, 0.20, 0.25)$$

$$B_3 = A_3 R_3 = (0.3, 0.3, 0.4) \begin{bmatrix} 0.1 & 0.4 & 0.4 & 0 & 0.1 \\ 0.1 & 0.3 & 0.3 & 0.2 & 0.1 \\ 0.4 & 0.2 & 0.3 & 0.1 & 0 \end{bmatrix} = (0.22, 0.29, 0.33, 0.10, 0.06)$$

记 $R = \begin{bmatrix} B_1 \\ B_2 \\ B_3 \end{bmatrix}$

$$B = AR = (0.3, 0.3, 0.4) R = (0.151, 0.332, 0.240, 0.168, 0.141)$$

(6) 评价结果。

规定评语集 X 中各元素的量化值为 $x_1 = 100$，$x_2 = 90$，$x_3 = 70$，$x_4 = 50$，$x_5 = 30$，则最终评判结果 V 的值介于 30 和 100 之间，V 值越接近 100 则品牌竞争力越高，越接近 30 则品牌竞争力越低。实例中 $V = BX^T = (0.151, 0.332, 0.240, 0.168, 0.141)(100, 90, 70, 50, 30)^T = 74.5$，由计算结果可以看出，该品牌的品牌竞争力的最终评分为 74.5，介于"中等"和"较好"之间（对应分数区间 70~90），更接近中等。因此，可以认为该卷烟的品牌竞争力处于中等水平。

（四）四象限法(four quadrant method)

四象限法又称波士顿矩阵、市场增长率－相对市场份额矩阵、波士顿咨询集团法、产品系列结构管理法等。波士顿矩阵由美国著名的管理学家、波士顿咨询公司创始人布鲁斯·亨德森于 1970 年首创[22]。

四象限法认为一般决定产品结构的基本因素有两个：市场引力与企业实力。市场引力包括整个市场的增长率、竞争对手强弱及利润高低等。其中最主要的是反映市场引力的综合指标——市场增长率，这是决定企业产品结构是否合理的外在因素。

企业实力包括市场份额、技术、设备、资金利用能力等,其中市场份额是决定企业产品结构的内在要素,它直接显示出企业竞争实力。

市场增长率与市场份额既相互影响,又互为条件。市场增长率高,市场份额高,可以显示产品发展的良好前景,企业也具备相应的适应能力,实力较强;如果仅有增长率高,而没有相应的高市场份额,则说明企业尚无足够实力,该种产品也无法顺利发展。相反,市场份额高,而市场增长率低的产品也预示了该产品的市场前景不佳。

通过以上两个因素相互作用,会出现四种不同性质的产品类型,形成不同的产品发展前景(图4-23):

①市场增长率和市场份额"双高"的产品群(明星业务);
②市场增长率和市场份额"双低"的产品群(瘦狗业务);
③市场增长率高、市场份额低的产品群(问题业务);
④市场增长率低、市场份额高的产品群(金牛业务)。

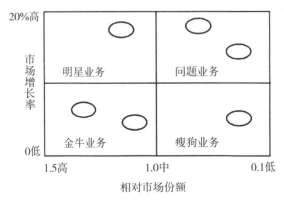

图 4-23　波士顿矩阵

图4-23中,横坐标表示相对市场份额,指企业的某项产品或服务的市场份额与最大竞争对手的市场份额的比例,以1.0为界线划分为高、低两个区域;纵坐标表示企业所在行业市场的增长率,表示该行业过去两年和今后两年的平均市场销售增长速度,通常以10%的增长速度为界线划分为两个区域。这样波士顿矩阵就将企业业务划分为明星业务、金牛业务、问题业务和瘦狗业务四种类型。

波士顿矩阵主要应用于不同业务的战略应用方面,如表4-34所示。

表 4-34　波士顿矩阵四种业务类型

业务类型	特点	战略应用	具体措施
明星业务	产品的市场份额和市场增长率都较高,这类产品或服务有发展潜力,企业也具有竞争力,是高速增长市场中的领先者,行业处于生命周期中的成长期,明星业务应是企业重点发展的业务或产品	适用发展策略	追加投资,扩大业务

续表

业务类型	特点	战略应用	具体措施
金牛业务	产品的相对市场份额较高,但市场增长率较低,行业可能处于生命周期中的成熟期,企业生产规模较大,能够带来大量稳定的现金收益。企业通常以金牛业务支持明星业务、问题业务或瘦狗业务	适用稳定战略,能够为企业挣得大量的现金	维持稳定生产,不再追加投资,以便尽可能地收回资金,获取利润
问题业务	产品的市场增长率较高,需要企业投入大量的资金予以支持,但是相对市场份额不高,不能给企业带来较高的资金回报,这类业务有一定的发展潜力	特别适合发展策略,可发展成为明星业务,也适用稳定战略和撤退战略	要深入分析企业是否具有发展潜力和竞争力优势,决定是否追加投资,扩大企业生产规模
瘦狗业务	产品相对市场份额较低,市场增长率也较低,可能处于成熟期或者衰退期,市场竞争激烈,企业获利能力差,不能成为利润源泉	适用撤退战略、稳定战略	如果业务能够经营并维持,则应缩小经营范围;如果企业亏损严重难以为继,则应采取措施,进行业务整合或者退出业务

企业也可以采用波士顿矩阵对其旗下业务类型进行评估,譬如,烟草行业可以应用其进行企业内多元化战略的有效评估,在主业方面,也可以应用其进行产品业务的评估,有助于企业资源投放优化,集中战略。

在应用波士顿矩阵制定产品组合发展战略时,需要做出合理战略协调,避免失败,如图4-24所示。

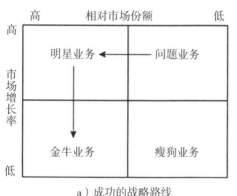
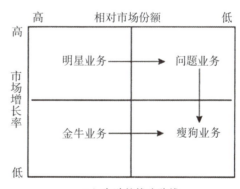

图 4-24 产品组合发展战略

目前,部分企业用四象限法则来进行战略决策。四象限法则是把要做的事情按照紧急、不紧急、重要、不重要的排列组合分成四个象限。第一象限包含的是一些重要而紧急的事情,具有时间的紧迫性和影响的重要性,无法回避也不能拖延,必须优先解决。第二象限包含的是一些重要但不紧急的事情,这类事情具有重大的影响,必须有计划地妥善安排好时间,坚持做好。第三象限包含的是一些紧急但不重要的事情,可以放手让别人去完成。第四象限包含的是既不重要也不紧急的事情,做这种事情会浪费时间,因此不能去做。见图4-25。

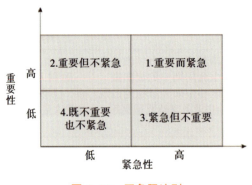

图 4-25 四象限法则

应用案例

某集团采取的是多元化发展战略,集团各业务指标见表 4-35,利用波士顿矩阵分析各业务组合的优化与调整战略。

表 4-35 集团各业务指标

单位:万元

业务类型	①包装印刷	②滤棒加工	③烟用辅料	④烟草机械	⑤新型烟草	⑥酒店	⑦房地产	⑧物流	⑨物业
2016 年	136 904	24 773	18 978	13 068	0	12 173	2427	13 007	2840
2017 年	137 879	24 277	21 169	13 383	26	11 421	3099	13 715	3243
市场增长率	0.71%	-2.04%	10.35%	2.35%	100%	-6.58%	21.68%	5.16%	12.43%
2017 年占集团收益比值	0.6026	0.1061	0.0925	0.0585	0.0001	0.0499	0.0135	0.0599	0.0142
最大竞争对手市场占有率	19%	26%	23%	20%	31%	9%	18%	19%	15%
集团市场占有率	13%	17%	9%	70%	19%	1%	0.60%	12%	0.80%
相对市场占有率	0.68	0.65	0.39	3.50	0.61	0.10	0.03	0.63	0.05

根据上述业务指标,结合波士顿矩阵分析原则,得到集团各业务波士顿矩阵图(图 4-26)。

通过波士顿矩阵可以发现,目前该集团的金牛业务和问题业务较多,明星业务较少,代表该集团具有较好的盈利能力和较大的发展空间。该集团各业务组合的情况分析如下:

(1)明星业务为新型烟草制品业务,此类业务属于烟草行业未来重要发展方向之一,其发展速度及未来发展空间很可观,是该集团未来重点投资发展的项目之一。作为国内较早进入新型烟草制品研发领域的企业之一,该科技公司与上海、湖南、湖北等工业企业的研究中心同处于该领域的第一梯队,在新型烟草制品的研发方面处于较好的优势地位。

(2)金牛业务包括包装印刷、滤棒加工、烟草机械及物流,此类业务市场增长率低,但相对市场份额较高,一般是较为成熟的业务领域,能够为企业带来持续稳定的高额收益。

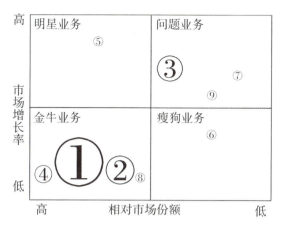

图 4-26　集团各业务波士顿矩阵图

注：矩阵图中各业务对应数字编号同表 4-34，编号大小代表该业务占集团总收益的比例，数字越大，对集团收益贡献越大。

（3）问题业务包括烟用辅料生产、房地产开发及物业管理等，此类业务具有较高的市场增长率，代表其未来有较大盈利能力的可能性，但由于其相对市场份额较低，在整体市场竞争中并不占据优势，可能需要大量的投入。

（4）瘦狗业务为酒店，其市场增长率及相对市场份额均处于较低水平，代表其盈利能力有限。同时，该集团还有商贸、资产租赁、汽车修理、仓储管理、化工产品生产销售等业务，因市场份额极小且市场增长率很低，多年来未得到重点发展，虽然未在波士顿矩阵中呈现，但是同样可以归入瘦狗类业务。

（五）随机森林算法(random forest algorithm)

随机森林算法由 Leo Breiman 于 2001 年提出，核心思想是以多决策树为基分类器构建集成分类器，通过抽取多个不同的训练样本集和随机选取节点分类特征来增大分类模型之间的相异性，从而提高模型的泛化和预测能力[23]。与其他机器学习算法相比，随机森林算法具有精度高、参数少、性能稳定的特点，因此在各个领域得到了广泛应用。随机森林算法流程主要包括训练和分类两个过程。模型训练过程为：①通过 Bootstrap 自主抽样方法有放回地随机抽取 m 个与原样本集大小相同的训练样本集，对 m 个训练样本集分别构建决策树。②对单个决策树的每个节点有放回地抽取 n（n 小于等于训练样本集中的特征总数）个特征，通过计算每个特征包含的信息量来分裂生长。③对每一棵决策树的决策结果使用多数投票法进行综合，输出分类结果。此外，随机森林还能计算指标的相对重要性。

应用案例

针对难以准确预测卷烟销量的问题，某公司提出了一种基于随机森林模型的卷烟销量预测方法。首先，通过对卷烟销量影响因素的分析，提出观测量。其次，归一化观测数据，并利用卡尔曼滤波法去除观测数据中的干扰，提高观测数据质量。再次，采用随机森林回归的方法建立卷烟预测模型，并通过实际数据验证分析预测方法的有效性。最后，依托预测结果，深入分析控烟政策对卷烟销量的影响。

1. 卷烟销量的影响因素

（1）自身因素。影响卷烟销量的自身因素包括卷烟质量、口感、包装、价格，以及卷烟市场的法制环境。

（2）宏观因素。影响卷烟销量的宏观因素可分为人口因素、宏观经济因素和当地居民的生活消费水平因素三个部分。人口因素包括当地总人口、男女性别比例、年龄结构、城乡人口比例等。宏观经济因素主要包括经济增长和产业结构两个方面。当地居民的生活消费水平因素受当地商品零售价格和收入水平的影响，可由零售价格指数、职工的工资水平和人均可支配收入等指标体现。

（3）突发因素。本案例将控烟条例归纳为突发因素，可以预期但无法准确预测，并且该突发因素的发生对卷烟销量的影响十分显著。

（4）其他因素。除上述因素外，还有一些对卷烟销量不能忽视的影响因素。

2. 卷烟销量预测算法

卷烟销量预测算法包含数据预处理、建立预测模型和预测三部分。

第一步，数据预处理将数值归一化，将所有观测数据均尽可能撑满 0 到 1 的空间，从而充分体现数据间的差异性。还需对观测数据进行预处理，使用滤波器去除观测数据中包含的噪声。由于观测数据和观测噪声在时域和频域均无明显分离，无法采用低通、高通或带通滤波器滤除噪声，需要采用卡尔曼滤波器对观测数据进行处理。

选择表 4-36 中所示数据作为观测数据。将观测数据转化为年增量，如表 4-37 所示，归一化数据如表 4-38 所示。

表 4-36 卷烟销量影响因素观测数据绝对值

年份	总人口/万人	城镇人口/万人	乡村人口/万人	城镇人均可支配收入实际增速/（％）	乡村人均可支配收入实际增速/（％）	第三产业生产总值/亿元	地区生产总值/亿元
2011	2019	1740.7	278.3	7.2	7.6	12 119.8	16 251.9
2012	2069	1783.7	285.6	7.3	8.2	13 592.4	17 879.4
2013	2115	1825.1	289.7	7.1	7.7	14 986.5	19 800.8
2014	2152	1859	292.6	7.2	8.6	16 626.3	21 330.8
2015	2170.5	1877.7	292.8	7	7.1	18 302	22 968.6

表 4-37 卷烟销量影响因素观测数据年增量

年份	总人口增量/（％）	城镇人口增量/（％）	乡村人口增量/（％）	城镇人均可支配收入增量/（％）	乡村人均可支配收入增量/（％）	第三产业生产总值增量/（％）	地区生产总值增量/（％）
2011	2.9	/	/	7.2	7.6	8.6	8.1
2012	2.5	2.5	2.6	7.3	8.2	7.8	7.7
2013	2.2	2.3	1.4	7.1	7.7	7.6	7.7
2014	1.7	1.9	1	7.2	8.6	7.5	7.3
2015	0.9	1	0.1	7	7.1	8.1	6.9

第四章 卷烟消费需求调研

表 4-38　卷烟销量影响因素观测数据年增量归一化

年份	总人口增量	城镇人口增量	乡村人口增量	城镇人均可支配收入增量	乡村人均可支配收入增量	第三产业生产总值增量	地区生产总值增量
2011	0.83	/	/	0.7	0.44	0.8	0.7
2012	0.71	0.83	0.87	0.8	0.68	0.4	0.57
2013	0.63	0.77	0.47	0.6	0.48	0.3	0.57
2014	0.49	0.63	0.33	0.7	0.84	0.25	0.43
2015	0.26	0.33	0.03	0.5	0.24	0.55	0.3

同理，获得卷烟销量增量的实际数据，进行数值归一化，将所有观测数据均尽可能撑满0到1的空间，从而充分体现数据间的差异性，采用卡尔曼滤波器对数据进行预处理。

第二步，建立预测模型。采用随机森林算法建立回归预测模型，将卷烟销售的历史数据不断带入随机森林基本框架中训练，可以得到适合卷烟销量的随机森林预测模型。依据卷烟销售的特点，建立预测模型的输入/输出参量，如表 4-39 所示。

表 4-39　预测模型的输入/输出参量

预测模型输出量	预测模型输入量
一类烟销售量增量	城镇人口增量、城镇人均可支配收入增量、第三产业生产总值增量、地区生产总值增量、往年一类烟销售量增量
二类、三类烟销售量增量	总人口增量、城镇人口增量、乡村人口增量、城镇人均可支配收入增量、乡村人均可支配收入增量、第三产业生产总值增量、地区生产总值增量、往年二类、三类烟销售量增量
四类、五类烟销售量增量	乡村人口增量、乡村人均可支配收入增量、第三产业生产总值增量、地区生产总值增量、往年四类、五类烟销售量增量
总销量增量	总人口增量、城镇人口增量、乡村人口增量、城镇人均可支配收入增量、乡村人均可支配收入增量、第三产业生产总值增量、地区生产总值增量、往年总销售量增量
一类烟比重增量	城镇人口增量、城镇人均可支配收入增量、第三产业生产总值增量、地区生产总值增量、往年一类烟比重增量
四类、五类烟比重增量	乡村人口增量、乡村人均可支配收入增量、第三产业生产总值增量、地区生产总值增量、往年四类、五类烟比重增量

第三步，预测。将上一年的观测数据带入训练好的随机森林预测模型中，即可以得到卷烟销量的预测值。

将影响因素的观测数据分为训练集和测试集。控烟条例属于突发因素，因此采用两种训练集和测试集的划分方式。第一种，将 2011 年、2012 年的观测数据作为训练集，将 2013 年的数据作为测试集，预测 2014 年的卷烟销量参数。这种划分方法反映了没有突发因素时的预测效果。第二种，将 2011 年、2012 年、2013 年的观测数据作为训练集，将 2014 年的数据作为测试集，预测 2015 年的卷烟销量参数。这种划分方法反映了存在突发因素时的预测效果。

将测试集数据带入经训练集训练后的随机森林回归模型，可以得到预测的卷烟销量参数。

将 2011 年、2012 年的观测数据作为训练集，将 2013 年的数据作为测试集时，预测结果如

表 4-40 所示。

表 4-40 卷烟销量增量预测结果（2014 年）

年份	一类烟销量增量	二类、三类烟销量增量	四类、五类烟销量增量	总销量增量	一类烟比重增量	四类、五类烟比重增量
2011	0.90	0.61	0.59	0.61	0.76	0.51
2012	0.72	0.75	0.33	0.62	0.55	0.25
2013	0.44	0.62	0.50	0.77	0.17	0.37
2014（实际）	0.75	0.49	0.22	0.71	0.54	0.12
2014（预测）	0.52	0.69	0.42	0.67	0.51	0.34

将 2011 年、2012 年、2013 年的观测数据作为训练集，将 2014 年的数据作为测试集时，预测结果如表 4-41 所示。

表 4-41 卷烟销量增量预测结果（2015 年）

年份	一类烟销量增量	二类、三类烟销量增量	四类、五类烟销量增量	总销量增量	一类烟比重增量	四类、五类烟比重增量
2011	0.90	0.61	0.59	0.61	0.76	0.51
2012	0.72	0.75	0.33	0.62	0.55	0.25
2013	0.44	0.62	0.50	0.77	0.17	0.37
2014	0.75	0.49	0.22	0.71	0.54	0.12
2015（实际）	0.15	0.08	0.77	0.18	0.10	0.85
2015（预测）	0.65	0.56	0.61	0.71	0.39	0.23

依托预测结果，得出结论：相对于一类烟，控烟条例对四类、五类烟的影响较小。

（六）回归神经网络分析法(regression neural network analysis)

广义回归神经网络(GRNN)由美国学者 Specht 于 1991 年提出，它是基于非参数核回归统计方法的一种径向基函数神经网络(RBF)，也是一种典型的机器学习模型，经常被用于解决函数拟合和回归类问题。GRNN 与 BPNN（后向传播神经网络模型）相比具有很多优势，除拥有很强的非线性映射能力和很快的学习速度之外，由于它是一种在隐藏层中使用高斯激活函数的单向传播神经网络，因此不需要进行后向传播或迭代。GRNN 只有唯一一个需要调节的自由参数（被称为扩散因子），适用于样本量不大的非线性问题研究，且能较好地处理输入样本的噪声，具有高度的容错性和稳健性[24]。

GRNN 模型结构包括 4 层：输入层、模式层、求和层和输出层。在研究中，可针对目标数组估算构建的广义回归神经网络模型结构，如图 4-27 所示。

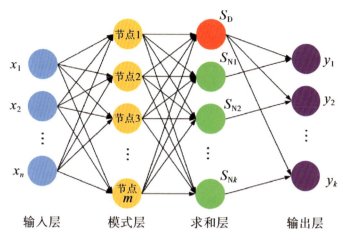

图 4-27 广义回归神经网络模型结构图

输入层中的神经元的个数和变量个数相同,模式中训练样本的数量决定神经元个数,样本数据经过模式层核函数的计算后被传递给求和层,求和层的 2 个神经元分别计算模式层各神经元输出值的加权和和输出和,最终计算得出目标数组估算值。假设 X、Y 是模型输入变量和输出变量,对应表达式如下:

$$X = [x_1, x_2, \cdots, x_n]^T$$
$$Y = [y_1, y_2, \cdots, y_k]^T$$

其中目标变量 Y 能通过 GRNN 模型预测得到。

$$\hat{Y}(X) = \frac{\sum_{i=1}^{n} y^i \exp\left(-\frac{C_i}{\sigma}\right)}{\sum_{i=1}^{n} \exp\left(-\frac{C_i}{\sigma}\right)}$$

$$C_i = \sum_{j=1}^{p} \left| x_j - x_j^i \right|$$

式中:n 和 σ 表示训练样本的数量和扩散因子的值,扩散因子是影响 GRNN 模型的精确度的唯一一个自由参数,被用于确定高斯函数的核宽度。

(七)大数据分析法(big data analysis)

越来越多的应用涉及大数据。这些大数据的数量、速度、多样性等属性显示了其不断增长的复杂性。因此,大数据的分析方法在大数据领域显得尤为重要,可以说是决定最终信息是否有价值的关键因素。

1. 大数据分析的基本方法

①可视化分析。

大数据分析的使用者有大数据分析专家,还有普通用户,他们对于大数据分析最基本的要求就是可视化分析,因为可视化分析能够直观地呈现大数据的特点,同时能够非常容易被读者所接受,就如同看图说话一样简单明了。

②数据挖掘算法。

大数据分析的理论核心是数据挖掘算法,各种数据挖掘算法可以基于不同的数据类型和格式,更加科学地呈现数据本身具备的特点。只有被全世界统计学家所认可的统计方法才能深入数据内部,挖掘出公认的价值[25]。此外,也正是因为有了这些数据挖掘算法,才能更快速地处理大数据,如果一个算法要花上好几年时间才能得出结论,那么大数据的价值也就无从说起了。

③预测性分析。

大数据分析最重要的应用领域之一就是预测性分析,即从大数据中挖掘特点,科学地建立模型,之后通过模型带入新的数据,从而预测未来的数据。

④语义引擎。

非结构化数据的多元化给数据分析带来新的挑战,我们需要一套工具去系统地分析、提炼数据。语义引擎需要设计足够的人工智能,以便从数据中主动地提取信息。

⑤数据质量和数据管理。

大数据分析离不开数据质量和数据管理,无论是在学术研究还是在商业应用领域,高质量的数据和有效的数据管理都能够保证分析结果的真实性和价值性。

2. 大数据的技术

数据采集:ETL工具负责将分布的、异构数据源中的数据(如关系数据、平面数据文件等)抽取到临时中间层后进行清洗、转换、集成,最后加载到数据仓库或数据集市中,成为联机分析处理、数据挖掘的基础。

数据存取:关系数据库、NOSQL、SQL等。

基础架构:云存储、分布式文件存储等。

数据处理:自然语言处理(natural language processing,NLP)是研究人与计算机交互的语言问题的一门学科。处理自然语言的关键是让计算机"理解"自然语言,所以自然语言处理又叫作自然语言理解,也称为计算语言学。一方面,它是语言信息处理的一个分支,另一方面,它是人工智能的核心课题之一。

统计分析:假设检验、显著性检验、差异分析、相关分析、T检验、方差分析、卡方分析、偏相关分析、距离分析、回归分析、简单回归分析、多元回归分析、逐步回归、回归预测与残差分析、岭回归、logistic回归分析、曲线估计、因子分析、聚类分析、主成分分析、因子分析、快速聚类法与聚类法、判别分析、对应分析、多元对应分析(最优尺度分析)、bootstrap技术等。

数据挖掘:分类(classification)、估计(estimation)、预测(prediction)、相关性分组或关联规则(affinity grouping or association rules)、聚类(clustering)、描述和可视化(description and visualization)、复杂数据类型挖掘(text、web、图形图像、视频、音频等)。

应用案例

某公司为了使决策更能接近市场,应用大数据分析法,使用零售户的需求值来研究市场,取得全样本情景,研究模型使用混合模型,定义了"俏紧平松软"五种状态。

研究模型的数据来源有两个:各个县级市场的公司平台日常运营数据和第三方市场调研公司 2021 年采集的市场价格数据。这些数据最后全部集成到本地 SQL Server 数据库进行数据预处理,包括异常处理、缺失数据处理。大数据分析模型框架如图 4-28 所示。

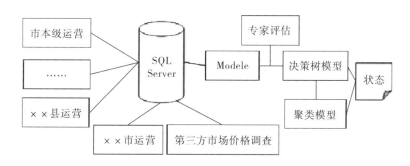

图 4-28　大数据分析模型框架

在数据的选择上:平台日常运营数据主要包括销售终端客户的订购访销数据、客户标签特征数据、各访销周期投放控制计划数据。访销数据字段包括客户编码、访问日期、商品名称、品牌与工业企业名、需求数量、销售数量、同期需求数量、销售额、同期销售额、毛利等。

终端标签字段包括客户编码、许可证号、专卖市场类型、营销市场类型、订货方式、档位、访销批次、星级终端等。第三方市场价格调查数据字段包括品牌(规格)、工业企业名、批发价、指导价、出货价、顺价、收购价、省均价、市均价、投放量等。每隔半个月或一个月即有一次市场价格采集,但并不会针对所有商品,而且每次主要采集的是市场需求量大的、物流配送系统录入的卷烟品规。

在数据的处理上,由于卷烟销售的特殊性,从平台采集的访销数据存在两个问题:一是某个周次没有需求数据;二是有一定需求(订购量)但无实际投放量。这实际是因为烟草公司根据需求和库存进行投放,统计表明约 3% 的卷烟没有投放,没有需求的一定不会投放。以市场需求为导向,剔除所有观察周期内需求为 0 的数据,保留需求大于 0 的数据,统计表明实际只有 27% 的订购需求得到了投放。

数据空置来自两个途径:一是市场数据采集不完善,例如缺少实际零售价格;二是数据处理本身的问题。对于价格问题,由于绝对价格可比较性差,可转换为价格变动率,价格空值处理为变动率为 0。当前有关卷烟市场状态的研究都提到了订足面和满足面两个参数,实际上大量卷烟往往有需求,但无投放量,市场视角下卷烟的订足面和满足面均小于 1,从而导致在整体市场下一些卷烟对应项为空值,同样转换为 0 来处理。

第一,由行业市场专家就其中最明显的几个卷烟品名进行判断,赋予对应的"俏、紧、待评"三种状态,形成训练"导师";第二,使用决策树的 C5 算法模型,通过学习前面的数据,进行状态分类预测,应用"二八"规则进行质量评估;第三,使用两步聚类算法,将"待评"再进行聚类,划分为三类;第四,再次应用决策树的 C5 算法模型,以已经划分的三类为导师,继续进行机器学习,再进行分类预测;第五,在不同市场中将烟品的销售价值进行划分,确定"平、松、软"状态。

（八）空间信息技术（spatial information technology）

1. 定义

空间信息技术是20世纪60年代兴起的一门新兴技术，70年代中期以后在我国得到迅速发展，主要包括卫星定位系统、地理信息系统和遥感等的理论与技术，同时结合计算机技术和通信技术，进行空间数据的采集、量测、分析、存储、管理、显示、传播和应用等[26]。空间信息技术在广义上也被称为"地球空间信息科学"，在国外被称为geoinformatics。

空间信息技术大致可以分为信息数据的采集、整合、分析及表达四个主要技术内容。遥感技术（remote sensing，RS）主要承担广域空间信息数据的采集与分析任务；全球定位系统（global positioning system，GPS）主要承担地表物体精准空间位置数据的采集任务；地理信息系统（geographic information system，GIS）主要承担信息数据的整合、存储、分析及输出表达的任务。由于这三项技术上相互补充、结合紧密，在实际中常常整合使用，且三项技术的英文名称中都带有"S"字样，因而将三项技术的集成整合称为"3S"技术。"3S"技术是学科发展以及应用深入的必然结果，这三项技术支撑起空间信息技术的主要内容。

2. 适用范围

空间信息的基准问题：包括几何基准、物理基准和时间基准，是确定空间信息几何形态和时空分布的基础，是空间信息技术与地球动力学交叉研究的基本问题。

空间信息的标准问题：主要包括空间数据采集、存储与交换格式标准、空间数据精度和质量标准、空间信息的分类与代码、空间信息的安全、保密及技术服务标准等。标准问题是推动空间信息产业发展的根本问题。

空间信息的时空变化问题：主要揭示和掌握空间信息的时空变化特征和规律，并加以形式化描述，形成规范化的理论基础；同时进行时间优化与空间尺度的组合，以解决不同尺度下信息的衔接、共享、融合和变化检测等问题。

空间信息的认知问题：空间信息以地球空间中各个相互联系、相互制约的元素为载体，在结构上具有圈层性，各元素之间的空间位置、空间形态、空间组织、空间层次、空间排列、空间格局、空间联系以及制约关系等均具可识别性。通过静态上的形态分析、发生上的成因分析、动态上的过程分析、演化上的力学分析以及时序上的模拟分析来阐释与推演地球形态，以达到对地球空间的客观认知。

空间信息的不确定性问题：主要包括类型的不确定性、空间位置的不确定性、空间关系的不确定性、时域的不确定性、逻辑上的不一致性和数据的不完整性。

空间信息解译与反演问题：通过对空间信息的定性解译和定量反演，揭示和展现地球系统现今状态和时空变化规律，从现象到本质回答地球科学面临的资源、环境和灾害等诸多重大科学问题。

空间信息的表达与可视化问题：主要研究空间信息的表达与可视化技术方法，涉及空间数据库的多尺度（多比例尺）表示、数字地图自动综合、图形可视化、动态仿真和虚拟现实等。

在烟草行业，基于GIS空间分析技术，可以挖掘卷烟营销数据中空间分布特性，可进一步探索区域销售与经济政策和社会经济指标等的关系。

> **应用案例**

某公司选取所属省份县级卷烟零售数据，对该省份五类卷烟的销售情况进行了空间相关性分析，得到了各县的卷烟销售聚集程度和分布模式。

首先，对当地卷烟品牌销量使用 Moran's I 进行全局空间聚类分析，以确定各类别卷烟品牌是否具有统计学意义上的空间聚集特征。以国家烟草专卖局制定的卷烟五类标准为参考，分别计算卷烟品牌销量空间自相关性。结果表明，除五类卷烟之外，当地卷烟各个类别的卷烟品牌的销量在空间上都表现出较强的空间聚集特征，其中二类卷烟表现出统计学意义上最强的空间聚集性。通过当地卷烟品牌销量的全局聚类检验，从统计学意义上证明各类别卷烟品牌销量的确存在明显的空间聚集性。

卷烟品牌销量全局聚类检验只能判断各类别卷烟品牌销量是否存在明显的空间聚集性，这对于研究各类别卷烟品牌的空间聚集性是不够的，为了实现卷烟精准营销，还需要确定卷烟品牌销量空间聚集的具体位置，即进行局部空间聚类分析。此时应进一步对各类卷烟品牌进行局部聚类分析并制图，使各类卷烟品牌空间聚集的具体位置可视化，从而与全局聚类检验互补，更好地辅助决策。要进行局部聚类分析的另一个重要原因是，即使全局聚类分析没有发现显著的空间聚集性，如案例中第五类卷烟并没有出现显著的全局空间聚集性，但其存在局部聚集的可能。

首先建立空间权重矩阵，在多种权重矩阵的选择上，本案例选择基于县域空间多边形的邻接关系建立空间权重矩阵。再以各县级地区卷烟总销量、分类卷烟销量为聚类变量进行局部空间自相关分析，得到卷烟销量散点图。

在本次案例中得出如下结论：

(1) 无论是卷烟总销量还是分类别卷烟销量都表现出了较强的局部空间聚集特征，可以分为高销量地区聚集和低销量地区聚集。

(2) 二、三、四类卷烟的聚集特征相似，一、二类卷烟的聚集特征相似。

(3) 无论是卷烟总销量还是分类别卷烟销量，高销量聚集地区都趋向于集中在经济较发达和人口众多的两个地区。

五、卷烟消费需求类型分析

（一）新品需求

1. 价格需求

1) 制定价格决策的方法

价格是市场营销组合要素中最活跃、最敏感的要素，也是市场竞争的一个重要手段。新产品的价格决策为目标消费群接受并认可，既能为企业赢得利润，又能扩大市场占有率[27]。而价格决策的可靠基础是科学的价格调研。

新产品价格调研是调研人员根据价格形成和运动规律,对构成和影响新产品价格的各种因素进行分析、研究,用科学的方法和手段观察、了解价格的变化情况和趋势,为进行科学的价格决策提供依据。新产品上市后的价格定位必须经过科学而审慎的调研分析,为企业的价格决策提供可靠的依据。

企业制定价格决策需要了解3个方面的信息:新产品的成本、新产品的市场需求、新产品的竞争状况。这是影响新产品价格形成的关键因素。

2)企业定价方法

①基于成本的定价方法(成本加成定价法、盈亏平衡分析法、目标利润定价法)。成本是企业定价的底牌,是价格构成的重要因素,是制定价格的主要依据。调研人员要了解产品的平均生产成本,计算本企业生产总成本及其结构,包括企业的固定成本和变动成本,同时要预测产品成本的变化对定价的影响。

②基于需求的定价法(价值基础定价法)。需调查了解顾客对本企业产品的认知价值,或者对同类产品能够接受的最高心理价格,寻找影响需求价格变动敏感度的因素,研究需求对价格的弹性等。

③基于竞争的定价法(行市定价法和封标定价法)。需调研竞争对手的产品、成本、价格,比照竞争对手的价格确定本企业产品的价格水平,尤其是在项目招投标中,对竞争对手价格的估计和测算更是十分重要。

从企业定价方法看,商品的最低价格取决于产品的总成本,最高价格取决于消费者的需求和对商品价值的理解,实际销售价格取决于竞争和市场供求。顾客理解价值是指新产品以顾客的感知价值为基础来定价,由顾客来决定企业的定价是否合适。如果产品价格超过了顾客感知的价值量,顾客不会买产品,而产品定价过低,虽然销售情况不错,实际收益却比按采用顾客感知价值定价低。对于新产品而言,因为市场上还没有此类产品,其目标客户主要是领先者和早期采用者,采用顾客理解价值更符合他们的心理,效果较好。

3)市场定价选择

新产品的市场定价一般有3种选择:市场撇脂定价法、市场渗透定价法、满意定价法。

①市场撇脂定价法。

市场撇脂定价法是指在新产品上市之初把价格定得很高,获取较高的利润,尽快收回投资。

采用这种定价方法的产品必须符合下列条件:

第一,产品质量高、形象好、品牌知名度高,属于创新产品,在市场上居于绝对领先地位,且有足够的目标消费者愿意在高价位下购买。

第二,生产小批量产品的单位成本不能高到抵消了高价位所带来的利润。

第三,竞争对手不能轻易进入市场来影响其高价位。

②市场渗透定价法。

市场渗透定价法是制定较低的初始价格,使产品迅速和深入地渗透市场,快速吸引大批消费者,赢得较大的市场份额的定价方法。这是一种低价策略,使竞争对手感到无利可图。

采用市场渗透定价法必须满足以下几个条件:

第一,市场对新产品的价格非常敏感,低价格会导致其市场份额迅速增长。

第二,产品的生产和分销成本必须随着销售量的增长而下降。

第三,低价格要能阻止竞争,企业必须能够保持产品低价格的定位,否则,低价优势只能是短暂的。

第四,产品的价格与销量关系密切,需求弹性大,技术含量不高。

市场渗透定价法实际上是一种薄利多销、扩大市场份额的定价策略。如格兰仕微波炉新上市时就采用了这一定价策略,以每台只赚1元的价格迅速占领了国内微波炉市场,成为行业龙头。

③满意定价法。

满意定价法是一种介于"撇脂"和"渗透"之间的定价方法,产品价格水平适中,兼顾了制造商、中间商、消费者的利益,使各方面都能顺利接受。由于价格稳定,能够按期实现盈利目标,又能博得消费者的良好印象,企业采用这种策略较多。但这种定价方法也有它的缺陷,它不适应复杂多变或竞争激烈的市场环境。

价格是烟民的第一考虑因素,他们会按照价格对香烟进行档次的划分,中端烟民关心香烟的性价比,高端烟民则认为高价格香烟是他们身份地位的象征。

应用案例

对消费者提问:你认为有点低但可以接受的价格是多少?你认为太低而不接受的价格是多少?你认为有点高但可以接受的价格是多少?你认为太高而不接受的价格是多少?统计出价格敏感度曲线。对某三类烟价格灵敏度进行测试,结果如图4-29所示。

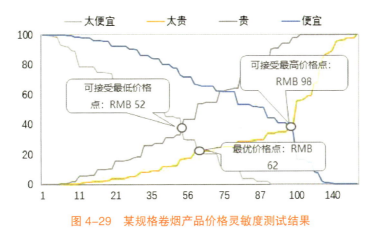

图4-29 某规格卷烟产品价格灵敏度测试结果

2.销售渠道需求

销售渠道是协助制造商将其产品和服务顺利地传递给目标顾客的一系列相互联系的中介组织机构。这些中介组织机构能够更加有效地推动产品与服务迅速而广泛地渗透于目标市场[28]。渠道是联系企业和消费者的桥梁,是企业产品销售的通道,是企业发展的咽喉。渠道决策直接影响着企业其他所有的营销决策,如广告、定价、促销计划等,不同的渠道系统会有不同的收益和成本,会到达不同的目标市场。因此,调研部门应对新产品渠道决策提供信息。

在营销活动中,企业一般有三种销售渠道可选择:一是直接卖给客户;二是通过商品经销商卖给客户;三是委托代理商负责推销。

(1) 新产品选择销售渠道时需做的调研。

新产品选择销售渠道时需做的调研有与新产品同类的商品最常见的流通渠道和分销渠道的情况;现行分销渠道中最成功的类型;市场上是否存在分销此类产品的权威机构,如果有,它们经销的产品在市场上的份额是多少;市场上经销此类产品的经销商,尤其是主要经销商是否愿意或有无能力再接受新的产品;市场上经营此产品的经销商,尤其是主要经销商经销此种产品的要求和条件;经销商除了经销产品外,是否还承担其他促销业务,如广告宣传、售后服务等,此外,经销商需要什么帮助,如技术培训、资金扶持等;经销新产品的竞争情况,成功者有哪些优势,忠诚度如何;经销商能维持的一般库存量是多大;新产品在每一环节的加价或折扣是多少;新产品的目标市场是什么;所选择的经销商或代理商是否会全力推销新产品,他们的经营水平如何;新产品是否可以直接向零售商供货;目标顾客期望得到的产品服务水平,他们的渠道习惯及渠道创新潜在机会;新产品自身的特点和要求。

在上述调研的基础上,决定采用何种渠道。

制造商在调研后进行渠道设计时,往往必须在理想的渠道和实际可行的渠道中做出选择。对于新产品,尤其需要分析新产品的消费者对渠道的要求,根据目标顾客的期望来确定渠道目标并限制条件,最终明确主要的渠道选择。

在设计渠道时,首先应了解目标顾客希望从渠道中得到什么,制造商推出的新产品,顾客希望就近购买还是到较远的商业中心购买,他们是到实体店购买,还是通过电话或网络购买;他们是否需要增值服务(运送、维修、安装、定期保养、培训),还是愿意从别处获得这些服务;他们愿意等候多长时间等。在分析目标顾客的渠道习惯、目标顾客期望得到的产品服务水平、新产品自身的特点及要求、竞争对手的情况、各种渠道背景、渠道惯例、可供选择的中间商类型和数目、中间商的资信状况等情况后,对顾客期望渠道做出选择。

(2) 渠道选择建议。

成功的渠道选择要在满足顾客期望的前提下,使总的渠道成本最小,又要能使新产品迅速占领目标市场。

新产品的渠道选择包括渠道模式的选择和中间商数目的选择。渠道模式即渠道的长度,要根据目标消费群的需求特点、限制因素(即企业本身的战略目标的要求)决定采用什么类型的营销渠道。

中间商的数目即渠道的宽度,也就是每个渠道层次使用多少中间商,具体有以下3种选择:

①密集分销,即制造商通过尽可能多的批发商、零售商推销新产品,目的是加速进入新市场、扩大市场份额,使消费者能随时购买这些新产品。一般消费品中的便利品和工业品中的通用设备采用此种方式。

②独家分销,即制造商在某一地区仅通过一家中间商推销其新产品,双方签订独家经销合同,规定不得同时经营第三方,特别是竞争对手的产品。这一策略的目的是控制市场、控制中间商,或者是彼此利用对方的商誉和经营能力。一般具有专门技术、专门用户、品牌优势或特殊品以及竞争力强、利润空间大的新产品采用此种方式。

③选择分销,制造商在某一地区仅通过精心挑选的、最合适的中间商推销产品,这一策略的目的是稳固市场竞争地位,维护新产品在该地区的信誉。一般消费品中的选购品、革新产品、改进新产品、模仿新产品、有一定品牌知名度的新产品采用此种方式。

3. 口味偏好需求

卷烟作为特殊消费品,吸食口味是其重要的产品属性之一,也是消费者形成卷烟品牌偏好的基础。市场研究机构与卷烟企业所做的调查表明,消费者通过购买某品牌的卷烟,感受其具有特点的吸味,形成吸味记忆和口感依赖,再经过品牌其他属性的固化,形成品牌偏好。因此,卷烟品牌偏好的形成是与卷烟口味紧密相关的。

烟草企业每推出一款新的产品,均高度关注口味的区域适应性、与竞争对手品牌规格的差别以及消费者的接受程度。在口味研究中,消费者测试的研究理念是将消费者的口味描述与企业及行业专家的口味评价体系,用消费者理解的语言和评价指标贯穿起来,成为行业专家与消费者之间沟通的桥梁,有效地帮助企业改进产品,提高产品竞争力。卷烟口味研究的内容集中在消费者对测试品的口味评价、口味要求、口味差异几个方面。通过对测试数据的收集、整理和分析,研究产品口味的适应性,细分消费者对口味的要求与差异,以及口味改进的量化标准。

卷烟产品评测分析包括两部分内容:产品总体质量分析和卷烟消费者吸食心理分析。总体质量分析包括感官质量评测、吸食过程口感指标体验评测、卷烟产品理化指标评测、包装与卷制质量评测、吸后对比评测以及联想评测。卷烟消费者吸食心理分析包括消费者吸食口味特点及发展趋势、吸食口感要求、卷烟消费者吸食口味变化趋势、国际流行的卷烟牌号及口味特点、国际卷烟流行口味的影响。从吸前、吸中、吸后对比评测的过程,具体分感觉、体验、评价以及联想来收集消费者的吸食口味信息。

通过卷烟吸味测试研究的指标体系、口味评价指标、消费者偏好类型及变化趋势、消费者吸食口味评价影响因素等方面,分析研究消费者卷烟吸食口味的形成、偏好特征、吸食适应性等,为企业改进卷烟产品口味、提高市场适应能力提供意见和建议。

关注区域市场的卷烟口味需求变化,不断提高产品的普遍适应力,才能够在品牌扩展中提升综合竞争能力,做大品牌。

(二)在产产品需求

1. 抽吸品质需求

卷烟产品评价一般包括卷烟外观与外在属性评价、卷烟产品口味评价。卷烟外观与外在属性评价包括烟盒形式、烟支长度、烟嘴长度、特殊香烟、特殊烟嘴、烟丝情况等方面的评价;卷烟产品口味评价分别从嗅香、口腔、鼻腔、喉咙、余味5个方面进行评价,并对当前产品整体进行评价。

卷烟产品评价应详细了解烟民对卷烟产品各方面的偏好。首先询问消费者对卷烟产品的满意度，之后请消费者对主抽品牌进行口味评价，最后询问消费者对卷烟包装的偏好、价格的可接受度、产品的概念认知等。

2. 包装质量需求

包装承载着商品的各类信息，是商品和消费者直接见面的视觉形象。它通过不同的图案、色彩、文字以及材质和造型来刺激消费者的感觉器官，对消费者心理产生一定的影响。

商品包装对消费者心理的影响，归根到底就是包装对消费者心理的刺激程度。成功的商品包装能引起正向刺激，不成功的商品包装则只能引起负向刺激或零刺激。因此，商品的包装设计必须以消费者对包装的心理要求为基础。

1) 安全性

安全性是指商品包装必须保证产品本身、包装材料和使用者的安全。

首先，包装容器必须是安全牢固的，这是消费者对商品包装最基本的需要。

其次，处于包装物之中的产品必须是完好无损的。保护商品是包装的基本功能，因此商品包装必须具有封闭性、采光性、抗压性、防腐性、防温性等保护功能。

最后，使用者在开启、食用食品时也应该是安全的，商品包装不应对消费者构成任何危险，包括划伤、腐蚀、有毒物质损害等。

2) 便利性

便利性是消费者对商品包装方便性、适用性的要求。市场上采用密封式、携带式、折叠式、拉环式、按钮式等包装形式的商品之所以受到消费者的欢迎，重要原因之一就在于其迎合了消费者的心理需求。根据消费者对商品包装便利性的要求，设计者应在研究商品性质、形态、重量和用途的前提下设计好包装的形状、结构、规格和开启方式。

3) 形象性

商品包装应能反映商品形象并与商品形象和谐地结合在一起。例如，对于一些构造独特的商品，其包装必须反映出商品的独特之处，反映其形象。为此，在商品包装设计的过程中必须以突出商品形象为中心，运用各种手段，直接或间接地反映商品特性，以便消费者对商品特征的了解和对商品的挑选。

4) 时代性

商品包装的时代性是指商品包装的图案、色彩等富有时代精神风貌，给消费者以新颖别致、简洁明快的时代感，满足消费者求新、求异、求变的心理需求。在包装的诸要素中，包装材料的现代化是商品包装富有时代性的前提。没有现代包装材料的使用，即使是新奇别致的图案也很难使商品包装富有时代气息。当然，仅有包装材料的新型化也不能实现包装的时代性，还需要考虑包装材料新型化与图案新颖化、色彩明快化等要求的统一。

5) 艺术性

商品包装的艺术性主要包括造型、图案和色彩的艺术性。例如在造型设计中，线、面、体位置的艺术性是造型艺术的关键。因此，应合理调整这三要素之间的位置关系，努力创造出商品包装的造型美。

6) 社会性

消费者都处在特定的社会群体、社会阶层之中,受不同文化环境的影响,都有不同的个性特征,因此他们对同一事物的看法以及接纳能力也有很大的区别。所以设计者在设计包装时,要充分考虑商品的目标受众,综合考虑他们的审美体验、经济能力等,使处于社会环境中的不同消费者都能对商品包装产生愉悦的、有益的联想。

3. 销售渠道需求

经过评价分析后,消费者的购买行为就进入了购买阶段。一般情况下,消费者做出购买决策和发生实际购买行为之间还有一段时间,在这期间,消费者还将受到来自各方面因素的影响,使其购买决策发生变化。因此这一阶段的调查任务就是要研究影响消费者购买决心的因素有哪些,最重要的因素是什么,影响结果是促进消费者的购买行为还是动摇了消费者的购买决心等,为企业采取促进消费者购买行为发展的对策提供依据。

4. 售后反馈需求

消费者购买结束后才开始实际体验购买的效果,体验的结果就形成了消费者对该产品的评价和购买经验。如果使用效果好,就会使消费者产生偏爱心理和习惯购买行为,同时还会向其他消费者宣传和推荐自己的购买选择。反之,如果使用效果与购前期望有差距,消费者就会由失望而产生拒绝购买心理,并竭力劝阻其他消费者购买。由此可见,消费者购后评价对企业扩大影响、巩固市场有着重要作用。购后评价阶段调查的主要内容就是要了解消费者在使用商品时的反应,以及采取的相关行动。这个阶段的调查应通过售后服务网连续跟踪进行,使企业能够及时根据市场反馈调整营销策略,提高竞争力。

5. 营销促销需求

营销是通过找到用户需求或者潜在需求,设计实物产品或服务产品,确定产品价格,并通过合理安排生产供应流程、销售流程、资金流程、服务流程来满足用户需要,实现企业利益目标的一整套过程。而促销是整个营销过程中促进销售的所有措施。

促销实质上是一种沟通活动,即营销者(信息提供者或发送者)发出作为刺激消费的各种信息,把信息传递到一个或更多的目标对象(即信息接收者,如听众、观众、读者或用户等),以影响其态度和行为。常用的促销手段有广告、人员推销、网络营销、营业推广和公共关系。

参考文献

[1] 陈刚. 市场营销学[M]. 南京:南京大学出版社,2018.
[2] 欧阳卓飞. 市场营销调研[M]. 北京:清华大学出版社,2016.
[3] 杜栋,庞庆华. 现代综合评价方法与案例精选[M]. 4版. 北京:清华大学出版社,2021.
[4] 朝乐门. 数据科学理论与实践[M]. 2版. 北京:清华大学出版社,2019.
[5] 李莉. 统计学原理与应用[M]. 南京:南京大学出版社,2019.
[6] 陶德麟,何萍. 马克思主义哲学中国化:历史与反思[M]. 北京:北京师范大学出版社,2007.

[7] 张振波. 政协理论研究状况的统计分析研究——基于中国知网的检索[D]. 黄石:湖北师范大学,2022.

[8] 张琦. 我国体育学博士学位论文研究方法规范性研究[D]. 天津:天津体育学院,2021.

[9] 刘禹帆. 抖音平台中银发网红的自我呈现研究[D]. 广州:暨南大学,2021.

[10] 蒋春燕,蒋昀洁,孙甫丽. 组织设计与工作分析[M]. 南京:南京大学出版社,2021.

[11] 黎新伍,叶晗堃. 跨境电子商务运营与管理[M]. 南京:南京大学出版社,2021.

[12] 刘正华,周杰枫,窦崎. 基于网络爬虫的智能挖掘技术研究[J]. 电子技术与软件工程,2022(08):13-16.

[13] 王宝盈. 网络蜘蛛的职能介绍[J]. 计算机与网络,2018,44(01):38-41.

[14] 黄厚石,孙海燕. 新编设计原理[M]. 南京:东南大学出版社,2022.

[15] 居长志,周峰. 市场调研[M]. 2版. 南京:东南大学出版社,2019.

[16] 赖家兴. 秘书调研工作的主动性和客观性研究[D]. 广州:暨南大学,2021.

[17] 谢平芳,黄远辉,赵红梅. 市场调查与预测[M]. 2版. 南京:南京大学出版社,2020.

[18] 卢小宾. 信息分析导论[M]. 武汉:武汉大学出版社,2020.

[19] 赖文燕,蔡影妮. 现代企业管理[M]. 南京:南京大学出版社,2019.

[20] 王培刚. 多元统计分析与SAS实现[M]. 武汉:武汉大学出版社,2020.

[21] 刘彤. 基于非互反判断矩阵的群体决策模型研究[D]. 南宁:广西大学,2022.

[22] 蒋彦收,王涛. 基于正向设计的产品开发需求管理研究[J]. 科技与创新,2020(18):108-110.

[23] 张雪. 基于加权随机森林的砂岩CT图像超像素合并方法研究[D]. 大庆:东北石油大学,2022.

[24] 钱洪玥. 基于广义回归神经网络的二手车价值评估研究[D]. 重庆:重庆理工大学,2021.

[25] 朱晓峰,王忠军,张卫. 大数据分析指南[M]. 南京:南京大学出版社,2021.

[26] 丁寒. 地理空间信息的侦查应用研究[D]. 武汉:中南财经政法大学,2021.

[27] 苏文兵,张帆. 管理会计学[M]. 南京:南京大学出版社,2020.

[28] 陆宇海,邹艳芬. 网络营销[M]. 南京:南京大学出版社,2020.

第五章
调研问题的界定

一般来说,调研项目是为了解决某个问题而存在的,调研的第一步是发现和明确问题,然后确立需要达成的目标,即调研结果。调研问题的界定是市场调研的核心,它将直接影响调研结果的准确性和有效性。如果说营销管理问题关注决策的结果,是结果导向,那么市场调研问题则是信息导向,需要调研人员将营销管理问题转化为市场调研问题,明确各种构想之间的相关性,使所需信息更加明确,有助于设计正确的市场调研方案。

例如,卷烟销量不断下跌,消费者认同感下降,但无法直接找到原因,可以通过消费者调研来明确问题,为企业的下一步行动做出指引。又如,想要推出新产品,但对当前市场情况还不够了解,可以通过市场调研来获取更多有针对性的信息,以帮助决策者解决营销管理问题(避免损失、捕捉机会)。

一、确定调研目的

在进行市场调研前,需要明确调研的目的,这样才能更好地选择和界定调研问题。调研目的是市场调查研究的出发点和终点,贯穿整个调研过程,需要通过对资料的收集、整理和分析,明确存在的机会或痛点,寻找解决问题的可行方案。企业进行市场调研的目的和背景是非常重要的,它们直接影响到调研问题的选择。例如,企业要了解竞争对手的情况,就需要明确调研的目的是更好地了解竞争对手的市场份额、产品特点、市场策略等,从而制定自己的市场营销策略。

市场调研问题可以应用于企业发展过程中的任意阶段。针对企业不同发展阶段制定有针对性的市场调研目标,可以有效解决不同阶段的关键问题,有利于企业制定战略规划、调整投资方向、实现稳步发展。

1. 新产品研发阶段

在新产品研发阶段,需要了解市场上已有的类似产品的特点,以及受众的需求和偏好。此时,需要选择开放式的问题,例如"你最想要什么样的产品""你觉得现有的产品有哪些不足之处"等。

2. 竞争对手分析阶段

在竞争对手分析阶段,需要了解竞争对手的产品价格、销售渠道等方面的情况。此时,需要选择封闭式的问题,例如"你更愿意购买哪个品牌的产品""你认为哪个品牌的产品价格更合理"等。

3. 营销策略制定阶段

在营销策略制定阶段,需要了解受众的需求和偏好,以及营销策略的可行性和效果。此时,需要选择封闭式和开放式的问题,例如"你更喜欢哪种促销方式""你会因为什么原因购买我们的产品"等。

4. 客户满意度调查阶段

在客户满意度调查阶段,需要了解客户对产品和服务的满意度,以及客户对改进的建议。此时,需要选择封闭式和开放式的问题,例如"你对我们的产品满意度如何""你认为我们应该怎么改进我们的服务"等。

5. 渠道拓展阶段

在渠道拓展阶段,需要了解渠道的市场占有率和竞争情况,以及渠道合作的可行性和效果。此时,需要选择封闭式和开放式的问题,例如"你认为我们应该和哪些渠道合作""你对我们和目前合作的渠道的合作效果满意吗"等。

总之,需要根据不同的场景和目的来确定合适的市场调研问题,同时需要选择合适的问题类型和问题形式,以确保调研结果的准确性和实用性。

二、确定调研场景

具体的市场调研问题需要根据不同的场景和目标来确定,下面列出了9个不同场景及对应的问题选择方法。

1. 企业战略

企业战略属于宏观层面的战略规划,需要对企业的发展方向、目标市场、市场份额等进行分析。在这个方面的市场调研需要选择封闭式的问题,比如:

- 我们的竞争对手是哪些企业?它们的优势和劣势分别是什么?
- 我们在市场中的地位如何?我们的市场份额是多少?与我们的目标相比如何?

应用案例

某互联网公司希望进军在线教育市场,针对此需求开展市场调研,包括对竞争对手的分析、用户需求的了解以及市场机会的评估等方面。对于此类调研,可以选择封闭式问题如下:

- 在您的教育需求中,您更看重哪些教育内容?
- 您倾向于使用哪种形式的在线教育产品?

与此同时,为了提升公司竞争力,开展企业内部调研——"未来三年企业发展规划中,哪些因素是最重要的?"调研后发现,客户需求变化、技术创新和人才储备是最重要的因素。因此,根据调研结果,该公司加大了技术研发和人才培养的投入,在新产品的研发和市场推广中获得了更多的成功经验,创新能力和竞争力得到了显著提升。

2. 品牌规划

品牌规划属于品牌管理的范畴,需要对品牌的识别度、品牌形象、品牌声誉等进行分析。在这个方面的市场调研需要选择开放式的问题,比如:

- 对于我们的品牌,消费者的第一印象是什么?
- 消费者是否愿意购买我们的产品并且推荐给其他人?

应用案例

某食品企业希望提升品牌知名度和美誉度,需要了解消费者对该品牌的认知和评价等方面的信息。对于此类调研,可以选择开放式问题如下:

- 您对我们品牌的第一印象是什么?
- 您最喜欢我们品牌的哪个方面?
- 您会选择哪些因素作为评价品牌的标准?

调研后发现,产品品质、售后服务和品牌声誉是客户最看重的因素。因此,企业加大品质和服务方面的投入,并通过提升品牌知名度和美誉度来树立品牌的形象。通过加大品质和服务方面的投入,企业的品牌知名度和美誉度得到了提高,客户对品牌的信任度也得到了提升,最终提高了品牌的市场占有率。

3. 产品研发

产品研发是企业在市场中获得成功的关键之一,需要对市场上已有的产品进行分析和调查。在这个方面的市场调研需要选择封闭式和开放式的问题,比如:

- 您认为目前市场上的类似产品存在哪些缺陷?
- 您倾向于购买哪种类型的产品?

应用案例

某手机品牌计划推出一款新手机,需要了解消费者对手机外观、功能、价格等方面的需求和偏好。对于此类调研,可以选择封闭式问题如下:

- 对于一款手机的外观,您更倾向于哪种风格?
- 您购买手机的预算大概是多少?

某家电企业为了研发满足消费需求的新一代产品,确定调研问题为"您觉得目前市场上最需要什么样的新产品?"

调研后发现,客户最需要的是功能多样化、简单易用和智能化的产品。因此,企业将在产品研发中加大功能和用户体验的研究和开发,推出更具竞争力的新产品。通过加大功能和用户体验的研究和开发,企业推出了更具竞争力的新产品,产品的市场份额得到了提高。

4. 市场开发

市场开发是企业拓展市场的过程,需要了解目标市场的需求和消费者的消费习惯等方面的信息。在这个方面的市场调研需要选择开放式的问题,比如:

- 您认为我们的产品在您的市场中是否符合您的需求?
- 您觉得我们需要如何提高市场份额?

应用案例

某保险公司计划拓展年轻人市场,需要了解年轻人对保险产品的认知和需求等方面的信息。对于此类调研,可以选择开放式问题如下:

- 您对于保险的认知有哪些?
- 您觉得哪些风险需要购买保险来进行防范?

某企业为了进一步扩容市场,确定调研问题为"您最喜欢的购买渠道是哪些?"

调研后发现,客户喜欢线上购买,且更倾向于在社交媒体上获取产品信息和评价。因此,企业将加大在社交媒体上的宣传和推广,建立更便捷的线上购物平台,提高线上营销的效果。通过加大在线营销和电商渠道的建设,企业的销售额和市场份额得到了提高。

5. 需求挖掘

需求挖掘是了解消费者需求的重要环节,需要对消费者的需求进行了解和分析。在这个方面的市场调研需要选择开放式的问题,比如:

- 您对目前市场上的产品有哪些期望和需求?
- 您最看重产品的哪些方面?

应用案例

某电商平台希望深入了解消费者的购物需求和购买习惯等方面的信息。对于此类调研,可以选择开放式问题如下:

- 您购物的最大需求是什么?
- 您最喜欢哪种购物方式?

某企业为了在稳固市场的前提下进行产品升级,确定调研问题为"您在使用我们产品时遇到了哪些问题?"

调研后发现,客户在使用产品中遇到的主要问题是操作烦琐、使用不便和耗电量大等。因此,企业将加强产品设计和功能优化,提高产品的易用性和节能性,以进一步巩固原有市场份额,提高客户对产品的满意度和忠诚度,同时吸引更多的新消费者。

6. 竞品分析

竞品分析是了解竞争对手情况的重要手段,需要对竞争对手的产品、定价、营销策略等进行分析。在这个方面的市场调研需要选择封闭式的问题,比如:

- 对于竞争对手的产品,您觉得它们的优势和劣势分别是什么?
- 您是否愿意购买除竞品外的其他产品?如果让您选择,除了竞品外,您会选择哪款?

应用案例

某汽车品牌希望了解竞争品牌在消费者心中的优势和劣势,以指导自己的产品和市场策略。对于此类调研,可以选择封闭式问题如下:

- 在您的购车需求中,您更看重哪些方面?
- 对于同级别的竞争品牌,您对它们的整体印象如何?

某企业为了解自身产品与竞品的比较,确定调研问题为"您更愿意购买我们的产品还是竞品产品?"

调研后发现,客户更倾向于购买竞品产品,原因是竞品产品有更高的性价比和更好的品质保障。因此,企业将加强产品的品质管理和价格策略,提高产品的性价比和市场竞争力。

7. 销售策略

销售策略是营销的关键之一,需要了解消费者的购买习惯和购买决策的影响因素等方面的信

息。在这个方面的市场调研需要选择开放式的问题,比如:
- 您在购买产品时最看重的因素是什么?
- 您更倾向于在哪种场景下购买产品?

> **应用案例**

某家电品牌希望优化销售策略,了解消费者的购买意愿和偏好等方面的信息。对于此类调研,可以选择封闭式问题如下:
- 在您购买家电时,哪些因素是您考虑的重要因素?
- 您购买家电时,最看重哪个方面?
- 您是通过什么渠道获得产品信息和购买产品的?

调研后发现,客户主要是通过社交媒体和线上购物平台获取产品信息并进行购买的。因此,企业将加大在线营销和电商渠道的建设,提高销售额和市场份额。此外,通过加强销售人员的培训和管理,提高了销售人员的专业性和服务质量,进一步提高了客户的满意度和忠诚度。

8. 售后跟踪

售后跟踪是提高消费者满意度的关键,需要了解消费者对产品的反馈和投诉等方面的信息。在这个方面的市场调研需要选择开放式的问题,比如:
- 您对我们的售后服务有哪些建议和意见?
- 您觉得我们的产品有哪些需要改进的地方?

> **应用案例**

某家具品牌希望了解消费者对售后服务的满意度和需求等方面的信息,以改善售后服务和提升用户体验。对于此类调研,可以选择开放式问题如下:
- 您最近购买了我们的家具,您对我们的售后服务有什么评价?
- 您希望我们在售后服务方面提供哪些支持?
- 您对我们的售后服务是否满意?

调研后发现,客户对售后服务的满意度较低,主要原因是售后服务不及时、回应不及时和解决问题不到位。因此,企业将加强售后服务的投入和建设,提高售后服务的效率和质量,提高客户满意度。

9. 改进维护

改进维护是产品持续发展的关键,需要了解消费者对产品的体验和使用情况等方面的信息。在这个方面的市场调研需要选择开放式的问题,比如:
- 您觉得我们的产品有哪些需要改进的地方?
- 您对我们的产品有哪些建议和意见?

应用案例

某电子产品品牌希望了解用户在使用过程中遇到的问题和反馈,以改进产品和改善用户体验。对于此类调研,可以选择开放式问题如下:

- 您使用我们的电子产品时,遇到过哪些问题?
- 您对我们的产品有什么改进建议?

调研后发现,客户最期待的是产品的升级、维护和修理服务。因此,企业将加强产品的维修和升级服务,提高产品的可靠性和使用寿命,提高客户满意度和忠诚度。此外,企业建立了客户反馈和投诉处理机制,以更好地了解客户的需求和反馈,不断改进产品和服务,提高企业的品牌形象和市场竞争力。

以上仅是针对不同方面市场调研的举例,并不能穷尽所有场景和可能的问题,具体调研问题的选择应该根据实际情况和需求进行定制。总的来说,选择市场调研问题时应注意以下几点:

(1)市场调研问题需要根据具体的场景来确定,不同场景对应的问题选择方法也不同。

(2)需要根据具体情况选择适合的开放式问题和封闭式问题。开放式问题能够给消费者更多自由回答的空间,得到更详细和全面的信息;封闭式问题则能够更好地控制消费者回答的方向和范围,得到更准确和可靠的信息。同时,需要根据市场调研的目的和研究对象进行选择,确保问题的针对性和有效性。

(3)通过市场调研,可了解客户需求、获得客户反馈,根据调研结果进行改进和优化,提高产品和服务的质量和市场竞争力,进而获得更好的市场表现并提高客户满意度。通过市场调研,企业能够更好地了解客户需求和市场趋势,提高企业决策的科学性和准确性,进而获得更好的市场竞争优势和业绩表现。

三、市场调研基本步骤

在确定调研目的后,研究人员需要收集大量的二手资料,包括目前市场上已有的相关信息、研究报告、行业发展相关资料、相关趋势及案例分析等。在收集二手资料时,需要考虑其时效性,即是否仍然适用于当前的市场环境。在收集信息后需要厘清标准构建的重难点及调研的可行性,以便合理地分配人力、物力和财力资源,这将直接影响调研结果的有效性和准确性。通过资料研究,形成对调研的初步评估,把一系列构想以逻辑关系联系起来,就可以构建调研的基本步骤。

市场调研基本步骤如下。

①确定调研目的:明确为何进行市场调研,目的是什么。

②定义调研对象:明确调研对象是谁,如潜在客户、现有客户、行业内的其他企业等。

③选择调研类型:根据调研目的和调研对象,选择定性研究、定量研究或者混合研究等不同类型的调研。

④制订调研计划:根据调研类型和目标,制订调研计划,包括样本数量、调研方式和时间等。

⑤确定调研问题:根据研究目的和调研类型,选择合适的调研问题,包括开放式问题、封闭式问题和半开放式问题等。

⑥界定问题范围:根据调研问题,界定调研的问题范围,确定需要收集的信息内容。

⑦设计调研问卷或访谈大纲:根据调研问题和范围,设计调研问卷或访谈大纲,包括问题顺序和排版等。

⑧进行预调研:在正式调研之前进行预调研,验证问题的适用性和可行性,发现问题和改进调研计划。

⑨正式调研:根据制定的调研计划和调研问卷或访谈大纲,进行正式调研。

⑩数据整理和分析:对收集的数据进行整理和分析,包括描述性统计分析、相关性分析和回归分析等。

⑪撰写调研报告:根据数据分析结果,撰写调研报告,总结分析结果和提出建议。

市场调研流程图如图 5-1 所示。

第五章 调研问题的界定

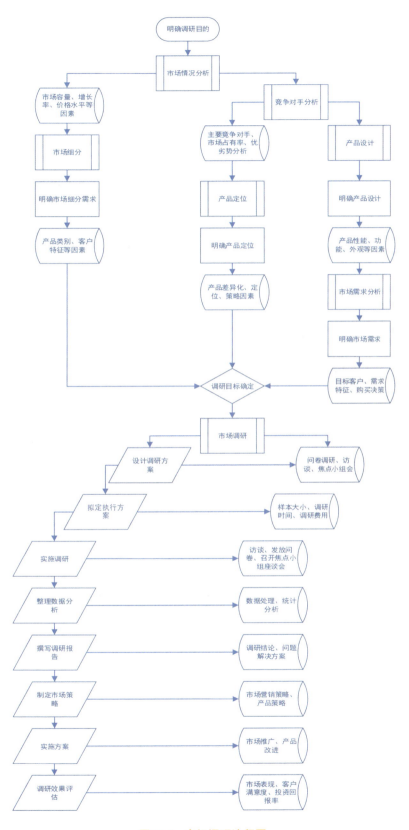

图 5-1 市场调研流程图

第六章
调研方案设计

市场调研方案设计就是根据调研目的和调研对象的性质,在进行实际调研之前,对调研工作总任务的各个方面和各个阶段进行通盘考虑和安排,并形成相应的调研实施方案,制定出合理的工作程序。无论是接受委托的市场调研,还是作为企业内部常规工作的一定规模的市场调研,都需要设计市场调研方案。无论是大范围的调研,还是小范围的调研,均会涉及相互联系的各个方面和各个阶段,调研过程的每一环节都是相互联系的。市场调研在内容上广泛而深入、全面而系统,需要进行整体考虑,避免调研内容出现重复和遗漏。

调研方案设计包括对调研工作的横向设计和纵向设计。横向设计是对调研所要涉及的各个方面进行分析设计。例如,在设计卷烟消费行为趋势调研问卷时,应将所有卷烟消费动机、需求及痛点,卷烟消费趋势及消费体验等方面作为整体,对各种相互区别又有密切联系的调研项目进行整体考虑,避免调研内容出现重复和遗漏。纵向设计是对调研工作的各个阶段进行设计,包括问卷的设计、调研资料的搜集、调研资料的整理和分析等。

只有从纵、横两个视角对调研工作事先做出统筹安排,才能保证调研工作有秩序、有步骤地顺利进行,从而减少调研误差,提高调研质量[1]。

市场调研是一项复杂、严谨、技术性较强的工作,一定规模的市场调研参与者众多,为了在调研过程中统一认识、统一内容、统一方法、统一步调,圆满完成调研任务,就必须事先制定出科学、周密、可行的工作计划和实施措施,并使所有参加调研工作的人员都依此执行。

市场调研方案设计的重要性体现在以下方面:

(1)调研方案设计是市场调研项目是否立项或能否委托的重要依据。调研方案设计围绕需要解决的调研主题,回答打算做什么、能够做什么、准备怎么做的问题,它是受托方承担能力的一种书面体现。当有多家调研机构竞标时,各机构提供的设计方案成为委托方确定中标人的重要依据。

(2)调研方案设计是市场研究的第一步。

市场调研方案设计通常是从定性认识过渡到定量认识的起始阶段。虽然市场调研所搜集的许多资料都是定量的,但我们同时应看到,任何调研工作都是从对调查对象的定性认识入手的,如果没有定性认识,就不知道应该调查什么、怎样调查,也不知道要解决什么问题和如何解决问题。通过定性研究,能够在较短的时间内对所研究的问题有一个大致的了解和判断。

例如,要研究某一行业的生产经营状况,就必须先对该行业生产经营活动过程的性质、特点等有详细的了解,设计出相应的调研指标以及搜集、整理调研资料的方法,然后再实施调研。可见,调研方案设计是定性认识与定量认识的连接点。

在调研实践中,调研方案设计适应了现代市场调研发展的需要。现代市场调研已由单纯的搜集资料活动发展到把调研对象作为整体来反映的调研活动,与此相适应,市场调研过程也相应扩展为包括调研方案设计、资料搜集、资料整理和资料分析的完整工作过程,调研方案设计正是这个全过程的第一步。

(3)调研方案设计是市场调研全过程的计划书与活动指南。

在市场调研活动中,调研方案设计起着统筹兼顾、统一协调的作用。现代市场调研是一项复杂的系统工程,对于较大规模的市场调研来说,尤其如此。在工作中会遇到很多复杂的矛盾和问题,其中许多问题属于调研本身的问题,也有不少问题并非调研的技术性问题,而是与调研相关的问题。例如,抽样调查中样本量的确定,按照抽样调查理论,可以根据允许误差和置信度大小,计算出相应的样本量,但这个样本量是否可行,会受到调研经费、调研时间、回答率等多方面条件的限制。此外,只有做好调研前期准备工作,才可能取得好的调研效果。因此,只有通过调研方案设计,设置调研流程,综合考虑各种保障条件与影响因素,才能分清主次,明确责任、任务与分工,根据需要和可能采取相应的方式方法,使调研工作有序进行。这样,调研方案设计实质上成了市场调研全过程的计划书与活动指南。按照计划书内容分步实施的市场调研活动,可以高效率地实现研究目标,并达成预定结果。

在设计调研方案时,调研人员需要清晰地确定所要研究的方向,包括调研的范围、目标、对象、方法等[2]。

一、项目调研应遵循的原则

为了让市场调研的相关成果更有应用性、指导性、落地性,项目调研及成果交付应遵循如下原则。

第一,指标化与动态化原则。针对项目需要开展的相关市场调查研究,需要建立卷烟消费需求研究指标体系。

第二,真实、完整和客观的原则。调研需要基于大量数据的分析,其中包括商业零售数据、消费者行为数据,针对这些数据,需要充分考虑数据来源、数据同源性、数据的时效性等,一切从实际出发,进行科学客观的研究分析,并以系统要素为指导,处理好整体与局部的关系,全面地考虑问题。

第三,注重数据的充分挖掘。数据需要变成信息,只有从数据中获得洞察力,为决策提供支持,数据的价值才能显现出来。因此,需要充分利用数理统计工具,建立相关分析模型,对定性和定量调研数据进行深入而专业的分析,对影响消费者需求的因素进行深入分析,以便获得更有效的信息。

第四,项目成果要可以支持趋势的前瞻性判断。通过调查得出的结论或者结果要能充分反映现状,同时,能够对未来趋势进行有效预判,进而指导下一步工作计划,提高工作方向的聚焦性和可行性。

二、抽样指标的选择

指标的特征提取可采用如下几种方法。

随机森林法:随机森林法是利用多棵决策树对样本进行训练并预测的一种算法,也就是说,随机森林法是一种包含多个决策树的算法,其输出的类别是由个别决策树输出的类别的众数决定的。

随机森林在以决策树为基学习器构建 Bagging 集成的基础上,进一步在决策树的训练过程中引入了随机属性选择(即引入随机特征选择)。传统决策树在选择划分属性时,在当前节点的属性集合(假定有 d 个属性)中选择一个最优属性;而在随机森林中,对基决策树的每个节点,先从该节点的属性集合中随机选择一个包含 k 个属性的子集,再从这个子集中选择一个最优属性用于划分。这里的参数 k 决定了随机性的引入程度,若令 $k=d$,则基决策树的构建与传统决策树相同;若令 $k=1$,则是随机选择一个属性进行划分。

层次分析法(简称 AHP):层次分析法根据问题的性质和要达到的总目标,将问题分解为不同的组成因素,并按照因素间的相互关联与影响以及隶属关系将因素按不同层次聚集组合,形成一个多层次的分析结构模型,从而使问题归结为最低层(供决策的方案、措施等)相对于最高层(总目标)的相对重要权值的确定或相对优劣次序的排定。

结构方程模型(简称 SEM):结构方程模型是基于变量的协方差矩阵来分析变量之间关系的一种统计方法,因此也称为协方差结构分析。结构方程模型是一种探索、描述和解析潜变量之间内在关系并进行估计检验的多元统计方法,整合了因子分析和路径分析两种统计方法,同时可检验模型中的观测变量、潜变量和误差变量之间的关系,从而得出自变量对因变量影响的直接效果、间接效果和总效果[3]。

三、区域选择方案制定

由于我国是卷烟消费大国,卷烟消费者分布广泛、人数众多,在进行抽样调查时无法完全覆盖到总体的各个区域,因此应选择具有代表性的区域进行统计分析,兼顾考虑所调研品牌各在销品规优势市场、一般市场、弱势市场以及潜在机会市场,这样既能提高抽样调查的工作效率,又能保证样本的完备性,节约调研成本。

通过区域经济水平、人口规模对定义的各级地区进行分层,在每层结合人口经济指标、卷烟消费规模指标进行地区替换,最终选取执行地区。被选取的地区应尽量覆盖到总体的大部分区域,随后可对各个地区的卷烟消费规模进行调查。针对单一卷烟品牌的调研应选取该品牌卷烟消费规模较大的区域,包含多卷烟品牌的调研应选取卷烟消费规模较大且覆盖各类品牌的区域。

四、对象选择方案制定

按照卷烟消费价位区间,可将卷烟消费者分为 130 以下价区、[130,150)价区、[150,180)价区、[180,230)价区、[230,260)价区、[260,300)价区、[300,400)价区、[400,500)价区、[500,600)价区、[600,800)价区、800 及以上价区(价格单位为元/条,后同)。

按照年龄指标,可将卷烟消费者分为"60 后""70 后""80 后""90 后""00 后"等。

按照性别指标,可将卷烟消费者分为男性和女性。

按照地域指标,可将卷烟消费者分为华东地区、华南地区、华中地区、西北地区、华北地区、东北地区、西南地区。

对卷烟消费者进行细分还可以采取聚类分析法、层次分析法、随机森林法等。

根据调研的不同目的,在调研的开始阶段需确定目标对象的消费价位区间、年龄、性别、地域、消费习惯等信息,选择在目标地区连续居住两年及以上、过去六个月内没有接受过相关主题的市场调研且非敏感职业(如烟草公司/代理商等相关职业)的卷烟消费者进行调研。

五、方法选择方案制定

目前消费需求调研常用方法包括定性及定量研究,主要是结合对目标消费者进行深度访谈、焦点座谈会、问卷调查等方式,对品牌目标消费群体(忠诚消费群体/流失消费群体/绝缘消费群体)进行深入调查。在调研方式上可采用线上及线下相结合的方式,其中线下调查主要是由各级零售商或客户经理对零售客户进行拦截或预约访问,也可以采取电话或邮件等方式开展线上调查。除此之外,一手、二手资料对于了解消费需求也很重要。

1. 定性研究

定性研究包括定性提纲设计、指标体系构建、现有消费者征集、用户深度访谈、专家深度访谈、访谈资料整理等,主要需要研究以下内容:①卷烟消费者消费行为、习惯与偏好;②卷烟品牌消费现状;③卷烟品牌高端突破与发展,现有核心产品提质升级点;④卷烟品牌特色化发展新品机会与概念挖掘;⑤卷烟品牌传播与推广。

可采用以下模型和分析方法。

主题模型:主题模型(topic model)是一种概率生成模型,是对文字隐含主题进行建模的方法,主题可以定义为文档中具有相同词境的词的集合模式,主要包括概率潜在语义索引和潜在狄利克雷分布(latent dirichlet allocation, LDA)。主题模型自动分析每个文档,统计文档内的词语,根据统计的信息来断定当前文档含有哪些主题以及每个主题所占的比例各为多少,克服了传统信息检索中文档相似度计算方法的缺点,并且能够在海量互联网数据中自动寻找出文字间的语义主题。

情感分析:情感分析就是分析一段话是主观描述还是客观描述,分析一句话表达的是积极的情绪还是消极的情绪。情感分析可以使用基于词典的方法和基于机器学习的方法,将文本进行拆句,计算情感值,最后通过情感值作为判断文本的情感倾向的依据。

2. 定量研究

定量研究包括问卷设计和数据统计分析,主要需要研究以下内容:①卷烟消费趋势分析与新品机会识别;②卷烟品牌及核心品规消费人群画像;③卷烟品牌结构优化与提升;④新品研发与产品维护。

可采用以下模型和分析方法。

结构方程模型(简称 SEM):结构方程模型由两部分组成,第一部分是使用一组组的显变量构造一个个潜变量的测量模型,又称为验证性因子模型,显变量与潜变量之间的相关关系用因子载荷来标识;第二部分是描述潜变量之间内在关系路径的结构模型。其主要实施步骤如下。

①模型构建。构建研究模型,具体包括观测变量(指标)与潜变量(因子)的关系,各潜变量之间的相互关系等。

②模型拟合。对模型求解,主要是模型参数的估计,求得使模型隐含的协方差矩阵与样本协方差矩阵的"差距"最小的一组参数。

③模型评价。检查路径系数/载荷系数的显著性,各参数与预设模型的关系是否合理,各拟合指数是否通过。

④模型修正。a. 模型扩展(使用修正指数),整个模型改良时卡方值会减小; b. 模型限制(使用临界比率),通过删除或限制部分路径,提高模型的可识别性[4]。

六、抽样方法概述

抽样调查是指按照一定程序,从所研究对象的总体中抽取一部分样本,对其特征进行调查和观察,并在一定的条件下,运用数理统计的原理和方法对总体的数量特征进行估计与推断。

按照是否遵循随机原则,可以将抽样方法分为非概率抽样和概率抽样。非概率抽样和概率抽样都有许多不同的抽样方法,选用哪一种方法取决于多种因素,例如,可利用的抽样框形式、总体的分布情况、调查的费用以及数据使用者将如何分析数据等。对概率抽样方法进行选择时,目标是使那些最重要的调查指标估计量的抽样误差最小,同时使调查的时间最短、费用最少。

若选取的执行地区比较多,导致分配到每个地区的样本不多,则建议样本平均分布,保证抽样误差水平一致,最终分析时,根据最新的全国人口普查数据进行加权(如按照年龄、性别、区域人口数进行加权)。

1. 非概率抽样

非概率抽样即采用非随机的方式从总体中抽取样本单元,其优势在于不需要编制完整的抽样框,能够较为快速、简单地获取数据,节约抽样成本。但非概率抽样也存在一定的问题,即无法确定样本的入样概率,从而无法通过样本对总体进行推断,可能会导致抽样结果不具有代表性,造成明显的倾向性与偏差。

常用的非概率抽样方法有:

①方便抽样,即采用调查员方便的方式进行样本单元的选取,如"街头拦截"访问法;

②志愿者抽样,即被调查者都是志愿者,如在医学研究中采用志愿者招聘;

③判断抽样,即依据研究者的主观意愿、经验或认识进行样本单元的选取,该方法要求研究者对调查总体特征十分了解,因此不适用于预调查;

④配额抽样,即将总体中所有单元按照一定的标志分为若干类,然后在每类中用方便抽样或判断抽样的方法进行样本单元的选取;

⑤滚雪球抽样,即从一个已知属于目标总体对象的单元开始,调查他们所了解的该总体中的其他单元,再通过这些单元获取更多的单元信息,直至没有新的对象出现或达到调查目的为止,通常适用于对特征稀少的特殊群体进行抽样调查。

2. 概率抽样

概率抽样即采用随机的方式从总体中抽取单元,遵循两条基本准则,即所有样本单元是按随机原则抽取的,以及调查总体中的每一个单元都有一定的概率被抽中。概率抽样的优势在于所有样本的入样概率都是可计算的,因此可以得到总体的可靠估计值以及抽样误差,对总体进行推断。但与非概率抽样相比,概率抽样的复杂程度和费用更高,实施难度更大。

常用的概率抽样方式有:

①简单随机抽样,这是最基本的概率抽样方式,所有样本的入样概率都等于样本大小与总体大小之比,分为有放回的抽样和无放回的抽样,主要采用抽签或查阅随机数表的方式抽取样本;

②系统抽样,又称为等距抽样,即将研究总体按照一定的标志进行排序后,每隔一定的间隔抽取样本的方式,需提前设置好抽样间距和随机起点;

③与单元大小成比例的概率抽样,即按单元规模大小确定抽选的概率,其利用了样本的辅助信息,从而提高了抽样效率;

④分层抽样,即利用单元的辅助信息如年龄、收入等,将总体分为若干互不重叠的层,然后在每一层中独立地采用简单随机抽样、系统抽样等方式抽取样本,要求层间差异较大,层内差异较小;

⑤整群抽样,即将总体分为由若干有联系的基本单元组成的群,以群为单元抽取样本,要求群内差异较大,群间差异较小;

⑥多阶段抽样,即利用两个及以上连续的阶段抽取样本,各阶段可使用任何一种抽样方式,常与地域框结合使用;

⑦多相抽样,即先抽一个含有很多单元的大样本,收集基本的相关信息,然后在大样本中抽取一个子样本,收集更详细信息的抽样方法。

七、样本设计方案制定

1. 确定精度

精度通常是一个相对的概念,反映精度的主要指标有相对标准误和相对方差,它是估计量的抽样标准误或抽样方差与待估参数之比。若待估参数为总体平均数 $\bar{Y}$,它的抽样标准误为 $\sigma_{\bar{Y}}$,则其相对抽样标准误为 $\frac{\sigma_{\bar{Y}}}{\bar{Y}}$,相对方差为 $\frac{\sigma_{\bar{Y}}^2}{\bar{Y}^2}$,这两个指标值越小,精度越高。在确定抽样调查的精度时,需要考虑允许误差限的大小,是否需要对调查总体中的子总体进行估计,与调查值有关的抽样方差的大小以及在精度和费用间取得平衡。总体指标的变异程度、总体大小以及抽样设计方式都会对调查估计值的精度造成影响,在进行抽样设计和选择抽样方法时,应该选择一个精度比较高的方案。

2. 确定预算

随着样本量的增加,估计值的精度将得到提高,而抽样调查的费用也将相应提高。因此,精度的收益并不完全与样本量的增加成正比。在一些特定的情况下,我们可以在有效利用现有资源的基础上,获得相对精确的估计结果,接受一个较大的误差限从而节约预算。节省下来的费用可以用来调整其他影响调查结果精度的因素,例如减少无回答率等。

3. 确定样本量

简单随机抽样下,通常使用误差限和估计量的标准差来确定所需的样本量。假设允许误差为 e,z 依赖于置信水平,那么:

(1) 给定均值估计 $\hat{\bar{Y}}$ 的精度且不考虑回答率的情况。

①有限总体或不重复抽样情形所需样本量为 $\dfrac{z^2 \hat{S}^2}{e^2 + \dfrac{z^2 \hat{S}^2}{N}}$,其中,$\hat{S}$ 是总体标准差的估计值。

②无限总体重复抽样情形所需样本量为 $\dfrac{z^2 \hat{S}^2}{e^2}$,其中,$\hat{s}$ 是总体标准差的估计值。

(2) 给定估计比例 $\hat{P}$ 的精度且不考虑回答率的情况。

①有限总体或不重复抽样情形所需样本量为 $\dfrac{z^2 \hat{P}^2(1-P)}{e^2 + \dfrac{z^2 \hat{P}(1-P)}{N}}$,其中,$\hat{P}$ 是比例估计量。

②无限总体重复抽样情形所需样本量为 $\dfrac{z^2 \hat{P}(1-P)}{e^2}$,其中,$\hat{P}$ 是比例估计量。

(3) 考虑回答率、设计效应的最终样本量确定。

①当总体是无限总体或抽样是有放回的抽样时,计算初始样本量 n_1,可参考上述公式。

②当总体是有限总体而且是无放回抽样时,进行样本量的调整,调整的样本量 $n_2 = n_1 \dfrac{N}{N + n_1}$。

③若抽样设计不是简单随机抽样,进行样本量的调整,调整的样本量 $n_3 = \text{deff} \times n_2$,其中 deff 是设计效应,可以从过去相同或相似主体的调查中或预调查中取得。通常,对于简单随机抽样,deff = 1;对于分层抽样设计,deff < 1;对于整群抽样或多阶段抽样设计,deff > 1。

④根据无回答再次进行调整,以确定最终样本量 n,$n = \dfrac{n_3}{r}$,其中,r 为预计回答率。

参考文献

[1] 蒋萍. 市场调查 [M]. 2 版. 上海:格致出版社,上海人民出版社,2013.

[2] 庄贵军. 市场调查与预测 [M]. 2 版. 北京:北京大学出版社,2014.

[3] 侯杰泰,温忠麟,成子娟. 结构方程模型及其应用 [M]. 北京:教育科学出版社,2004.

[4] 金勇进,杜子芳,蒋妍. 抽样技术 [M]. 4 版. 北京:中国人民大学出版社,2015.

第七章
调研问卷设计

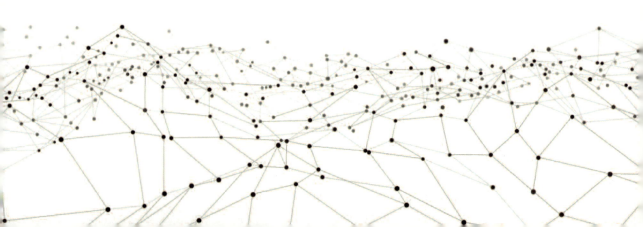

一、问卷设计概述

问卷又称调查表,是调研人员根据调查目的和要求,将所需调查的问题具体化,设计出的由一系列问题、备选答案等组成的向被调查者搜集资料的一种工具。问卷设计是市场调研流程的重要一环,问卷设计的科学性、合理性将直接影响调查资料的真实性与实用性,关系到调研目标与任务能否实现。

问卷在社会学、心理学、广告、市场营销等诸多领域具有广泛的用途。市场研究需要进行规范的调查,一份标准的问卷必须能将问题清晰、准确地传达给被调查者,同时准确、迅速地搜集市场资料和信息,而且能够快速、高效地对这些数据进行处理和分析[1]。

二、问卷设计的基本流程

1. 明确调查目的

在设计问卷之前首先需要明确调查目的和思路,设计这份问卷想要得到哪些信息,需要解决什么问题,确保问卷的题目紧密围绕调查的主题,通过问卷能得到想要的核心信息。在卷烟市场调查中,研究目的往往是描述市场特征。

2. 确定调查对象

要保证调研结果精准,其中一个重要因素就是选择正确的调查对象,这里面也存在着事前预判即假设。例如,在开展卷烟消费趋势的市场调查前,首先要选择平常抽烟的消费者,但是要不要包含女性消费者?应该如何设置男女比例?这就需要提前找一些数据作为参考,或者可以做一个烟草渗透率调查作为数据依据。如果调查对象错误,研究结果就会有偏差,不能很好地反映实际情况。此外,在确定调查对象时还需要确保抽样的随机性。

3. 查阅相关文献

问卷设计者需要充分熟悉调查研究对象的特点与性质,了解研究课题所涉及领域的相关基础理论,灵活运用统计测量技术。因此,问卷设计者需要进行案头调研,为开始进一步调研先行收集已经存在的市场数据,了解其他研究人员进行相关研究所采用的问题、备选答案等。

二手资料也叫已有资料、次级资料,是其他人或机构为了其他目的而收集、记录和整理出来的有关资料。二手资料具有节省费用和时间的特点,而且有些信息只能从二手资料中得到,在某些情况下,二手资料可能比原始数据还准确。二手资料可以提供解决问题所需的信息,为原始数据的收集提供了先决条件,可以提供实地调查无法得到的某些资料,其作为一个参照基准,可将原始资料与之相比较,进而确定原始资料的有效性与准确性。

二手资料是为其他目的而收集的,不一定都与调研有关,可能不能满足调研人员的需求,需要调研人员根据他的特定需要来对眼前的资料进行评价,选择与主旨相关的部分。在进行二手资料收集时应注意数据的真实性与时效性,准确、及时的信息才能对调研工作起到画龙点睛的作用[2]。

对于卷烟消费需求调研,二手资料的主要来源如下。

①出版物:书籍、报纸、期刊等。

②政府资料:国家数据、中国统计信息网。

③国际组织、行业协会、相关商会所公布的资料:中国烟草资讯网、国家烟草专卖局、新华烟草信息网、中国烟草科教网、烟草在线、烟草市场、东方烟草网等。

④企业内部资料、调研机构、消费者组织、图书馆等。

除此之外,调研人员也可采用咨询访问法、实地考察法、小样本调查法等了解所研究的问题,以提高调查方案的可行性及问卷的质量。

4. 问卷内容分解

在问卷设计之初,首先应当清晰地了解调研目的、调研对象、所需数据等,从调研目的出发,分解调研内容,再从调研内容出发,分解问卷中的具体内容,将调查变量转换成一个个问题。

5. 预调查及修改优化

为保证问卷质量,在进行正式调查前一般会进行预调查,以及时发现问卷中存在的问题,并进行修改优化。同时,预调查要检测量表式问卷的信度和效度。预调查阶段一般采用小样本,样本可以是非随机的,任何非概率抽样方式都是可以的。

预调查时的 12 个检查方法:

①检查问卷是否存在文字及语言错误;

②检查需要调查的题目有无遗漏;

③检查逻辑跳转,即应该跳转的题目是否设置了跳转;

④检查设置的选项是否有穷尽;

⑤检查无法穷尽的选项是否设置了其他;

⑥检查需要用户回忆的问题是否设置了"记不清了"选项;

⑦检查应该互斥的选项是否设置了互斥;

⑧检查设置的选项之间是否有交叉;

⑨检查填空题是否设置了验证;

⑩检查用词是否有歧义;

⑪检查单选题是否有单一答案;

⑫检查选项是否需要随机。

根据预调查结果,对问卷进行完善和修改,最终得到确定的问卷。

三、问卷设计要领

1. 问卷中问题的设计原则

问卷中问题的设计,就是将调查变量具体地转换成问卷中一个个问题的过程。这一过程主要是根据调查变量的属性与特点,运用合适的方式进行问题的表述。问题的表述,既要考虑调查变量的属性与特点,也要考虑被调查者的理解能力、回答能力与心理背景。为了保证问卷的质量,问题的设计需要遵循下列基本原则。

1) 目的性原则

问卷中问题的设计必须从调查研究的目的出发,选择主要的、关键的问题。整份问卷题目不宜过多,长时间的问卷调查,受访者在回答后边的问题时注意力会下降,答案准确性会降低,因此,建议问卷作答时间控制在 10 分钟以内。同时,要确保问题没有遗漏,使所搜集的资料能够满足调查的需要,这是问卷设计最基本的要求。

2) 逻辑性原则

问题的设计应逻辑清晰,符合被调查者的思维程序,不管是问题的顺序还是问题之间的关系,都要符合一定的逻辑。问题的排列一般遵循以下逻辑顺序。

先易后难:把简单易答的问题放在前面,把需要回忆、思考的问题放在后面。

兴趣问题优先:把能引起被调查者兴趣的问题放在前面。

先封闭后开放:封闭式问题放在前面,开放式问题放在问卷的最后。

先行为后态度:先问事实、行为方面的问题,再问意见、态度、看法方面的问题。

先普通后敏感:先问一般性问题,后问敏感性问题。

同时要评估问题的编排效应,确保相邻两个问题的回答是独立的,前面问题的回答不影响后面问题的回答;在问题之间相互影响时,确保问题跳转正确。逻辑顺序不合理会给被调查者带来混乱体验,导致调查流畅性不足,获取信息准确性下降。

3) 中立性原则

在设计主观性问题时,要保持问题的中立性,问题不能带有任何具诱导性、暗示性色彩的词语,问题的表述不能掺杂调研者的个人情感。否则,被调查者可能存在从众心理,不能表达自己的真实想法。

例如:"很多人会用经典、品质等词来形容玉溪品牌,您会用下列哪个词?"该问题的表述明显带有诱导性,会有不少被调查者被问题诱导,以人们普遍认同的观点作为自己的回答。虽然这种提问能得到调查者想要的结果,但被调查者的回答并不一定是其真实的观点,从而破坏了资料的真实性。

4) 唯一性原则

要对问题明确界限,避免混淆。首先,每个问题只能包含一项内容,避免一个问句中包含两件事或两个方面的问题;其次,问题中对时间、地点、人物、事件等都应该给出一个明确的范围,而不应概括地表示。

5) 简明性原则

所设计的问题必须方便被调查者作答,且方便调研者整理数据。调研者在设计问卷时,需要站在被调查者的角度,评估整份问卷是否便于被调查者回答每一个问题,这就要求问题的表述通俗、简单,避免使用过于专业的词语,使被调查者能够轻松理解问题的含义。

6) 准确性原则

问题的表述要准确清晰,切忌使用模棱两可的词语。如果不能准确地描述想要调查的内容,所搜集的数据就会偏离调研课题,失去调查的意义,达不到调查研究的目的。

2. 问卷中答案的设计原则

问题的答案是用来供被调查者选择的选项,对答案的内容需要进行科学的设计,以保证被调查者可以准确地选择答案,提供准确的信息。答案设计要遵循以下原则。

1) 相关性原则

问题的答案需要能够准确反映问题的内涵,设计的答案必须与问题具有相关关系,不能出现答非所问的情况。

例如:您每天抽多少根烟?

| 没有 | 偶尔 | 经常 |

此问题询问的是抽烟的数量,选项应设计为具体的数字,例如5根以下、5~10根、10~20根等,而没有、偶尔、经常更适合作为询问频率时的答案。

2) 同层性原则

设计的答案必须处于同一维度,具有相同的层次关系。

例如:您的职业是?

| 医生 | 教师 | 白领 | 管理者 | 其他 |

在此问题的答案中,医生、教师、白领属于职业,而管理者属于职位,与其他选项不在同一层级。

3) 穷尽性原则

所列出的答案要穷尽所有的可能,不能有遗漏。对于不能穷尽的问题,可以设计成半开放式半封闭式,即在选项最后加上一项"其他",并要求被调查者进行详细说明,这样可以弥补答案设计的遗漏。

例如:请问您主吸哪种焦油含量的卷烟?【单选】

| 3 mg 以下 | 4~5 mg | 6~8 mg | 9~11 mg |

在此问题的答案中,卷烟焦油含量没有穷尽所有可能,缺乏"11 mg 以上"的选项。

例如:请问您在购买卷烟及抽烟过程中,如何判断卷烟本身的品质?【多选】

包装档次	1	抽吸口感	2	烟丝质量	3
价格	4	入口舒适度	5	烟支紧实度	6
品牌知名度	7	焦油含量及健康度	8	其他,请说明	9

此问题主观性较强,消费者判断卷烟本身的品质的方式可能有无数种,此时我们只需要列出需要的选项,设计为半开放式题目,以保证获取消费者的真实信息。

4) 互斥性原则

同一问题的若干个答案之间应是相互排斥的,每个选项都应具有明确定义,不能有重叠、交叉、包含等情况。

例如：您平时抽的烟在什么价位？

10元/包左右	20元/包左右	30元/包左右	30元/包以上

5) 简洁性原则

在设计问卷时，最重要的是确保被调查者能够理解问卷的核心要义，因此问题的措辞要符合被调查者的文化水平，尽可能使用简单易懂的词语，避免使用专业词汇，问题表述清晰明了、便于理解，不致产生歧义。这样不仅可以节省被调查者的作答时间，还可以将"误答"的可能性降至最低。如果问题太长，或者问题表述不清，造成回答困难，被调查者可能会敷衍了事，无法得到有价值的信息。

例如：您家属于以下哪一类家庭？

单亲家庭	核心家庭	主干家庭	联合家庭	其他家庭

在此问题中，选项中的核心家庭、主干家庭、联合家庭等选项属于专业术语，被调查者可能难以理解，从而造成误答。

四、问卷的构成

一份完整的问卷通常由标题、问卷说明、甄别部分、正文、被调查者基本信息、编码、结尾七部分组成。有些特殊的调查问卷可能还包括情景刺激物，如调查中必须向被调查者展示的图片等，可以作为问卷调查的辅助工具。

1. 标题

问卷的标题是对调查主题的概括说明，必要时还可以点明调查研究的对象。标题要简洁明了，也要让被调查者了解调查的大致内容，吸引被调查者积极参与。注意问卷标题不要超过15个字，不含敏感词汇。

例如："2022年某品牌卷烟忠诚消费者品牌表现调研问卷"，此问卷标题不仅限定了调查范围，也说明了调查的主题及大致内容。

2. 问卷说明

问卷说明旨在向被调查者说明调查者的身份、调查目的与意义。有些问卷还有填表须知、填答说明、交表时间、交表地点等。问卷说明一般安排在卷首，以便被调查者了解调查目的、消除顾虑，并按一定的要求填写问卷，也可单独成为问卷的一封附信。问卷说明可采取比较简洁、开门见山的方式，也可在问卷说明中进行一定的宣传，以引起调查对象对问卷的重视。

在问卷说明中，可强调调查活动不涉及个人隐私，数据仅供研究之用，以便获得被调查者的信任，并激发其参与调查的愿望。要求文字表述简练，语气谦和诚恳，让被调查者产生好感。

例如：

您好:

我们目前正在开展一项关于烟草品牌表现的研究,您是我们随机抽中的消费者,希望能够了解您对于卷烟的一些认知及看法,需要占用您几分钟的时间。您的回答没有对错之分,相关信息我们仅用于分析使用,并会对您的信息严格保密,感谢您的支持!

此外,问卷说明中还可以加入填答说明,即向被调查者介绍填答问卷的具体方法和注意事项,以确保被调查者能够按要求填答问卷。根据问卷的具体内容,填答说明可以集中安排在问卷前面,也可以分散至各题项中。

例如:

①位于问卷前面的。

对于选择题,请将要选择的答案填在问题后的括号内,如果没有特殊的说明,均为单选题;

对于填空题,请直接填写;

对于问卷中的"其他"选项,请直接填写答案。

②位于各题项中的。

请问您平均每天吸几支烟?【单选】

您抽烟的主要原因是?【多选】

影响您购买香烟的主要因素有哪些?【多选,限选三项】

以下是您现在主要抽吸的这款烟的各个指标,请您根据您的实际抽吸体验进行评价。【横向单选】

在开展线下问卷调查时,对于部分需要跳转的问题,需要标注跳转到某一题。

例如:您是否抽过"A 规格产品"?【单选题,若本题回答为"否",请跳转到第 5 题】

| 是 | 1 | 否 | 2 |

3. 甄别部分

甄别部分是在开始提问前对被调查者进行筛选过滤,去掉不符合条件的人群,识别出真正的调查对象并配额。

例如:

请问,您本人或您的家人中,现在有没有在以下这些地方工作的?【单选】

市场调查公司或咨询公司	1	→终止访问
广告/媒介公司/大众媒体(电视台、电台、报纸、杂志等)	2	→终止访问
卷烟产品的生产厂家/商业公司/科研质检单位	3	→终止访问
以上均没有	4	→继续访问

请问,您平常是否吸烟?【单选】

是	1	
否	2	→终止访问

请问,您的性别是?【单选】【注意配额:男性烟民 100%】

| 男 | 1 | 女 | 2 |

请问,您的年龄属于以下哪个代际区间?

	未满 18 岁 /55 岁以上→终止访问		
60 后(1966—1969 年)	1	90 后(1990—1994 年)	5
70 后(1970—1979 年)	2	95 后(1995—1999 年)	6
80 后(1980—1984 年)	3	00 后(2000—2004 年)	7
85 后(1985—1989 年)	4		

请问您平均每天吸几支烟?【单选】

不满 5 支 / 说不清 / 不知道	1	→终止访问
5 支以上	2	

请问您日常抽吸香烟的价位?【单选】【注意配额:各价位段分别为 50%】

30 元及以下	1	→终止访问
30 ~ 40 元	2	
40 ~ 50 元	3	
50 元及以上	4	→终止访问

4. 正文

正文是调查者所要了解的基本内容,是问卷的主体部分,也是问卷的核心,主要由调查的问题、回答方式、备选答案所组成。调查的问题有封闭式问题与开放式问题两种,一般以封闭式问题为主。封闭式问题需要给被调查者提供备选答案并规定回答方式,开放式问题则由被调查者自由作答。正文部分的设计需要调查者在明确调查目的的基础上,充分熟悉被研究现象的基本特征以及与该现象相关的若干学科知识,运用问卷设计的一些技巧,使所提的问题符合研究的需要。

问卷中所要调查的问题可分为两类,一类是经验事实方面的问题,主要了解市场活动中所发生的客观现象、人们的行为特点和结果;另一类是被调查者的主观判断,如观念、认知、态度、偏好、意见、感受等方面的问题。这两类问题的性质、作用不同,使用的询问方式和询问技术也会有所区别。

5. 被调查者基本信息

被调查者基本信息是指被调查者的一些主要特征,一般包括被调查者的性别、年龄、收入、受教育程度、职业等。通过这些内容可以了解不同年龄阶段、不同性别、不同文化程度的个体对待被调查事物的态度差异,在调查分析时能作为重要参考,甚至能针对不同群体写出多篇有针对性的调查报告。被调查者基本信息通常放在问卷的最后。

6. 编码

编码就是将问卷信息转换成便于识别的数值代码的过程,以便分类整理,易于计算机汇总计算,能大大简化后期的调查资料统计工作。编码有两方面内容,一是对问题的编码;二是对问题的不同回答的编码。编码一般应用于大规模的问卷调查中,因为在大规模问卷调查中,调查资料的统计汇总工作十分繁重,而完整、科学的编码便于计算机进行调查资料的录入、处理与分析。

编码既可以在问卷设计的同时就设计好,也可以在调查工作完成后再进行。前者称为预编码,后者称为后编码。在实际调查中,对于封闭式问题既可以采用预编码,也可以采用后编码。对于开放式问题则只能采用后编码。问卷编码的方法多种多样,问卷制作者可以根据实际情况选择合适的编码方法。

调查者将设计好的调查问题和答案规范有序地在问卷中列出,并给出相应的计算机编号,可以使调查后期的数据处理变得方便快捷,能够使调查者依据数据处理的结果进行深入的统计分析。

(1) 两项选择题。

例如:请问,您平常是否吸烟?【单选】

是	1	否	0

编码:1代表是,0代表否。

录入:选"是"录"1",选"否"录"0"(0、1没有实际意义)。

(2) 量表题型单选题。

例如:您对这款烟盒包装图案的喜好程度如何?

非常不喜欢	1
不太喜欢	2
一般	3
喜欢	4
非常喜欢	5

编码:非常不喜欢、不太喜欢、一般、喜欢、非常喜欢分别为"1,2,3,4,5"(数值越大越喜欢)。

录入:非常不喜欢录"1",不太喜欢录"2",一般录"3",喜欢录"4",非常喜欢录"5"。

(3) 非量表题型单选题。

例如:请问,您是通过什么途径接触到这款烟的?【单选】

朋友推荐	1
家人推荐	2
零售店终端老板推荐	3
社交客户推荐	4
其他	5

编码:朋友推荐、家人推荐、零售店终端老板推荐、社交客户推荐、其他分别为"1,2,3,4,5"(数字没有实际意义)。

录入:朋友推荐录"1",家人推荐录"2",零售店终端老板推荐录"3",社交客户推荐录"4",其他录"5"。

(4)多项选择题。

例如:请问,您选择抽吸这款烟的主要原因是什么?【多选】

香气清新	1	焦油烟碱量低	6
味道醇正	2	口感绵柔	7
烟草品质好	3	制作工艺精良	8
入口醇厚顺畅	4	没有添加香料	9
包装外观好看	5	其他,请注明	10

编码:"1"表示选,"0"表示不选(0、1没有实际意义)。

录入:有几个选项就录成几列,选录"1",不选录"0"

(5)排序题。

例如:请对影响您购买这种产品因素的重要程度进行排序。

类别	选项	重要程度排序				
价格	A	5	4	3	2	1	0
品牌	B	5	4	3	2	1	0
外观	C	5	4	3	2	1	0
生产地	D	5	4	3	2	1	0
售后服务	E	5	4	3	2	1	0

编码:按重要程度排列,"1,2,3,4,5"分别表示第一、第二……第五(数值越小越重要)。

录入:有几个选项就录成几列。

(6)数值型数据。

例如:您对这款烟的总体满意度如何?请进行打分。【最满意为10分,最不满意为1分】

| 总体满意度 | 1 | 2 | 3 | 4 | 5 | 6 | 7 | 8 | 9 | 10 |

录入:数据直接录入。

编码:直接编码或把数值型数据分成几个部分或等级。

(7)填空题、开放性问题。

将所有问题进行归类,形成多项选择题的形式,编码录入。

7. 结尾

问卷结尾部分一般会设置一些开放式问题,征询被调查者参与调查的意见与感受,询问被调查者是否有什么建议,也可以包括对被调查者的感谢语以及有关的补充说明。

以上七个部分是一份规范、完整的调查问卷应具有的结构和内容。对于一些简单的调查问卷,如征询意见表、消费调查表等,只需要有标题、问题和答案就够了,无须面面俱到。有时也要考虑问卷调查的方式,如面访式问卷的结尾往往需要有调查情况的记录,而邮寄调查问卷无需此项内容。

五、问卷题型及适用范围

问卷问题按标准化程度不同可分为封闭式问题、开放式问题以及量表式问题。

1. 封闭式问题

封闭式问题是指调查者事先拟定了问题的备选答案,由被调查者进行选择性回答。封闭式问题的标准化程度高,提问的方式与备选的答案都是统一的,有利于对调查数据进行统计处理。

封闭式问题的优势:

(1) 将调查的内容正确地传递给被调查者;

(2) 减轻被调查者的回答难度;

(3) 可以引导受访者在限定范围内提供信息;

(4) 保证资讯和信息可控;

(5) 保证资讯和信息可量化,便于数据分类;

(6) 即使是受访者兴趣较低的问卷,也能提高受访者完成率。

封闭式问题的劣势:

(1) 答案被限定后,不能完全反映受访者的真实情况;

(2) 选项不能贴近受访者的时候,可能收集到错误的资讯。

封闭式问题中,最常见的是单选题和多选题,此外还有矩阵题、排序题、打分题、判断题等。

单选题:适用于询问大部分客观状态和主观体验。

例如:"您的性别?""您的收入在哪个区间?""您抽烟的频次?""您抽烟有多长时间?"

多选题:适用于提问经历。

例如:"您购买香烟时看重的因素有哪些?""您抽吸这款烟的主要原因是什么?""您对目前抽吸的这款烟不太满意的地方有哪些?"

有需要的时候,多选题也可以转化为单选题。

例如:"您购买香烟时最看重的因素是什么?""您抽吸这款烟最主要的原因是什么?""您对目前抽吸的这款烟最不满意的地方在哪里?"

打分题:常用于对主观感受的评判。

例如:"如果满意度满分是 10 分,您会给您目前抽吸的'双中支翡翠'打几分?"

排序题:通常用来考察用户对某些产品或事物的重要性态度。

例如:"以下是卷烟的部分香型,请根据您的喜爱程度进行排序。"

2. 开放式问题

开放式问题是指只有问题而没有提供备选答案,完全由被调查者根据自己的理解或感受进行填答。由于未提供统一的备选答案,因此开放式问题标准化程度低,不便于对调查结果进行统计处理。开放式问题广泛应用于探索性研究,可以广泛收集信息和数据。

开放式问题的优势:有机会获得意想不到的答案。

开放式问题的劣势:被调查者提供的信息太多,超过问卷调查的原有范围,有可能偏离主题,信息不聚焦,同时不利于编码分析。

开放式问题(如填空题)往往能够让我们获得更精确的答案,但会给后期统计带来更大的工作量。在边际效应不明显的情况下,也可以采用将填空题转化为单选题的方法。

例如:想要询问消费者具体抽吸的是哪一款烟,可以转化成以下方式询问。

请问您抽的比较多的是哪种类型的烟?

| 常规烟(传统型烟) | 细支烟 | 短支烟 | 中支烟 | 爆珠烟 | 电子烟 | 雪茄烟 |

但这样只保留了不同类型卷烟的状况,损失了数据信息。因此,是否使用填空题需要综合考虑项目的情况。

开放式问题通常较少使用,虽然通过开放式的问题能够获取用户加深入的心理活动,但存在几个问题:①填答成本过高,容易造成填答者弃答,影响回收率;②填答结果并不一定能反映填答者的心理活动;③后期问卷分析成本较高。

3. 量表式问题

市场调查中,往往需要收集被调查者心理活动与主观意思方面的数据,这类问题比较复杂,被调查者难以准确表达自己的想法,所以此时必须采用专门的量表测量技术,使调查结果尽可能准确,同时便于数据处理与分析。量表是由反映某一抽象概念的所有测量指标和备选答案构成的调查表,以下为调查中常用的量表。

①连续评分量表。

以下是针对您现在主要抽吸香烟的各个指标的评价,满分为 10 分,请您按照您的评价进行打分。【横向单选】

指标	满意度评价(1 分为很不满意,10 分为非常满意)									
包装喜爱度	1	2	3	4	5	6	7	8	9	10
刺激感	1	2	3	4	5	6	7	8	9	10
品吸到的香气	1	2	3	4	5	6	7	8	9	10
口感	1	2	3	4	5	6	7	8	9	10
浓淡(烟气)	1	2	3	4	5	6	7	8	9	10
抽后的回味	1	2	3	4	5	6	7	8	9	10

②列举评比量表。

以下是这款烟烟盒的各个指标,请您根据您的实际体验进行评价。

	非常喜欢	喜欢	一般	不太喜欢	非常不喜欢
包装图案喜好程度	1	2	3	4	5
包装材质喜好程度	1	2	3	4	5
包装颜色喜好程度	1	2	3	4	5
包装新颖独特程度	1	2	3	4	5

③李克特量表。

以下是这款烟品牌印象的各个指标,请您根据您的实际体验进行评价。

语句	完全同意	基本同意	无所谓	不太同意	很不同意
我很满意产品质量	5	4	3	2	1
抽吸时口感舒适	5	4	3	2	1
性价比高	5	4	3	2	1
我会继续选择此款烟	5	4	3	2	1
……	……	……	……	……	……
我不打算推荐给别人	5	4	3	2	1
不会持续选择太久	5	4	3	2	1

④配对比较量表。

□中华	□南京
□中华	□玉溪
□玉溪	□黄金叶
□黄金叶	□红河
□黄金叶	□红塔山
□红塔山	□云烟
□云烟	□大重九

六、问卷有效性判定

在问卷正式发放之前,研究人员需要对问卷有效性进行判定,包括对问卷内容进行评估和对量表的信度与效度进行评估。最终的评估结果将帮助研究人员更好地了解问卷的优点和缺点,从而改进问卷设计,提高研究结果的准确性和可靠性。

1. 问卷内容评估

三种常见的效度检验方法如下。

1)研究者自检

通过自填式问卷调整预调查策略。自填式问卷能够很好地利用专题小组和认知访谈,研究者自检时需要检验问卷的准确性,主要判断指标是否能正确有效地衡量被调查者的观点,需要考虑内容的准确性、语言的明确性等因素。同时,应对问卷进行敏感度检验,主要测量对不同性别、不同年龄段等被调查者群体所获得的问卷结果之间的差异大小。

2)预调查

在进行较大规模的问卷调查前,往往还需要通过预调查发现问卷存在的问题。

3)专家评审法

组织有关专家或具有丰富问卷调查经验的研究人员,对问卷初稿进行审查与评估。专家审查主要针对问卷设计结构是否合理、问卷中量表的使用等问题。

2. 信度与效度分析

量表内在质量的评价指标主要有信度与效度两大类指标。

1)信度分析

信度又叫可靠性,是指问卷的可信程度。信度分析是评价调查问卷是否具有稳定性、一致性或者可靠性的有效的分析方法。一个好的测量工具,对同一事物反复多次测量,其结果应该始终保持不变才可信。因此,一张设计合理的调查问卷应该具有可靠性和稳定性。调查问卷的评价体系是以量表形式来体现的,编制的合理性决定着评价结果的可用性和可信性。

根据研究者关心重点的不同,信度分析方法可以分为两个类型,一个是内部一致性信度分析,另一个是外部一致性信度分析。

内部一致性信度是指调查问卷中用来测量同一概念的一组问题之间的一致性程度。一致性程度越高,评价项目就越有意义,其评价结果的可信度就越强。计算内部一致性程度的指标有克伦巴赫 α 信度系数、折半信度系数、theta 信度系数、McDonald's omega 信度系数。

外部一致性信度是指在不同时间对同一研究对象进行重复测量时同一问卷评价结果的一致性程度。如果两次评价结果相关性较强,说明项目的概念和内容是清晰的,因而评价的结果是可信的。计算外部一致性程度的指标有复本信度和重测信度(再测信度)。

一般情况下,我们主要考虑量表的内在信度——项目之间是否具有较高的内在一致性。克隆巴赫 α 信度系数是一套常用的衡量测验可靠性的方法,依一定公式估量测验的内部一致性,它克服了部分折半法的缺点,是目前研究最常使用的信度指标,它是测量一组同义或平行测验"总和"的信度。

通常认为,信度系数应该在 0~1。如果量表的信度系数在 0.9 以上,表示量表的信度很好;如果量表的信度系数在 0.8~0.9,表示量表的信度可以接受;如果量表的信度系数在 0.7~0.8,表示量表有些项目需要修订;如果量表的信度系数在 0.7 以下,表示量表有些项目需要抛弃。我们可以通过目前比较流行的 SPSS 软件对调查问卷进行信度分析,这样我们就可以判断一个调查问卷是否具有稳定性和可靠性。

对调查问卷进行科学有效的信度分析,可减少复杂烦琐的计算,为工作和研究提供方便,从而通过调查问卷得出比较客观的综合评价。

2)效度分析

效度分析即分析问卷的有效性,通俗来说,就是要确定设计的问题是否合理,能否有效反映研究人员的研究目标。问卷测量结果和要考察的内容的吻合度越高,则问卷效度越高。需要注意的是,效度分析仅仅针对量表式问题,非量表式问题(如多选题、单选题)不能进行效度分析。

效度的类型有多种,包括内容效度、结构效度、收敛效度以及区分效度,如表7-1所示。

表7-1 效度类型及说明

效度类型	说明
内容效度	实际测评到的内容与期望测评的内容的一致性程度,主要采用蓝图对照分析法与专家比较判断法来鉴定。内容效度分析通常使用文字叙述形式对问卷的合理性、科学性进行说明
结构效度	量表在多大程度上反映了所要测量的变量而不是其他变量,通常使用探索性因子分析(EFA)进行验证,如果输出结果显示题项与变量对应关系基本与预期一致,则说明结构效度良好
收敛效度	又称聚敛效度、聚合效度,强调本应该在同一因子下的测量项,确实在同一因子下面。AVE 和 CR 是聚合效度常用指标,通常情况下 AVE 大于 0.5 且 CR 大于 0.7,则说明聚合效度较高
区分效度	又称判别效度、区别效度,强调不应该在同一因子下的测量项,确实不在同一因子下面。区分效度的检验方法有 AVE 平方根判断法、HTMT 法以及 MSV 和 ASV 判断法

信度是效度的必要条件,当信度分析不达标时,效度分析必然也不能达标。信度和效度之间有4种关系:①信度不高,效度一定不高;②信度高,效度可能高,也可能不高;③效度不高,信度可能高,也可能不高;④效度高,信度一定高。值得注意的是,不管缺乏信度还是缺乏效度的调查都是不可用的,但是相对来说,效度更为重要。

应用案例

1. 消费者情感意识问卷设计

(1)您目前生活上的短期计划有哪些?【多选】

结婚	1	子女上大学	11
生小孩(1胎)	2,与3互斥	子女出国	12
生小孩(2胎)	3	升职加薪	13
买第一套房	4,与5互斥	更换工作	14
购置新房/第二套房产	5	调理身体	15
买车	6	投入很多钱培养兴趣爱好	16
出国	7	远途游/出境游	17
创业	8	健身塑形	18
子女升学(小学、中学)	9	调养身体/对健康大幅投入	19
不断学习,提升自己的综合能力	10	其他	20
		没想好	21

(2)您在生活中比较看重下列哪些方面?【多选】

个人成就	1	社会地位	6
生活品质	2	财富增长	7
事业	3	个人健康	8
家庭/朋友	4	他人认同	9
生活享受	5	其他（请注明：_____）	10

(3)在你目前的生活中,对你意义最重大的是什么?

事业	1	金钱	4
家庭关系	2	人际关系	5
婚恋关系	3	其他（请注明：_____）	6

(4)您认为自己是个什么样的人?【多选】

乐观向上，积极进取	1	追求自由的生活，讨厌拘束	7
富有挑战精神	2	享受当下	8
诚实守信	3	乐于助人	9
感恩奉献	4	追求自我修养	10
喜欢追求新鲜事物	5	遵从内心，放飞自我	11
热衷于社交	6	其他（请注明：_____）	12

(5)您平时有哪些兴趣爱好?【多选】
您在哪一项兴趣爱好上的花费最多?【单选】

	B1	B2		B1	B2
逛街/购物	1	1	摄影	16	16
时尚/服饰	2	2	数码产品	17	17
旅游	3	3	体育运动（羽毛球、足球、跑步、游泳等）	18	18
自驾游	4	4	公益/慈善活动	19	19
徒步穿越/骑行	5	5	职业学习	20	20
健身/塑身	6	6	美食与烹饪	21	21
动漫衍生品	7	7	收藏（古董、艺术品、邮票等）	22	22
音乐会	8	8	钓鱼	23	23
追热点电视剧	9	9	书法/绘画	24	24
美容美妆	10	10	静坐/冥想	25	25
看电影	11	11	园艺/种植	26	26
汽车知识	12	12	野外探险/极限运动	27	27
电脑游戏/手游	13	13	下午茶	28	28
社交直播	14	14	看书	29	29
听书	15	15	其他（请注明：_____）	30	30

(6) 您自我感觉属于下列哪些人群?【多选】

工作狂	1	旅行者	13
养生专家	2	时尚先锋人士	14
宅男宅女	3	美妆达人	15
文艺青年	4	二次元	16
科技极客	5	天然有机族	17
环保主义者	6	投资客	18
多肉植物族	7	社交控	19
尽享自我一族	8	意见帝	20
健身达人	9	高富帅	21
吃货(美食专家)	10	白富美	22
热心公益人士	11	旅游达人	23
音乐达人	12	其他	

(7) 下列说法跟您的实际情况符合程度如何?请用1~5分来打分,1分表示"完全不符合",5分表示"完全符合",分数越高,表示同意程度越高。【横向单选】

序号	语句	完全不符合	不太符合	一般	比较符合	完全符合
1	我非常喜欢研究中国文化	1	2	3	4	5
2	在社交活动中,我是比较活跃的分子	1	2	3	4	5
3	跟别人谈起消费体验时,我常常能说服他人	1	2	3	4	5
4	我比以前更看重能体现自我风格的品牌	1	2	3	4	5
5	我愿为智能化的设备投入更多的金钱	1	2	3	4	5
6	我对出现的新产品/新服务很感兴趣	1	2	3	4	5

(8) 您感兴趣的中国传统文化有哪些?【多选】

书法	1	甲骨文	9
中国结	2	文房四宝	10
京剧脸谱	3	笛子	11
皮影	4	古筝	12
武术	5	龙凤纹样	13
兵马俑	6	彩陶	14
玉雕	7	国画	15
茶道	8	其他(请注明:_____)	16

(9) 您是否加入了一些团体或俱乐部?【多选】

车友会/汽车俱乐部	01	宠物俱乐部	08	收藏俱乐部	15
健身中心/健身俱乐部	02	马术/赛马俱乐部	09	大型购物商场VIP俱乐部	16
美容/美发/美体沙龙	03	网球俱乐部	10	大型超市会员俱乐部	17
球类俱乐部（篮球/足球等）	04	民间环保组织	11	公益社团	18
探险/户外俱乐部	05	国外留学同学会	12	宗教团体	19
高尔夫俱乐部	06	游艇俱乐部	13	其他	20
固定酒吧会员	07	餐饮类会所	14	没有加入	21

(10) 您家是否有私人汽车?【单选】

有	1
无私人汽车但有单位的车可用	2[跳问]

(11) 您家目前拥有几辆汽车?【单选】

1辆	1	3辆及以上	3
2辆	2		

(12) 您家最新购买的汽车是什么车型?【单选】

两厢式轿车	1	多功能车/商务车	4
三厢式轿车	2	新能源/混合动力	5
SUV	3	其他（请注明：＿＿＿）	6

(13) 您家最新购买汽车的总花费(裸车价)是多少?【单选】

10万元以下	1	35万（含）~50万元	6
10万（含）~15万元	2	50万（含）~70万元	7
15万（含）~20万元	3	70万（含）~100万元	8
20万（含）~25万元	4	100万元及以上	9
25万（含）~35万元	5		

(14) 您是否会去健身会所健身?【单选】

每天都健身	1	每2周1次	4
每周4~6次	2	不到2周1次	5
每周1~3次	3	基本不健身	6

(15) 您是否有坚持运动/跑步?【单选】

每天都跑步	1	每2周1次	4
每周4~6次	2	不到2周1次	5
每周1~3次	3	基本不运动	6

(16) 以下关于个人未来规划的语句,哪些比较符合您的情况?【多选】

	非常不符合	不太符合	比较符合	非常符合
我对将来的生活有非常清晰的规划	1	2	3	4
我很明确将来的工作和发展方向	1	2	3	4
我是个随性的人,不喜欢给自己做规划	1	2	3	4
我做事非常有计划和条理,工作效率非常高	1	2	3	4

(17) 您通常通过以下哪些方面来提高日常的生活品质?【多选】

欣赏音乐	1	进行艺术创作	7
研究不同国家的历史和文化	2	观赏创意相关的展览	8
研究各品牌的文化和内涵	3	自己动手做美食	9
旅游度假	4	为家庭制订健康饮食计划	10
自己动手创意装扮家居/装饰	5	其他(请注明:_____)	11
购买有品牌内涵的产品	6		

(18) 以下是人们定义成功的一些描述,您认为最重要的是哪3项?【限选3项】

富足的经济基础	1	能为社会创造价值	8
被周围的人尊重	2	能得到同事和领导的认可	9
有温馨和睦的家庭	3	生活有较高的质量	10
有志同道合的朋友	4	在圈子中有影响力	11
成为企业的管理者	5	可以随心所欲做一些事情	12
在社会上拥有声望	6	其他(请注明:_____)	13
在工作上不断晋升	7		

(19) 您喜欢的品牌都具备什么样的元素?【多选】

绿色环保	1	有浓厚的文化传承	6
有利于健康/对健康无害	2	有亲和力	7
很有力量感	3	色彩鲜艳	8
很有青春活力	4	成熟稳重	9
很有档次	5	其他(请注明:_____)	10

(20) 您目前都拥有什么类型的银行卡?【多选】

普通银行卡	1
银卡	2
金卡	3
白金卡及以上	4
其他	5

(21) 您目前拥有哪些奢侈品？【多选】

单件五千元以上的包包（或钱包）	1
单件两万元以上的腕表	2
单件两万元以上的珠宝	3
单件五千元以上的服装（或鞋）	4
以上都没有	5

(22) 以下是关于一些特征人群的描述，哪个与您最相符？【单选】

乐享派：追求享乐，喜欢随性自在的生活	1
品质派：品质为先，要匠心也要有个性	2
纯粹派：所有的东西都追求纯粹	3
体验派：体验为王，讲究格调	4
慢活派：享受慢生活，不被都市快节奏打乱脚步	5

(23) 在生活中，您觉得您最快乐的时光是下面哪一种？【单选】

携家人一起旅游	1
与孩子一块疯玩	2
与朋友一起聚会	3
获得客户/合作伙伴肯定后的喜悦	4
获得上司/老板肯定后的喜悦	5
完成一项任务/挑战后的喜悦	6
运动/健身到流汗	7
阅读的时光	8
早起晨练	9
喝着下午茶，享受休闲的午后	10
坐在天台或者阳台回忆过去的时光	11
成功学习到新技能	12
和朋友/家人出去郊游	13
发现周围美景，欣赏美景	14
其他	15

2. 消费行为部分问卷设计

(1) 您抽烟有多长时间？

1年以下	1	10～15年	5
1～3年	2	15～20年	6
3～5年	3	20～30年	7
5～10年	4	30年以上	8

(2)您常抽几种牌子的烟?【单选】

一种	1
两种	2
三种	3
随便抽,没有固定的牌子	4

(3)您抽烟的主要原因是什么?【多选】

提神	1
习惯了,戒不掉	2
解压	3
工作/社交需要	4

(4)您每天抽烟数量是多少【单选】

5~10支	1
11~20支	2
1~2包	3
2包以上	4

(5)相较前两年,您每天抽烟的数量有什么变化?【单选】

没有太大变化	1
抽得明显少了	2
抽得更多了	3

(6)您通常主吸哪种焦油量的烟?【单选】

3 mg 以下	1
3~5 mg	2
6~8 mg	3
9~11 mg	4
11 mg 以上	5
不关注	6

(7)相较前两年,您现在主要抽吸香烟的焦油量有什么变化?【单选】

没有太大变化	1
抽吸香烟焦油量更低了	2
抽吸香烟焦油量更高了	3

(8)您现在抽的烟的价格相比过去几年有什么变化?

价格便宜了	1
没变化	2
价格贵了	3

(9) 您购买香烟时看重的因素有哪些？【多选】

口感	1	包装颜值	7
焦油含量	2	周围抽的人多不多	8
价格	3	产品档次感	9
抽吸习惯	4	是否本地品牌	10
领导是否抽吸	5	其他（请注明：_____）	11

(10) 请问您在购买及抽烟过程中，如何判断香烟本身的品质？【多选，限选5项】

包装档次	1	实际抽吸口感	2	烟丝颜色	3
香精、香料添加少	4	烟支燃烧情况	5	烟支紧实度	6
烟灰颜色	7	过滤嘴颜色及紧实度	8	烟草本香充足度	9
劲头适中、刺激性小	10	烟纸质量	11	品牌知名度	12
价格	13	周边抽的人多不多	14	焦油含量及健康度	15
点燃后烟雾	16	入口舒适度	17	烟雾对喉咙的刺激程度	18

(11) 请问您现在主要抽吸的香烟是哪一款？【填空】

_____

(12) 请问您抽得比较多的是哪种类型的烟？【单选】

常规烟（传统型）	1	细支烟	2
短支烟	3	中支烟	4
爆珠烟	5	电子烟	6
雪茄烟	7		

(13) 以下哪些选项是您抽烟发生的变化？【多选】

所抽香烟的价格升级了	1	抽得越来越少了	8
抽细支烟更多了	2	抽的烟焦油含量更低了	9
抽中支烟更多了	3	在意抽烟与环境、场景的适配性	10
抽爆珠烟更多了	4	在意二手烟气对别人的影响	11
抽烟草本香的香烟更多了	5	越来越关注健康概念	12
抽复合香型的香烟更多了	6	抽的口味越来越清淡	13
越来越爱抽吸味柔和的	7	以上都没有	14

(14) 您在抽烟过程中感觉到最不舒服的地方有哪些？【多选】

抽多了嗓子不舒服	1	肺不舒服	6
嘴里烟味重	2	牙齿变黄变黑	7
第二天会恶心、干呕	3	有痰	8
想咳嗽	4	咽喉炎	9
口干舌燥，嘴苦	5	衣服上有烟味	10

（15）您平时更喜欢什么吸味的香烟？【单选】

烟草本香	1	外加香	2

（16）您平时更喜欢外加香中的什么吸味呢？【单选】

茶香	1	果香	4
薄荷味	2	花香	5
中草药味	3	酒香	6

（17）您在哪些场合下吸烟的需求未被满足？【单选】

公共场合	1	年轻人社交	5
开车	2	商务场合	6
加班和工作	3	抽吸过程	7
累和疲乏	4	其他（请注明：_____）	8

（18）您认为一款好的香烟应该具备哪些特征？【限选3项】

品牌知名度高	1	周围的人都在抽	9
口感好	2	性价比高	10
包装精美	3	品牌产地	11
香型独特	4	焦油含量低	12
烟叶品质好	5	烟比较经典	13
烟阻小	6	本香充足，劲头大	14
品类（常规/细支/中支/爆珠）	7	购买方便	15
认可度高	8	其他（请注明：_____）	16

3. 消费者特征部分问卷设计

（1）请问您的婚姻状态是哪一种？【单选】

未婚/单身	1
离婚及其他	2
已婚	3

（2）请问您是否有孩子？【单选】

没有孩子	1	2个孩子	3
1个孩子	2	2个以上	4

(3)您的最高学历是什么？【单选】

小学	1	大专	4
初中	2	大学本科	5
高中、高职、技校	3	研究生及以上	6

(4)您的平均个人税前月收入属于以下哪个范围？（包括每月的工资、奖金、分红以及投资等其他收益，按人民币税前计算）【单选】

	个人月收入	家庭月收入
3000元以下	1	1
3000（含）~5000元	2	2
5000（含）~6000元	3	3
6000（含）~8000元	4	4
8000（含）~10000元	5	5
1万（含）~1.5万元	6	6
1.5万（含）~2万元	7	7
2万（含）~2.5万元	8	8
2.5万（含）~3万元	9	9
3万（含）~4万元	10	10
4万（含）~5万元	11	11
5万元及以上	12	12

(5)您的职位属于以下哪一种？（注意：专业技术人员主要包括科技人员、工程师等有专业技能的人员）【单选】

党政机关/社团/事业单位领导干部	1	企业/公司一般管理人员	12
党政机关/社团/事业单位一般干部	2	企业/公司一般职员	13
中高级专业信息/技术/工程人员	3	商业/服务业一般职工	14
初级专业信息/技术/工程人员	4	制造业/生产性企业一般职工	15
中小学教职人员	5	个体户	16
高等院校教职人员	6	私营业主	17
注册会计师/律师专业人士	7	自由职业者	18
专业医护人员（医生/护士）	8	保姆/家庭服务人员	19
专业媒体记者/编辑	9	军人/警察	20
企业/公司高层管理人员	10	退休人员	21
企业/公司中层管理人员	11	在校大学生	22
		其他	23

4. 消费者品牌认知部分问卷设计

(1) 您选择此品牌的原因是什么？【多选】

烟叶醇正	1	烟支紧实饱满	6
抽吸口感绵柔	2	烟纸厚实、燃烧慢	7
烟丝颜色好	3	抽吸满足感强	8
香精、香料添加少	4	烟草本香更醇正	9
烟支燃烧均匀	5	其他（请注明：_____）	10

(2) 在抽吸此品牌之前，您主要抽吸哪个品牌的香烟？【单选】

中华	1	双喜	19
南京	2	红河	20
玉溪	3	钻石	21
黄鹤楼	4	荷花	22
红塔山	5	黄山	23
中南海	6	万宝路	24
芙蓉王	7	七匹狼	25
苏烟	8	555	26
贵烟	9	金圣	27
长白山	10	红金龙	28
云烟	11	好猫	29
娇子	12	兰州	30
宽窄	13	爱喜	31
白沙	14	大卫杜夫	32
利群	15	七星	33
黄金叶	16	和天下	34
泰山	17	大重九	35
真龙	18	其他（请注明：_____）	36

(3)（针对上题进行追问）请问您之前主抽这个香烟品牌的哪个品规？_____【请填写】

示例：玉溪鑫中支（鑫中支为玉溪品牌的品规）。

(4) 对比您之前抽的香烟品牌，您觉得此品牌需要改进的地方有哪些？【多选】

烟气不够顺畅	1	抽吸时感觉阻力很大	5
抽吸时有点辣嗓子	2	抽吸时过滤嘴不够紧实	6
抽吸时感觉咽喉干	3	其他（请注明：_____）	7
未点燃时烟支嗅香不独特	4		

(5)您购买此品牌主要用于以下哪些场合?【多选】

日常自吸	1
朋友递烟	2
社交应酬	3
差旅携带	4
其他(请注明:_____)	5

(6)您认为此品牌的香烟属于什么档次?【单选】

低档	1	中低档	2
中档	3	中高档	4
高档	5		

(7)如果您的消费水平提升,是否还会选择此品牌?【单选】

会	1	不会	2

参考文献

[1] 徐映梅. 市场调查理论与方法[M]. 北京:中国高等教育出版社,2018.

[2] 简明,金勇进,蒋妍. 市场调查方法与技术[M]. 3版. 北京:中国人民大学出版社,2012.

第八章 调研活动实施

一、调研活动设计

1. 组织流程

调研的组织流程如图 8-1 所示。

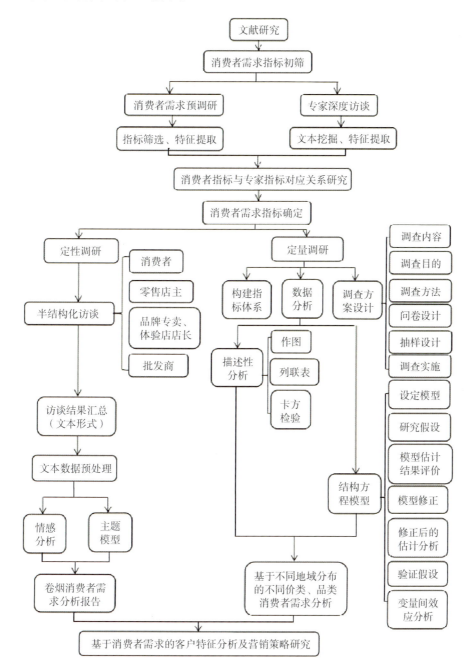

图 8-1 组织流程

2. 准备阶段

(1) 调研的宣传活动。

在正式开展调研前,为保证尽可能多地获得样本,需要对调研活动进行宣传。根据调研的重要性、调查主题、经费预算和总体目标的不同,可选择不同的宣传方式,常用的有以下几种。

① 通过微信公众平台、报纸等媒体发布公告。

② 通过零售商或供货商对卷烟消费者进行宣传。

③ 与相关部门、协会单位或机构负责人合作。

(2) 与被调研者建立联系并编制名录、寻踪。

提前获取被调研者的联系方式,并通知其调研地点、时间、方式,与被调研者进行积极的沟通,以确保能获得真实有效的样本。

在了解被调研者的基本地域信息后需要编制名录,即对位于一个具体地理区域内的所有单元建立一个名录(表 8-1)。调查单元的确定取决于调查的目的与要求。

实际调查中很多情况下都需要对被调查的单元进行寻踪,其目的包括:对样本单元进行定位,更新抽样框中单元的基本识别信息,确认样本是否仍在调查范围内。

表 8-1 编制名录

序号	城市	年龄/岁	行业	个人月收入/元	烟龄	平均每天抽烟	主吸香烟品牌	访问日期	访问方式
1	苏州	43	建筑	20 000	13 年	15 支	黄金叶	8月9日	腾讯会议
2	成都	39	服务行业	10 000	25 年	10 支	翡翠	8月10日	腾讯会议
3	苏州	47	金融	12 000	10 年	6 支	中华	8月10日	腾讯会议
4	广州	35	外贸	20 000	15 年	5 支	白沙	8月11日	腾讯会议
5	昆明	36	药材	15 000	9 年	20 支	翡翠	8月11日	腾讯会议
6	杭州	37	制造行业	25 000	15 年	20 支	白沙	8月11日	腾讯会议
7	杭州	35	酒店行业	15 000	10 年	10 支	黄金叶	8月12日	腾讯会议
8	苏州	36	房地产	15 000	15 年	15 支	翡翠	8月12日	腾讯会议
……									
99	杭州	36	财务	12 000	12 年	8 支	翡翠	8月13日	腾讯会议
100	杭州	44	交通	25 000	15 年	15 支	中华	8月12日	腾讯会议

(3) 编写调研手册。

调研手册是调研员的工作指南,通常包括以下信息:

① 一般信息。这部分陈述调研的目的、重要性、数据的用途及调研机构收集数据的原则,并陈

述为被调研者保密、忠实于被调研者的回答以及调研机构或调研员的职责等,同时应附上致被调研者的信和样本抽取方法的基本材料。

②简介。这部分解释怎样与被调研者进行第一次接触,怎样确保所接触到的是正确的样本单元,怎样验证或纠正抽样框信息,如电话号码等。

③问卷说明。这部分向调研员提供调查问卷中所用的概念和术语的定义。对每一个问题的含义和目的给出清楚的说明。最后,对调研中最可能出现的问题及疑难提供解决办法。

④问卷的审核与整理。通常要求调研员在访问期间或访问结束之后立即对问卷进行现场审核,其作用在于识别缺失、无效或前后不一致的问卷。这些问卷表明有关数据存在潜在错误。这项工作需遵循一定的规则,务必给调研员阐明审核规则。

⑤单个样本单元的管理。这部分处理对无回答的追踪回访,明确调研员需要回访的次数及其规则。此部分还介绍如何对每个样本单元的最终回答进行编码。

⑥作业管理。这部分涵盖一些管理细节,如工作人员怎样报告调研过程,怎样分发和回收问卷及调研所需的物资设备,调研员如何报销他们调研中的各项费用等。

⑦问题与解决方案。这是调研手册的最后一部分,列出了调研员将会遇到的一些常见问题及正确解决办法。一般访问技巧和技术也可以包括在调研手册中,对特殊或复杂的调研还要给出具体的例子。

督导需要非常了解调研手册的内容。此外,必须提供一份督导员专用的督导手册,为调研的管理提供指导。督导手册通常包括以下内容:

①招聘和培训调研员。

②向调研员分配任务。

③根据预定的质量目标、经费开支和时间要求监控调研过程。

④后勤服务,包括分发和回收调研物资,发放调研员报酬,回收并提交问卷以便数据录入等。

⑤被调研者的安全和隐私保护。

⑥在访问调研中遇到特殊情况时替代调研员进行数据收集。

(4) 调研员的招聘和培训。

市场调研活动的执行者主要是调研员,调研员的教育程度、社交技能、当地语言的流利程度、组织能力以及人品都是需要考虑的重要因素。对于面访调查,调研员的地理知识和定位能力也十分重要。对调研员有以下要求:诚实认真、责任心强,有调查的兴趣和信心,对调查对象有一定的了解等。

调研之前需对调研员进行培训,使他们深刻了解调研内容,掌握调研技巧。调研员的培训方式主要有自学、课堂培训、模拟访问等。培训内容主要包括:进行思想教育和素质教育,调研设计者做简要介绍,仔细阅读问卷,其他知识的储备等。

3. 正式阶段

开展正式调研前,需确定定性调研和定量调研的方式、对象、产品、范围、抽样框、样本数量以及分布、精度要求。

1) 定性调研方案

①消费者层面卷烟消费需求调研方案如表 8-2 所示。

表 8-2 消费者层面卷烟消费需求调研方案

调研方式	焦点小组座谈会、深度访谈等
调研对象	18~55 岁的卷烟消费者或零售户
调研内容	（1）卷烟消费者消费行为、习惯与偏好； （2）卷烟品牌消费现状与行为； （3）高端卷烟品牌突发展破点、现有核心产品提质升级点； （4）卷烟品牌特色化发展新品机会与概念挖掘； （5）卷烟品牌传播与推广
举办区域	兼顾考虑所调研品牌各在销品规优势市场、一般市场、弱势市场以及潜在机会市场
调研场次	确定每个地区开展调研活动场次数量以及参加人数
样本设计	·确定样本量； ·确定男女性别比例； ·确定年龄区间及比例； ·确定卷烟类型及比例

定性调研中发现成果的用途如下。

用途 1：对消费者需求进行整理、归类，形成指标，并按照对购买决策和消费习惯影响力的大小进行初步排序。

用途 2：指导定量调研的问卷设计。

用途 3：作为专家访谈的参考。

②专家层面卷烟消费需求调研方案如表 8-3 所示。

表 8-3 专家层面卷烟消费需求调研方案

调研方式	专家深度访谈
调研对象	行业专家、商业、零售户等
调研内容	综合研究结果，完成不同地区畅销卷烟风格特征标签的设定
调研产品	涵盖超一类、高一类、高端、普一类、二类、高三类等价类畅销品规，涵盖常规、细支、中支、短支、爆珠等常规及新品类
调研场次	确定每个地区开展调研活动场次数量以及参加人数

专家访谈研究成果的用途如下。

用途 1：与消费者调研中的各项指标进行匹配、拟合，使供需两侧对卷烟产品的评价达成统一体系。

用途 2：为建立统计模型提供数据变量。

2) 定量调研方案

第一轮：对指标进行筛选、清洗、确定的预调研，如表 8-4 所示。

表 8-4　第一轮定量调研

调研方式	在线问卷调研
调研对象	18～55 岁的卷烟消费者或零售户
调研内容	（1）卷烟消费趋势分析与新品机会识别； （2）卷烟品牌及核心品规消费人群画像； （3）卷烟品牌结构优化与提升； （4）新品研发与产品维护
举办区域	兼顾考虑所调研品牌各在销品规优势市场、一般市场、弱势市场以及潜在机会市场
调研场次	确定每个地区开展调研活动场次数量以及参加人数
样本设计	·确定样本量； ·确定男女性别比例； ·确定年龄区间及比例； ·确定卷烟类型及比例

第一轮定量调研成果的用途如下。

用途 1：验证定性调研中的指标重要度排序。

用途 2：剔除重要程度低的指标。

用途 3：指导第二轮调研的问卷修正。

第二轮：基于确定指标进行数据收集的定量调研，如表 8-5 所示。

表 8-5　第二轮定量调研

调研方式	在线问卷调研
调研对象	18～55 岁的卷烟消费者或零售户
调研内容	（1）卷烟消费趋势分析与新品机会识别； （2）卷烟品牌及核心品规消费人群画像； （3）卷烟品牌结构优化与提升； （4）新品研发与产品维护
举办区域	兼顾考虑所调研品牌各在销品规优势市场、一般市场、弱势市场以及潜在机会市场
调研场次	确定每个地区开展调研活动场次数量以及参加人数
样本设计	·确定样本量 ·确定男女性别比例 ·确定年龄区间及比例 ·确定卷烟类型及比例

第二轮定量调研成果的用途如下。

用途 1：正式确立影响消费者需求的各项指标及影响力排序，并进行指标归类。

用途2：作为专家访谈的参考。

用途3：为建立统计模型提供数据变量。

二、数据收集

1. 数据收集过程

数据收集过程由调研员主导，因此首先必须规定调研员的任务。调研员应知道如何进行有效的访问，掌握正确提问以及追问的技巧，能客观真实地披露被调研者的回答，面临突发情况能妥善处理，并能愉快地结束访问。

无论是线上调研还是线下调研，调研员都必须明确任务，提前做好充分准备。调研员的职责如下：

(1) 确保信息是从正确的样本单元处收集的；

(2) 确保样本涵盖的完整性，使得无回答的偏差减少到最小；

(3) 确保所收集信息的完整性、准确性；

(4) 尽量减少记录和数据录入的错误；

(5) 遵守安全程序，保证数据的机密性。

对调研员来说，在访问一开始就与被调研者建立良好的关系非常重要，其基础则是恰当的自我介绍。自我介绍的内容应该简洁而诚恳，包括调研员的姓名、调研机构名称、调研目的、数据的用途、数据收集的权威性和对数据安全及机密性的保证。

随后在访问过程中，调研员应尽量消除被调研者的顾虑和防备，做到有效倾听，随时准备回答被调研者提出的问题（可参考调研手册）。调研员心理上应当具备充足的信心、耐心、投入等基本素质，能力上应当具备倾听技巧、语言表达、洞悉问卷等基本素质。在提问时遵循以下准则：

(1) 严格按照问卷的措辞提问；

(2) 按问卷给定的顺序依次提问；

(3) 每个问题都应该被问及；

(4) 按正面方式提问；

(5) 对问题之间的停顿加以解释；

(6) 对被误解或曲解的问题加以重复；

(7) 特别关注跳转问题；

(8) 对被调研者提供的信息持中立态度。

当获得的答案没能满足问题的意图时，可以采用追问这一技巧。被调研者可能不知道该如何回答，或者可能误解或曲解了某个问题，从而导致对该问题的回答不完整、不清楚或与其他问题的答案不一致。当发生这种情况时，调研员必须持中立态度去探求所需要的信息。问卷中也可能有一些开放式的问题，需要被调研者深入地回答，调研员要采取有效的追问技巧，使被调研者能够进一步扩展、阐明他们自己的回答。追问技巧的关键是既深入、客观又不至于产生诱导性。常用的追问方法有重复提问、重复被调研者的回答或用中性的语言追问、启发性地帮助调查者回忆、利用适当的停顿或沉默、鼓励被调查者放心回答等。

调研过程中的记录是保证得到准确调研结果的重要环节。调研员在记录时应使用规范的格式和记号,在访问过程中随时进行记录,尽量使用被调研者自己的语言,并对所有与问卷相关的信息进行完整保留,避免因为记录不当而造成偏差。

访问过程的最后一步是确保所有必需的信息都已收集完整,并且已经做了清晰的记录。每次访问结束后,调研员都要对收集的结果做全面检查和必要的审核,并对被调研者的配合表示感谢,预算充足的情况下可向被调研者赠送小礼品,让被调研者感受到自己为此次调研做出了重要贡献,这也可以方便之后进行回访。

2. 数据质量监控

数据质量的监控方法有:

(1)建立督导机制,严格管理调研员。应当按照一定的人员比例设置督导员,采取公开或隐蔽的方式监督调研员的工作,以保证调研员正确使用问卷和确保访问技术的有效性。

(2)严格的文档控制。必须对每个样本单元的最终状态进行编码,问卷在现场操作中的每个阶段都必须有说明,记录日期、完成情况等信息。

(3)检查已完成的问卷。由督导员回收并审核问卷,计算目标解决率和已收集问卷的回答率,一旦发现问题及时责令调研员返工。

(4)对调研员进行询问。数据收集结束时,调研负责人应该及时询问调研员访问的情况,针对访问过程中遇到的具体问题进行分析处理,并编写到调研手册当中,为重复性调研提供指导。

三、数据处理

数据处理就是把调研中收集到的数据转换为适合汇总制表和数据分析的形式,包括在数据收集完毕之后、进行估计之前对数据进行加工处理的所有活动。整个过程费时费力,但对数据的最终质量和调研成本有很大的影响。因此对数据处理工作进行周密的计划、实施质量监控,并在必要时进行调整就显得不可或缺。经过预处理的数据还需要在原有调研设计方案的基础上进一步修改与完善。

1. 问卷接收、检查和校订

从问卷发放开始,就应对问卷进行编号,按照问卷编号记录所有接收的问卷,并记录其完成情况、接收情况以及保管人信息,定期从调研员或督导员处获取调查问卷的进度报告。

问卷检查是指对回收问卷的完整性和访问质量的检查。其重点是制定若干规则,使检查人员明确问卷完成到什么程度才可以被接收,包括完成题目的数量和每一道题的完成情况。可以按照完成情况将原始问卷分为三个部分:可以接收的问卷、明显不能接收的问卷、是否接收存在疑问的问卷。对于是否接收存在疑问的问卷,可通过调研人员的检查来进行取舍。

问卷的校订包括找到不满意的问卷和处理不满意的答案。不满意的问卷主要有字迹模糊的问卷、回答不完整的问卷、回答前后矛盾的问卷、模棱两可或分类错误的问卷。对这些问题的处理方式主要有三种:

①退回实施现场以获取更好的数据。

②按缺失值处理。当有不满意答案的问卷数量很少,或每份有不满意答案的问卷里不满意答案占比较小,或有不满意答案的变量不是关键变量时,可采取这种处理方式。

③整个问卷作废。当不满意问卷的比例很小,或样本量很大,或每份有不满意答案的问卷里不满意答案占比较大,或关键变量的答案缺失时,可采取这种处理方式。

所得问卷经检查和校订后,可能会存在样本的减少或数据的偏差。如果研究者决定废弃不合格的问卷,应该向客户报告识别这些问卷的方法和作废的数量。对于有配额的规定或对某些子样本有具体规定的情况,如果在处理后没有满足抽样的要求,则应对配额不足的类别再做一些补充访问。

2. 问卷的编码、录入

编码是对一个问题的不同答案确定相应数字代码的过程,以便对数据进行分组以及后续的统计分析,可分为事前编码和事后编码。事前编码在设计问卷时进行,事后编码在数据收集结束以后进行。大多数编码工作都可以在调研实施的同时开展,而事后编码主要是针对封闭式问题的"其他"项以及开放式问题,此时可以将所得答案进行归类总结,再进行事后编码。

数据录入是将问卷的内容转化为计算机可识别的形式的过程。数据收集方式有纸质问卷方式和电子问卷方式,两者在数据录入的进程上有差别。采用纸质问卷方式收集数据时,数据录入应该在数据收集完成之后尽快进行,这样可以尽早将情况反馈给数据收集人员,并通过反馈不断改善数据收集过程。采用电子问卷方式收集数据时,数据录入是在数据收集的同时完成的。准确的数据录入可以提高数据分析阶段的工作效率。

3. 数据清洗

数据清洗的任务是过滤那些不符合要求的数据,从而将过滤的结果用于数据分析,主要内容是无效值和缺失值的处理。由于编码和录入误差,数据中可能存在一些无效值和缺失值,需要给予适当的处理,常用的处理方法有以下几种。

①估算。最简单的办法就是用某个变量的样本均值、中位数或众数代替无效值和缺失值。这种办法较为简单,但没有充分考虑数据中已有的信息,误差可能较大。另一种办法就是根据调研对象对其他问题的答案,通过变量之间的相关分析或逻辑推论进行估计,如采用比率和回归估计模型等。

②整例删除,即剔除含有缺失值的样本。由于很多问卷都可能存在缺失值,这种做法可能导致有效样本量大大减少,无法充分利用已经收集到的数据。因此,此处理方法只适合关键变量缺失,或者含有无效值或缺失值的样本比例很小的情况。

③变量删除。如果某一变量的无效值和缺失值很多,而且该变量对于所研究的问题不是特别

重要,则可以考虑将该变量删除。这种做法减少了供分析用的变量数目,但没有改变样本量。

④成对删除。用一个特殊码(通常是 9、99、999)代表无效值和缺失值,同时保留数据集中的全部变量和样本。但是,在具体计算时只采用有完整答案的样本,因而不同的分析涉及的变量不同,其有效样本量也会有所不同。这是一种保守的处理方法,最大限度地保留了数据集中的可用信息。

采用不同的处理方法可能对分析结果产生影响,尤其是当缺失值的出现并非随机且变量之间明显相关时。因此,在调查中应当尽量避免出现无效值和缺失值,保证数据的完整性[1]。

四、数据分析

数据收集完成后,进入数据分析阶段,分析方法的选择是研究者面临的首要问题。首先需要根据调研目的选择分析变量,根据研究变量的个数,数据分析方法可分为单变量分析、双变量分析和多变量分析。在实际调研中,应根据不同的研究目的和不同的变量尺度,选择不同的分析方法。

1. 单变量数据分析

单变量数据分析的目的在于对样本所有元素在某一变量的观测值进行概括性的描述或推断统计。单变量数据的描述性分析包括规模、结构与比较分析,集中度分析,变异性分析;推断性分析包括参数估计和显著性检验。

(1)规模、结构、比较分析。

市场调研在数据分析阶段最基础的分析内容是从整体上把握现象的规模和结构,并大体判断其在不同发展时期,或同行业、同区域或同类现象中所处的水平。规模分析通常以频数或频率来描述,表现方式主要有频数分布表和频数分布图。

对于定类与定序型数据,频数分布表只需要汇总观测值的个数并计算相应的频率;对于数值型数据,则需要确定频数分布表的组数、组距和组限,统计分组应遵循"上限不计入"的原则。

频数分布图可以直观地展示数据的结构,主要有条形图、饼图、直方图、折线图等形式。在描述定类与定序型数据时通常采用条形图和饼图,在描述数值型数据时通常采用直方图和折线图。数据的分布不同,频数分布图也表现出不同的类型。此外,可以通过计算偏度和峰度来进一步了解数据的形态特征。

判断总体在不同发展时期所处的水平属于时间维度上的比较,通常是将同一指标不同时期的数据进行比较,常用的指标包括逐期增减量、累积增减量、环比发展速度、定基发展速度、环比增减速度、定基增减速度等。

判断总体在同行业、同区域或同类现象中所处的水平属于空间维度上的比较,常用统计指标是相对数,即将两个有联系的总量指标进行对比计算所得的比率。基于数据结构进行比较分析时,可以采用的统计量是指数。此外,市场调查中常用满意度指数,即通过对评价分制的加权计算得到测量满意程度。

(2)集中度分析。

集中度分析即测度一组数据的集中趋势,反映各调查数据向中心值靠拢或聚集的程度。对于定类数据通常采用众数,对于定序数据通常采用中位数和分位数,对于定距和定比数据通常采用均值。分析数据的集中程度,应结合统计数据的实际分布状况和数据类型选用恰当的指标形式,以克服不同形式的测度指标在适用范围上的局限性。例如,当出现极端值时,均值可能会受到较大的影响,造成均值的代表性较差,而中位数和众数不会受到太大影响,用它们描述数据的集中趋势优于均值。

(3) 变异性分析。

变异性分析即测度数据的离散趋势,反映各调查数据远离中心值的程度。根据数据类型的不同,测定离散程度的指标主要有异众比率、四分位差、方差、标准差等绝对量指标,以及测定相对离散程度的离散系数等。

异众比率主要用于测度定类数据的离散程度,即计算非众数组的频数占总频数的比例。异众比率衡量众数对一组数据的代表程度,异众比率越大,众数的代表性就越差;异众比率越小,众数的代表性就越好。

四分位差主要用于测度定序数据的离散程度,即计算上四分位数和下四分位数之差。四分位差反映了中间50%数据的离散程度,避免了两端极端数值的影响。四分位差越小,则中间的数据越集中;四分位差越大,则中间的数据越分散。

方差和标准差主要用于测度定距和定比数据的离散程度,方差指各变量值与其算数平均数离差平方和的算数平均数,标准差指方差的算术平方根。方差反映了所有变量值对平均数的离散程度,方差或标准差越大,平均数的代表性越差,数据越分散;方差或标准差越小,平均数的代表性越好,数据越集中。

离散系数是反映数据离散程度的相对指标,即标准差与算数平均数的比值。离散系数主要用于比较不同类别数据的离散程度,离散系数越大,数据的离散程度就越大;离散系数越小,数据的离散程度就越小。

(4) 参数估计。

参数估计指在满足一定精度和把握程度的条件下,利用样本信息来估计总体特征的统计分析方法,主要有点估计和区间估计两种形式。抽样调查中只有采用概率抽样方法获取的样本数据才能用来推断总体信息,而非概率抽样不能用于推断总体。进行参数估计时,应合理确定允许误差的范围以及置信度的大小。

(5) 显著性检验。

显著性检验是指事先对总体参数提出一个假设,然后利用样本信息判断该假设是否成立,即判断总体的真实情况与原假设是否有显著性差异。显著性检验可以分为参数检验和非参数检验两种。进行显著性检验时,应根据研究目的和数据资料的性质选用恰当的检验方法,同时注意结论不能绝对化[2]。

2. 双变量关联性分析

在市场调查中,双变量统计分析方法通常用来探究两个变量之间的关联性,按照变量尺度的不同,需要采用不同的统计分析方法。研究两个品质型变量(即定类变量和定序变量)之间的关系,可以采用列联分析;研究两个数值型变量(即定距变量和定比变量)之间的关系,可以采用相关分析和回归分析。因此,在选择分析方法时,应首先确定变量的尺度。

(1)列联分析。

列联分析是通过原始数据结构,揭示品质型变量(定类变量和定序变量)之间以及品质型变量各种状态之间的相关关系的统计分析方法。列联表是列联分析的必要数据基础,它是由两个分类变量进行交叉分类的频数分布表。列联表的 x^2 检验主要包括独立性检验和一致性检验,前者是利用样本资料来检验其所显示的两个分类变量的相关性在总体中是否存在;后者是对多项总体,即单个总体划分为三个或更多类别后,检验样本资料所显示的不同类别的比例差异在总体中是否也存在。如果独立性检验结果显示两个分类变量之间存在相关性,为了进一步测度两个分类变量之间的相关程度,通常要计算相关系数,具体包括 φ 相关系数、C 相关系数和 V 相关系数。列联表的类型不同,适合采用的相关系数也有所不同。

(2)相关分析。

相关分析是研究两个变量之间相关关系密切程度的统计方法。相关关系按表现形式不同,可以分为线性相关和非线性相关(也称曲线相关);按相关的方向不同,可以分为正相关和负相关。通常用来测度变量之间相关关系的工具有散点图和相关系数。散点图是以直角坐标系的横轴和纵轴分别代表两个变量,将两个变量间相对应的变量值用坐标点的形式描绘在坐标平面上所形成的图形。利用散点图可以直观地看出两变量之间相关关系的形式、方向及密切程度。散点图的判断结果往往带有很强的主观性,在线性相关的条件下,相关系数是度量两个变量之间相关关系的类型及其密切程度的统计指标。在现实中,若需要根据样本相关系数在一定把握程度下推断出总体相关系数,则需要检验相关系数的显著性。

(3)回归分析。

相关分析的目的仅仅是确认两个变量间是否具有线性相关关系,而回归分析是研究因变量对自变量依赖关系的一种统计分析方法,其目的是通过自变量的给定值来估计或预测因变量的均值。以线性相关关系为基础,模型中只有一个因变量与一个自变量的回归分析,称为简单线性回归分析(或一元线性回归分析)。一元线性回归分析的基本步骤为"建立回归方程—估计方程参数—检验回归方程的拟合优度—检验回归模型和参数的显著性—回归预测—残差分析"。在实际问题中,自变量和因变量之间的关系并非都是线性的。当因变量与自变量之间为非线性关系时,可以用适当类型的曲线来描述,也可以通过变量转换将非线性回归方程转换为线性方程后,再进行求解。

3. 多变量数据分析

多变量数据分析是分析多个变量在不同取值情况下的数据分布状况以及不同变量之间密切程度的一类统计分析方法。常用的多变量分析方法有方差分析、相关与回归分析、聚类分析、因子分析等。

(1)方差分析。

在方差分析中,一般把因变量称为观测变量,把自变量或控制变量称为因素。方差分析是推断各种因素状态对观测变量影响的一种统计分析方法,它通过分析数据中不同来源的变异对总变异的贡献大小,来确定可控因素对研究结果影响力的大小。按照观测变量的个数,方差分析可分为单变量方差分析和多变量方差分析;按照涉及的因素个数划分,方差分析可分为单因素方差分析和多因素方差分析。

(2) 相关与回归分析。

相关与回归分析也是一种可有效分析变量间相互关系的统计分析方法。两变量间的相关分析方法包括制作散点图和计算相关系数。相关系数是用于描述样本两个变量之间联系紧密程度的统计量,多变量间的两两相关系数可用相关系数矩阵来表示。单纯的相关分析可以不必区分自变量和因变量,但在回归分析中必须首先对自变量和因变量进行区分。多元回归分为多元线性回归和多元非线性回归。多元线性回归的关键在于合理地选择变量,t 检验是筛选自变量的有效方法。

(3) 分类模型——Logistic 回归。

多元线性回归只适用于被解释变量是连续变量的情形,而当因变量为分类变量时,可以考虑采用 Logistic 回归。当 Logistic 回归涉及的因变量为二分变量时,称为二分 Logistic 回归;当所涉及的因变量为两个及以上类别时,称为多分类 Logistic 回归。Logistic 回归解释了自变量和因变量概率取值之间的关系,一般用 Logistic 曲线表示。对于 Logistic 回归而言,其更多地关注正确与错误预测的频率以及模型能否有效地减少误差[3]。

(4) 因子分析。

在进行市场研究时,人们往往希望尽可能多地收集与研究目的相关的数据信息,以防止因信息缺失而造成决策失误,但指标间可能出现信息重叠,存在包含关系或因果关系,并且过多的指标也容易导致分析过程复杂化。因子分析是利用降维的思想简化数据,把具有错综复杂关系的众多变量归结为数量较少的几个综合因子,以展现原始变量与因子之间的相互关系,减少变量间的互相重叠,更加明确地把握事物变化。

其中,抽象的变量被称作公共因子,能反映原来众多变量的主要信息。原始的变量是可观测的显在变量,而因子一般是不可观测的潜在变量。在因子载荷矩阵中,各行元素的平方和(即共同度)表示每个指标被各个因素所解释的方差总和,各列元素的平方和表示每个因子对方差的解释能力,即方差贡献率。方差贡献率越大,说明该因子所包含的信息越多。

因子分析的假设前提是观测变量能够转换为一系列潜在变量(因子)的线性组合。因子可以与两个以上的变量相关联,也可以只与其中的一个变量相关联。因子分析中的公共因子是不可直接观测但又客观存在的共同影响因素,每一个变量都可以表示成公共因子的线性函数与特殊因子之和。

对原始数据进行因子分析前,首先要对数据进行标准化处理,并对数据是否适合因子分析进行适用性检验。因子分析常用的检验方法包括 KMO 检验法和巴特利特球形度检验法。具体来说,KMO 检验值大于 0.5 或巴特利特球形度检验 P 值小于 0.05 即通过检验,可以进行因子分析。因子分析过程一般分为三个步骤:确定因子个数,对因子载荷求解和旋转,计算因子得分。

(5) 聚类分析。

在多变量数据分析阶段,通常可以将样本进行量化分类,对各个层次的消费人群进行市场细分,从而更好地把握消费人群的基本特征,针对不同的类别制定更完善的策略。

聚类分析的基本思想即认为所研究的样本单位或变量之间存在程度不同的相似性,根据一批样本的单个或多个观测指标,找出能够度量样本或变量之间相似程度的统计量作为划分依据,将距离较近的样本(或变量)聚为一类,以此实现类别的划分。聚类分析通常在因子分析的基础上进行。

常用的聚类方法有系统聚类法和 K 均值聚类法。系统聚类法的基本思想是:距离相近的研究对象先聚类,距离较远的后聚类,这个过程一直进行下去,每个研究对象总能聚到合适的类中。应用系统聚类法时,首先需要对数据进行交换,变换的方法有平移变换、极差变换、标准化变换、对数变换等;然后选取聚类方法,主要有最短距离法、最长距离法、中间距离法、重心法等。K 均值聚类法是一种快速聚类法,适用于大样本并且均为连续型变量的情形。K 均值聚类的基本思想是将每一个样本分配给最近重心(均值)的类中。其实质是分步聚类,即先选定一批凝聚点,让研究对象向最近的凝聚点靠拢,形成初步分类;然后对凝聚点的选点进行调整,重复前一步骤,直到得到比较合理的结果为止。

K 均值聚类法和系统聚类法一样,都是以距离的远近亲疏为标准进行聚类。两者的不同之处在于系统聚类对不同的类数产生一系列的聚类结果,而 K 均值聚类只能产生指定类数的聚类结果。具体类数的确定,离不开实践经验的积累,系统聚类法以一部分样本为对象进行聚类的结果可作为 K 均值聚类法确定类数的参考。

(6) 对应分析。

对应分析又称相应分析,是利用加权主成分分析法来描述两个或多个分类变量各水平间相关性的分析方法。对应分析方法通过分析由定性变量构成的交互汇总表,来揭示变量间、样本间以及变量与样本间的对应关系,因此可以弥补因子分析、聚类分析等统计方法只能单独研究变量间或者样本间关系的不足。对应分析在品牌形象研究、市场细分和市场定位研究等领域都有着非常广泛的应用。

对应分析的基本思想是将一个列联表的行和列各元素的比例结构以点的形式在较低维的空间中表示出来,其特点是能把众多的样品和众多的变量同时作在同一张图上,将样品的大类及其属性在图上直观展现出来。对应分析方法不用进行因子选择和因子轴旋转等复杂的数学运算及中间过程,而是从因子载荷图上对样品进行直观分类,并能够标示出分类的主要参数(主因子)以及分类的依据。

对应分析图是对应分析方法的主要应用形式。在对应分析图中,每一个散点代表某个变量的一个类别,该类别所包含的信息由两个维度坐标值反映。根据对应分析图中各个散点分布距离的远近,可以直观解释不同变量之间以及不同变量的不同类别之间的对应关系。如果同一变量的两个类别在某个维度上分布较近,表明这两个类别在该维度上区别不大;如果不同变量的两个类别在某个维度上分布较近,表明这两个类别彼此联系,相关性较大[4]。

(7) 多维标度分析。

多维标度分析是一种将多维空间的研究对象(样本或变量)简化到低维空间进行定位、分析和归类,同时又保留对象间原始关系的数据分析方法。其基本思想是,当 n 个对象中各对象之间的相似性（或距离）给定时，确定这些对象在低维空间中的表示，并使其尽可能与原先的相似性（或距离）大致匹配，使得由降维引起的任何变形达到最小。多维空间中排列的每一个点代表一个对象，因此点间的距离与对象间的相似性高度相关。在市场营销调研中，多维标度分析法的应用十分广泛，如已知多种产品在消费者心中的两两相似程度，可利用多维标度分析法确定这些产品在消费者心理空间的相对位置。

（8）多指标综合评价。

多指标综合评价是根据研究的目的，首先建立综合评价指标体系，然后基于评价指标体系，对现象的各个方面进行定量分析，得出一个整体性的评价结果。多指标综合评价的基本步骤一般包括：构建综合评价指标体系，确定观测指标的量纲方法，选择综合评价指标的合成方法，确定各评价指标的权重等。

应用案例

一、[300,400)价区细支卷烟消费趋势分析调研

（一）研究目的

以2021年销量数据为例，对[300,400)价区的细支卷烟消费特点和消费趋势进行研究，找到[300,400)价区的细支品类消费趋势，[300,400)价区当前的细支爆款产品畅销的原因；基于数据的交叉结合分析，寻找[300,400)价区的细支品类下一步的发展空间和策略路径。

（二）研究大纲

1. 烟草消费者调研

寻找目标消费者进行访谈，挖掘300～400元/条价位细支爆品及云产细支产品的影响消费者体验的因素。

对近几年[300,400)价区的细支卷烟消费者行为习惯进行分析，输出量化消费者选择最畅销产品的原因和影响消费者选择的决定性因素。

2. 研究方法

(1) 定性研究：深度访谈9人。

样本条件：

· 年龄在25～55岁，在当地常住2年及以上。

· 资深烟民，吸烟史5年以上。

· 表达能力强，乐于分享兴趣爱好、烟草消费场景等。

· 日常主要抽吸香烟价位在30～40元/包。

· 过去3个月没有接受过相关主题的市场调研。

· 非敏感职业（烟草公司/代理商相关职业、调研员、广告商）。

· 选取该价位段主流竞品及本品的消费者为访问对象。

(2) 定量研究：共400个样本，合计8个城市，每个城市50个样本。

(3) 畅销竞争细支品规每个品规50个样本，本品每个规格20～40个样本，具体根据销区销量进行调整。

(4)调研城市选择:选择2021年[300,400)价区细支品类销量前三及增速前三的省份的省会城市(见表8-6),以及云产卷烟主销区的城市作为调研城市。

表8-6 各省细支品类销量排名

名称	销量/箱	排名	增幅/(%)
浙江省	43 678.90	1	11.97
山东省	29 965.35	2	37.23
江苏省	21 205.97	3	54.30
贵州省	15 130.42	7	50.75
江西省	11 863.46	9	60.03
河南省	10 585.39	11	53.95

最终确定定性深访及定量调研城市8个:杭州、青岛、南京、贵阳、南昌、郑州、昆明、乌鲁木齐。

(三)调研执行

按照上述方案执行调研。

(四)报告撰写

紧扣调研目的,梳理报告提纲。结合调研执行方案及数据整理结果,进行消费者画像分析及该价位段消费趋势分析,从总体到局部,从竞品到本品,分别进行归纳总结,并开展优劣势对比分析,提出自身观点及策略。

二、[300,400)价区细支卷烟消费趋势研究结果

(一)[300,400)价区细支卷烟消费趋势

1.趋势一:进阶的新锐

[300,400)价区细支卷烟消费者为社会新锐力量。

选择[300,400)价区细支卷烟的消费者以"90后""85后"消费者为主,总体占比51%,其次是"95后"和"80后"消费者,分别占比15.3%。79.5%的消费者为本科及以上学历,38.6%的消费者为企业/公司的管理人员,他们都是社会发展的中坚力量。见图8-2。

图8-2 [300,400)价区细支卷烟消费者人群分析结果

本次调研显示,67.4%的消费者有私人汽车,其中,62.3%的消费者拥有一辆汽车,4.8%的人拥有两辆。在选择购买汽车的价位时,36.1%的消费者选择20万~25万元,33.5%的消费者选择15万~20万元。90.5%的消费者有一套住房,其中,51.7%的消费者住房是普通住宅,18.3%的消费者住房是公寓式住宅。因此,消费者普遍拥有一套普通住宅,能够满足家庭生活。87.5%的消费者拥有一部手机。其中,36.8%的消费者购买的手机在3001~4000元价位,25.3%的消费者购买的手机在4001~5000元价位。因此,消费者购买的手机大部分属于中高端手机,证明了消费者的消费水平较高,具有不错的消费能力。见图8-3。

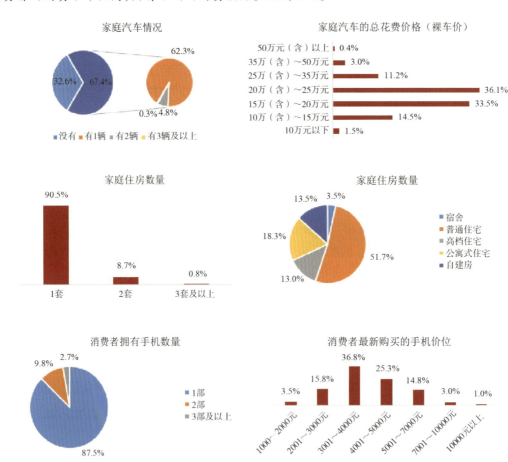

图8-3 [300,400)价区细支卷烟消费者消费能力统计分析结果

2. 趋势二:随身的"口粮"

[300,400)价区细支卷烟消费者主要来自向上升级和平移转换。

本次调研显示,转入[300,400)价区细支卷烟的消费者主要来自300~490元/条价位和190~290元/条价位细支卷烟的消费者,分别占比46.3%和38.3%。见图8-4。

3. 趋势三:极致的低减

[300,400)价区细支卷烟消费者的抽烟量和所抽烟的焦油量均有减少趋势。

本次调研显示,在抽烟频率上,16.5%的消费者在近两年抽得明显少了,另外,29%的消费者主吸卷烟的焦油量明显更低了。见图8-5。

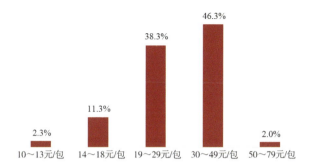

> 我之前挺喜欢抽 555 的那款爆珠细支。是薄荷味儿的,挺好抽的。后来和朋友一块儿玩的时候,他们抽的是南京大观园爆珠,然后我试了试,抽起来还挺不错,感觉整体比 555 的都要后一些。
> ——李先生,26 岁,南京,HR 专员

> 我在抽黄山金皖细支之前一直抽的是泰山常胜将军,这款在这个价位也不错,抽起来口感比较柔。但后来慢慢在餐饮这个行业做久了,认识的人多了,就需要提升一下抽烟档次,就换到黄山这个细支了。
> ——张先生,30 岁,合肥,餐饮个体老板

图 8-4 [300,400)价区细支卷烟消费者流入情况统计分析结果

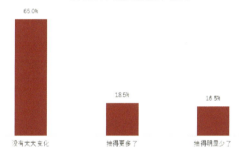

> 这两年,抽烟的量倒没什么变化,差不多,基本上一天有个半包左右吧,多的时候也就差不多一包烟。
> ——李先生,25 岁,乌鲁木齐,餐饮经理

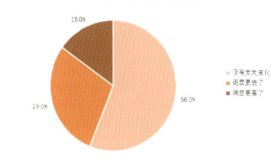

> 焦油量上没啥变化,抽的基本上都是8毫克的。
> ——郭先生,51 岁,昆明,工程师

图 8-5 [300,400)价区细支卷烟消费者抽烟频率及主吸卷烟焦油量变化情况

4. 趋势四：纯正的口味

[300,400)价区细支卷烟具备香味醇正的优点。

本次调研显示，消费者认为[300,400)价区细支卷烟的主要吸引点是烟草香味醇正、烟草品质好和抽吸口感绵柔，分别占比37.3%、37%和33.3%；最终主要影响消费者选择的因素也是这三点，分别占比16.5%、14.8%和11.5%。因此，这个价位的细支卷烟抽吸口味的更好表现是影响消费者选择的重要因素。见图8-6。

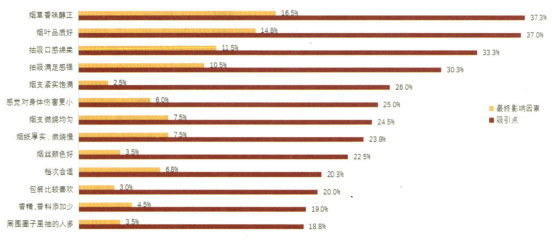

图8-6 [300,400)价区细支卷烟的主要吸引点及消费者选择原因统计情况

5. 趋势五：舒适的体验

消费者因为柔和的吸味而抽细支卷烟。

本次调研显示，细支卷烟有多方面的优势，从而吸引越来越多的消费者转入细支卷烟抽吸群体，其中，吸味更柔和舒适是主要原因，占比54.3%，见图8-7。随着消费者抽烟时间越来越久，其越在意口感上的舒适体验。

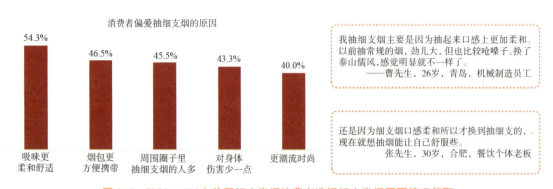

图8-7 [300,400)价区细支卷烟消费者选择细支卷烟原因情况截取

6. 趋势六：简约的颜值

素雅的包装设计更能增加消费者对卷烟包包的喜爱程度。

本次调研显示，70%的消费者对自己现在主吸卷烟的包装表示喜欢，其中，主要的原因是包装素雅和包装颜色，分别占比40.3%；包装材质也是原因之一，占比36%，见图8-8。

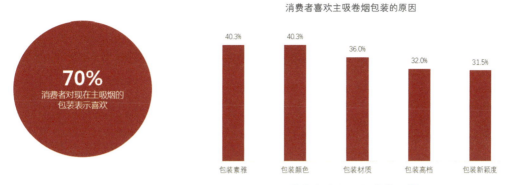

图 8-8　[300,400)价区细支卷烟消费者喜欢卷烟包装情况截取

7. 趋势七:精致的触感

本次调研显示,消费者在整包烟的品质上有更高的要求,主要体现在烟丝紧实程度、烟包质感和烟包材质等方面,分别占比 36.3%、28.5% 和 28.2%,见图 8-9。

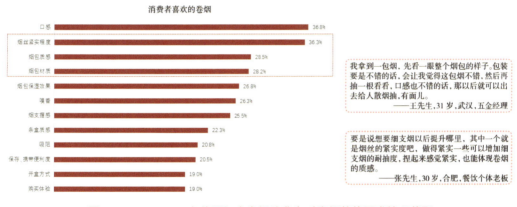

图 8-9　[300,400)价区细支卷烟消费者对卷烟整体要求情况截取

(二)[300,400)价区云产细支卷烟的发展现状及问题

1. [300,400)价区云产细支卷烟销售增长态势疲软

"云烟 A"明显已进入市场销量衰退期,"云烟 B"的销量虽然在持续小幅增加,但其作为一个区域性产品,规模及成长空间均十分有限,"云烟 C"则明显销量增长动力不足,见图 8-10。

图 8-10　2014—2021 年 [300,400)价区云产细支卷烟销量(单位:箱)

2. [300, 400)价区云产细支卷烟核心市场增长放缓

华东、西南、西北、华北等地区是[300, 400)价区细支卷烟的核心销售区域,[300, 400)价区云产细支卷烟在这些区域的整体销售增量正在逐渐减少并放缓,见图8-11。

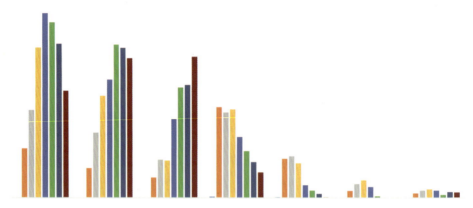

图8-11　2011—2021年[300, 400)价区云产细支卷烟各区域销售态势

3. [300, 400)价区云产细支卷烟销量分布及态势

2011—2021年,云产细支卷烟销售增量主要来自华东、西南、西北及华北地区,四个区域市场贡献了销售量的91.8%。2021年,云产细支卷烟销售主要集中在西北、西南及华东地区,三个区域市场销量份额占比高达92.5%。2011—2021年,销量格局发生了较大变化,表现为华北、华东地区市场萎缩,西北、西南地区市场增长,其中,华中、东北地区销量下滑严重。具体如表8-7和图8-12、图8-13所示。

表8-7　2011—2021年及2021年云产细支卷烟销售量

年份	2011—2021年		2021年	
销区	销售量/千箱	占比	销售量/千箱	占比
合计	85.0	100%	12.0	100%
华北	13.0	15.1%	0.8	6.1%
西北	16.0	18.7%	4.2	33.7%
东北	4.2	4.9%	0.02	0.1%
华东	27.0	31.6%	3.2	25.5%
华中	1.5	1.8%	0	0
华南	1.3	1.5%	0.2	1.3%
西南	23.0	26.4%	4.2	33.3%

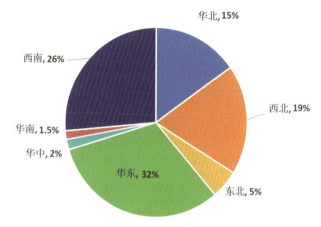

图 8-12　2011—2021 年云产细支卷烟不同区域销量占比情况

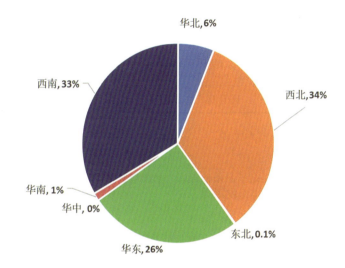

图 8-13　2021 年云产细支卷烟不同区域销量占比情况

（三）[300，400)价区在售云产细支卷烟消费者感知评价

[300，400)价区在售云产细支卷烟消费者感知评价总结如表 8-8 所示。

表 8-8　[300，400)价区在售云产细支卷烟消费者感知评价总结

品规		云烟 C	云烟 B	云烟 A
上市时间		2019 年	2018 年	2014 年
2021 年销量/箱		4658.8	4180.82	3611.51
在售地区		云南、山东、安徽、海南、北京	新疆、北京	浙江、福建、安徽、云南、天津、北京、上海
消费者流入来源	消费进阶（之前抽吸 19～29 元/包价位）	35%	45%	37.50%
	消费平移（之前抽吸 30～49 元/包价位）	52.50%	50%	52.50%

续表

品规		云烟 C	云烟 B	云烟 A
综合满意度评分（10分制）		8.65	8.55	8.6
选择原因 TOP3		烟草香味醇正 50%	细支对身体好 40%	烟香醇正 40%
		烟叶品质好 47.5%	烟叶品质好 50%	烟叶品质好 50%
		抽吸口感绵柔 40%	抽吸口感绵柔 50%	抽吸口感绵柔 52.7%
最终选择因素		烟草香味醇正 50%	烟叶品质好 50%	抽吸口感绵柔 52.7%
满意点	外观	外观好看，大气	外观好看，有新疆特色	外观好看
	口味	口味比较醇和	口感比较好，爆珠捏爆后有回甘	烟气有点硬，比较浓、醇香
	产品	烟丝品质好	燃烧速度慢，烟灰量比较足	品牌认知度高
不满意点		烟嘴材质需要提升	购买便利性需要提升	劲头需要提升

消费者评价原话如图 8-14 所示。

对云烟 C 的评价

> 云南烟就是烟丝品质比较好，抽起来口感比较好，比较醇，烟丝和过滤嘴做得比较好。
> ——陈先生，30 岁，昆明，金融行业/经理

对云烟 B 的评价

> 口感很独特，我很喜欢。在没有捏爆珠之前，它的口感是很劲爆的那种，然后捏完有点苦，带一丝丝的甜。
> ——李先生，25 岁，乌鲁木齐，餐饮行业/经理

对云烟 C 的评价

> 可以减少吸烟量，再就是它没有大云的那种冲劲儿。没有爆珠，抽的时候感觉也挺柔和的，硬度也比较合适，比较醇香。
> ——郭先生，51 岁，昆明，工程管理

图 8-14 消费者评价

[300,400) 价位云产细支卷烟"颓势"原因分析如下。

云烟 C：爆珠不具备广泛的喜好性。

云烟 B：非 [330,400) 价区细支卷烟核心销售市场的区域产品。

云烟 A：定位偏高，上市早，当时细支技术未成熟，限制产品发展。

（四）[300,400) 价区云产细支卷烟的突破策略

1. 产品线规划策略

（1）用矩阵模型进行 [300,400) 价区云产细支卷烟体系化布局，如图 8-15 所示。

图 8-15 体系化布局

(2)[300,400)价区细支卷烟竞争布局核心策略。

针对该价位段,可以依托现有成熟且具备竞争力产品的家族化、品系化的上移与下沉进行布局。例如:"利群""黄鹤楼""泰山"等品牌采用的研发策略是,利用现有普一类价区及400~600元/条价位有一定价值势能产品的家族品系化的上移及下沉,迅速布局,占领一定市场份额,形成核心竞争力(图 8-16)。

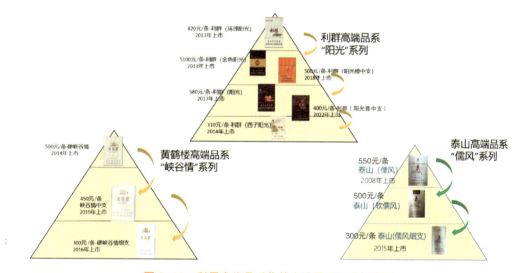

图 8-16 利用家族品系化的上移及下沉进行布局

2. 市场布局及扩展策略

(1)市场布局立足云产烟优势地区。

数据显示,2021 年云南是云产烟销量最高地区,销量 160.3 万箱,位居全国第一,具有明显优势;排在第二的是四川,销量为 73.6 万箱,其次是河北、山西和内蒙古。同时,2021 年云产烟销量增量排在第一位的是内蒙古,增量达 1.12 万箱,其次是浙江,1.02 万箱,广东、北京和湖北的增量相对较少,分别为 0.61 万箱、0.22 万箱和 0.17 万箱,如表 8-9、表 8-10 所示。

表 8-9　2021 年云产烟销量 TOP5 地区

地区	销量/箱	上年同期销量/箱
云南	1 603 251.84	1 615 519.98
四川	736 171.53	778 745.86
河北	583 032.22	594 571.89
山西	478 042.35	479 715.57
内蒙古	454 833.16	443 559.02

表 8-10　2021 年云产烟销量增量 TOP5 地区

地区	销量增量/箱
内蒙古	11 274.14
浙江	10 183.97
广东	6065.21
北京	2220.08
湖北	1651.36

(2) 市场扩展聚焦全国[300,400)价区卷烟优势地区。

数据显示，浙江是 2021 年[300,400)价区卷烟销量最高的地区，销量位居全国第一，高达 26.8 万箱；排在第二的是四川，14.8 万箱；紧跟其后的是广东，12.3 万箱；其次是湖南和江苏，分别为 8 万箱和 7.6 万箱。同时，2021 年浙江、四川、广东分列[300,400)价区卷烟销量增量全国第一、第二和第三，增量分别为 2.7 万箱、2.4 万箱、2.3 万箱，江苏和河北销量增量相对较少，分别为 1.5 万箱、1.4 万箱。具体如表 8-11、表 8-12 所示。

表 8-11　2021 年全国[300,400)价区卷烟销量 TOP5 地区

地区	销量/箱	上年同期销量/箱
浙江	267 963.32	240 776.90
四川	148 140.98	124 033.13
广东	122 728.45	99 988.84
湖南	80 719.36	75 096.37
江苏	75 686.08	60 405.76

表 8-12　2021 年全国[300,400)价区卷烟销量增量 TOP5 地区

地区	销量增量/箱
浙江	27 186.41
四川	24 107.85
广东	22 739.61
江苏	15 280.32
河北	13 848.27

市场策略：以云产烟优势地区为依托，逐步扩展，聚焦全国[300,400)价区卷烟优势地区，逐步拓展市场。

参考文献

[1] 贾俊平,何晓群,金勇进. 统计学[M]. 5版. 北京:中国人民大学出版社,2012.

[2] 谢宇. 回归分析[M]. 北京:社会科学文献出版社,2013.

[3] 何晓群. 多元统计分析[M]. 5版. 北京:中国人民大学出版社,2019.

[4] 张灿鹏,郭砚常. 市场调查与分析预测[M]. 北京:北京交通大学出版社,2013.

第九章
调研报告撰写

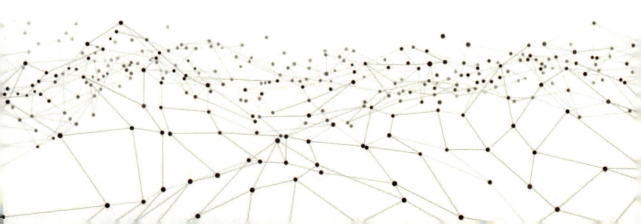

在市场调研活动基本完成以后,调研人员应当考虑撰写市场调研报告。调研报告通常是评价整个调研过程工作好坏的唯一标准,是整个市场调研过程最重要的部分,不管调研过程的其他各步骤工作如何成功,如果调研报告失败,则将意味着整个研究失败,因为决策者或调研委托者只对反映研究结果的调研报告感兴趣,他们往往通过调研报告来判断整个市场调研工作的优劣。因此,调研人员在完成前面的市场调研工作以后,必须写出准确无误的、优质的调研报告。

【案例链接】

朝鲜战争与兰德公司

就在朝鲜战争爆发前八天,美国民间咨询公司兰德公司通过秘密渠道告知美国对华政策研究室,他们投入了大量人力和资金研究了一个课题:"如果美国出兵朝鲜,中国的态度将会怎样?"而且第一个研究成果已经出来了,虽然结论只有一句话、七个字,却索价500万美元。

当时美国对华政策研究室认为这家公司疯了,一笑置之。但是几年后,当美军在朝鲜战场上被中朝联军打得丢盔卸甲、狼狈不堪时,美国国会开始辩论"出兵朝鲜是否真有必要"的问题,在野党为了在国会上辩论时言之有理,急忙以280万美元的价格买下了兰德公司的已经过时了的研究成果。

研究结论只有一句话:"中国将出兵朝鲜。"但是,在这一结论后附有长达600页的分析报告,详尽地分析了中国的国情,以充分的证据表明中国不会坐视朝鲜的危机而不救,必将出兵并置美军于进退两难的境地。此外,这家咨询公司断定:一旦中国出兵,美国将以不光彩的姿态主动退出这场战争。从朝鲜战场回来的美军总司令麦克阿瑟将军得知这个研究之后,感慨道:"我们最大的失策是怀疑咨询公司的价值,舍不得为一条科学的结论付出不到一架战斗机的代价,结果是我们在朝鲜战场上付出了830亿美元和十多万名士兵的生命。"

一、市场调研报告的意义与特点

(一)市场调研报告的意义

市场调研报告是根据市场调研活动及调研成果而写出的有情况、有分析的书面报告,是经济调研报告的一个重要种类。

市场调研数据经过整理与初步分析之后,仅为我们得出有关结论提供了基本依据和素材,要将整个调研的成果用文字形式表现出来,使调研真正起到解决企业存在的问题、服务于企业经营的作用,则需要撰写调研报告。市场调研报告不仅要对调研所获得的基本情况进行介绍,还要对获得的调研材料进行认真分析与研究,从大量的调研数据中发现研究对象的本质特征和基本规律,对市场发展趋势做出预测和判断,从而达到对有关部门和企业领导的决策行为提供参考依据的目的。编写市场调研报告具有非常重要的意义,具体体现在以下三个方面:

(1) 市场调研报告是市场调研活动必不可少的重要环节。

无论是市场调研公司接受客户委托进行某项专门调研,还是企业市场调研部门自行组织的专项调研,都必须经历从方案策划、组织培训、资料收集、资料与信息整理汇总,到以书面报告形式将调研成果呈现给委托方,并对报告进行口头汇报的过程。因此,编写市场调研报告是任何一项调研活动必不可少的重要环节,是市场调研项目初步完成的标志。

(2) 市场调研报告是经营管理者决策的参考依据。

经过组织整理、统计分析、提炼加工形成的市场调研报告非常便于管理者阅读和理解,报告全面记载了市场调研项目的目的、方法和实施情况,深入分析了调研后所得的主要结果和结论,并站在中立的立场上提出相关建议。因此,一份好的市场调研报告对于社会和企业管理者、决策者了解整个市场调研过程,并依据调研形成的基本结论来判断经济或市场发展现状与趋势,做出相应的经营决策是非常有意义的。

(3) 市场调研报告是衡量调研活动质量高低的重要标志。

与市场调研活动的其他环节相比,市场调研报告是整个市场调研项目最具全面性、代表性的有形产品,也是市场调研机构呈现给社会或企业,以及自身留档的主要材料。

(二) 市场调研报告的特点

一份高质量的市场调研报告应具有针对性、新颖性、时效性、科学性,报告编写者要围绕这些特点去进行材料组织和表达。

1. 针对性

针对性包括选题上的针对性和阅读对象的明确性两方面。首先,调研报告在选题上必须强调针对性,做到目的明确、有的放矢,围绕主题展开论述,这样才能发挥市场调研应有的作用。其次,调研报告必须明确阅读对象,阅读对象不同,他们的要求和所关心问题的侧重点也不同。如果调研报告的阅读者是公司的总经理,那么他主要关心的是调研的结论和建议部分,而不是大量的数字分析,而如果阅读对象是市场研究人员,他需要了解的是这些结论是怎么得来的,是否科学、合理,那么,他更关心调研所采用的方式、方法以及数据的来源等方面的问题。针对性是调研报告的灵魂,必须明确要解决什么问题、阅读对象是谁等,并在必要时针对不同的阅读对象有侧重地编写调研报告。试图编写一份"通用性"报告是非常危险的,针对性不强的调研报告必定是毫无意义的。

2. 新颖性

市场调研报告的新颖性是指调研报告应从全新的视角去发现问题,用全新的观点去看待问题。市场调研报告要紧紧抓住市场活动的新动向、新问题等,提出新观点。这里的"新",强调的是提出一些新的建议,即以前所没有的见解。一个新的视角或观点,往往能给企业带来意外的收获,也只有这种新颖的报告观点和视角,才能够体现一份调研报告的真正价值。比如,许多婴儿奶粉均不含蔗糖,但通过调研发现,消费者并不一定知道这个事实。有人就在调研报告里给某个奶粉制造商提出了一个建议,建议在广告中打出"不含蔗糖"的主张,声明自己的产品不会让小宝宝的乳牙蛀掉,结果取得了很好的效果。

3. 时效性

市场的信息千变万化，企业经营者的机遇也稍纵即逝。如果市场调研存在滞后性，那么就失去了存在的意义。因此，要求调研行动要快，要跟上市场的变化，注意把握时效性。而调研人员更应将从调研中获得的有价值的数据和内容迅速、及时地以调研报告的形式发布出去，以供企业经营决策者抓住机会，在竞争中取胜。如果一份调研报告不能及时地向企业决策者提供决策依据或者报告内容已经远远落后于市场变化，那么这份调研报告就是毫无意义的或者是"事倍功半"的。

4. 科学性

市场调研报告不是单纯报告市场客观情况及调研结果和数据的简单罗列，还要对事实做分析研究，对调研数据进行深层挖掘并找出本质和规律性的东西，寻找市场发展变化规律。那么这就需要调研人员掌握科学的分析方法（如总结归纳法、推理演绎法、历史对比法、数据分析法等），以得出科学的结论，总结适用的经验、教训，以及解决问题的方法、意见等。研究方法的科学性将直接影响到分析结果的科学性，也将直接影响到调研报告的可行性和科学性。

二、市场调研报告的写作要求

1. 市场调研报告与读者

评价调研报告的一个基本标准是与读者的沟通程度。读者不仅是准备报告的原因，而且是评价报告是否成功的标准。这意味着报告必须是为读者所特制的，必须考虑读者的背景、兴趣、所处的环境以及他们将如何使用报告。

技术性报告是为那些懂得技术术语并且对该课题所涉及的技术方面有兴趣的人准备的。为这类读者准备的报告将使用众多的技术语言并对主题做深入的讨论。

一般性报告是为那些对研究方法和结果的技术性方面兴趣很少的人准备的。他们希望得到基本的资料而且要求这些资料以不复杂的形式出现。这些人包括企业里的非技术人员和某些高层管理人员。一般性报告的形式应有利于鼓励和帮助它的读者进行迅速阅读和理解。

而当读者包含上述两种人（技术人员和非技术人员）时，有必要形成一个综合性报告。在这样的报告中，较多的技术上的资料可以放在附录里，而用总结形式反映研究的关键结果。结果中最重要的部分常出现在报告的前部分，随后一般是对研究结果做深度描述的章节。

市场调研人员也有可能为特定的读者准备单独的报告。例如，某个企业希望知道本企业开发使用管理信息系统的可行性，为此开展了调研活动。在报告调研结果时，调研者可以为经理们准备一个报告，告诉他们所需要的设备和设施的费用以及该系统可能为企业所带来的效益，比如在时间、人力和其他成本方面的节约；也可为财务部门准备一个技术性更强的报告，这个报告告诉财务人员在使用计算机管理信息系统的情况下，企业的财务报表可能会发生什么样的变化；也可能有必要为低层的经理们准备一个报告，告诉他们使用计算机系统时，在他们的领域可能会有什么变化。

读者的接受能力决定了报告的上限。要知道,市场调研报告的读者很少会一边斟酌一份调研报告,一边喝着咖啡查字典;读者的兴趣及期望得到的信息与他们的个人偏好有关,因此,报告者必须考虑到这些偏好。

一些经理需要精简的报告,他们只需要结果而不关心这些结果是如何产生的,另一些经理需要足够的有关研究方法方面的信息;许多经理对简短的研究报告表示欢迎,而另一些需要全部的讨论过程;有些经理只对统计的结果感兴趣,而对调研人员的结论和建议不感兴趣。

因此,读者决定了报告的类型。调研人员必须努力去熟悉他们的特殊偏好,而且不能认为他们的偏好是不变的。事实上,任何偏好都是有原因的。调研报告作者的困难在于报告必须为多种读者而作。市场营销主管与生产主管可能对报告的讨论有不同的技术要求和兴趣层次。这里没有现成的方法去解决"多个领导"的问题。研究人员必须充分认识到各种不同的潜在可能性均会发生,因此必须用大量的技巧使之得到统一。有时需要准备几个报告,以满足不同客户的需要。虽然一个报告必须从技术和非技术两个方面去满足不同读者的需要,然而也有一定的写作标准[1]。

2. 市场调研报告的写作标准

一份优质的调研报告能对整个市场调研起到画龙点睛的作用。要写出优质的调研报告,必须依赖于一定的写作标准。调研报告必须完整、准确、清楚和简明,这些标准是有着紧密联系的。

(1) 完整性。

一份完整的市场调研报告应当能为读者提供他们能懂得的所有信息。这意味着作者必须不断地询问自己,是否每一个列举的问题都能得到解释。一个不完整的报告意味着有可能阻挠和推迟市场调研决策行动,随之而来的是再做一个补充的报告。

一方面,报告可能由于过简或过繁而不完整,可能忽略了必要的定义和简短的解释;另一方面,报告可能由于长度而非深度变得使人难以接受。调研报告的作者往往不愿舍去任何收集到的资料,然而,这些信息的陈列可能使读者不能获得主要的内容。如果一份报告长得可怕,就将打消读者去理解其内容的积极性。因此,读者是决定报告完整性的关键,他们的兴趣和能力决定了什么解释需要加上,什么判断可以省略。一般说来,细节的数量应与使用者的数量相适应。

(2) 准确性。

起草调研报告之前的所有调研步骤都要确保调研所得信息的可信性和有效性。为了能准确地向委托者提供调研成果,报告起草者要精心准备,对数据的粗心大意、不合逻辑的推理、不合语法和习惯的表述,都会降低报告的准确性。因为报告的读者通常只是快速浏览一下报告,然后就根据报告的组织方式、书写规范与否对准确性下了判断,而不会去仔细推敲方法设计是否得当。

要确保报告的准确性,首先要注意用词准确,每个概念都有特定的内涵和外延。在选用词语时,要准确地把握概念,做到词义相符。

市场调研报告和科研论文一样,讲求的是资料的准确性和逻辑的正确性,不要像文学作品那样使用夸张、拟人、借代、比喻等修辞手法,避免带有感情色彩的语言。

市场调研报告在时间用语上要注意使用绝对表示法,尽可能避免相对表示法。例如,在1998

年撰写报告时,提到当年发生的事,不要写"今年",而要写成"1998年"。尤其是在引用次级资料时,更不能错误地使用那些资料中的相对时间,如"最近""3年以前"等。

在以中文书写的调研报告中,使用数字应该按照国家的规范用法。如对阿拉伯数字与中文数字各在什么场合下使用,千位以上数字的三位一个分节如何表示,在以中国计数规则的万、亿为计数单位时,不足单位的零头如何标写等问题,国家语言文字工作委员会等七个国务院直属机关在联合发文中都做了具体规定。

对于社会经济统计数据,凡直接取自正规出版物的数字,可以按原有数位的详尽程度引用;凡取自初级资料而又经过运算的,其结果的数位详尽程度不必超过调研问卷中的数位详尽程度;凡是不同来源的数据综合测算的结果,其数位的详尽程度以来源数据中最低的为准。

(3)明确性。

在市场调研报告的写作中,明确性比其他任何写作原则更容易遭到破坏。明确性依赖于清楚、有逻辑的思考和准确的表达。当基本逻辑混乱、表达不准确时,读者将对报告的理解发生困难,他们可能被迫去猜,以致产生误解。

调研报告必须陈述清楚,这点说起来十分容易,但做起来十分困难。报告中的每个字、句、段都必须认真考虑。用字必须清楚而不能模糊,普通而不生僻;句子应精练而不繁杂,要正确地组织句子,考虑其语态、修饰等;段落必须长度适当、层次清楚,还要有良好的连贯性。

(4)简洁性。

报告必须完整、简明。这意味着作者在保证报告完整的前提下必须有选择地采用信息。研究人员必须避免使读者面对所有的信息资料。如果有些材料与主题无直接关系,可以省略。作者还应避免对人们已熟知的方法大加讨论,即使材料是合适的,也应该简明扼要。否则,很可能由于写作风格而破坏了简洁性。因此,作者应经常为表达一个想法而反复更换词句,用不同方式阐述想法,以弥补最初表达方式的不足。此外,简洁性意味着高效率,因为它使每一个字都发挥了最大效用。在一个简明的讨论中,任何一个词的省略都将破坏整个文章的功能。简洁就是用最少的字表达出最完整、清楚的信息。

一个确保报告简洁的特别有效的方法就是大声读原稿,这样可以帮助发现需要修改或重写的部分。

三、市场调研报告的基本格式

尽管每一篇调研报告会因项目和读者的不同而有不同的写法,但调研报告的格式有一般的规定。这些常规是在长期实践中逐渐形成的,它们就一篇市场调研报告应该包含哪些内容、按什么顺序安排这些内容提出了指导性意见。当然,常规并非意味着一成不变,许多公司在业务实践中都形成了具有自己特点的报告格式。不同的专著或教科书也会对报告格式提出自家的建议。本章列出的报告格式只作为一种建议,供调研者在撰写调研报告时参考。

一份完整的调研报告可分为三大部分:前文、正文和结尾。

(一)前文

1. 标题页和标题扉页

标题页包括的内容有报告的题目、报告的提供对象、报告的撰写者和发布(提供)的日期(见图9-1)。标题应该简单明了、高度概括。对于企业内部调研,报告的提供对象是企业某高层负责人或董事会,报告的撰写者是内设调研机构。对于社会调研服务,报告的提供对象是调研项目的委托方,报告的撰写者是提供调研服务的调研咨询公司。在后一种情况下,有时还需要写明双方的地址和人员职务。属于保密性质的报告,要一一列明报告提供对象的名字。特别正规的调研报告,在标题页之前还要安排标题扉页(图9-2),此页只写调研报告标题。

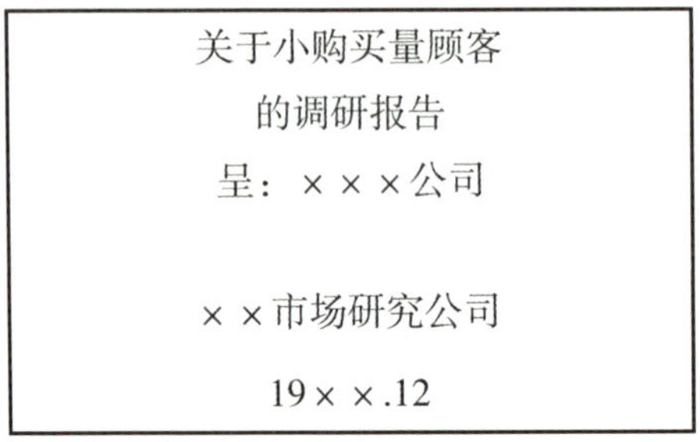

```
关于小购买量顾客
  的调研报告
呈:×××公司

××市场研究公司
   19××.12
```

图9-1 标题页示意图

```
关于小购买量顾客
  的调研报告
```

图9-2 标题扉页示意图

2. 授权信

授权信是由调研项目执行部门的上级给该执行部门的信,表示批准这一项目,授权给某人对项目负责,并指明可用于项目开展的资源情况。在许多情况下,汇报信会提及授权问题,这时也可以不将授权信放在调研报告中。但是,当调研报告的提供对象对授权情况不了解或者他需要了解有关授权的详情时,由授权信提供这方面的信息则是必要的。

3. 提交信

提交信是以调研报告撰写者个人名义向报告提供对象个人写的一封信,表示前者将报告提交给后者的意思。在此信中,撰写者向报告提供对象汇报调研的情况和一般的成果,其所用口气是个人对个人,因而可以不受机构对机构的形式拘束,便于双方沟通。

在较为正规的调研报告中都应该安排提交信。当调研报告的正规性要求较低时,提交信可以从略。

【示范链接】

××副总裁:

兹呈上我的关于××的调研报告。这份报告也是我们今天会议的议题,是根据您20××年×月××日的授权书进行准备的。

这份报告建议:在向那些年购货额在10万元以下的客户提供服务的问题上要非常仔细地进行考虑。在个人访谈中我们接触了一些有经验的营销人员,他们就我们应持的新态度提出了很好的建议。

对××客户邮寄调研的回收量不如我们期望的那么高,然而,我们确信这对于这个研究具有代表性。

对那些没有寄回第一份问卷的样本客户的跟踪调研结果证实了上述认识的正确性。

在研究过程中,我们还发现了另一个值得调研的问题领域,即重新划定销售区域的分界线。现在我们正在做一些初步思考,一旦我们确认应该对这个问题开展研究,就会向您提出建议。

××先生,我们对您在这项重要研究中给予我们的帮助表示感谢。您使总裁及时知晓我们的成绩,为他接受本报告提出的建议铺平了道路。

20××年×月×日
销售分析科
分析员
×××

4. 目录

除了特别简短的调研报告之外,一般的调研报告都应该编写目录,以便读者查阅特定内容。目录包含报告所分章节及其相应的起始页码。通常只编写两个层次的目录,较短的报告也可以只编写第一层次的目录。需要注意的是,报告中的表格和统计图都要在目录中列明。

5. 图表目录

在调研报告撰写过程中,数据图表是非常重要的。如果数据图表不能清晰地展示数据,则难以展现出调研结果,不能很好地诠释数据,不易把调研结果传达给企业决策者或者报告阅读者。在市场分析专业领域流行一句话:文不如字,字不如表,表不如图。

正文和图表都可以用来表述高质量的信息,但图表具有更好的效果。图表能将数据图形化,能帮助我们更直观地显示数据,使数据对比和变化一目了然,对提高信息整理价值,更准确直观地表达信息和观点具有重要意义[2]。

图表是直观呈现数据分析的过程和结果的方式之一,具有视觉冲击力。图表泛指在屏幕中显示的,可直观展示统计信息属性(时间性、数量性等),对知识挖掘和信息生动感受起关键作用的图形结构,是一种很好的使对象属性数据可视化的手段。使用图表来展示数据主要有三个作用:

(1)可读性。

调研报告使用图表可以化复杂、冗长为简洁,化抽象为具体,化深奥为形象,使阅读者更容易理解主题和观点。

(2)突出重点。

通过对图表中数据的颜色和字体等信息进行特别设置,可以把调研报告中研究问题的重点有效地传递给阅读者。

(3)艺术性。

图表是通过视觉的传递来完成信息的显示的,必须考虑到阅读者的欣赏习惯和审美情趣,这也是其区别于文字表达的艺术特性。恰当、得体的图表传递着制图者专业、敬业、值得信赖的职业形象。

图表有两种基本形式:展示数量的图表、展示地理位置的地图。

(1)展示数量的图表。

统计图是展示数量的图表,是以几何图形或其他图形的形式表达统计数量关系的重要工具。它把统计资料直观形象、生动具体地表现出来,使人一目了然。它还能准确地表现统计资料,有助于对统计资料进行比较、对照、分析和研究。

常用的统计图可按形状划分为饼图(图9-3)、条形图(图9-4)、线形图(图9-5)、直方图(图9-6)、多边图(图9-7)、散点图(图9-8)等。

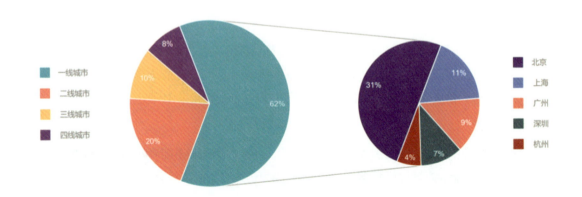

图9-3 饼图

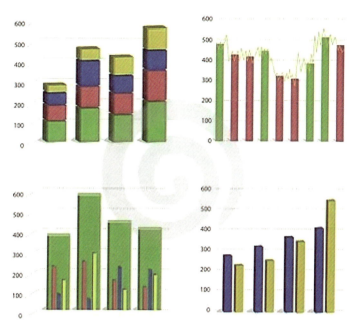

图 9-4　条形图

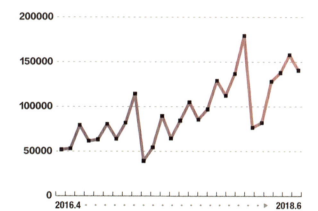

图 9-5　线形图

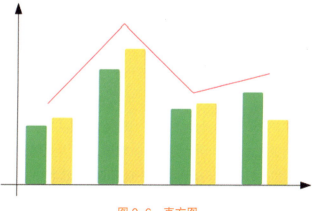

图 9-6　直方图

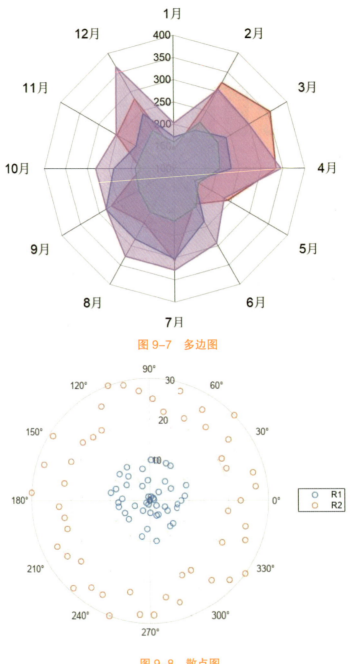

图 9-7 多边图

图 9-8 散点图

(2) 展示地理位置的地图。

地图主要用于地理区域的表述。数据地图将与地理位置有关的属性、指标等直观地反映在地图上,是一种比较好的数据呈现方式,能帮助阅读者直观地、感性地、快速地理解数据,从而制定出色的决策。在制作数据地图时,数量表述被分为很多组,用阴影及颜色的方式来表示不同地区所属的不同组。

数据地图在比较不同时期的市场之间或市场之内的数据时较有效。

从商业案例看,数据地图的常用形式有以下几种:

①用不同颜色反映地区的属性分类。根据各地理位置的分类属性的不同,使用不同颜色予以标记,也可以用图钉、红旗、圆点、五角星等图形标记。这种形式的地图制作起来比较容易,按分类进行填色即可。

②用颜色深浅反映地区的指标值大小。有时在反映一些评价性指标(如各分公司的客户流失率)时,可将某阈值定为红色,然后通过线性比率计算,为不同的流失率填充不同深浅的红色。这种形式的数据地图应用比较多,但制作比较困难,需要软件的支持才方便。

③在各地区放置小的柱形图/饼图反映指标值,需要比较好的软件支持,由于地图空间有限,显示图表并不合适,不推荐这种做法。

④将地图与图表联系起来。

⑤用地图做图表的背景/衬底,为图表增加一些附加值。

⑥在地图上标注数据,这种形式基本上属于图解范畴,比较容易制作。

6. 摘要

摘要须写明为何要开展此项调研,考虑到该问题的哪些方面,有何结果,建议怎么做。摘要是调研报告的重要部分,必须写好。许多高层管理人士通常只阅读报告的摘要,可见摘要很可能是调研者影响决策者的唯一机会。

摘要的撰写应该在报告正文完成之后。摘要是摘取报告的核心而成,它的长度以不超过 2 页为好,因此作者要仔细斟酌哪些东西是重要的,需要在摘要中写明。摘要不是报告正文各章节的等比例浓缩,它既要概括调研成果的主要内容,也要简明、重点突出。

摘要通常包含四方面内容。首先,要申明报告的目的,包括重要的背景情况和项目的具体目的。其次,要给出最主要的结果,有关每项具体目的的关键结果都应写明。再次,陈述结论,包括阐明建立在发现结果基础上的观点和对结果含义的解释。最后是建议或者提议采取的行动,这是以结论为基础而提出的。在许多情况下,管理人士不希望在报告中提出建议。因此,摘要中是否包括建议需要依报告的特定情况而定。

(二)正文和结尾

1. 引言

引言对为何开展此项调研和它旨在发现什么做出解释。引言包括基本的授权内容和相关的背景材料,这些内容和材料要能讲清楚为什么值得做这个项目。当然,不重要的历史情况应予略去。引言究竟写到什么程度要看报告提交对象的需要。在介绍本项目旨在发现什么问题时,对问题的表述可以采用在调研建议书中的提法。这里提到的每个问题都应该在正文的某一部分提供相应的结果。

2. 调研方法

如何阐明所用的调研方法是一件不太轻松的事,因为对技术问题的解释必须能被读者所理解。在这里对所使用的一些材料不必详细列出,详细的材料可以放到附录中。

调研方法部分要阐明以下 5 个方面的内容。

(1)调研设计。说明所开展的项目是属于探索性调研、描述性调研,还是因果性调研,以及为什么适用于这一特定类型调研。

(2)资料采集方法。说明所采集的是初级资料还是次级资料,结果的取得是通过调研、观察,还是实验。所用调研问卷或观察记录表应编入附录。

(3)抽样方法。说明目标总体是什么,抽样框如何确定,样本单位是什么样的,它们如何被选取出来。回答以上问题的根据及相应的运算须在附录中列明。

(4)实地工作。说明用了多少名实地工作人员,对他们如何培训、如何监督管理、如何对实地工作进行检查。这一部分对最终结果的准确程度十分重要。

(5)分析。说明所使用定量分析方法和理论分析方法,但注意不要与后面的发现结果的内容重复。

3. 结果和局限性

结果在正文中占较大篇幅。这部分报告应按某种逻辑顺序提出紧扣调研目的的一系列项目发现,报告脉络主要是针对这一部分而言。发现结果可以以叙述形式表述,以使得项目更为可信,但不可过分吹嘘。在讨论中可以配合一些总括性的表格和图,这样可以避免枯燥无味的、不易建立起总括印象的大块文字叙述,而详细和深入分析的图表宜放到附录中。

完美无缺的市场调研是难以做到的,所以,报告中必须指出调研报告的局限性,诸如作业过程中的无回答误差和抽样程序存在的问题等。讨论调研报告的局限性是为正确地评价调研成果提供现实基础。在报告中,将成果加以绝对化,不承认它的局限性和应用前提,不是科学的态度。当然,也没有必要过分强调报告的局限性。

4. 结论和建议

调研报告正文的最后部分是有关结论和建议。正如我们前面提及的,结论是基于调研结果的意见,而建议是提议应采取的行动。正文中对结论和建议的阐述应该比提要更为详细,而且要辅以必要的论证。

(三)附录

附录(appendix)也被称为"专业附录",包含复杂的、详细的或专业性的信息,这些信息对正式报告而言并不重要。附录通常包含以下项目:调研项目中使用的问卷或数据收集工具、采访形式、统计计算及详细的抽样地图。研究人员应当知道,相对于报告正文而言,很少有人去读附录。事实上,大部分附录在报告中都被视为参考内容。也就是说,报告中列出有关附录的信息是为了引导读者进一步了解专业上的或统计上的细节。

(四)表格和图的格式要求

在调研报告正文中使用统计表和统计图可以对讨论的数据进行高度概括和形象的描述,以展示变量所具有的规模、速度、趋势,变量的分布态势,变量间的对比关系和共变关系。恰当地运用统计表、图,并与文字相配合,能最大限度地发挥调研所得资料的论据和论证作用。附录中统计表的内容,是对正文所列举数据、所做的推理和论证的有力补充。在撰写调研报告时,必须按规定的格式要求处理好统计表、图的绘制和编排。由于许多统计学教科书对统计表、图都有详尽的论述,本书不再赘述,只结合调研报告的撰写,再强调几点。

统计表必须具备表号、表头(总标题)、横标目(横行标题)、纵标目(纵栏标题)、指标数值、(必要的)注释、资料来源等。表号的作用是明确指示,便于阅读和讨论。一份篇幅较短的调研报告,所有的统计表可以按单一顺序一排到底。倘若篇幅较长,表号则分章排序,如第一章的统计表排为表1-1、表1-2……,第二章的统计表排为表2-1、表2-2……,直至最后一章。附录中的统计表可以排为A-1、A-2……。在目录中,统计表的清单排在章节清单后。

总标题要写得醒目,扼要提出本表要提供的信息内容。横、纵标目要简明,尽可能使用正规的指标名称、分组标志和时间分量。如果横、纵标目中使用了与国家统计标准指标同名称而不同含义的指标名称、分类标准,或者使用了尚未被本行业多数同仁所接受的名词,则应在注释部分加以注明。

凡来源于本项目调研、观察或实验所获资料之外的次级资料的数据,均应在数据引用处注明其来源。

一些统计表,尤其是在附录中编制的、表现较为复杂的变量关系或计算过程的统计表,还应设计栏号。横标目所在栏及与之有附带关系的栏的栏号标以"(甲)、(乙)"等。填写数值的栏的栏号自左而右顺次标以"(1)、(2)、(3)"等。如果某几栏存在勾稽关系,栏号中还可以出现表示勾稽关系的算式,如"(5)=(1)+(2)+(3) - (4)""(8)=(6)/(7)"等。

统计图也要有图号和图名,它们的要求与表号和总标题相同。统计图在目录中的位置在统计表之后。统计图中所绘几何图形(线段、矩形、扇形等)要与所表现的数值成比例。数轴要注明所表示的变量及所用计量单位。在图中对图形加以必要的标注,说明其代表的意义,以便读者不参阅任何文字材料就能读懂统计图要说明的问题。最后,资料来源对于统计图也是必不可少的。

(五)灵活掌握报告格式详略程度

以上提出了一份极为正规的调研报告所应包含的所有组成部分。这种极为正规的格式可用于企业内部大型调研项目或调研公司向客户提供的服务项目。对于那些不太正式的报告,某些组成部分可以略去不写。视项目的重要程度和委托方的实际需要,可以从最正规的格式到只有一份报告摘要的逐渐简化的系列中选择一个适当的设计。

四、调研成果的口头报告

当前,越来越多的客户要求口头报告研究成果。此项议程有许多目的:首先,口头报告将把对研究感兴趣的人召集到一起,让他们共同探讨和认识研究的目的和方法;其次,口头报告能让人发现一些不曾预料到的事情;最后,在大多数情况下,口头报告可以强调研究结论。事实上,可以肯定地说,对公司中的部分决策者而言,口头报告将是他们接触研究成果的唯一方式——他们很可能从来不读研究报告。其他经理们也许只是为了唤起对口头报告内容的记忆,才会快速地浏览一下书面报告。简言之,通过口头的方式进行研究成果的有效沟通是非常重要的。

(一)口头报告的材料准备

口头报告前应做以下四种材料准备工作。

1. 汇报提纲

应该向每位听众提供一份汇报提纲,该提纲应能简要介绍报告的主要部分及重大的研究成果。它不仅包含统计图表,还应留下足够的空白处供听众做笔记或做简要评论。

2. 可视化材料

国内目前流行的方式是应用 PowerPoint 软件包作为可视化的提供媒介。该软件包容许研究员运用各种格式制作幻灯片,然后通过手提电脑或多媒体平台将幻灯片投射到屏幕上。口头汇报时应该在很大程度上通过可视化媒介来展示研究成果,在关键部分应尽可能地运用图、表等,在用图、表时,应该通过色彩提高人们对感兴趣部分的注意力。摘要、结论和建议也应尽可能地可视化。

视图演示虽然是一个独立的部分,但它与调研报告处于同等地位。视图演示的首要目的是为调研报告提供一个可视化的总结,用于完善和增强书面调研报告的口头沟通。

借助于 PowerPoint 的强大功能,可以用简单的图表来展现视图,也可以用丰富的多媒体技术,包括声音、动画、彩图和视频等。不考虑演示的复杂性,业内实践建议遵循如下准则[3]:

(1)以一张宣讲标题和宣讲人的幻灯片作为开篇。此外,应注明委托客户和调研公司。

(2)每页 PPT 要有一个导语,导语一般不要超过 50 个汉字(控制在两行之内),简单扼要地说明该页 PPT 想要表达的核心思想和目的。导语相当于是单页 PPT 的内容摘要或结论建议,页面中其他呈现的内容便是对导语的佐证说明或观点支撑。

(3)每页 PPT 不要多于 5 个条目,每个条目的标题尽量不超过 15 个汉字,各条目下的内容最好不超过 50 个汉字(备注性图文另当别论),如果条目下的内容超过 50 个汉字,最好将关键词用其他醒目的颜色标注或用不同的字号字体或字体加粗等方式区分开来。

(4)不要在 PPT 页面上堆放任何与本页主题核心思想无关的东西。因为,当多个信息出现在提报屏幕上时,受众必将忽视其中一些信息,进而影响你的提报效果。

(5)最后,演示应包括建议、结论和调研的意义,以及对当前研究而言所蕴藏的含义。

3. 摘要

应向每位听众提供一份报告的摘要。这个方法将使每位参会者预先了解主要内容,而让他们在参与会议时避免埋头记大量的笔记。

4. 最终报告的复印件

最终报告是研究成果的书面证明。由于在口头报告中许多细节都被省略掉了,因此,在口头报告的尾声阶段,应该让感兴趣的人得到一份最终报告的复印件。

(二)口头报告的技巧

市场调研必须提交论据充分的书面报告,并对客户做有效的口头报告。进行口头报告也和书面报告的原则一样,要针对报告提供对象确定其内容和形式。口头报告要达到的目的有两个方面:首先是要形成良好的沟通,其次是要说服听众。沟通是指个体之间以动作、文字或语言形式传递彼此间意图的过程。沟通的本质在于分享意图及了解彼此。为了达成良好的沟通,必须要了解影响沟通的因素,比如噪音、注意力集中度、选择性知觉等。在进行汇报时,应尽量减少噪音,引起听众的兴趣等。口头报告的最终目的是说服听众,但不能歪曲事实,而是要通过调研的发现来强化调研的结论和建议。

许多市场调研人员不懂得这一点,总是喜欢向企业管理人员介绍调研中的技术问题,这种做法往往不受欢迎。高层管理人员希望的是在有限的会议时间内听取调研的主要发现、结论和建议。如果他们中有人对技术问题感兴趣,可以在会后阅读书面报告;此外,如果是向商务咨询班子做报告,则需要在技术问题上有条理地进行阐述。

在口头报告具体内容的准备上,研究人员应该围绕以下几个问题进行:

(1)这些数据的真正含义是什么?

(2)它们有什么冲击性?

(3)我们能从这些数据中获得什么信息?

(4)在现有的信息下,我们需要做什么?

(5)如何才能提高对事物本质的认识?

(6)什么使类似的信息更加有益?

在口头汇报过程中,切忌照事先写好的发言稿宣读,而应该使用口语化的、简明的语言表达调研成果;要交代清楚所要讲的几个问题,不时注意提醒听者当前进入了第几个问题;对于重点内容,要放慢说话速度,甚至可以重复。一次好的口头报告演示应遵循以下原则:

(1)不要让演示的视觉效果削弱交流时所传递的信息。保持视觉的简洁,避免过于华丽的图形和不必要的声音。

(2)口头交流时要保持友好、诚实、热情和开放。太正式、太沉闷或是傲慢都会导致大家对讨论缺乏兴趣。

(3)表达时要确保熟练掌握知识,信心十足。如果有必要,可以请研究分析师、统计人员或是技术人员进行补充。

(4)为了确保与客户的对话既有条理又鼓舞人心,在演示之前,要先与团队中的其他人进行演练,也可以在镜子前或利用录音设备进行演练。

(5)做一个令人印象深刻的、积极的聆听者,理解听众提出的问题和评论。如果在演讲开始后的最初五分钟内没有任何提出问题或评论的迹象,可以提出讨论问题。

在汇报时,调研者还应做好答辩的准备。汇报现场的大小要适中,能容纳出席人数,既不拥挤又不显得空荡。现场的空气、温度、光线都要进行精心布置,给听取对象以温馨、轻松的感觉。座次安排注意礼仪,资料准备、辅助工具准备要到位。

主讲者汇报时要充分调动形体语言,表情要丰富,富有变化。汇报时恰当地使用形体语言能帮助听众更好地理解有关信息,同时使报告生动有趣。

汇报前要求准备口头报告大纲,但并不意味着要按大纲一字不漏地念,埋头读稿。报告人要尽量脱稿,眼睛始终与听众进行接触与交流,要学会用生动的语言、抑扬顿挫的语调来吸引听众的注意力,应充满自信,语言富有渲染力和说服力。即使是最可靠、最有效的调研成果,如果不能使应该以其为基础而采取行动的管理者们相信其重要性,也是毫无价值的。

【案例链接】

佐治亚大学运动项目调研

下面的这份报告是由佐治亚大学市场调研专业的一组高年级学生做的。

(一)摘要

本项研究的目的是确定佐治亚大学的学生对运动项目的态度。为了深入探讨这个问题,我们采访了佐治亚大学的前任总教练、现任体育科学研究专家李博士。李博士提供的信息、调研团队成员的意见以及二手资料都是我们的假设得以形成的基础。

我们选择了一份调研问卷作为资料收集的工具。

在调研中,我们使用了一个包括120名佐治亚大学全日制学生的分层随机样本。选取这个样本数量,是为了保证每个层面都能有相同数量的学生。

我们的调研中有几点局限和不足。

我们运用计算机技术SPSS把调研结果制成表格。

我们将在报告的总结部分讨论这项研究的结果和某些支持性建议。

(二)介绍

最近,大学体育社团面临的在运动项目中合理分配资金的压力日趋严重。为了更公平合理地分配资金,最后必须淘汰一些运动项目。但是,关于应该淘汰哪一项运动,出现了争论。

(三)背景

为了拓宽我们对这个主题的了解,我们决定进行各种形式的二手调研。

对李博士的采访给我们小组提供了与我们课题相关的背景信息。对相关主题资料的分析也增加了我们在这方面的了解。

这些信息资料的整合为我们提供了如何设计这项研究的框架构想。

(四)意义

这项研究的意义在于它给佐治亚大学体育部提供了学生对运动项目的态度等有关信息。我们提供的这些信息在体育部决策应淘汰哪一项运动项目时是十分有用的。

(五)目标

这项研究的首要目标是确定学生对运动项目的态度。

(六)方法

(1)对象界定。

我们从秋季在校的全日制学生中选取样本,其中不包括入校少于1年的学生。

(2)样本框架。

在研究中,我们从秋季在校的佐治亚大学的全日制学生中选取样本。

(3)抽样方法。

样本包括对120名学生的个人访谈。我们依据性别和班级对样本进行层次划分。样本中大约有60名男生和60名女生。这两组又进一步被分为相同人数的二年级学生、三年级学生和四年级学生(每一年级有20人)。我们是以简单随机样本为基础来组织人员访谈的。

(4)样本规模。

由于时间和费用等各种限制,我们把样本的规模确定为120名。

(5)抽样规划。

我们在校内外选择了多个调研区域来做调研。选择这些地区是为了尽可能地提高样本的代表性。因此,我们在校内和校外选取了相同数目的调研对象。

(七)资料收集的技术

人员访谈是我们用来收集所需资料的最佳方式。在研究受到各种限制的条件下,它也是我们的唯一选择。

第一种限制是我们要在访谈中使用视觉辅助工具。这排除了电话访谈和信件式问卷调研等调研技术。第二种限制是访谈时间的限制。

(八)问卷设计

在设计问卷格式时,我们采用了标准化的程序。问卷以一般性问题开始,随着问卷的深入,问题更具体,最后是几个人口统计特征的问题。

问卷中大部分是二项选择或判断对与错的问题。问卷中也有一些多项选择题,但它们不是主要的形式。

(九)收集程序

人员访谈采用了每人一份问卷的形式,因此被调研者的回答可以直接记录在问卷上。在调研过程中,我们还使用了各种形式的卡片等视觉辅助工具来帮助被调研者回答问题。

(十)局限性

缺少资金支持限制着我们的研究。如果能取得更多的资金支持以扩大样本范围,研究结果将更有代表性。

本项调研和许多调研一样,无法避免调研员的偏差。由于开放性问题涉及探测性技术,因此可能强化调研员的偏差。

我们此次调研的主要局限在于选择了一个缺乏代表性的样本。样本规模的限制也破坏了它的代表性。

(十一)频次分析数据

频次分析的结果揭示出许多有启发性的事实。在120名学生中,我们发现12.5%的人认为均衡的运动项目对我们的教育是有益的。

在与运动认识有关的问题中我们发现,学生对女子排球和女子篮球这两个项目了解甚少,而其他11项运动项目都多少有一批爱好者。

学生对男女网球、男子篮球和男女体操等项目有很强的支持倾向,而其他项目或许也会得到支持,但支持率要低得多。

最有效的媒介形式是朋友,有49.2%的学生说他们是从伙伴那里了解到事件、日期和时间的。报纸被列为第二大媒体(28.3%),但结果显示,报纸并没有预期的那样有效。也许通过报纸来加大广告宣传可以使一些运动项目受益。

学生愿意淘汰的运动项目第一是女子篮球,第二是男子越野跑,第三是女子越野跑。

(十二)样本结构分析

在120名大学生的样本中,48.3%是男生,51.7%是女生。在样本的年级层次构成中,18.3%是二年级学生,29.2%是三年教学生,35.8%是四年级学生,其他学生占16.7%[4]。

五、撰写市场调研报告过程中的注意事项

撰写一份好的、高质量的调研报告并不是件容易的事,调研报告本身不仅显示着调研活动实施的质量,也反映了报告编写者本身的知识、能力水平和文字素养。在编写调研报告时,主要注意以下几个方面的问题[5]。

1. 缺乏有效的沟通

将数据直观地展示出来并非易事,甚至调研专家也不一定能做得很好,毕竟擅长统计的人未必擅长视图呈现[6]。

然而,在撰写调研报告时,以明晰的方式展示数据的能力十分重要。如果不能将调研结果有效地传递给客户,那么不论调研项目设计得多精巧、实施得多完美,都不能算是一个成功的项目。事实上,一份有效的调研报告要能确保投入在调研项目中的时间、精力和金钱全部得到认可。

2. 缺乏数据解释

在某些情况下,研究人员会因为过于专注绘制展示结果的表格,以至于没有在表格中提供对数据的恰当说明。研究人员应当提供对所有研究结果的无偏解释。

3. 力求简明扼要,删除一切不必要的词句

在平常的调研报告撰写过程中常常出现的一个错误是:"数量决定质量,报告越长,质量越高。"在实际工作中,通常经过对某个项目长达数月的辛苦工作之后,调研者已经充满成就感,因此,他试图告诉读者他所知道的与项目相关的一切,然而,将调研的所有流程、作业证明、调研得出的初步结论都纳入报告当中,其最终的结果是造成阅读者"信息超载",只好根据需要"各取所需"。其实,在报告内容过多过杂、内容组织杂乱无章、内在逻辑关系较为混乱的情况下,有些阅读者甚至连看也不看。因此,一份调研报告的价值不是以报告的长短来衡量的,而是以质量、简洁与有效性来度量的。一份高质量的调研报告应该是经过精心设计结构、精心提炼内容而得出的,任何不必要的东西

都不应该在报告中出现。不过,也不能为了达到报告的简洁而牺牲了报告的完整性,甚至缺少核心的观点和内容。

4. 复杂统计方法的滥用

为了给客户留下好印象,许多研究人员会过多地使用过于复杂的多元统计分析技术。事实上,在许多研究报告中,需要用到的最复杂的统计分析技术就是卡方检验。除非从数据中获取信息时必须运用统计方法,否则应尽可能少地应用统计方法。

5. 强调包装而不是质量

许多研究人员不厌其烦地使用先进的计算机所生成的图表,将调研报告包装得更加漂亮和华丽。尽管对结果的专业图表展示在报告中是非常重要的,但是不要忽视了图表的首要目的——为客户提供有效的和可靠的信息。

6. 缺乏关联

报告与研究目标无关的数据、统计量和信息是撰写调研报告时容易犯的一个主要毛病。应时刻围绕调研目标清晰地撰写报告,避免增加使报告冗长的无用信息。要永远站在实用性的角度上,提出的建议也应与主题相关、可行且与研究的结果相一致。

7. 过分强调少数几个统计量

不要把所有的结论和建议都建立在一个或少数几个统计显著性的问题或结果上,而应着重依据通过整个报告中文献回顾、二手资料及结论模式所得到的证据来给出结论和建议,为每个结论或建议寻求强有力的支撑证据。

8. 行文流畅,易读易懂

报告应当是易读易懂的。报告中的材料要组织得有逻辑性,使读者能够很容易弄懂报告各部分内容的内在联系。应使用简短的、直接的、清楚的句子把事情说清楚,这比用"正确的"但含糊难懂的词语来表达要好得多,并且应避免使用一切歧义词。为了检查报告是否易读易懂,最好请两三个不熟悉该项目的人来阅读调研报告并提出意见,经过反复修改之后再呈交给报告的最终使用者或用户,这样有利于报告使用者对报告内容的理解。

9. 内容客观,资料准确

调研报告的突出特点是用事实说话,应以客观的态度来撰写报告。在文体上最好用第三人称或非人称代词,如"作者发现……""笔者认为……""据发现……""资料表明……"等语句。行文时,应以向读者报告的语气撰写,不要表现出力图说服读者同意某种观点或看法。读者关心的是调研的结果和发现,而不是你个人的主观看法。同时,报告应当准确地给出项目的研究方法、调研结果的结论,不能有任何迎合用户或管理决策部门期望的倾向。

在进行资料的解释时,应着重注意解释的充分性和相对准确性。解释充分是指利用图表说明时,要对图表进行简要、准确的解释;解释相对准确是指在进行数据的解释时,尽量不要引起误导。例如在一个相对小的样本中,把引用的统计数字保留到两位小数以上常会造成虚假的准确性。"有65.32%的被调研者偏好我们的产品",这种陈述会让人觉得65.32%这个数是非常精确的。另外,应注意的是,对于名义量表和顺序量表不能进行四则运算,对等距量表只能进行加减,不能进行乘除,只有比率量表才能进行加减和乘除。

10. 报告中引用他人的资料,应加以详细注释

这一点是大多数人常忽视的问题之一。通过注释,指出资料的来源,以供读者查证,同时也是对他人研究成果的尊重。注释应详细准确,如被引用资料的作者姓名、书刊名称、所属页码、出版单位和时间等都应予以列明。

11. 打印成文,字迹清楚,外观美观

最后呈交的报告应当是专业化的,应使用质量较好的纸张,打印和装订都要符合相关规范。印刷格式应有变化,字体的大小、空白位置的应用等对报告的外观及可读性都会有很大的影响。同时,报告的外观是十分重要的,干净整齐、组织得好的有专业感的报告一定比那些匆匆忙忙赶出来的外观不像样的报告更可信、更有价值。撰写者一定要清楚不像样的外观或一点小失误和遗漏都会严重地影响阅读者的信任感。

12. 提出的建议应该是积极的、正面的

调研报告的结论和建议部分应说明调研获得了哪些重要结论,根据调研的结论建议应该采取什么措施。

结论部分应用简洁而明晰的语言对调研前所提出的问题做明确的答复,同时简要引用有关背景资料和调研结果加以解释和论证。结论并不一定要单独列出来,它与调研课题有关。如果调研课题小,结果简单,可以直接与调研结果合并成一部分来写。反之,就应分开来写。

建议是针对调研获得的结论提出可以采取哪些措施、方案或具体行动步骤,如媒体策略如何改变,广告主题应是什么,与竞争者抗衡的具体方法,产品价格、包装、促销策略等。需要指出的是,大多数建议应当是积极的,要说明采取哪些具体的措施或者要处理哪些已经存在的问题。尽量用积极的、肯定的建议,少用否定的建议,肯定的建议如"加大广告投入""将广告理性诉求为重点变为感性诉求为主"等;否定的建议如"应立即停止某一广告的刊播"等,否定的建议只叫人不做什么,并没有叫人做什么,所以应尽量避免使用。

参考文献

[1] 景奉杰,曾伏娥. 市场营销调研 [M]. 2版. 北京:高等教育出版社,2010.

[2] 张西华. 市场调研与数据分析 [M]. 杭州:浙江大学出版社,2019.

[3] 陈云勇. 如何做调研:成就1000个策划项目的调研技法 [M]. 上海:复旦大学出版社,2019.

[4] 小卡尔·迈克丹尼尔,罗杰·盖兹. 当代市场调研. 范秀成等,译. 4版. 北京:机械工业出版社,2002.

[5] 文腊梅,欧阳胜雄. 市场调查务实 [M]. 长沙:湖南大学出版社,2009.

[6] 小约瑟夫·F. 海尔,玛丽·F. 沃尔芬巴格,戴维·J. 奥蒂诺,等. 市场营销调研精要 [M]. 白雪梅,译. 4版. 大连:东北财经大学出版社,2016.

后记

消费是最终需求,是畅通市场循环的关键环节和重要引擎,对经济具有持久拉动力。

2022年4月,国务院办公厅印发了《关于进一步释放消费潜力促进消费持续恢复的意见》(国办发〔2022〕9号),明确了加快构建新发展格局,协同发力、远近兼顾、综合施策释放消费潜力,促进消费持续恢复的要求,并提出了创新消费业态和模式,积极推进实物消费提质升级,充分挖掘县乡消费潜力等具体措施。本书从挖掘消费需求入手,对于企业发展、产品开发、营销推广具有实际指导意义,顺应了国家促进消费、提振消费能力的需求。

对于卷烟品牌而言,立足于消费趋势的洞察,往往能为产品设计、制作及推广工作带来新的思考与突破。未来,随着行业高质量发展目标的进一步推进,品牌结构升级与优化步伐加快,市场的竞争将更加激烈,因此,聚焦消费趋势、洞察消费需求、顺应市场变化,是行业发展大势所趋。

本书结合卷烟行业政策变化、卷烟市场近十年发展变化,阐述目前卷烟消费需求的变化趋势;结合目前消费趋势变化,对卷烟行业发展进行分析,提出烟草企业发展中卷烟消费需求调研的重要性和必要性;在此基础上,结合工作实际,总结实践经验,对卷烟消费需求类型及调研、收集、分析方法等进行详细阐述,并应用大量实际案例,对调研问卷设计、调研活动实施、调研报告撰写等进行介绍。

本书积累了编者多年来卷烟市场课题研究经验及成果,呈现的是对烟草行业消费需求调研、市场分析研究的方法、经验的总结及市场消费趋势变化感知的深入理解。云南中烟工业有限责任公司杨蕾、冯洪涛、张涛、李超、何雪峰负责全书的总体设计,以及书稿的撰写、修改和定稿。

本书共九个章节,包括消费需求调研概述、卷烟消费市场趋势分析、消费趋势分析、卷烟消费需求调研、调研问题的界定、调研方案设计等内容。具体撰稿人如下:第一章由徐艳群、何雪峰编写;第二章由蒋梦菲、王希璇、陈芳锐编写;第三章由肖明超、杨蕾编写;第四章由张涛、杨蕾、毕丽芳、夏体渊、何俊编写;第五章由杨蕾编写;第六章、第七章、第八章由杨蕾、何雪峰、李超编写;第九章由徐艳群、杨蕾编写。

随着社会的进步和人民生活水平的提高,消费者的自主消费意识逐渐觉醒。中国烟草近十年的高速发展,在为国民经济发展做出巨大贡献的同时,也推出了众多知名、特色品牌产品。随着卷烟企业生产制造水平的日益提升,行业高质量发展目标的推进,产品研发脚步的加快,市场上可供选择的卷烟品牌越来越多。在市场总量有限的情况下,竞争日趋激烈,卷烟市场正由增量市场向存量市场转变,卷烟营销也从原来的粗放式向精细化转变。把握消费趋势、洞察消费需求、辅助战略决策、顺应市场变化,将成为未来行业研究的重点。本书对卷烟消费需求调研方法与经验进行总结,助力卷烟企业产品研发、战略决策。

编者
2023年5月11日